"十三五"国家重点出版物出版规划项目

国家出版基金项目
NATIONAL PUBLICATION FOUNDATION

湖北省学术著作出版专项资金
Hubei Special Funds for Academic Publications

中国化马克思主义研究丛书

中国化马克思主义社会发展理论研究

金伟　著

WUHAN UNIVERSITY PRESS
武汉大学出版社

图书在版编目(CIP)数据

中国化马克思主义社会发展理论研究/金伟著.—武汉：武汉大学
出版社,2023.3
中国化马克思主义研究丛书
"十三五"国家重点出版物出版规划项目　国家出版基金项目　湖
北省学术著作出版专项资金资助项目
ISBN 978-7-307-23683-7

Ⅰ.中…　Ⅱ.金…　Ⅲ.马克思主义—社会发展—理论研究—中国
Ⅳ.D61

中国国家版本馆 CIP 数据核字(2023)第 054295 号

责任编辑:徐胡乡　　　责任校对:汪欣怡　　　版式设计:韩闻锦

出版发行:**武汉大学出版社**　（430072　武昌　珞珈山）
（电子邮箱：cbs22@whu.edu.cn　网址：www.wdp.com.cn）
印刷:湖北金港彩印有限公司
开本:720×1000　1/16　印张:25.5　字数:384 千字　插页:3
版次:2023 年 3 月第 1 版　2023 年 3 月第 1 次印刷
ISBN 978-7-307-23683-7　定价:88.00 元

目 录

导

论

一、中国化马克思主义社会发展理论的研究对象

发展，是人类社会历史上的永恒话题。人类自诞生时起，就在物质资料生产实践活动中，在满足生存需求的过程中建立了复杂的社会关系。社会发展就是人类社会从低级到高级的演进过程，就是进步的过程。马克思主义从现实的人出发，指明了社会历史本质上是实践的，认为人类社会历史发展是有规律可循的；根据人类的物质资料生产实践活动，对社会发展阶段进行了划分，认为社会发展与人的发展是辩证统一的过程。从实践的角度出发研究了人类社会历史发展的全过程，从而使历史理论从神秘走向现实，从唯心主义走向唯物主义，揭示了人类社会发展的基本规律。马克思主义社会发展理论是开放发展的体系，它提供了科学研究的一般方法而不是封闭僵化的研究结论，它随着时代的变化发展而不断丰富。

1. 发展与社会发展理论的内涵

发展，是民族、国家、社会的共同追求，是人类生生不息、繁衍进化的内在趋势。发展观是随着发展的思想过程和发展的历史过程而形成的不同层次、不同程度、不同阶段、不同取向的关于发展的观点、理念和理论。发展观是历史的，人类对发展观的认识也是在历史中逐步深化的。发展观是对发展实践的认识、反思和总结，发展观范畴又是和发展范畴密不可分的，发展是发展观的核心范畴。发展是人类社会具有普遍性的历史现象，也是具有广泛包容性的概念集合。因此，搞清楚发展的含义，是研究发展观的基础和前提。

（1）发展

"发展"一词在不同的领域和语境中，具有不同的含义。《现代汉语词典》认为，发展是"指事物由小到大、由简单到复杂、由低级到高级的变化，兼有组织、

规模扩大之义"。在辩证法的理论中，发展是事物的一种运动状态，是向前、向上的变化过程，是事物由简单到复杂、由量变到质变、由小到大、由低级到高级的运动，也就是事物内部矛盾不断产生、变化和解决的过程。天体演化、万物生长、社会变革、知识积累等，都意味着发展。在哲学史上，对发展有着两种不同的理解，正如列宁所说："有两种基本的（或两种可能的？或两种在历史上常见的？）发展（进化）观点：认为发展是减少和增加，是重复；以及认为发展是对立面的统一（统一物之分为两个互相排斥的对立面以及它们之间的相互关系）。"①在发展经济学中，发展也有着特定的含义。首先，发展一直是意味着一个原来或多或少长期处于停滞状态的国民经济，具有能够产生和支持每年 5%~7% 的国民生产总值增长率的能力。其次，发展被认为是一个重要的，甚至必不可少的获得尊严的途径，因为所有的民族、所有的社会都在寻求某种基本形式的自尊，这是美好生活第二个公认的基本元素，即一种认为自己有价值、有尊严、自己不仅仅是他人实现其目的的工具的感觉。最后，发展的含义中还应包括自由的概念。这里的自由并不是政治或意识形态意义上的，而是一种更基本意义上的自由，是指摆脱异化的物质生活条件的束缚，摆脱自然界、愚昧、他人、苦难、风俗习惯和教条主义的奴役。因此，在发展经济学中，发展意味着是改进国民生活质量的过程，其基本目标是满足基本需要、提高人类尊严、扩大选择自由。从社会学角度讲，发展一般是指一个国家或社会由落后向先进、由低级向高级、由不发达向发达、由传统社会向现代社会过渡、转化的进步过程。由于人类社会是由众多要素（子系统）相互作用和联结而共同组合成的整体系统，发展概念是对于各种社会要素进步属性以及由此而促成的社会整体系统进步过程的概括与描述，其具体内容与承载形式丰富多样，因此对社会发展应从经济、政治、文化、社会几个层面加以考察，从经济发展、政治发展、文化发展、社会发展、人的发展等方面展开。② 从历史观的角度看，发展是人类社会不断从低级向高级形态推进，如奴隶

① 《列宁选集》(第 2 卷)，北京：人民出版社 1995 年版，第 557 页。
② 朱正昌：《牢固树立和认真落实科学发展观》，济南：山东人民出版社 2004 年版，第 66-67 页。

社会代替原始社会、资本主义社会代替封建主义社会、社会主义社会代替资本主义社会。总之，从不同的角度来看，就会对发展作出不同的解释。

发展同时还是个历史范畴，其内涵作为对发展实践的一种理解与反映，是随着社会历史的发展而不断变化的。关于发展的各种理论和观念，都不仅与某一特定阶段的历史条件相联系，而且也与不同地区、不同国家的具体情况相联系。

大致说来，发展内涵的丰富和完善，大致经历了四个阶段：

第一阶段：近代工业革命前。在古代，并没有"发展"一词，发展大致与运动、变化同义。古希腊哲学的集大成者亚里士多德认为，自然界的一切事物都是运动变化的，运动就是能运动物潜能的实现，一旦把这种能力实现出来，变成现实，就是运动。他把运动分为三类：第一类是数量的增加和减少，即数量方面的运动；第二类是性质发生变化，即质变；第三类是位置的移动，即空间方面的运动。发展就属于数量、性质方面运动、变化的范畴。应当说，发展无疑是一种运动、变化，但不能反过来说运动、变化就是发展，尤其在社会历史领域内，发展绝不是一般的运动、变化所能涵盖得了的，它有着丰富而独特的内涵。

在中世纪，"发展"一词基本上是在神学的框架下来理解和体现的。由于上帝是自然界和人间的造物主，因而世界万事万物的运动、发展莫不源于上帝。因此，所谓发展，不外是人自觉地反省自己的原罪，善于忍耐、节欲，以求上帝救赎的过程，是人通过努力力求抵达来世的彼岸的过程。这一过程无论就其发展目标、发展方式，还是就其发展动因、发展结局来说，都是预定的、无可更改的，人不过是执行上帝旨意的工具而已。

到了近代，"发展"一词才开始真正走出神学的樊篱，走向现实生活。限于当时思想文化条件的限制，对"发展"的理解基本上还是受传统进化论的影响，自然进化成为发展的基本含义。在传统进化论的视野里，发展与进化基本上是同义语。生物进化论最先将此词用于生物学研究中，其本义是指生物个体从小到大，从不成熟到成熟的一般成长过程。对"发展"一词的原始含义，美国学者拉米斯认为，一是活的有机体的生长被称为发展，其意象是被包裹在不成熟的有机体内部的一种形式被发展的意蕴打开并被展现了；二是隐藏在原初状态之中的一种意义对读者或听众渐渐地展开着并且变得明朗起来。结合这两重含义来看，发展实质上是一个描述性概念而不包含着价值判断，也就是指一个事物或结构逐渐展开和其意义逐渐明朗的过程。在拉米斯看来，发展概念的原始意义并不必然地包含着价值指向。

近代以来的社会发展观念来自斯宾塞的贡献，他把发展从生物学界拓展到所有自然过程，并把它称作"进化"。于是，"发展"概念就有了规模、功能分化、复杂性、定向性、适应力等一些基本含义。"发展"一词开始具有多种意义。哲学意义上的发展是最有普遍意义的概念。例如，在马克思哲学视阈中，发展是事物的一种运动状态，即指事物前进的、向上的变化，由低级到高级进步的运动；是由小到大、由旧到新、由落后到先进、不断地推陈出新的运动。这时的基本含义则内在地包含着一种达到好的目的或状态的趋势或事实。

第二阶段：从工业革命延续到 20 世纪 50 年代前。这一时期的人们把发展理解为走向工业化社会或技术社会的过程，也就是强调经济增长的过程。发展在社会科学领域开始使用，在第二次世界大战后，"发展"一词逐渐成为被广泛应用的社会科学术语。在战后的最初阶段，所谓发展就是指经济增长。1956 年，英国经济学家刘易斯在他的《经济增长理论》一书中就是将发展等同于经济增长，认为发展即"总人口人均产出的增长"。这时候发展经济学家还没有把"发展"与"增长"两个概念区别开来。在这种经济增长论中，"发展"一词习惯上指的是一国经济获得或保持国民生产总值以每年 5%～7% 或者更高的速度增长的能力。[①] 单纯追求经济增长的发展，致使许多发展中国家先后落入了"有增长而无发展"的陷阱。因此，人们普遍认识到，仅有经济发展理论的研究还远不能反映和解决发展中国家面临的一系列重要问题。诸多发展经济学家在讨论什么是"经济发展"时，最后都讨论到了"发展"上，开始突破了"经济的"限定，将发展问题拓展

---

① ［美］迈克尔·P. 托达罗：《经济发展与第三世界》，印金强等译，北京：中国经济出版社 1992 年版，第 77 页。

到社会的各个层面。

第三阶段：从 20 世纪 50 年代前到 20 世纪 70 年代初。伴随工业化的进程，人们亦赋予"发展"一词更多的时代意蕴，将发展看成经济增长和整个社会的变革的统一，即伴随经济结构、政治体制和文化法律变革的经济增长过程。熊彼特在其名著《经济发展理论》中就提出了辩证发展的思想。他指出："我们所指的'发展'只是经济生活中并非从外部强加于它的，而是从内部自行发生的变化。"①在熊彼特看来，发展是社会经济系统的内部变化，这种变化不仅是经济在量上的增长，而且是一种质变。仅仅是经济的增长，不能称作是发展过程，这种思想可以视为对单纯注重经济增长观念的扬弃，同时在肯定增长是发展的基础上，更多地注意到发展中质的变化，注意到发展是建立在经济增长基础上的社会多维变化过程。

1968 年，瑞典发展经济学家缪尔达尔在对南亚和东南亚发展中国家考察的基础上，出版了被西方学术界誉为不朽之作的《亚洲的戏剧：对一些国家贫困问题的研究》。在此书中他指出："发展意味着从'不发达'中解脱出来，消除贫困的过程，'发展'意味着整个体系的向上运动。"②这实质上是指出了发展是一个摆脱贫困、实现现代化的过程。缪尔达尔认为，发展不只是 GNP 的增长，而且包括整个经济、文化和社会发展过程的上升运动；影响经济发展的有产量和收入、生产条件、生活水平、工作和生活的态度、制度、政策等因素，应从质和量上去把握发展问题，为此他提出了发展中国家实行社会改革的政策主张。达德利·西尔斯教授在《发展的意义》一文中，对发展观问题进行了如下的反思。他说："对一个国家的发展所提出的问题是：贫困发生了什么变化？失业发生了什么变化？不平等发生了什么变化？如果这三方面都从原来的高水平上下降了，对这个国家来说这无疑是个发展时期。如果这些中心问题的一个或两个方面的情况越来越

---

① ［美］熊彼特：《经济发展理论：对于利润、资本、信贷、利息和经济周期的考察》，何畏等译，北京：商务印书馆 1990 年版，第 70 页。

② ［瑞典］冈纳·缪尔达尔：《亚洲的戏剧：对一些国家贫困问题的研究》，谭力文、张卫东译，北京：北京经济学院出版社 1992 年版，第 305 页。

糟，特别是，如果这三个方面的情况越来越糟，即使人均收入增加一倍，把它叫做'发展'也是不可思议的。"①可见，在 20 世纪 70 年代，发展观念已开始从单纯的经济增长向减少和消灭贫困、不平等和失业方面转变。

自 1972 年的联合国斯德哥尔摩会议通过《人类环境宣言》以来，人们将发展看作追求社会要素（政治、经济、文化、人）和谐平衡的过程，特别是注重人与自然环境的协调发展。20 世纪 80 年代后期，美国发展经济学家托达罗在《经济发展与第三世界》一书中就指出："发展不纯粹是一个经济现象。从最终意义上说，发展不仅仅包括人民生活的物质和经济方面，还包括其他更广泛的方面。因此，应该把发展看为包括整个经济和社会体制的重组和重整在内的多维过程。"②美国政治学家亨廷顿认为，发展就是"表示与从相对贫穷的乡村农业状态向富裕的都市工业状态转变的社会运动相联系的社会、经济、心智、政治和文化变迁的总过程"。③ 这个过程应该包括五大目标：增长、公平、民主、稳定、自主。"落后社会是贫穷的、不公平的、压制性的、粗暴的、依附于人的。发展就是从后者转变为前者的过程。"④另一位美国著名政治学家阿尔蒙德则指出："政治经济增长、发展、现代化、进步，不管如何称呼，都包含着由四个因素支配的积极和向前发展的运动，即包括四个变量。两个政治变量，两个经济变量。""两个政治变量是(1)政府能力（或权力），（2）人民参政情况（或民主化）。""两个经济变量是指经济的增长和分配或者是财富和福利。"⑤由此可见，亨廷顿、阿尔蒙德都认为，发展是多目标相互推进的过程，诸目标、诸因素之间的关系是一种矛盾的辩证关系。只有诸目标、诸因素相互制约、相互促进，形成完整的发展过程，才能

---

① ［美］达德利·西尔斯：《发展的意义》提交国际发展协会第 11 届大会（1969 年）的论文，第 3 页。
② ［美］迈克尔·P. 托达罗：《经济发展与第三世界》，印金强等译，北京：中国经济出版社 1994 年版，第 50-51 页。
③ 转引自庞元正、丁冬红：《当代西方社会发展理论新词典》，长春：吉林人民出版社 2001 年版，第 4 页。
④ ［美］塞缪尔·亨廷顿等：《现代化：理论与历史经验的再探讨》，罗荣渠主编，上海：上海译文出版社 1993 年版，第 333 页。
⑤ ［美］塞缪尔·亨廷顿等：《现代化：理论与历史经验的再探讨》，罗荣渠主编，上海：上海译文出版社 1993 年版，第 361-362 页。

有完整的发展目标的实现。他们都把发展看作涉及社会结构、人的态度和国家制度以及加速经济增长、减少不平等和根除绝对贫困等主要变化的多方面过程。

总之，在这一阶段，人们认为经济的增长并不是发展的实质，而只是社会发展的外在形式，经济增长的目的是为人的发展创造物质条件。真正的发展应当是经济、政治、文化、道德等的共同进步。

第四阶段：20 世纪 80 年代后期以来。以可持续发展观念形成和在全球取得共识为标志，人们将发展看成人的基本需求逐步得到满足、人的能力发展和人性自我实现的过程。可持续发展概念最初由挪威前首相布伦特兰夫人于 1987 年在《我们共同的未来》一文中提出，其定义是："满足当代人的需求，又不损害子孙后代满足其需求能力的发展。"可持续发展概念和理念被 1992 年的联合国环境与发展大会采纳，现在已经成为了全球共识。

此后，人们在推进社会发展的同时，也使发展的内涵更加丰富起来。除了上述变化之外，人们在经济增长、城市化、人口、资源等方面的压力下，提出了发展必须是可持续的思想。发展的视角也由"物"转向"人"，转向人的需求的满足和人的发展。美国波士顿大学教授、世界发展研究所所长保罗·P. 斯特里登认为："发展必须重新下定义，应叫做向当今世界主要'敌人'：营养不良、疾病、文盲、贫民窟、失业和不平等开战。若按总增长率来衡量，则发展已取得了显著成就，但若是按工作、公平和消除贫困来衡量，发展则是失败的或仅仅取得了局部成功。"[1]通过对发展概念认识的深化，也说明了社会的进步和发展。可见，人们在不同历史时期对发展内涵的认识是有着显著差异的，并且随着社会的进步，发展的内涵逐步全面化、丰富化。

从国内来看，发展的内涵也已经潜移默化地发生了变化。改革开放以来所讲的发展不同于新中国成立后所讲的发展，今天所讲的发展也不同于改革开放初期的发展。如果说，以前我们讲发展还基本上指的是追求经济的快速增长，那么，

---

　　[1]　转引自《中国广播网》2005 年 7 月 3 日。

今天讲发展，其含义就有了更为全面的新的内涵。这在发展的方针、政策和发展战略上均有具体的体现，在发展的各种指数和参照标准上都有明显的反应。今天我们所讲的发展有着丰富的内涵：一是强调发展的全面性。即不仅要求经济上快速发展，而且要求社会生活各方面都得到明显发展。这种"全面"，体现在经济领域，就是使生产力大大提高、人民生活更加殷实；体现在政治领域，就是使民主更加健全、法制更加完善；体现在精神文化领域，就是使科教更加进步、文化更加繁荣；体现在社会领域，就是社会更加和谐。二是强调发展的协调性。既要使我国目前明显存在的工农差别、城乡差别、地区差别和社会阶层差别等逐步缩小，逐渐实现共同富裕，又要使生态环境得到改善，资源利用率明显提高，促进人与自然的和谐，推动整个社会走上生产发展、生活富裕、生态良好的文明发展道路。三是强调发展的可持续。要使人们在解决温饱的基础上，获得充分的发展资料和享受资料，获得优美的生态环境和有利的社会生活条件，使生活质量显著提高。四是强调人本。要明确发展的目标最终是为了人的全面发展，促进人的全面发展同推进经济、政治、文化的发展是互为前提和基础的。促进人的全面发展，最主要的是提高人的综合素质，使人的个性和能力得到自由而全面的发展。

理论界关于发展的研究可分为广义和狭义两种。广义的发展研究，是指以全球性问题及其解决措施为研究对象的全球学研究，主要探讨人类社会发展的一般规律，从全球背景来阐释、分析对全球范围的社会发展有重大影响、需要在全球范围内共同合作才能解决的社会问题，实质上就是探索全球的发展道路和人类的未来命运问题，如生态问题、环境问题、人口问题、能源问题、核威胁问题等。狭义的发展研究，意在为发展中国家的现代化提供理论指导和政策导向，探究从传统社会向现代社会、从农业社会向工业社会过渡的模式、途径、战略乃至策略。这一层面的发展理论，又称为现代化理论。它一方面总结发达国家完成现代化的历史经验；另一方面又力图寻求发展中国家实现现代化的可能性，具有较强的针对性和可操作性。事实上，发展问题必须从全球化的视角来观察和思考，一个国家的发展问题离开世界总的发展格局是不能得到有效解决的；同时，发展问题的全球性质并不排斥各个国家发展道路和方法的多样性，两者的统一赋予当代发展问题研究以新的丰富的内容。

马克思主义认为，没有绝对抽象的"发展"。任何时候谈到"发展"，总是有一定主体通过一定手段或方式确定一定方向和达到一定程度的发展。也就是说，发展问题永远摆脱不了"谁的发展""发展什么""向何处发展""如何发展"等这些问题的设定。撇开这些设定而抽象地谈"发展"，要么空洞无物，要么陷于混乱。当代中国是一个发展中的社会主义国家，它虽然具有其他发展中国家的共性，但又具有自己的个性，包括独特的发展方向。这正如邓小平所说："我们搞的是有中国特色的社会主义。"[①]因此，本书结合中国现代化的实际研究发展问题，并将中国发展问题置于全球化背景之中来考察，把发展的含义限定在当代中国社会的现代化运动和变化上。明确了这一主题，同时也就确立了我们探讨发展问题的价值坐标。本书使用的"发展"一词，是指一种社会形态在其性质并未发生根本变化情况下的发展，是指总体上处于量变过程中的一个社会在经济、政治、文化、自然环境等方面的发展和人们物质生活、精神生活、社会生活上的改善，是指社会进步和人的发展，特别是指当代中国从一个处在"社会主义初级阶段"的发展中国家转变成世界上先进的发达国家的运动和过程。

（2）发展观

发展观是发展思想的凝结，是人们关于发展的本质、目的、内涵和要求的总体看法和根本观点，旨在研究和阐述有关发展的根本指向、发展的模式和发展战略等的一系列有关根本性的问题。一般说来，有什么样的发展观，就会有什么样的发展道路、发展模式和发展战略，就会对发展的实践产生根本性、全局性的重大影响。发展观是由一系列关于发展的根本观点构成的理论体系，这些根本观点基于对发展重大问题的反思和回答，形成了发展观的问题空间。发展是发展观的核心范畴，什么是发展是发展观所要回答的首要的和基本的问题。发展内涵包括

---

① 《邓小平文选》(第 3 卷)，北京：人民出版社 1993 年版，第 210 页。

发展的本质属性、基本特征、主要因素、根本方法和内在联系等。发展范畴也包含着多种含义，在不同的领域和语境中侧重点有所不同。第一，发展目的。发展是人类社会追求和满足自身利益的活动，发展观首先要回答为什么要发展的问题。发展目的包括发展是手段还是目的、是以物为本还是以人为本、是以少数人利益为目的还是以大多数人利益为目的、是以一代人利益为目的还是同时以后代人利益为目的等问题。发展目的是判断不同性质发展观的重要标准之一。第二，发展主体。发展是一种有主体的社会历史运动，发展观必须回答和解决谁在发展、谁要发展、靠谁发展、为谁发展等问题。谁在发展是指发展的主体是技术、财富还是人，谁要发展、靠谁发展是指发展的动力和基础是少数人还是大多数人，发展为谁是指发展的受益者和受损者分别是什么人。发展主体表明了发展的主导者和主要力量。第三，发展道路。发展是人类社会从自发到自觉的实践运动，有多种模式、多种道路可供选择，发展观必须回答应该采用哪种发展模式、选择什么发展道路的问题。发展道路的选择，是综合考虑多种因素的产物。世情不同、国情不同、党情不同，发展道路就不同。发展道路的分歧，往往导致发展结果的重大差异。第四，发展机制。发展是一个社会系统的运动，是一个复杂的社会过程，发展观就是要从整体上把握发展的系统结构及其联系，解决怎样发展的问题，从而科学地推进发展。发展机制包括发展的动力机制、信息机制、调控机制等。如果不能正确运用发展机制，即使有善良的发展目的，也未必能达到良好的发展效果。建立社会主义市场经济体制，就是确立了一种促进更好更快发展的经济机制。第五，发展标准。发展是在一定的价值体系下进行的活动，发展观需要回答和确立怎样评价发展、用什么标准评价发展等问题。发展标准是一个逐步丰富、全面的形成过程，从单一标准到复合标准、从经济标准到人文标准、从物质标准到心理标准等。发展标准通过发展观的各个问题显示出来，又影响和制约着发展观各个问题的回答和解决。发展标准评价着发展效果，同时又牵引着发展效果。

任何发展观都有其相对照的发展方式和发展模式。发展方式在某种意义上说就是发展观的实践方式，是指发展主体为了实现社会发展而进行的全部发展实践的总体模式和基本特征，发展观只有通过一定的可操作性的发展方式才能发挥它对社会发展实践的指导作用。从世界范围的历史进程看，由于人们对到底如何发展存在不一致的看法，各个国家和民族也都有不同的发展经历。因此，不同时代、不同国家、不同社会制度就会形成不同的发展观，而不同的发展观又决定着不同的发展道路、发展模式和发展结果。我们说，每一种发展观的提出都是时代的产物，代表着不同历史阶段人类在实践探索中所能达到的认识水平。

在漫长的古代社会，人类的生产力发展水平低，人们的理论思维能力不强，由此决定人类古代的发展观念总体说来还处在感性经验状态，带有明显的直观性、朴素性和模糊性特点。随着近代科技革命和工业革命的产生，人类的社会生产力得到了巨大提高，社会发展的内在动力、时空范围、目标任务、能力水平和产生效益空前扩大或增强。与之相对应，人们对于发展的本质、规律、内容、要求、模式、战略等问题的认识水平也空前提高，发展观日趋成熟和完善。目前，对发展观的产生时期和演进阶段还没有形成统一的看法。一般认为，国际社会对发展问题的普遍关注始于20世纪40年代。第二次世界大战后，全球经济受到严重破坏，战后重建、发展经济成为许多国家的首要任务，加快经济增长成为普遍共识，于是，发展经济学应运而生，提出并形成了有关发展的一系列比较明确、系统的看法和基本观点，标志着发展观的诞生。概略说来，自近代工业革命以来，人类的发展观大体经历了以下五种不同的主要的演化阶段。

第一阶段：传统发展观。

传统发展观又称为"工业文明的发展观"，主要是指以经济增长为中心或仅仅追求经济增长的一种发展观，这是一种长期占主导或者主流地位的发展观，其最盛行的时期是在第二次世界大战结束至20世纪60年代。第二次世界大战结束后，西方工业国家大多受到物质贫乏的困扰，而战后非殖民化运动中获得独立的新兴国家也普遍感到自己贫穷落后。这样，无论是发达国家还是发展中国家，都把追求经济增长、消除物质匮乏或贫困状态作为自己最迫切的任务。于是，仅仅从经济学的角度去研究社会发展，把经济增长作为社会发展主要目标的经济增长论就应运而生。其基本观点是：工业化是一个国家或地区经济活动的中心内容；经济增长是一个国家或地区发展的"第一"标志；国内生产总值的增长是衡量一个国家或地区经济发展的重要标尺；发展规划是实现工业化和实行追赶战略的重要手段；发展的途径就是进行大规模投资、大规模生产和对自然资源的大规模开采与利用。此时的一些西方经济学家认为发展＝工业，发展＝增长。在传统发展观看来，经济增长是国家实力和社会财富的体现，是国民生活幸福的象征。对发达国家来说，经济增长有助于社会的稳定与民主化，是实行公平分配的物质前提。贫困国家通过增长可以提高人民生活水平，最终消除贫困现象，其他一切社会问题就会迎刃而解。这种发展观一经提出，就受到刚刚独立的发展中国家政府、政治家、学者和当时许多国际组织的赞同和支持。但是各国发展的实践表明，经济增长只是发展的基础和必要条件，单纯的经济增长并不一定促进社会、政治和人的发展。许多国家的经济增长并没有消除贫困、失业和不公平现象；相反，却导致了严重的贫富两极分化、生态环境恶化和社会冲突加剧等一系列问题，甚至出现"有增长而无发展"或"无发展的增长"的尴尬局面。正如有的学者所说："一是这种理论片面强调经济增长，忽视了经济发展的目的和动力都是人本身，在战略制定上用手段取代了目的；二是此间虽然大多数国家实现工业化的进程使经济有所增长，却没有因此而消除贫困、失业和不平等等重大社会问题，反而加剧了贫富两极分化；三是实施片面追求经济增长的发展战略，还导致了对资源的掠夺性开采和大量的浪费，因此使生态系统遭到严重破坏。"[①]这些都充分说明了单纯经济增长发展观的不合理性。传统发展观实质上是一种非协调性的、片面的发展观，在对发展内涵的认识和发展问题的基本观念上存在着一些非理性的思想倾向。

第二阶段：综合发展观。

单纯追求经济增长的发展观，致使许多发展中国家先后落入了"有增长而无

---

① 胡延风：《追求现实社会主义人的全面发展的必然性》，《辽宁大学学报》（哲学社会科学版）2003年第6期。

发展"的陷阱。因此，国际社会在 20 世纪 70 年代开始扬弃以"经济增长"为核心的发展观，倡导综合的社会发展，认为经济的增长不等于"发展"，也不是发展的实质，而只是社会发展的外在形式。经济增长的目的是为人的发展创造物质条件，真正的发展应当是经济、政治、文化、道德等的共同进步。综合发展观具有以下特点：

第一，强调经济发展与社会发展的均衡。综合发展观认为，经济发展与社会发展是同一发展过程的两个方面，不能顾此失彼。经济发展是社会其他发展的物质前提，社会发展是经济发展的重要保证。正如在联合国的《第二个发展十年（1970—1980）》报告中所指出的，发展的最终目的是对收入和财富实行更平等的分配，以促使社会公正和生产效率，提高实际就业水平，更大程度地保证收入并扩大和改善教育、卫生、营养、住房及社会福利设施以及保护环境。因此，社会性质和社会结构的变迁必须切实减少现存的地区、部门和社会内部的不平等。这些目标是发展的决定性因素和最终结果，因而它们被看作同一动态过程的合成体。"这一发展目标说明，发展已不再是单纯的经济增长，社会制度和社会结构的变迁以及社会福利设施的改善具有同等重要的地位，经济发展与这些方面必须保持均衡。

第二，强调发展是"整体的""综合的"和"内生的"。以法国佩鲁的"新发展观"为主要代表的发展观，强调"整体的""综合的"和"内生的"发展。"整体的""综合的"发展，将社会看作人口、环境、政治、经济、科学技术以及其他相关系统组成的有机整体，认为发展不是各个部分发展的简单总和，不是某一部分的最佳发展，而是各要素之间或各子系统之间的协调运行过程，最终求得总体的最佳效应（或效益）。因此，任何方面的发展都必须从人类社会整体的角度去认识。某一部分的发展不应以牺牲另一部分的发展为代价，不应妨碍系统的协调运行，而要以服从整体的发展为前提。"内生的"发展，则要求一个国家必须依靠其内部力量和资源及其合理的开发和利用，运用适当的技术，充分发挥人们自身的力量，在国内生产维持生活需要的各种产品，同时不破坏人们通常的传统习惯。尤其是发展中国家，不应照搬西方国家的生产模式，重复工业化国家发展的老路，而是要自力更生，寻找新的发展途径，努力去实现必要的合作与自由发展之间的协调一致。

第三，强调人的因素。人是发展的主体，是发展的规划者和决策者，又是发展的参与者和实践者。因此，发展必须以人为中心，人是一切发展的最终目标，其他发展都是为人的发展创造条件或机会。同时，只有依靠人才能获得发展，人是发展的动力，没有人的参与，任何发展都是不可能的。社会能否取得发展，完全取决于人的素质。

需要指出，综合发展观摒弃了传统发展观单纯用国民生产总值衡量一国发展水平的做法，要求把发展看成经济、政治、文化、社会等多种要素作用的过程，体现了人们对发展问题有了更深入的认识和研究。但相应的发展实践表明，"综合发展观"仍然具有很大的局限性：首先，它只是将经济的发展看作人类社会全面发展的一个方面，并没有突出经济发展在社会发展中的基础和重心地位。经济发展无疑是社会其他方面发展的物质前提，没有经济发展，也就谈不上社会其他方面的发展；同时，社会其他方面的发展，又是保证和促进经济发展的必要条件。其次，表现出人类绝对中心主义倾向，将人的需要放在至高无上的地位，没有看到人与生态环境之间共生共荣的相互依存关系，结果发生人为了满足自己的需要而大量破坏自然生态的后果。其次，这种发展观只考虑到满足"当代人"的基本需要，而没有考虑后代人的需要，其结果是当代人为了满足自己的眼前现实需要而无节制地挥霍资源、毁坏环境，严重损害了后代人利益。正是在这样的背景下，导致了可持续发展理论的兴起。

第三阶段：可持续发展观。

如前所述，20世纪70年代出现的综合发展观摒弃用国民生产总值的增长率衡量经济发展水平的做法，提出建立综合指标体系作为衡量标准，社会、经济、政治、文化、环境、资源等都纳入了指标体系，从而也把人的需求，从解决生活、生计问题提高到了追求自由、幸福，享受智力和精神生活，实现自我教育和解放等人格发展的高级阶段。但这种发展观也有其自身的缺陷，它把关注的焦点主要放在了人身上，没有或没有很好地关注到人所赖以生存的环境的发展变化。而且它所关注的人，基本上还只是"现实人"，忽视了"未来人"的存在，缺少一种持续性或长远性的品质，因此，这种发展观仍需要发展。于是，在此基础上又诞生了一种新的发展观——可持续发展观。与以往的发展观相比，可持续发展观是一种全新的发展思想、理论、战略、模式，强调以未来的发展规范现在的行动。换言之，就是使发展成为在今天是现实的、合理的，同时又能使明天的发展获得可能的空间和条件。因此，可持续发展也是为未来发展创造条件的发展，可持续发展观的产生标志着人类在发展观念和发展理念上的一个根本性的变革。

可持续发展观是在全球面临经济、社会、环境三大问题的情况下，人类从自身的生产、生活行为的反思中，从对现实与未来的忧患中领悟出来的。可持续发展的思想萌芽可以追溯到1969—1973年由罗马俱乐部的未来学派提出的"增长极限论"。他们评判经济中心主义的利弊得失，认为人口增加、粮食生产、投资增长、环境污染和资源消耗具有按指数增长的性质，如果按这个趋势发展下去，世界经济增长将临近自然生态的极限。他们认为，经济增长再过100年就到极限了，人类应制止经济增长和技术扩张对生态环境的破坏。于是，他们提出了"经济+自然＝发展"的思想。紧接着，由欧美一些经济学家组成的"新经济学研究会"又做了进一步的思考。1972年6月，联合国在瑞典首都斯德哥尔摩召开了人类环境会议，这次会议被认为是人类关于环境与发展问题思考的第一个里程碑。对可持续发展理论的形成和推行起到关键性作用的是1983年成立的世界环境与发展委员会。由挪威前首相布伦特兰夫人主持的该委员会，组织世界范围内的一些专家学者经过三年的研究写出了题为《我们共同的未来》的著名报告，报告明确提出了"可持续发展"的概念，在联合国大会上正式宣告了同传统的只重视经济增长、忽视资源和环境保护的旧的发展观念的彻底决裂。1992年6月，巴西里约热内卢召开了联合国环境与发展大会，通过和签署了《里约热内卢环境与发展宣言》《21世纪议程》等重要文件，第一次把可持续发展由理论和概念推向了全球性的行动。这次会议以可持续发展为指导思想，不仅加深了人们对环境问题的认识，而且把环境问题与经济、社会发展结合起来，树立了环境与发展相互协调的观点，提供了一个在发展中解决环境问题的思路。

可持续发展是指既能够满足当代人的需要而又不对子孙后代满足其需要构成危害的发展，是经济、社会、环境等相互协调的发展。可持续发展在一定意义上说，主要包括生态可持续发展、经济可持续发展和全社会可持续发展三方面内涵。它特别强调和重申的是资源环境的永续利用和人类国际公平，力主将人类的生产和消费控制在地球资源能支持和环境能容纳的范围以内，旨在确保人类能够世世代代地在地球上健康幸福地生活。与社会综合发展不同，可持续发展重在阐明人口、资源、环境等自然要素方面对发展的制约；强调发展并不是可以无限制地膨胀的，只能在给定的范围内追求一定程度的发展；并且认为关注当代人发展的需要必须同考虑发展的后劲、代际之间的发展需求问题结合起来。值得注意的是，发展的社会综合方面与发展的自然持续方面两者是强烈互补的，它们是推动人类社会协调发展的两个方面。总之，综合的社会发展观与可持续的发展观之间有较多的继承关系，但侧重点有所不同，前者的侧重点是横向的、同时性的，即寻求一个社会中经济、政治、文化、科技诸方面尽可能协调一致的发展，而后者的侧重点则是纵向、历时性的，即强调兼顾人类当代发展和未来发展的必要性和迫切性。

第四阶段：以人为中心的发展观。

这一阶段的发展观，将发展的观念进一步提升到了人的自由与全面发展的高度，即"以人为中心"，其重要标志，是1995年的哥本哈根世界人口与发展会议。这次会议着重提出了发展必须"以人为中心"，发展的最终目标"是全体人民"。这就是"以人为中心"的发展观。这种观点认为，人的发展是一切发展的目标，人是发展的主体和动力，人是发展的检验者，必须将人置于发展的中心，而社会其他方面的发展只被看作人的发展的手段或条件。自1995年哥本哈根世界峰会以来，越来越多的联合国发展机构都强调以人权为目标的发展，承认一切人在发展进程中所应享有的各种权利。

在现代西方社会，发展观的演变经历了从"经济增长论"到"以人为中心"的转变。虽然以人为中心的发展并没有统一的模式，不同的社会可能有不同的发展内容，不同的历史时期也可能有不同的发展目标，但"以人为中心"的发展观，将人置于社会发展的核心，顺应了人类社会进步的潮流，无疑是当代国外发展理论演变的一次历史性变革。国际社会也越来越重视全面的、协调的社会发展和人类发展。

在这里需要指出的是，在哥本哈根会议之前，我国就提出了"以人为中心"的社会发展理论。1994年3月中国政府发布的《中国21世纪议程》白皮书提出社会"可持续发展以人为本位"的重要观点；《中国社会发展报告》也提出"以人为核心的社会发展"的重要思想。在1994年10月召开的全国社会发展工作会议上，明确提出："经济和社会发展要以实现人的全面发展作为出发点和落脚点"，并把"着眼于人民群众"提到了社会发展本质的高度，这些关于社会发展的认识是社会发展理论的重大突破和发展。

第五阶段：科学发展观。

当代中国共产党人提出的科学发展观，是发展观的最新形态。发展观的历史演进是人类对现代化实践在认识上不断深化的结果，其中不乏人类在发展问题上进行科学探索的宝贵结晶。但是，由于没有科学的世界观、方法论指导，前述发展观演变也存在不少缺陷。20世纪80年代以来发展中国家的实践表明，现代化除在少数发展中国家和地区取得重要进展外，在多数发展中国家则陷入了停滞和衰退。发达资本主义国家经济陷入困境，他们对第三世界国家的剥削变本加厉；由于受新自由主义的影响，社会主义国家的改革处于进退维谷的境地，最终导致东欧剧变、苏联解体；第三世界国家在发达国家的诱惑下，纷纷实行彻底私有化、自由化、完全市场化的政策，试图摆脱困境，但是这样做非但没有改变自身的经济状况，反而引发了各种社会矛盾，造成了政局动荡和内战频发的混乱局面。如在20世纪，拉丁美洲的80年代被称为"失去的十年"，而90年代则被称为"危机的十年"。20世纪90年代后，依次发生于墨西哥、巴西、亚洲几个国家、俄罗斯的连续不断的金融危机、经济危机、社会危机，其影响远远超出国家的疆界。至于非洲，至今还处于日甚一日地被边缘化的过程中。2003 年《人类发展报告》显示，20 世纪 90 年代有 54 个国家人均收入下降，更有 21 个国家的人类发展指标下跌。[1] 这些现象引起了人们对这些形形色色发展观的反思。与此形成鲜明对照的是，中国 20 多年来在现代化的进程中取得了举世瞩目的进步，中国共产党人逐步形成了具有中国特色的科学发展观。强调"按照统筹城乡发展、统筹区域发展、统筹经济社会发展、统筹人与自然和谐发展、统筹国内发展和对外开放的要求"，"坚持以人为本，树立全面、协调、可持续的发展观，促进经济社会和人的全面发展。"[2]科学发展观的提出是对世界各国发展经验，特别是对改革开放以来中国发展经验的正确概括和深刻总结，也是对人类发展观的新开拓，必将对 21 世纪中国现代化建设乃至世界经济社会发展产生重大而深远的积极影响。

通过对社会发展观的演进历程的考察，我们看到社会发展观也是在不断变化发展的，从"经济增长论"到"增长极限论"，再由"综合发展论"到"可持续发展论"，以及"以人为中心"的发展观，再到科学发展观，大致反映了人们所走过的历史发展进程，反映了人们在不同条件下对于影响发展的诸多因素及其相互关系的认识程度。发展的观念总是在不断进步的，但是不同的发展观与历史演进的关系，并不是有先后顺序或一个全错另一个全对的关系，而是在历史间断性、前进性的同时也存在着连续性、互补性。相互吸收，辩证扬弃，是发展理论在发展中的一个重要特征。

二、中国化马克思主义社会发展理论的基本问题

中国化马克思主义社会发展理论是中国共产党运用马克思主义原理，在摆脱

---

[1] 庞元正：《当代中国科学发展观》，北京：中共中央党校出版社 2004 年版，第 10 页。
[2] 《十六大以来重要文献选编》(上)，北京：中央文献出版社 2005 年版，第 465 页。

教条主义束缚、遵循发展规律、明确发展实际、把握发展方向、聚焦发展难题、创新发展理念的过程中发展起来的，其内容丰富，主要包括发展道路、发展目的、发展阶段、发展布局、发展动力等，是被实践证明了的关于中国发展的科学理论，是引导中国前进的思想指南。

（一）关于中国特色社会主义的发展道路

马克思主义关于社会发展道路有着深刻的理解：不存在一条放之四海而皆准的发展道路，社会发展道路应该因国家因地区因社会历史而慎重选择。发展道路是一个国家如何实现发展目标的关键。根据中国发展的实际，在借鉴其他国家发展道路的经验教训上，中国共产党带领中国人民走出了一条自己的道路。中国特色社会主义有着深厚的历史底蕴，必须坚定道路自信，推动中国道路创新发展。近代以来，中国人民就在探索如何实现民族解放与独立、国家繁荣与富强的路径。在这一过程中，中国共产党将马克思主义基本原理与中国实际相结合开辟了一条中国道路，沿着这条道路，中国取得了巨大成就。

习近平指出："这条道路来之不易，它是在改革开放30多年的伟大实践中走出来的，是在中华人民共和国成立60多年的持续探索中走出来的，是在对近代以来170多年中华民族发展历程的深刻总结中走出来的，是在对中华民族5000多年悠久文明的传承中走出来的，具有深厚的历史渊源和广泛的现实基础。"①中国道路自信从何而来，这种自信是从"回看走过的路、比较别人的路、远眺前行的路"②的过程中出来的。回看走过的路，中国道路是历史和人民的选择，是近代以来先进的中国人探索救国道路的必然选择；是中国人民摆脱压迫与剥削，建立社会主义制度的必然选择；是实现伟大复兴的必然选择。党经历种种磨难才走出了这样一条道路，这条道路来之不易，是中国共产党继承中华民族优秀发展思想，总结党成立100年以来经验教训的基础上选择的科学之路。比较别人的路，

---

① 习近平：《习近平谈治国理政（第一卷）》，北京：外文出版社2018年版，第39-40页。
② 习近平：《习近平谈治国理政（第三卷）》，北京：外文出版社2020年版，第70页。

中国道路展示了不同的发展方向、发展目标、发展结果。习近平指出，中国没有如西方预期的那样崩溃，反而在发展中综合国力大幅提升，发展水平和发展质量不断提高，人民生活水平稳步提升，对照东西方发展状况，反而展示出了"风景这边独好"。中国走了一条与西方国家完全不同的道路，这条道路显示出了自身的优越性。西方资本主义社会存在的周期性经济危机、新冠疫情暴发后的乏力，暴露了资本主义社会发展道路的困境。远眺前行的路，中国道路是对社会主义建设规律的深刻把握，始终坚持将人民作为发展的归宿，将经济作为发展的核心，科学安排发展布局，减少发展代价，体现了对社会主义建设规律的深刻把握。中国道路是对中国传统社会发展道路、马克思主义思想道路、对世界其他国家社会主义发展道路和西方现代化之路的超越与反思。

(二)关于中国特色社会主义的发展阶段

马克思主义在唯物史观的基础上，揭示了时代变化的根本原因与发展规律，第一次阐明社会发展阶段的基本内涵。判断社会发展所处的基本方位是什么是马克思主义社会发展理论的基础问题，认清社会发展所处的历史方位是一切政策的出发点。习近平指出，"马克思主义是科学的理论，创造性地揭示了人类社会发展规律"。[1] 这为习近平总书记关于社会发展阶段认识的深化奠定了基础。判断社会发展的基本依据关键在于坚持唯物史观的基本观点。

第一，判断所处的社会发展阶段在于了解社会发展所处的历史时代。在马克思主义经典作家的论述里，指的是一定的社会历史时期。马克思主义经典作家曾经多次使用过"时代"这一表述，如"革命时代""资产阶级时代""帝国主义战争时代"等，"时代"在这些表述里，有着不同的内涵。虽然学术界对于马克思所指明的社会发展规律基本持肯定态度，但是在社会发展的时代交替问题上出现了分歧。第一种观点是"两阶段论"，即按照是否达到共产主义将社会分为"必然王

---

① 习近平：《在纪念马克思诞辰 200 周年大会上的讲话》，北京：人民出版社 2018 年版，第 7 页。

国"与"自由王国"，这一观点虽然也强调了发展的主体，但是却是从认识论的角度出发阐述人对于社会发展的理解，必然王国指的是人不能客观、准确、完全把握社会发展的基本规律，是认识不能与客观达到高度统一、认识不能自觉支配主观活动符合客观现实的状态；自由王国则是强调人对于社会发展规律的正确把握，是一种自觉活动的状态，实现了认识与客观的统一。第二种观点是时代发展的"三形态论"：持这种观点的认为，社会发展时代按照"人"的主体本位可以划分为"人的依赖性"发展阶段、"人的独立性"发展阶段、"人的全面性"发展阶段，这种观点强调了发展对于主体的作用，是人不断摆脱发展的桎梏、实现自由的过程，突出了主体性的视角。第三种观点"五形态论"则是我们最常见的时代划分方法，以物质资料生产方式不同为依据，人类社会发展大体经历了"亚细亚的、古希腊罗马的、封建的和现代资产阶级的生产方式可以看做是经济的社会形态演进的几个时代"。① 以物质资料生产方式不同划分社会发展形态是目前大多数学者支持的观点。"五形态论"贯穿于马克思的一切代表性著作中，是系统研究社会发展形态更替的基础。后来的马克思主义经典作家、中国共产党关于社会发展时代的划分基本上是按照"五形态论"的标准进行。因此，把握中国特色社会主义发展所处的时代，就在于分析当今时代人类社会物质资料生产方式以及由此产生的社会关系有没有变革、哪个阶级处于发展的中心。

列宁发展了马克思主义时代观，并在此基础上提出判断所处的时代也要科学把握时代本质、时代主题。在时代本质的认识上，就是要认清时代的根本性质，列宁认为"时代"是"大的历史时代"，时代展示的是人类社会的整体状况，必须从社会历史发展的整体状况来判明所处的时代，他认为划分时代的标准在于阶级，"哪一个阶级是这个或那个时代的中心，决定着时代的主要内容、时代发展的主要方向、时代的历史背景的主要特点等等"。② 在这一观点的基础上，列宁深刻剖析了垄断资本带来了资本国家的转变，清楚界定了各资本主义国家向帝国

---

① 马克思恩格斯文集(第二卷)，北京：人民出版社 2009 年版，第 592 页。
② 列宁：《列宁全集(第二十六卷)》，北京：人民出版社 2017 年版，第 143 页。

主义转变的本质。在时代主题的把握上，列宁提出了"是充满着激烈的阶级冲突的整整一个时代，是在一切战线上"①，深刻分析了世界阶级力量对比与民族矛盾的具体情况，列宁认为无产阶级革命是这一时期的主题。列宁科学分析了资本主义时代的主要矛盾、发展趋势，指明了资本主义时代必然要随着阶级斗争而成为过去时，世界正处于两个时代交替的历史时期，"两个具有世界历史意义的时代，即资产阶级时代和社会主义时代，资本家议会制度时代和无产阶级苏维埃国家制度时代的世界性交替的开始"②。

第二，判断所处的社会发展阶段在于把握社会发展的未来趋势。习近平指出，马克思主义哲学"深刻揭示了客观世界特别是人类社会发展一般规律，被历史和实践证明是科学的理论，在当今时代依然有着强大生命力，依然是指导我们共产党人前进的强大思想武器"。③ 唯物史观的目的与价值在于研究历史规律，唯物史观不仅揭示了社会历史发展的基本规律，而且贯通了当下与未来。通过对劳动二重性的把握和剩余价值产生的原因的科学揭示，马克思指明了资本主义的剥削性质和资本积累过程中不可化解的基本矛盾，因此资产阶级与无产阶级的矛盾是不可调和的矛盾。马克思正是在此基础上揭示了如何认识现时代的基本方法，如何判断未来社会发展方向的方法。马克思恩格斯运用辩证唯物主义科学解释了人类社会发展的未来趋势。因此把握中国特色社会主义所处的历史方位，还应该判断中国发展是不是顺应了时代发展的潮流，是不是符合历史发展的一般趋势。

第三，科学判断所处的阶段在于了解本国的发展实际。判断一个国家发展所处的历史方位，首先在于明确这个国家的性质，即从阶级上分析这个国家的属性，判断这个国家或者民族的性质是否符合历史发展的一般趋势。然后，在此基础上，判断这个国家发展所处的发展阶段。事物发展过程，必然是从低级到高

① 列宁：《列宁全集（第二十七卷）》，北京：人民出版社2017年版，第255页。
② 列宁：《列宁全集（第三十六卷）》，北京：人民出版社2017年版，第208页。
③ 《习近平关于社会主义文化建设论述摘编》，北京：中央文献出版社2017年版，第62页。

级，由幼小到强大，从产生到消亡的过程，判断一个国家的发展阶段，按照不同的参照物和标准，将得到不同的结果。

总之，关于社会发展阶段的判断依据，其核心就是要坚持唯物史观的基本观点。判断中国特色社会主义所处的历史方位，不仅要把握所处的时代、时代主题、时代发展未来趋势，也要立足中国特色社会主义发展的实际，科学把握中国特色社会主义发展过程中出现的"质"变，形成关于中国社会发展所处历史方位的坐标系。

(三)关于中国特色社会主义的发展动力

马克思主义认为，社会发展动力是多要素组成的系统。其中，人的需求是社会发展的内在动力。社会发展需要内在的驱动因素，正是因为有了整个内在的驱动，人们才会从事生产实践，满足人们生存与发展的需求。需求是人的本性，是人的意识活动的自主性的体现，人的需求是有选择的，生存与发展是人的基本需求。社会实践就是在人的主观需求驱动下开始的。因此，社会发展动力的起点就是人的需求。基本矛盾运动是发展的根本动力。马克思认为，人的生产实践在整个人类历史发展过程中居于基础地位，是社会发展延续的基础。人的需求必须通过生产实践，利用生产资料通过劳动创造使用价值与价值的过程中得到满足。因此，基本矛盾居于更基础的地位，没有基本矛盾运动的发展，人类的需求就无从满足。马克思以此来观察社会历史的每一个发展阶段，阐明了社会发展进步的根源。阶级斗争是社会发展的直接动力，马克思指出，"将近40年来，我们一贯强调阶级斗争，认为它是历史的直接动力"。① 马克思认为，阶级斗争是阶级社会发展的直接动力，阶级是历史的产物，它必然随着阶级的消亡而消亡。阶级斗争在阶级社会发展的过程中，并不是贯彻始终的，因而阶级斗争并不是社会发展的根本动力。阶级斗争的根源在于争夺经济利益，阶级斗争的表现就是被统治阶级

---

① 《马克思恩格斯全集(第二十五卷)》，北京：人民出版社2001年版，第362页。

对于统治阶级的反抗与斗争。阶级斗争是社会基本矛盾运动的体现形式，是推动阶级社会缓和阶级矛盾、解决阶级矛盾的基本形式。马克思还指出了科学技术是社会发展的重要动力，是"最高意义上的革命力量"。马克思、恩格斯生活的年代，正是科学技术飞速进步的年代，科学技术带来了生产方式、生活方式、思维方式等全方位的变革。马克思看到了科学技术具有双重影响力，科学技术在推动社会生产力发展的同时，也可能造成不少的负面影响。

(四)关于中国特色社会主义的发展目标

作为社会历史主体的人是有意识的，人的主观能动性正是体现在为追求一定的发展目标实现而采取主观活动的阶段。为了创造美好生活，实现理想的生存状态，人类始终都在发展过程中设置目标，鼓励自己前行。社会发展目标，就是作为社会发展的主体，为实现一定的政治、经济、文化、社会、生态等状态设置的具体内容。社会发展目标体现了人对于未来社会的美好憧憬和追求美好生活的热情，既是动力也是目的。社会发展目标往往需要一定的社会发展战略的推进来实现。广义上的社会发展目标既包括目标的具体内容，也包括目标的推进战略步骤与战略措施。社会发展战略步骤是为了实现一定的发展目标而制定的，目标是根本与前提性的东西，战略步骤与战略措施则是处于从属地位，都要以目标为前提。

中国化马克思主义社会发展理论始终重视社会发展目标设定的现实性。唯物史观是关于社会发展规律的科学，社会发展目标的设置必须遵循唯物史观的要求，确保其现实性与科学性，这是充分发挥社会发展目标指引社会进步有效性的前提。社会发展目标必须始终将经济建设作为中心。没有经济基础的发展，是空洞的。只有在发展的过程中，一切问题才能够得到解决，只有把发展生产力作为社会发展的根本任务，才能始终保持先进性。

习近平指出，"发展是基础，经济不发展，一切都无从谈起"[1]，"以经济建

---

[1] 《十八大以来重要文献选编(中)》，北京：中央文献出版社 2016 年版，第 828 页。

设为中心是兴国之要，发展是党执政兴国的第一要务，是解决我国一切问题的基础和关键"①。中国共产党始终重视经济发展目标的设定，从新中国成立起，党就注重经济建设目标的设定，"五年规划""小康"建设中对于经济指标的设定，工业现代化、经济现代化体系建设，都体现了中国共产党对于经济建设的重视。改革开放以后，党充分认识到经济建设的重要性，在发展的基本路线上，提出了"一个中心，两个基本点"，构建社会主义市场经济制度，一系列经济发展目标的实现，使中国人民生活水平显著提高，人民的获得感和幸福感显著提升。这种实实在在的发展提升，为提高人民的生活质量提供了物质保障。党的十八大以来，受全球经济变化的影响及我国经济转型升级的影响，虽然在经济建设中，不再设定具体的 GDP 数字指标，这一行为，不是对于经济增长目标上的放松，而是突出发展灵活性，是为了有效应对国际金融危机与外部环境变化带来的风险挑战，习近平说"这样我们更能够把主要精力用在高质量发展方面"。注重以经济建设为中心，并不意味着对其他方面发展的忽视。抓发展，就是要抓关键。经济建设就是社会发展过程的关键，社会主义如果不能创造比资本主义更多的生产力，它的优越性体现就是不可靠的，但是光有经济的发展，而不促进制度、文化等其他方面的发展也是不合理的。党越来越认识到发展协调性的重要，并在发展过程中不断促进各方面全面发展。

中国化马克思主义社会发展理论始终以实现共产主义远大目标为引领。马克思主义指明，无产阶级政党最终要实现共产主义，这是共产党的最高纲领。马克思在共产党宣言中也指明了纲领的内容要随条件的变化而变化。后来，恩格斯又指出"纲领在细节上可以因环境的改变和党本身的发展而改动"②，恩格斯指出，最高纲领应该与最低纲领相统一。中国共产党成立时期，就制定了最高纲领和最低纲领。近百年来，中国共产党始终坚持以实现共产主义作为远大目标，带领中国人民实现了民族解放、国家独立的最低目标。在最低目标的基础上，开启了社

①　《十八大以来重要文献选编（中）》，北京：中央文献出版社 2016 年版，第 245 页。
②　《马克思恩格斯选集》（第 4 卷），北京：人民出版社 1995 年版，第 389 页。

会主义建设。在此期间制定的一系列发展阶段目标都是为了实现共产主义的远大目标，它们在本质上创造共产主义社会所需要的经济、政治、文化、社会、生态等一系列条件。因此，设置发展目标必须坚持以实现共产主义为引领，设置阶段目标。必须明确共产主义远大目标的实现不是一个短暂的过程，因此阶段目标的设置必须坚持实事求是的思想路线，把握发展实际，仅仅抓住主要矛盾，及时变更社会发展阶段目标的内容与实现策略，推动阶段目标能够保质保量地完成，在一个个阶段目标的实现过程中，离实现共产主义越来越近。

习近平始终强调，"如果丢失了我们共产党人的远大目标，就会迷失方向"①，共产主义远大目标是中国人民前行的方向，是符合历史发展潮流的指向。任何时间，任何阶段的发展目标都不能与这个远大目标相背离。共产主义远大目标是中国共产党人的精神支柱。没有这一远大目标的激励，社会主义的伟大事业将失去方向，失去精神支柱与动力。共产主义远大理想，是马克思主义的最高理想，指明了中华民族伟大复兴的最高理想，体现了"人民主体"的价值立场与"党的目标"政治立场的统一，体现了共产党人无私奋斗的崇高精神。

第三，中国化马克思主义社会发展理论始终坚持发展目标设置的超越性与可实现性的统一。发展目标的超越性，是指发展目标必须具有努力的空间，指的是发展目标不是轻而易举实现的，必须通过主体的奋斗才能实现。在社会发展过程中，人作为具有主观能动性的主体，可以通过理性思维、运用科学的办法解决事物发展过程中的难题。发展目标设置得太简单，就会让主体丧失努力和奋斗的动力，那么发展目标将形同虚设，毫无意义。发展目标的可实现性，就是发展目标具有实现的可能，发展目标不是越高越好，越美好越好，发展目标是具有引领作用的，因此发展必须根据发展实际来设置，超越发展实际，发展目标无法实现或者看不到实现可能，导致主体丧失信心和动力，发展目标无法完成就成了虚无。坚持发展目标设置的超越性与可实现性的统一，就是要求发展目标在制定的过程

---

① 《十八大以来重要文献选编(上)》，北京：中央文献出版社2014年版，第116页。

中坚持实事求是的思想路线，符合事物发展的客观规律和客观实际，就是在主体的能动性发挥与符合客观规律的统一中实现发展目标。

中国共产党历来重视发展目标的超越性与可实现性的统一。强调发展目标的层层推进，注重发展步骤的科学设计，使目标实现思路明确、步骤清晰；又强调实现发展目标"任重而道远"，必须充分调动一切发展活动，推动社会发展目标的实现。经过几十年的发展，我国取得了骄人的发展成就，实现了全方位的发展转变，从经济上看，我国已经成为全球第二大经济体，已经实现了站起来、富起来的伟大目标，开启了强起来的发展阶段；从政治上看，人民当家作主的权利体制机制不断优化，制度优势日益显现；从文化上看，中国文化受到越来越多的喜爱，在国际上赢得了好评；科技实力显著增强，文化软实力显著增强；从社会治理来看，和谐社会建设取得了较大成就，基层社会治理成果丰富；从生态上来看，环境保护政策、发展模式转型升级推进较快，这些变化，奠定了实现中华民族伟大复兴的基础。但是实现中华民族伟大复兴的目标不是自然而然的，这个目标并不是容易实现的，而是需要全体的中华儿女勠力同心，共同努力，为实现这一目标而不懈奋斗。

第一章

中国化马克思主义社会发展理论的理论渊源

人类文明史上任何思想理论的产生，从认识论的角度看，都是对以往某种思想理论的继承，又是总结新的实践经验而作出的发展，是思想继承和理论创新发展的结合。只有站在前人的肩膀上，才有可能进一步发展前人所创立的伟大理论。中国化马克思主义社会发展理论是揭示当代中国社会发展规律的科学理论，有着其深刻的理论渊源。其形成和发展的轨迹，按在各个不同的时代背景和具体国情下所产生的具体历史特点，形成了不同的时期。本章以马克思、恩格斯、列宁、斯大林、毛泽东、邓小平、江泽民、胡锦涛和以习近平同志为核心的党中央领导集体的文章及著作为基本依据，对马克思主义关于社会主义发展的理论作了全面系统的考察和梳理，力求全面准确地阐述马克思主义社会发展理论的发展历程和基本规律，使马克思主义社会发展理论的发展史有一个较为完整和清晰的脉络，它们在本质上是一以贯之、一脉相承的关系，指明了马克思主义社会发展理论体系的连续性。

一、马克思恩格斯列宁斯大林的社会发展理论

(一) 马克思恩格斯社会发展理论

马克思和恩格斯以科学的世界观和方法论为基础，遵循了历史唯物主义的研究轨迹，完成了社会主义从空想到科学的转变，科学阐述了他们的社会主义发展观。正如列宁所指出的，"马克思的全部理论，就是运用最彻底、最完整、最周密、内容最丰富的发展论去考察现代资本主义。自然，他也就要运用这个理论去考察资本主义的即将到来的崩溃和未来共产主义的未来的发展"。[①]

---

① 《列宁选集》(第 3 卷)，北京：人民出版社 1995 年版，第 186 页。

1. 对未来社会发展的一般预见

马克思恩格斯是在科学揭示人类社会发展规律的过程中，展望社会主义和共产主义的。马克思恩格斯是彻底的唯物主义者，他们认为未来的"自由人联合体"是代替资本主义的一种美好的社会制度，至于未来的新社会有哪些特征，只作了一般的预示，并未陷入空想。他们坚决反对对未来社会"作纯学理的、必然是幻想的预测"。他们认为"在将来某个特定的时刻应该做些什么，应该马上做些什么，这当然完全取决于人们将不得不在其中活动的那个特定的历史环境。但是，现在提出这个问题是不着边际的，因而实际上是一个幻想的问题，对这个问题的唯一的答复应当是对问题本身的批判"。① 马克思主义创始人预测："尽力找出进一步的发展将循以进行的总趋向。"②恩格斯说："我们对未来非资本主义社会区别于现代社会的特征的看法，是从历史事实和发展过程中得出的确切结论；不结合这些事实和过程去加以阐明，就没有任何理论价值和实际价值。"③

马克思恩格斯针对资本主义社会的弊端对未来新社会的发展做出的设想是，无产阶级革命可能首先在资本主义比较发达的国家取得胜利；共产主义社会的第一阶段虽然是从旧社会脱胎出来的，还带有旧社会的痕迹，但已经建立在生产力比较发达的基础之上；生产资料将归全社会占有，劳动产品实行按劳分配；阶级和阶级对立已经消灭，社会将成为自由人的联合体，国家逐步走向消亡。正如列宁所评价的，"科学社会主义其实从未描绘过任何未来的远景，它仅限于分析现代资本主义制度，研究资本主义社会组织的发展趋势，如此而已。……例如《资本论》这部叙述科学社会主义的主要的和基本的著作，对于未来只是提出一些最一般的暗示，它考察的只是未来的制度所由以长成的那些现有的因素"。④ 可以说，马克思主义创始人并未给社会主义确定一套固定不变的模式。他们认为，

---

① 《马克思恩格斯选集》(第4卷)，北京：人民出版社1995年版，第643页。
② 《马克思恩格斯选集》(第4卷)，北京：人民出版社1995年版，第691页。
③ 《马克思恩格斯选集》(第4卷)，北京：人民出版社1995年版，第676页。
④ 《列宁选集》(第1卷)，北京：人民出版社1995年版，第51页。

"所谓'社会主义社会'不是一种一成不变的东西，而应当和任何其他社会制度一样，把它看成是经常变化和改革的社会"。①

2. "发现了人类历史的发展规律"和资本主义的发展规律

马克思一生对人类社会最重要的贡献之一，就是"发现了人类历史的发展规律"。他提出并论证了人类社会是从物质生活资料的生产这个基础上发展起来的；"物质生活的生产方式制约着整个社会生活、政治生活和精神生活的过程"；② 生产力发展水平决定生产关系状况，生产力与生产关系的矛盾运动推动社会的变革和发展；与生产力发展的不同阶段相适应，人类社会经历了几种不同的社会形态，"一切依次更替的历史状态都只是人类社会由低级到高级的无穷发展进程中的暂时阶段"③；资本主义社会由于其内在矛盾的作用，必将被新的社会形态代替；随着大工业的发展，人类历史正"向世界历史转变"等重要思想。

社会主义最终必然代替资本主义（简称"两个必然"），这是人类社会历史发展的最重要规律。在创立了唯物史观之后，马克思恩格斯重点研究了"现代资本主义生产方式和它所产生的资产阶级社会的特殊的运动规律"。④ 马克思恩格斯运用社会基本矛盾理论、阶级斗争理论、人民群众是历史创造者的理论和剩余价值理论，全面而透彻地分析了资本主义社会。他们得出结论：资本主义社会决不像某些思想家所鼓吹的那样是最为理想和永恒的社会形态。资本主义曾经在历史上产生过非常重要的作用，但由于它自身基本矛盾运动的发展，最终必然会被新的更高的社会形态即社会主义所代替。与此同时，马克思还从唯物史观的高度提出了"两个决不会"的论断："无论哪一个社会形态，在它所能容纳的全部生产力发挥出来以前，是决不会灭亡的；而新的更高的生产关系，在它的物质存在条件

---

① 《马克思恩格斯选集》(第4卷)，北京：人民出版社1995年版，第693页。
② 《马克思恩格斯选集》(第2卷)，北京：人民出版社1995年版，第32页。
③ 《马克思恩格斯选集》(第4卷)，北京：人民出版社1995年版，第217页。
④ 《马克思恩格斯选集》(第3卷)，北京：人民出版社1995年版，第776页。

在旧社会的胎胞里成熟以前，是决不会出现的。"①"两个必然"和"两个决不会"揭示了人类社会历史发展的最重要规律。

马克思恩格斯论述人类社会发展规律与揭示资本主义发展规律是相辅相成、相得益彰的。马克思恩格斯以唯物史观为指导，运用剩余价值理论深刻剖析了资本主义社会的产生和发展过程以及必然被取代的历史趋势，从而有力地揭示了人类社会发展的一般规律。

马克思还认为人类社会发展的规律是客观的，人类社会历史进程始终受客观规律的支配，但人们在客观规律面前不是无能为力的，人们可以发现、认识、掌握从而自觉地利用规律来达到自己的目的。"社会力量完全像自然力一样，在我们还没有认识和考虑到它们的时候，起着盲目的、强制的和破坏的作用。但是，一旦我们认识了它们，理解了它们的活动、方向和作用，那么，要使它们越来越服从我们的意志并利用它们来达到我们的目的，就完全取决于我们了。"②社会历史进程必然要受一般规律的制约和影响，但是各国具体的发展道路和社会发展规律的实现形式却是多样的，不可能有统一的发展模式。按照马克思的观点，规律是道路的本质依据，道路则是规律的具体实现方式。由于规律在不同国家、民族以及这些国家、民族的不同历史发展阶段上所实现的方式不同，因而所形成的发展道路也不同。③ 马克思认为，一个国家具体选择什么样的发展道路，关键看条件。他在思考俄国社会发展道路时认为，俄国能否跨越资本主义的"卡夫丁峡谷"走向社会主义，主要取决于"跨越"的条件。假如各种条件具备，跨越"卡夫丁峡谷"是可能的。离开条件讲发展道路只会陷入空想。因此他认为，社会主义在英国、德国、美国可能有不同的实现形式。

3. 关于社会全面发展的理论

马克思把人的全面而自由发展确立为社会发展的最高目标和价值标准，并提

---

① 《马克思恩格斯选集》(第2卷)，北京：人民出版社1995年版，第33页。
② 《马克思恩格斯选集》(第3卷)，北京：人民出版社1995年版，第754页。
③ 吕世荣：《马克思社会发展理论研究》，北京：中国社会科学出版社2001年版，第103页。

出了人与自然界和谐共生、经济与社会协调发展的重要思想。

马克思恩格斯认为，生产方式和交换方式的变革是"一切社会变迁和政治变革的终极原因"①；物质生活的生产方式决定着社会生活、政治生活及精神生活的一般过程；经济发展是社会发展的基本动力和主要表现。一个社会如果经济不能有效发展，其他方面的发展就失去依托和基础。因此社会主义社会必须高度重视经济建设，"尽可能快地增加生产力的总量"②。虽然马克思恩格斯非常重视经济发展在社会发展中的重要作用，但从未将经济发展的作用绝对化。恩格斯曾明确指出："政治、法、哲学、宗教、文学、艺术等等的发展是以经济发展为基础的。但是，它们又都互相作用并对经济基础发生作用。并非只有经济状况才是原因，才是积极的，其余一切都不过是消极的结果。这是在归根到底总是得到实现的经济必然性的基础上的互相作用。"③历史证明，随着社会的进步，国家等政治上层建筑对经济社会发展的作用越来越重要。在现代社会，任何一个民族、一个国家要实现经济发展和社会进步，都离不开政治上层建筑。

提出了人与自然界和谐共生的思想。人本身是自然界的产物，人类社会的生存和发展离不开自然，因此人类要善待自然，妥善处理与自然的关系，不能不顾甚至违背自然规律为所欲为。恩格斯在《自然辩证法》一书中曾指出：美索不达米亚、希腊、小亚细亚以及其他各地的居民，为了想得到耕地，把森林砍完了，但是他们梦想不到，这些地方今天竟因此成为不毛之地。他告诫人们"不要过分陶醉于我们人类对自然界的胜利。对于每一次这样的胜利，自然界都对我们进行报复……我们对自然界的全部统治力量，就在于我们比其他一切生物强，能够认识和正确运用自然规律。"④马克思恩格斯设想，在未来理想社会，"社会化的人，联合起来的生产者，将合理地调节他们和自然之间的物质变换，把它置于他们的共同控制之下，而不让它作为盲目的力量来统治自己；靠消耗最小的力量，在最

---

① 《马克思恩格斯选集》(第3卷)，北京：人民出版社1995年版，第741页。
② 《马克思恩格斯选集》(第1卷)，北京：人民出版社1995年版，第293页。
③ 《马克思恩格斯选集》(第4卷)，北京：人民出版社1995年版，第732页。
④ 《马克思恩格斯选集》(第4卷)，北京：人民出版社1995年版，第383-384页。

无愧于和最适合于他们的人类本性的条件下来进行这种物质变换",① 以达到"人和自然界之间、人和人之间的矛盾的真正解决"。②

对外开放与因地制宜发展的思想。马克思在分析大工业和现代科学技术对人类社会发展巨大影响的基础上，提出了各民族的发展必须吸纳其他先进国家和其他民族发展成果的观点。他指出，随着大工业和科学技术的发展，各民族的原始闭关自守状态由于日益完善的生产方式、交往以及因此自发地发展起来的各民族之间的分工而消灭得愈来愈彻底，历史在更大的程度上成为全世界的历史。"过去那种地方的和民族的自给自足和闭关自守状态，被各民族的各方面的互相往来和各方面的互相依赖所代替了。物质的生产是如此，精神的生产也是如此。各民族的精神产品成了公共的财产。"在这样一种情况下，"民族的片面性和局限性日益成为不可能"。③ 后发展国家或民族只有顺应历史潮流，吸纳世界文明的先进成果，才能加快自己的发展，跟上时代的步伐。

马克思把人的全面而自由发展确立为社会发展的最高目标和价值标准。马克思关于人的自由全面发展的理论包含着十分丰富而深刻的内容，其主要方面有以下几点：第一，马克思恩格斯提出人类社会发展的根本目的和核心，是实现人的自由全面的发展，这也是共产主义的目的。马克思指出，社会的生产实践活动，包括物质的和精神的生产活动，是人类最重要的活动。人的生产实践是推动社会发展的根本力量。因此，任何社会的发展都必须重视人本身的发展。他认为"要不是每一个人都得到解放，社会也不能得到解放"④。共产党人所为之奋斗的社会，是以每个人的全面而自由的发展为基本原则的社会形式。在《共产党宣言》中，马克思和恩格斯指出在新的社会里，"通过社会生产，不仅可能保证一切社会成员有富足的和一天比一天充裕的物质生活，而且还可能保证他们的体力和智

---

① 《马克思恩格斯全集》(第 25 卷)，北京：人民出版社 1974 年版，第 926-927 页。
② 《马克思恩格斯全集》(第 42 卷)，北京：人民出版社 1979 年版，第 120 页。
③ 《马克思恩格斯选集》(第 1 卷)，北京：人民出版社 1995 年版，第 276 页。
④ 《马克思恩格斯选集》(第 3 卷)，北京：人民出版社 1995 年版，第 644 页。

力获得充分的自由的发展和运用"。① 第二，阐述了人的自由全面发展的内涵和主要内容。马克思认为："人以一种全面的方式，也就是说，作为一个完整的人，占有自己的全面的本质。"②恩格斯也指出：人的全面发展就是要"使社会全体成员的才能得到全面发展。"③第三，提出人的全面发展的实现条件。马克思恩格斯多次指出：实现人的全面发展必须具备两个前提，一是发展生产力；二是消灭资本主义私有制，建立起自由人的联合体。第四，提出人的全面发展是一个与社会发展相统一的历史过程。马克思的这些重要思想对于我们今天确立现代化的发展模式和发展战略具有重要的启迪意义——现代化建设必须把人民的利益作为出发点和落脚点。我们发展经济、推动社会文明进步的目的，就是为了满足人民的物质和精神文化生活各方面的需要，就是为了全面提高人的综合素质，提高人民的生活水平和质量。

马克思恩格斯关于未来理想社会将是每个人的全面而自由发展、人与自然界和谐共生的思想，实际上蕴含了经济和社会全面协调发展的思想。因为，人的全面而自由发展，有赖于经济和社会的协调发展，只有在生产力不断发展和高度发达的基础上实现了经济和社会的全面协调发展，才有可能实现每个人的全面而自由的发展。

4. 阐述了人是未来新社会的发展主体

人是社会历史的主体，在《〈政治经济学〉批判序言》中，马克思明确指出："主体是人，客体是自然。"④实际上，早在《1844年经济学哲学手稿》中马克思就提出："整个所谓世界历史不外是人通过人的劳动而诞生的过程，是自然界对人来说的生成过程。"⑤他明确指出："历史什么事情也没有做……'历史'并不是把

---

① 《马克思恩格斯选集》(第3卷)，北京：人民出版社1995年版，第757页。
② 《马克思恩格斯全集》(第42卷)，北京：人民出版社1979年版，第123页。
③ 《马克思恩格斯选集》(第1卷)，北京：人民出版社1995年版，第243页。
④ 《马克思恩格斯选集》(第2卷)，北京：人民出版社1995年版，第3页。
⑤ 《马克思恩格斯全集》(第42卷)，北京：人民出版社1979年版，第131页。

人当做达到自己目的的工具来利用的某种特殊的人格。历史不过是追求着自己目的的人的活动而已。"①在《德意志意识形态》中，马克思和恩格斯系统地论述了人创造历史的各种重要作用，认为人不仅是物质财富的创造者，也是精神财富的生产者，同时也是社会变革的主要力量，正是人的各种各样的活动才最后促成了社会历史的发生、发展、进步。

马克思虽然在一般的意义上承认人是历史的主体，但具体说来，并非所有的人都是主体。实际上，马克思所说的主体是处在一定的社会关系中、进行着各种各样活动的人，尤其重要的是"创造历史"的人。就是说，马克思所说的主体是对于历史发展有积极作用、推动社会不断进步的人。比如奴隶社会末期的地主阶级，封建社会末期的资产阶级，以及资本主义社会的无产阶级，都是推动历史进步的群体，因而是主体。相反地，奴隶社会末期的奴隶主阶级，封建社会末期的地主阶级，资本主义社会下降时期的资产阶级，则是社会进步和发展的阻碍力量，不是社会历史的主体，而是历史发展的"反主体"。也就是说，马克思说的主体主要指占人口大多数、代表历史进步方向的人民群众。所谓人民群众，就是在各个历史时期代表了历史前进的基本方向、占社会人口绝大多数的劳动者。马克思认为："历史活动是群众的事业，随着历史活动的深入，必将是群众队伍的扩大。"②

5. 关于未来社会发展途径的设想

马克思主义创始人尽管没有亲临社会主义建设实际，但是他们却能从一般原则出发，对未来"新社会"的发展问题做出了某些设想。如对于社会主义经济建设的所有制问题、分配问题，对社会主义改造的某些问题，对于社会主义国家机关建设的有关问题，对于社会主义条件下人的全面发展的某些问题等，都提出了一般性见解。对有些问题的看法，至今对我们仍有深刻的启迪作用。正如恩格斯

---

① 《马克思恩格斯全集》(第 2 卷)，北京：人民出版社 1957 年版，第 118-119 页。
② 《马克思恩格斯全集》(第 2 卷)，北京：人民出版社 1957 年版，第 104 页。

所言："一切社会变迁和政治变革的终极原因，不应当到人们的头脑中，到人们对永恒的真理和正义的日益增进的认识中去寻找，而应当到生产方式和交换方式的变更中去寻找；不应当到有关时代的哲学中去寻找，而应当到有关时代的经济中去寻找。"①换言之，社会主义和资本主义的区分并非人为地规定，而是社会生产方式和交换方式内在矛盾的必然结果。

6. 提出了社会主义发展动力学说

在马克思看来，社会是一个复杂的有机体，其中构成社会的各个领域、各个部分是同时存在而又互相依存的。作为一个由各种因素组成的具有复杂结构的有机体，社会发展是各种因素、各种力量综合作用的结果。马克思从历史发展的实际过程出发具体分析了影响社会发展的五种重要因素：物质生产、人的生产、精神生产、生产方式和人的需要，在此基础上，将比较具体的五种因素抽象为具有内在必然联系的生产力、生产关系、上层建筑，从而揭示了社会发展的根本动力。马克思指出："一切历史冲突都根源于生产力和交往形式之间的矛盾。"②生产力的不断发展推动生产关系和其他社会关系不断变更，促使政治、法律等社会制度不断变革，并导致社会意识形态和其他社会意识形态或快或慢地发生变化。马克思认为，社会发展的根本动力在于社会基本矛盾的运动，生产力和生产关系之间、经济基础和上层建筑之间的辩证矛盾运动构成了社会变迁和社会发展的深层根源。生产力是社会发展的最终决定力量，它根源于人们的生存和发展的需要，它总是要向前发展的，由此就导致了生产关系的不断变革，上层建筑和社会意识形态的不断变化，推动社会从低级到高级的发展。③

马克思认为社会发展的根本动力因素要通过各种直接的、具体的动力因素表现出来。马克思关于社会发展动力的科学分析，尤其是关于社会发展根本动力的

---

① 《马克思恩格斯选集》(第3卷)，北京：人民出版社1995年版，第617-618页。
② 《马克思恩格斯选集》(第1卷)，北京：人民出版社1995年版，第115页。
③ 侯衍社：《马克思的社会发展理论及其当代价值》，北京：中国社会科学出版社2004年版，第119页。

分析表明，他绝不是什么"科技决定论者"，也不是什么"斗争、冲突决定论者"，而是一个既承认多因素作用，又强调社会基本矛盾是社会发展根本动力的辩证唯物主义和历史唯物主义者。

总之，马克思主义创始人对未来社会发展问题的阐述，具有原则性和方向性的意义，对将要出现的社会主义起着奠基作用。特别是从人类社会总体发展的大视野中去预测"新的社会制度"发展问题。这些原则性的论断成为社会主义发展观的理论基础，至今仍有很大的启发性。但是，"同任何新的学说一样，它必须首先从已有的思想材料出发，虽然它的根子深深扎在物质的经济的事实中"，①在当时的历史条件下，马克思主义创始人的社会发展理论还没有形成一个系统的理论体系；他们探讨的内容总体上是宏观的、粗线条的，而且往往混合在其他理论之中，对于今天人们探讨的许多重要的发展理论问题，比如发展模式、发展机制、发展道路、发展代价等，没有也不可能进行专门研究；对于他们去世后才出现的一些新情况、新问题，也不可能进行具体分析研究。甚至就他们探讨过的问题来说，有些具体结论也是受到历史条件局限的。然而，这些并不影响马克思恩格斯社会发展理论在当代的重大价值和积极意义。

(二) 列宁社会发展理论

列宁的社会发展理论是列宁在探索俄国革命和建设道路、揭示落后国家发展规律的过程中构建起来的。它是马克思主义发展理论在新的历史条件下的新发展。列宁结合 19 世纪末 20 世纪初世界历史的新特点，创造性地将马克思主义的基本原理运用于俄国的具体发展实践，极大地丰富和发展了马克思的社会发展理论，特别是东方社会发展理论。

列宁社会发展理论是马克思主义发展理论的重要组成部分，一方面，它继承了马克思社会发展理论中的有关思想，如：社会是发展着的有机体，社会的发展

---

① 《马克思恩格斯选集》(第 3 卷)，北京：人民出版社 1995 年版，第 719 页。

是一种自然历史过程，社会历史发展过程是统一性与多样性的统一，社会发展的最终决定力量是生产力，社会发展的最终目的是人的自由而全面发展，等等。另一方面，又丰富和发展了马克思的社会发展理论，对俄国社会发展的一系列基本问题如发展的基点、发展的道路、发展的主体、发展的动力、发展的规律都作了阐述。如俄国等东方落后国家，必须立足于本国实际，不断提高国民的思想文化素质，加强执政党的自身建设，实现工业化、商业化、民主化、法治化以及合作化。列宁说："在分析任何一个社会问题时，马克思主义理论的绝对要求，就是要把问题提到一定的历史范围之内；此外，如果谈到某一国家（例如，谈到这个国家的民族纲领），那就要估计到在同一历史时代这个国家不同于其他各国的具体特点。"①

1. 新经济政策对社会发展基本问题的回答

1918—1920年，由于各种原因，苏维埃俄国实行了战时共产主义政策。此政策支撑了战争，保住了新生的苏维埃政权，但却导致了经济的、政治的和社会的严重危机。新经济政策实施的直接原因是列宁领导下的苏维埃俄国为了摆脱危机而从1921年春开始实行的一项政策，但是新经济政策还有更深刻的意义，它是经济文化落后国家如何发展自己的一次开创性探索。新经济政策作为一项涉及经济、政治、文化发展的全面性政策，集中体现了列宁关于落后国家实现现代化的战略构想，初步回答了经济文化落后国家的发展基点、发展道路、发展主体、发展规律、发展动力等问题，从而使列宁的社会发展理论得到了升华。

（1）发展基点和道路

邓小平曾肯定了列宁关于新经济政策的基本思路，认为这是一个比较好的思路，其好就好在：准确地抓住了俄国社会发展基点——俄国的国情，并把马克思主义基本原理运用到俄国的实际中去。从俄国国情出发分析思考俄国革命和建设

---

① 《列宁选集》（第2卷），北京：人民出版社1995年版，第375页。

的实际问题，这是列宁社会发展理论创新的源泉。

列宁认为俄国的基本国情一是"小农占大多数"；二是经济文化比较落后。正是基于对俄国国情的这一科学认识，列宁得出结论：俄国不能采取"直接过渡"的办法，而只能通过一系列"中间环节"或"过渡形式"实现小农经济向社会主义的转变。

与马克思恩格斯不同，列宁在社会主义实践中充分认识到商品交换对苏维埃的意义。他指出："如果不在工业和农业之间实行系统的商品交换或产品交换，无产阶级和农民就不可能建立正常的关系，就不可能在从资本主义到社会主义的过渡时期建立十分巩固的经济联盟。"①他要求全党必须全力抓住商业这个环节。列宁还特别强调了国家资本主义的作用，认为国家资本主义与商业、市场一样，都是前资本主义经济向社会主义经济过渡的中间环节。正如列宁所说："在一个经济遭到空前破坏的国家里，在一个破产农民占人口绝大多数的国家里，如果没有资本的帮助，要保持无产阶级政权是不可能的。"②

列宁从客观实际出发，纠正了马克思和恩格斯以西欧发达资本主义国家为背景对未来社会作的一些具体设想，摒弃了将社会主义与资本主义抽象地对立起来的思维方式，创造性地认识借鉴和利用了资本主义。列宁认为，"既然我们还不能实现从小生产到社会主义的直接过渡，所以作为小生产和交换的自发产物的资本主义，在一定程度上是不可避免的，所以我们应该利用资本主义（特别是要把它纳入国家资本主义的轨道）作为小生产和社会主义之间的中间环节，作为提高生产力的手段、途径、方法和方式"。③

（2）关于发展内涵和主体

在列宁看来，最根本的发展是生产力的发展。列宁把发展生产力作为整个社会发展的主要标准，并将此标准作为思考俄国一切实际问题的根本出发点。在十

---

① 《列宁选集》（第4卷），北京：人民出版社1995年版，第533页。
② 《列宁选集》（第4卷），北京：人民出版社1995年版，第454页。
③ 《列宁选集》（第4卷），北京：人民出版社1995年版，第510页。

月革命胜利后不久，列宁就指出，"在任何社会主义革命中，当无产阶级夺取政权的任务解决以后，随着剥夺剥夺者及镇压他们反抗的任务大体上和基本上解决，必然要把创造高于资本主义的社会结构的根本任务提到首要地位，这个根本任务就是：提高劳动生产率"。① 后来他又明确指出："无产阶级取得国家政权以后，它的最主要最根本的需要就是增加产品数量，大大提高社会生产力。"②"在全国范围内提高劳动生产率"是实现社会主义的"非常重要的物质条件。"③苏维埃政权实行新经济政策，从根本上讲也是为了提高劳动生产率，发展社会生产力这一宗旨。列宁在当时制定发展战略的时候，把全国电气化计划作为布尔什维克的"第二个党纲"，提出了"共产主义就是苏维埃政权加全国电气化"的著名论断，并把它上升为事关社会主义兴衰成败的高度来认识。他指出："只有当国家实现了电气化，为工业、农业和运输业打下了现代化大工业的技术基础的时候，我们才能得到最后的胜利。"④可以看出，列宁所说的"提高生产力""全国电气化""现代化的大工业"等，都是从社会主义发展的战略思考出发进行的论述。所有这些表述实质上都是发展生产力的代名词，是发展生产力的深层借用语。列宁要表达的思想就是，离开了生产力的发展，社会主义就失去了根基，社会主义就无从设想。

列宁认为，要发展生产力，除了必须充分利用国家资本主义，还必须发挥农民的作用。由于农民在俄国占绝大多数，所以农民对苏维埃政权来讲是一个决定性的因素。列宁指出："全部问题在于农民跟谁走：跟无产阶级走呢，还是跟资本家走。"⑤他充分认识到：在经济文化比较落后的国家里，社会发展的主体是广大劳动群众，特别是农民群众；社会主义建设是全体劳动群众的事业。"只靠共产党员的双手来建立共产主义社会，这是幼稚的、十分幼稚的想法。共产党员不

---

① 《列宁选集》(第 3 卷)，北京：人民出版社 1995 年版，第 490 页。
② 《列宁选集》(第 4 卷)，北京：人民出版社 1995 年版，第 623 页。
③ 《列宁选集》(第 3 卷)，北京：人民出版社 1995 年版，第 480 页。
④ 《列宁选集》(第 4 卷)，北京：人民出版社 1995 年版，第 364 页。
⑤ 《列宁选集》(第 4 卷)，北京：人民出版社 1995 年版，第 577 页。

过是沧海一粟，不过是人民大海中的一粟而已。"①必须"用非共产党人的手来建设共产主义"。② 列宁在这里所说的非共产党人主要指的是农民，列宁认为和农民结盟很重要。他说："新经济政策的基本的、有决定意义的、压倒一切的任务，就是使我们开始建设的新经济(建设得很不好，很不熟练，但毕竟已在完全新的社会主义经济，即新的生产和新的分配的基础上开始建设)同千百万农民赖以为生的农民经济结合起来。"③列宁曾说过："全部关键在于，现在要同无比广大的群众，即同农民一道前进，用行动、实践和经验向农民证明，我们在学习并且一定能学会帮助他们，率领他们前进。"④列宁把"农民满意不满意"作为俄共决策的重要依据。为调动农民群众的生产积极性，列宁提出了"同个人利益相结合的原则"，并且强调指出："必须以同农民个人利益的结合为基础"，⑤ 否则就不能把千百万人引导到共产主义。

生产力的发展离不开农民主体性的发挥，而农民主体性的加强又反过来依赖生产力的发展。要提升农民的主体性，必须对农民进行改造，列宁提出了创办做买卖的合作社。这是能把农民个人利益与社会主义统一起来的组织形式，在这里，无产阶级对农民的领导是有保证的。列宁指出："由于我们国家制度的特点，合作社在我国具有非常重大的意义。……那么在我国的条件下合作社往往是同社会主义完全一致的。"⑥因此，促使农民参加合作社，是引导农民走向社会主义的现实之路。

(3)关于发展规律及动力

列宁作为一个历史唯物主义者，他充分肯定了马克思恩格斯所揭示的生产力决定生产关系、经济基础决定上层建筑这两条社会发展基本规律在建设社会主义

① 《列宁选集》(第4卷)，北京：人民出版社1995年版，第682页。
② 《列宁选集》(第4卷)，北京：人民出版社1995年版，第683页。
③ 《列宁选集》(第4卷)，北京：人民出版社1995年版，第662页。
④ 《列宁选集》(第4卷)，北京：人民出版社1995年版，第700页。
⑤ 《列宁选集》(第4卷)，北京：人民出版社1995年版，第581页。
⑥ 《列宁选集》(第4卷)，北京：人民出版社1995年版，第772页。

和实现共产主义过程中的作用；与此同时，他又从俄国的实际国情出发，灵活运用马克思主义社会矛盾理论，提出了涵盖经济、政治、文化三方面的全面发展战略。正是在这一发展战略的构想过程中，列宁对落后国家发展规律及发展动力问题有了更为深刻的认识。

俄国经济落后的重要根源之一就是文化落后。列宁充分认识到俄国文化的落后，所以他在晚年最后的思考中提出了"文化革命"的概念，作为社会主义文化建设的纲领。重视文化建设，倡导在文化领域里实现一场革命，这是列宁建设社会主义的一个很重要的特点。它反映了经济文化落后国家建设社会主义的规律性。列宁将文化建设与经济建设、政治建设紧密联系在一起，明确指出，不识字，就不能实现电气化；不识字，就不可能有政治。文化建设是经济建设的智力前提，是政治建设的重要条件。列宁反复强调："在一个文盲的国家里是不能建成共产主义社会的。"①列宁在重视文化教育的同时，还认真考察了科学技术同社会发展的关系，通过考察，他发现："科学和技术每前进一步，都必不可免地、毫不留情地破坏资本主义社会内的小生产的基础。"②所以科技进步与文化教育一样，都是社会发展的重要动力。

2. 列宁对社会主义发展阶段的认识及其深化

十月革命前，列宁对于社会主义发展阶段的认识，基本上是继承了马克思、恩格斯对未来社会的设想。新的贡献是在 1916 年 7 月《关于自治问题的争论总结》一文中，他第一次把马克思在《哥达纲领批判》中讲的共产主义社会第一阶段称为"社会主义"。1917 年以后，列宁则经常使用"社会主义"一词指称共产主义的第一阶段。列宁还根据马克思关于共产主义社会分为两个阶段的思想，阐述了这两个阶段的差别。但同时又指出，"共产主义第一阶段或低级阶段同共产主义高级阶段之间的差别在政治上说将来也许很大，但现在在资本主义下来着重谈论

---

① 《列宁选集》(第 4 卷)，北京：人民出版社 1995 年版，第 294 页。
② 《列宁选集》(第 2 卷)，北京：人民出版社 1995 年版，第 5 页。

它就很可笑了"。①

十月革命以后，列宁更为关注经济文化落后的俄国如何过渡到社会主义的问题。他指出，我们刚刚迈出最初几步，我们不知道，而且也不可能知道过渡到社会主义还要经过多少阶段。我们还没有超出从资本主义向社会主义过渡的最初阶段。他还指出，怎样设想一个发达的社会主义任务这也不困难。在这里，列宁明确提出了"发达的社会主义社会"的概念。列宁认为，社会主义社会有一个从不成熟到成熟的发展过程，这一过程可分为初级形式的社会主义和完全的社会主义（发达的社会主义）这两个不同阶段，只有完全的社会主义建成后，才能开始向共产主义过渡。列宁在《关于星期六义务劳动》一文中，使用"初级形式的社会主义"一词，他说，"我们在剥夺了地主和资本家以后，只获得了建立社会主义那些最初级形式的可能，但是这里还丝毫没有共产主义的东西"。② 此外，列宁还使用了"完整的社会主义"的提法，他说，"只有经过多次的尝试——其中每次单独的尝试都会是片面的，都会有某种不相称的毛病——才能从一切国家无产者的革命合作中建立起完整的社会主义"。③ 当时列宁对此并没有作出过多的理论阐述，只是到1921年春实行新经济政策之后，列宁对初级形式社会主义的理论才有了更多的阐述。俄国处于并将长期处于向社会主义过渡的历史时期，这是列宁对当时俄国所处历史发展阶段的明确表述，"在完全摆脱资本主义并开始向社会主义过渡的道路上，我们刚刚迈出了最初的几步。我们不知道，而且也不可能知道，过渡到社会主义还要经过多少阶段"。④ 并且，列宁还强调不能超越阶段，他在批评共产主义运动中的"左派"幼稚病时指出："如果目前就企图提前实现将来共产主义充分发展、完全巩固和形成、完全展开和成熟的时候才能实现的东西，这无异于叫四岁的小孩去学高等数学。"⑤社会主义应该按阶段循序渐进发

---

① 《列宁选集》（第3卷），北京：人民出版社1995年版，第199页。
② 《列宁选集》（第4卷），北京：人民出版社1995年版，第92页。
③ 《列宁选集》（第3卷），北京：人民出版社1995年版，第531页。
④ 《列宁选集》（第3卷），北京：人民出版社1995年版，第460页。
⑤ 《列宁选集》（第4卷），北京：人民出版社1995年版，第159页。

展，这是列宁一个非常重要的、可贵的思想。列宁关于社会主义社会阶段问题所做的思考及其基本思想，把马克思恩格斯关于未来社会发展阶段的思想向前推进了一大步，为我们分析社会主义社会发展阶段提供了科学的方法论和理论基础。

3. 发展社会主义要学习和利用资本主义

利用资本主义是马克思的一个重要思想，马克思曾预见到落后国家建设社会主义要"享用资本主义制度的一切肯定成果"，才能跨越资本主义的"卡夫丁峡谷"。列宁继承了马克思的这一思想，精辟地论述了社会主义与资本主义的必然关系。他说："我们从来不是空想家，我们从来没有想用纯洁的共产主义社会中产生和培养出来的纯洁的共产党人的纯洁的手来建设共产主义社会。那是童话。我们要用资本主义的破砖碎瓦来建设共产主义，而且只有在反资本主义斗争中受过锻炼的那个阶级才能做到这一点。"①在苏俄处于世界资本主义包围与封锁的环境中，列宁就提出了"在经济上极力利用、加紧利用和迅速利用资本主义的西方"的战略思想。这种见地，无论是从历史还是现实的观点来看，都是非常具有远见的。列宁看到，先进的资本主义国家需要俄国的原料，而俄国需要资本主义的资金和技术。因此列宁指出："为什么像我们这样的社会主义国家不能同资本主义国家有无限制的生意往来，我看不出有任何理由不能这样做。我们并不反对使用资本主义国家的机车和农业机器，那么，为什么他们要反对利用我们社会主义国家的小麦、亚麻和白金呢？"②列宁还从巩固和发展社会主义的高度，分析和论证了在经济文化落后的国家利用资本主义的重要意义。他清醒地认识到，没有建筑在现代科学最新成就上的资本主义技术，社会主义就无从设想。特别是"社会主义能否实现，就取决于我们把苏维埃政权和苏维埃管理组织同资本主义最新的进步的东西结合得好坏。"③列宁给社会主义下了一个简短的定义，"乐于吸取

---

① 《列宁选集》(第3卷)，北京：人民出版社1995年版，第782页。
② 《列宁全集》(第38卷)，北京：人民出版社1986年版，第165页。
③ 《列宁选集》(第3卷)，北京：人民出版社1995年版，第492页。

外国的好东西：苏维埃政权+普鲁士的铁路秩序+美国的技术和托拉斯组织+美国的国民教育等等等等++＝总和＝社会主义"。① 在社会主义与资本主义的关系中去论述社会主义的发展问题，这是列宁对马克思主义的重大创新和突破，在新的实践中，把马克思的学习和利用资本主义的思想提高到一个新阶段。列宁从社会主义未来发展的战略高度正确地提出了如何从西方资产阶级手中夺取经济上的优势，并逐渐取得从经济上战胜资本主义的途径、方法和策略。向资本主义学习、利用资本主义的深层战略意义在于，"这正是俄罗斯苏维埃社会主义共和国不再做又贫穷又软弱的国家，而永远成为又强大又富饶的国家所需的东西"。②

4. 发展社会主义要进行改革

经过几年的建设，列宁开始认识到，苏维埃政权的党政机关中存在一些弊端，经济建设中也存在问题，对此列宁思考社会主义条件下的改革问题。他指出："为了过渡到社会主义，目前我们并不需要任何其他特别聪明的办法。可是为要完成这一'仅有'的事情，就需要一场变革。"③列宁看到，在社会主义建设中，苏维埃政权还有许多方面需要改革。特别是党政机关中的官僚主义是毁掉社会主义的潜在因素，所以，改变机关的工作作风，精简机构，消除"虚浮臃肿"的东西是目前苏维埃政权的主要任务。他提出："今后在发展生产力和文化方面，我们每前进一步和每提高一步都必定要同时改善和改造我们的苏维埃制度，而现在我们在经济和文化方面水平还很低。我们有待于改造的东西很多，如果因此而'面有愧色'，那就荒谬绝顶了(如果不是比荒谬更糟的话)。"④从这里可以看出，列宁对待社会主义持一种辩证的态度，没有把社会主义制度绝对化，在新生的社会制度刚刚诞生之际，就敏锐地观察到它存在的不足和发展中的缺点，同时又制定了改革的战略部署，这是非常难能可贵的。把改革作为发展社会主义的重要条

---

① 《列宁全集》(第34卷)，北京：人民出版社1985年版，第520页。
② 《列宁选集》(第3卷)，北京：人民出版社1995年版，第492页。
③ 《列宁选集》(第4卷)，北京：人民出版社1995年版，第770页。
④ 《列宁选集》(第4卷)，北京：人民出版社1995年版，第613页。

件，看成发展社会主义的重要一环，是列宁对科学社会主义理论的一大贡献，也是对马克思主义理论的一大突破。

5. 关于人的全面发展理论

列宁继承和发展了马克思关于人自由而全面发展的基本思想。列宁从现实生活出发，一方面赋予了人的自由全面发展以更为具体而深刻的内涵，尽管他的提法也许不如马克思那样富于思辨色彩和哲理深度，但却更贴近社会主义的现实生活，更贴近具体而鲜活的人性。列宁认为，社会主义新人，不仅是一个能干活的劳动者，而且是具有文化教养的创造者；不仅是物质文明的创造者，而且是精神文明的直接创造者；不仅要享受物质生活的最高福利，而且要使自己的本质力量、丰富个性得到充分展现、全面发展；不仅要积极参与社会生活和社会交往，而且要学会管理国家的艺术。总之，使人的实践活动、社会联系、物质文化需要、创造才能作为人类本质的潜能素质的全面发展。① 在列宁看来，一代新人可以"从共产主义理想得到最强烈的斗争动力"，他们也"只有了解人类创造的一切财富以丰富自己的头脑，才能成为共产主义者"。②

另一方面自觉地贯彻了人的全面发展的宗旨，把人的自由和谐全面发展作为社会主义发展的最高目标。列宁继承了马克思关于人的自由而全面发展是共产主义新社会的基本原则和基本特征的思想。他始终坚持无产阶级革命的最终目标，不仅在于"满足社会全体成员的需要"，而且在于"有计划地组织社会生产过程来保证社会全体成员的福利和全面发展"。③ 1920 年，在《共产主义运动中的"左派"幼稚病》这一名著中，他又把这一目标明确化："消灭人与人之间的分工，教育、训练和培养出全面发展的和受到全面训练的人，即会做一切工作的人。共产主义正在向这个目标前进，必须向这个目标前进，并且一定能达到这个目标，不

---

① 王东著：《改革之路的真正源头》，北京：北京大学出版社 1990 年版，第 246 页。
② 《列宁选集》(第 4 卷)，北京：人民出版社 1995 年版，第 285 页。
③ 《列宁选集》(第 3 卷)，北京：人民出版社 1995 年版，第 718 页。

过需要经过许多岁月。"①列宁最后的著作，不仅把社会主义社会经济形态、新型文明和一代新人的发展过程，看作三位一体的统一的历史过程，而且把人的发展置于世界历史发展前景的中心。他在《宁肯少些，但要好些》这一最后口授文章中说道："社会主义蕴藏着巨大的力量，人类现在已经转入一个新的、有着光辉灿烂前途的发展阶段。"②所以，在列宁看来，人的自由而全面发展，不仅是社会主义发展的最高目标，而且是共产主义最根本的特征。

列宁的社会主义发展观并不在于它给今天的发展实践提供了多少现成的解释，而在于它为解决东方社会的发展问题提供了一条重要的思路，即东方社会的发展问题必须遵循"立足本国、放眼世界"的原则，必须从本国经济文化的实际情况出发确定发展模式，充分利用国内人力和物力资源，并通过对外开放，利用国外资源，以实现持续发展的目的。

列宁从俄国具体国情出发，和马克思主义社会发展理论相结合，创造出具有俄国特色的社会发展理论，是马克思主义发展理论在帝国主义条件下的发展，是毛泽东、邓小平关于社会发展理论的重要思想来源。但由于列宁领导社会主义建设的过程仅仅几年时间，而且当时苏维埃政权处于向社会主义的过渡时期，还没有进入完全意义上的社会主义建设阶段。列宁社会发展理论的一些具体内容不可避免地带有民族的和历史的特点，列宁在俄国的特殊环境或特定的历史时期所作的某些论述，随着实践和历史条件的变化会显得过时或有一定局限性。不过，总的来看，列宁社会发展理论的基本原理，经过实践的检验是正确的和科学的，它对经济文化落后国家的现代化实践产生了深刻的影响。

（三）斯大林社会发展理论

在领导苏联社会主义建设的过程中，斯大林对如何建设社会主义的问题作了许多探索，形成了一系列相互呼应的理论，具有很强的现实针对性，它产生于实

---

① 《列宁选集》(第4卷)，北京：人民出版社1995年版，第159页。
② 《列宁选集》(第4卷)，北京：人民出版社1995年版，第794页。

践并对实践产生了巨大作用。

1. 对未来社会主义社会作了初步理解

斯大林在《无政府主义还是社会主义?》第三部分"无产阶级的社会主义"一节中，这样描述他的社会主义观："未来的社会是社会主义社会。这最后就是说，那里随着雇佣劳动的消灭，任何的生产工具和生产资料私有制也会消灭，那里不会有贫民无产者，也不会有富翁资本家，那里只会有集体占有一切土地、一切矿藏、一切森林、一切工厂和一切铁路等等的劳动者。由此可见，未来生产的主要目的是直接满足社会的需要，而不是为了增加资本家的利润来生产出卖的商品。这里不会有商品生产、争夺利润等等现象存在的余地。同样很明显，未来生产将是按社会主义原则组织起来的高度发达的生产，它将顾及社会的需要，看社会需要多少就生产多少。这里不会有生产的分散性，不会有竞争、危机和失业现象存在的的余地。凡是没有阶级的地方，凡是没有富人和穷人的地方，也就不需要国家，也就不需要压制穷人和保卫富人的政权。所以在社会主义社会中，政权就没有存在的必要了。"①

可以看出，这是处在美妙理想状态下的一种社会主义模式。可见斯大林对未来社会主义标准的认识，并没有超出马克思在《哥达纲领批判》中的设想。然而，斯大林在重复了马克思关于未来社会主义基本特征的基础上，对未来社会主义的体制模式却有着自己的独特想象：

"为了处理公共事物，社会主义社会除需要集中各种资料的地方局之外，还需要一个中央统计局来搜集有关全社会各种需要的资料，然后适当地把各种工作分配给劳动者。代表会议，特别是代表大会，也将是必要的；它们的决定，在下届代表大会召开以前，占少数的同志一定要无条件地服从。最后，很明显，自由而友爱的劳动必定使未来社会主义社会中的一切需要都得到平等而充分的满

---

① 《斯大林全集》(第 1 卷)，北京：人民出版社 1953 年版，第 306 页。

足。……——这就是未来的集体制度藉以建立起来的原则。——"①

显然，一种条块分割、高度集中、高度集权、平等劳动的社会主义管理体制的最初模式已具雏形。但是，当时苏联社会的实际并没有高度发达的社会生产力，也缺少高度觉悟的无产阶级劳动者。因此，斯大林在展望他美好的未来社会主义图景时，也曾遗憾地指出，"这时要实行'各取所需'的原则一定大感困难，所以社会不得不暂时走上某一条中间道路"。② 显然，对这种"暂时"的曲折，斯大林缺乏足够的耐心，于是他接着补充道："同样很明显，当未来社会走上自己的轨道而资本主义残余被连根铲除的时候，上述原则就会是适合于社会主义社会的唯一原则。"③

2. 阐述了一国可以建成社会主义的理论

斯大林继承和发展了列宁关于一国可以建成社会主义的设想，形成了较完整的一国建成社会主义论。这一理论是斯大林对社会主义苏联的前途和命运作出的总体性把握，它是苏联实施社会主义工业化和农业集体化战略的总指导思想，也是苏联实行生产资料所有制大变革和消灭剥削阶级的基本理论动因。斯大林对这一理论的基本观点作过明确的论述。他说："社会主义可能在一个国家内胜利是什么意思呢？这就是可能用我国内部力量来解决无产阶级和农民间的矛盾，这就是在其他国家无产者的同情和支持下，但无须其他国家无产阶级革命的预先胜利，无产阶级可能夺得政权并利用这个政权来在我国建成完全的社会主义。"④斯大林首先正确区分了"一国建成社会主义"与"社会主义的最终胜利"的不同含义，论证了苏联一国建成社会主义的现实基础。斯大林认为既然苏联社会主义建设遇到的国内问题，即无产阶级、农民阶级与资产阶级的矛盾，可以在国内通过建立

---

① 《斯大林全集》(第1卷)，北京：人民出版社1953年版，第307页。
② 《斯大林全集》(第1卷)，北京：人民出版社1953年版，第307页。
③ 《斯大林全集》(第1卷)，北京：人民出版社1953年版，第308页。
④ 《斯大林选集》(上卷)，北京：人民出版社1979年版，第438页。

工农联盟的办法得到解决。那么，单在苏联一国就能够达到消灭剥削阶级和建立没有阶级的新社会的目标。在斯大林看来，因为俄国有过而且发展过帝国主义，有一定数量的大工业，有一定数量的无产阶级，有领导无产阶级的政党，完全具备建成这个社会所必须而且足够的一切。而社会主义的最终胜利必须以西欧几个主要资本主义国家无产阶级革命的胜利为前提。

斯大林进一步阐明了一国建成社会主义的条件和任务。在他看来，建成社会主义的主要标志一个是政治基础，一个是经济基础。在当时，苏联已经建立了先进的无产阶级政权，具备了建成社会主义的政治基础，所以建成社会主义的基本条件是，建成社会主义经济基础，巩固和发展无产阶级政权。在经济建设方面，为了建成社会主义，苏联就必须实现生产资料所有制的变革，建立社会主义生产资料公有制，建立社会主义工农业经济体系，使苏联具有生产机器和设备的能力，不会在资本主义的包围下变成资本主义世界经济的附庸，而成为一个按社会主义方式进行建设的独立经济单位。这些任务将由工业化、农业集体化去完成。在政治建设方面，苏联已经具备了无产阶级政权的政治基础，无产阶级政权今后的基本任务就是组织经济建设，巩固和发展工农联盟，消灭剥削阶级及其残余，防止资本主义的复辟，防止外国的武装干涉和颠覆活动等。完成这些政治任务是建成社会主义经济基础的前提。斯大林用这样的话作了概括，他说："建立社会主义的经济基础，就是把农业和社会主义工业结合为一个整体经济，使农业服从社会主义工业的领导，在农产品和工业品交换的基础上调整城乡关系，堵死和消灭阶级借以产生首先是资本借以产生的一切孔道，最后造成直接导致阶级消灭的生产条件和分配条件。"①斯大林一国建成社会主义论的提出，指明了苏联社会主义建设的前途和方向，坚定了人民群众建设社会主义的决心。正如斯大林所指出的："不知道为什么建设，就不能真正建设。不知道前进的方向，就一步也不能前进。"②

---

① 《斯大林选集》(上卷)，北京：人民出版社 1979 年版，第 591-592 页。

② 《斯大林选集》(上卷)，北京：人民出版社 1979 年版，第 389 页。

3. 制定了社会主义工业化发展战略

为了建成社会主义经济基础，斯大林提出了实现社会主义工业化的总路线，并阐述了工业化的出发点，即"我们应该竭尽全力使我国成为经济上独立自主而依靠国内市场的国家，成为能把其他一切逐渐脱离资本主义而进入社会主义经济轨道的国家吸引到自己方面来的基地。这条路线要求最大限度地扩展我国工业。但是这种扩展要估计到并且要适应我国拥有的资源。这条路线坚决摒弃把我国变成世界资本主义体系附属品的政策。这就是我们的建设路线，就是党现在遵循的并且今后还要遵循的路线"。① "把我国从农业国变成能自力生产必需的装备的工业国——这就是我们总路线的实质和基础。"②

为了贯彻这条总路线，斯大林论述了社会主义工业化的中心、工业化的速度、资金来源等重要问题。

斯大林指出，苏联的工业化方法必须从发展重工业开始。他说："工业化首先应当了解为发展我国的重工业，特别是发展我国自己的机器制造业这一整个工业的神经中枢。否则就谈不到保证我国在经济上的独立。"③他认为优先发展重工业，符合马克思主义关于再生产的理论；优先发展重工业，才能从技术上改造整个国民经济，从经济上摆脱资本主义的控制，保障国家的独立自主，保卫社会主义建设的顺利进行。斯大林不仅主张优先发展重工业，而且强调高速度。斯大林把速度问题看做关系到国家生死存亡的问题。他说，假如苏联有德国那样先进的技术，有德国那样发达的工业，那么就不必担心落在资本主义国家的后面，赶超的任务就不必像现在这样迫切了。可惜苏联在经济技术上远远落在德国的后面，不得不以飞快的速度赶上去。斯大林指出："当时，问题这样摆着：或者是我们在最短期间解决这个任务并在我国把社会主义巩固起来；或者是我们不能解决这

---

① 《斯大林全集》（第7卷），北京：人民出版社1958年版，第247页。
② 《斯大林全集》（第7卷），北京：人民出版社1958年版，第294页。
③ 《斯大林选集》（上卷），北京：人民出版社1979年版，第462-463页。

个任务，那时我们这个技术薄弱和文化落后的国家就会丧失自己的独立，而变成帝国主义列强的玩物。"①要高速度实现工业化，关键是资金积累。而斯大林把工农业产品价格的"剪刀差"作为积累工业资金的重要手段。通过这种"剪刀差"政策，虽然积累了大量的资金，保证了工业高速度的发展。但也严重损害了农民的积极性，造成工农业比例严重失调。同时也难于把"提高人民的生活水平"放在重要位置上，使苏联人民的物质和文化生活水平的提高与工业的快速发展不相适应。

4. 对社会主义社会发展阶段的认识

斯大林对社会主义社会发展阶段的认识，坚持了马克思、恩格斯和列宁的基本看法，把共产主义划分为两个阶段，即共产主义的第一阶段和高级阶段，在分析苏联社会主义所处阶段时提出了一些不完全正确的独立见解。20 世纪 20 年代中期，斯大林将苏联社会主义区分为两个阶段，一个是建成社会主义的阶段，另一个是社会主义最终胜利的阶段。这时他对苏联社会主义所处的历史阶段的界定是基本正确的。在他看来，建成社会主义社会是一国无产阶级依靠自己的力量战胜本国资产阶级的问题。按照这个提法，在战胜了本国资本主义后，苏联社会主义就进入了"建成社会主义"的阶段。

从 1936 年开始到 1952 年这段时间内，斯大林提出了苏联向共产主义过渡的超前观点，脱离了实际。1936 年 11 月，斯大林宣称，苏联社会已经建成社会主义，实现了马克思主义者又称为共产主义第一阶段或低级阶段的制度。随后又作出了苏联一国可以首先进入共产主义社会的预测，认为苏联一国首先向共产主义过渡的唯一障碍是尚未从经济上超过主要的资本主义国家；并认为，共产主义这个对许多人来说不能实现的理想，对于我们，"十八大"的同代人，共产主义就是最近的明天。第二次世界大战后，斯大林仍然坚持这一认识。

---

① 《斯大林选集》(下卷)，北京：人民出版社 1979 年版，第 368 页。

1952 年，在斯大林的领导下，联共(布)第十九次代表大会明确规定：现在，苏联共产党的主要任务是，从社会主义逐渐过渡到共产主义，最后建成共产主义社会。这等于是把当时的苏联定位在向共产主义过渡的阶段。在社会经济发展水平不高和国外资本主义势力仍然比较强大的情况下，斯大林急于向共产主义过渡的看法显然是不切实际的。事实上，只要世界上还存在着帝国主义和剥削制度，社会主义国家就必须投入大量精力进行国防建设和支持其他国家人民的革命斗争，社会主义国家内部就必然存在着资本主义复辟的危险，社会主义的国家所有制也不可能完全让位于共产主义的社会所有制，国家之间的激烈竞争也使社会主义不可能完全让位于共产主义的社会所有制，国家之间的激烈竞争也使社会主义不可能放弃无产阶级专政的政治职能，政治国家仍不可能消亡，那么，共产主义社会也就仍不可能实现。

5. 提出了以"和谐一致"为基调的社会主义矛盾学说

国内战争结束之后，随着政权的巩固以及国民经济的恢复和发展，苏联国内的阶级矛盾和阶级斗争进一步缓和。到了 20 世纪 30 年代中期，苏联"人数最多的一个剥削阶级，即作为资本主义复辟支柱的富农阶级"[1]也已经通过农业集体化被完全消灭了，"在国内消灭了资本主义复辟的最后根源"[2]，社会上已经不存在彼此对抗的阶级了。1934 年联共(布)第十七次代表大会宣布社会主义已经在苏联获得了决定性的胜利。斯大林根据苏联的阶级关系和民族关系的新变化，提出了以"和谐一致"为基调的社会主义矛盾学说的理论。这就是：由于苏联社会主义制度的确立和苏联社会阶级关系的变化，工人、农民、知识分子阶级的差别、经济和政治的矛盾都在消失。他们之间根本利益相同，在道义上和政治上一致。苏联社会主义的建立，使得社会成员之间不存在任何的对立和矛盾，他们之间是一种"和谐""一致"的友好合作关系。

---

[1] 《苏共中央联共(布)党史简明教程》，北京：人民出版社 1975 年版，第 336 页。
[2] 《苏共中央联共(布)党史简明教程》，北京：人民出版社 1975 年版，第 337 页。

斯大林在《关于宪法草案》中对这幅美妙和谐的图景是这样描述的："这些变化说明什么呢？第一，这些变化说明，工人阶级和农民之间以及这两个阶级和知识分子之间的界线正在消除，而从前的阶级特殊性也在消失。这就是说，这些社会集团间的距离正在日益缩小。第二，这些变化说明，这些社会集团间的经济矛盾在缩小，在消失。最后，这些变化说明，这些社会集团间的政治矛盾也在缩小，也在消失。"①由于社会成员之间的阶级差别、政治经济矛盾的消失，所以斯大林进一步指出："在这种共同性的基础上，象苏联社会在道义上和政治上的一致、苏联各族人民的友谊以及苏维埃爱国主义这样一些动力也得到了发展。"②

此外，斯大林还认为苏联社会主义制度的确立，从根本上解决了生产力与生产关系、经济基础与上层建筑之间的矛盾。他曾在《辩证唯物主义和历史唯物主义》一文中指出，苏联社会主义国民经济是生产关系完全适合生产力性质的例子，这里的生产资料的公有制同生产过程的社会性完全适合。斯大林断言社会主义社会的生产关系、上层建筑完全适合生产力发展，否认它们之间仍然存在着不相适应的一面，这就从根本上否认了社会基本矛盾是推动社会发展的根本动力这一马克思主义的基本原理，显然这是不符合社会主义社会客观实际的。

1952 年，晚年的斯大林对这一错误作了修正。在撰写《苏联社会主义经济问题》时，他认为社会主义社会存在着生产力和生产关系的基本矛盾。他写道，生产力是生产中最活动、最革命的力量。这种力量，即使是在社会主义制度下也无可争辩地走在生产关系的前面。生产关系只有经过改造，才可能符合生产力的性质。他指出："以为在我国生产力和生产关系之间不存在任何矛盾，那就不正确了。矛盾无疑是有的，而且将来也会有的，因为生产关系的发展落后于并且将来也会落后于生产力的发展。"③这时候，他开始看到如果我们的政策错误，"冲突将是不可避免的，我国的生产关系就可能变成生产力进一步发展的极严重的障碍

---

① 《斯大林选集》(下卷)，北京：人民出版社 1979 年版，第 396 页。
② 《斯大林文集》，北京：人民出版社 1985 年版，第 263 页。
③ 《斯大林选集》(下卷)，北京：人民出版社 1979 年版，第 590 页。

者"。① 在逝世前的最后一年，斯大林勇敢地摆脱了以往认识的局限，为后人正确认识社会主义基本矛盾奠定了基础。当然，斯大林对这一问题的认识仍然存在局限。正如毛泽东所指出的，斯大林虽然看到了社会主义生产关系有可能与生产力相互冲突的事实，但仍然没有把社会主义制度下生产力同生产关系的矛盾当作推动社会向前发展的基本矛盾。

6. 论述了社会主义社会发展中经济规律的客观性质

斯大林认为，科学规律是不以人们的意志为转移的客观过程的反映。如自然科学规律一样，"经济发展的规律是反映不以人们的意志为转移的经济发展过程的客观规律"。② 经济规律是客观的，是不以人的意志为转移的，但是人们在规律面前也不是无能为力的，人们能够发现这些规律，认识它们，研究它们，并且在认识它们之后，能够依靠它们，驾驭它们，限制它们的作用范围，利用它们为社会谋利益。

斯大林还指出，经济规律具有不同于自然规律的显著特点，首先，与自然科学规律不同，经济规律不是长久不变的，它是在一定历史时期发生作用的。当经济条件发生变化、出现新的经济条件时，旧的规律就会退出舞台而让位于新的规律。其次，发现和应用新的经济规律具有阶级背景或社会背景。与自然科学规律的发现和应用不同，在经济领域中发现和应用那些触犯社会腐朽力量的利益的新规律，会遇到这些力量的强烈抵制或反抗，因此要发现和应用新的经济规律，就必须有克服这种反抗力量的新的进步的社会力量。斯大林强调指出，苏维埃政权既不能消灭规律或制定新规律，也不能"改造"和"根本改造"经济规律。如果否认社会主义制度下经济生活中有客观规律存在，结果就会使我们陷入混乱和偶然性，就会受到客观规律的惩罚。

综上所述，我们对斯大林的社会发展理论应该给予正确的评价，斯大林的一

---

① 《斯大林选集》(下卷)，北京：人民出版社 1979 年版，第 590 页。
② 《斯大林选集》(下卷)，北京：人民出版社 1979 年版，第 541 页。

生主要在于努力探索落后国家如何建设社会主义的道路。众所周知，晚年时，马克思、恩格斯、列宁都对东方经济文化落后国家走向社会主义道路问题进行过探索，而斯大林则在实践上取得了一定的成功。因为不管付出多么沉重的代价，毕竟是在他的领导下，落后的、农业占优势的俄国赶上了西方列强。我们还须特别指出的是，斯大林的社会发展理论中尽管还存在着许多严重的弊端，但是它仍然属于科学社会主义理论第二次飞跃中的重大理论成果之一，它仍然是科学社会主义的基本范畴。苏联模式的社会主义，是世界上第一个社会主义模式。尽管它有这样那样的弊端，有教条主义的倾向和不科学的因素，带有当时特殊历史条件的痕迹，但是其主流、基本方面是坚持了马克思主义科学社会主义的基本原理，并在实践中发展了科学社会主义。斯大林晚年对社会主义建设问题上的许多探索性成果，为社会主义的改革事业也发挥过重要启迪作用。

二、中国传统文化中的社会发展智慧

习近平社会发展理论的提出，其中蕴含着深厚的中国传统发展智慧，是习近平社会发展理论的重要思想源泉。中国优秀传统文化，是中国特色社会主义文化发展的重要养料，是"中华民族的基因"，是增强文化自信的重要因素，是增强中国文化软实力的重要组成部分，无论是在理论表达上还是在讲话中，习近平十分注重创新运用传统文化。研究中国传统文化中的社会发展智慧对于更好地理解习近平社会发展理论具有重要意义。

(一)"大同社会"与"小康社会"的美好愿景

在人类历史发展的过程中，每个民族都有关于未来社会的美好憧憬，如西方人民幻想的天堂，古印度人民向往的极乐世界，甚至于资本主义社会时期的乌托邦思想都反映了人民对美好生活的追求。这些追求内容不同，反映了不同民族和国家的民族性格与价值追求。中国古代关于社会发展的理想状态就是实现大同世界与小康社会，这反映了中国古代人民对于美好生活的向往。大同思想与小康社会提供了中国人民长久以来对于美好生活的期盼的理想模型，是中国人民几千年来的奋斗目标。

第一，大同社会。大同社会是中国古代非常重要的社会发展的希望，其内容丰富，流传久远，直到今天，都影响着中国社会的发展。《礼记·礼运》中的大同篇明确提出了大同的内涵：

大道之行，天下为公。大同社会的一个基本特征就是天下为公。大道，就是先王之道、圣人之道。在儒家看来，就是圣人之道，代表了最高法则，是世间万物运行的基本规律。大道之行，就是指圣人之道盛行，社会有序运行，人们的行为符合发展的基本规律。天下为公，就是圣人之道盛行的结果。天下为公，就是一切权力与产品公共所有，即公有制，大道就是指有怀柔之心，为公之心，就是人们在生活和发展中所具有的"仁爱"之心。天下为公是实现公平的基础。这种天下为公的构思，是中华民族几千年来关于社会公平的美好的向往。需要注意的是，天下为公强调的是权力公有，即不存在世袭制的天子。

选贤与能，讲信修睦。如何实现大同社会？《礼记》中有明确表述，即选贤与能，讲信修睦。选贤与能，就是指在社会权力机构的组织构建过程中，按照能力来任命。这个能力既包括办事的能力，也包括德行，也就是说需要德才兼备的人士参与公共社会管理。天下为公，天下是所有人的天下，因而选贤与能就是要在天下人中选择贤良人士。选是指民选，即直接选举，汉代之后部分儒家学者对此进行了歪曲，认为选举是官选。但是在后来的发展中，"科举"代替了这种选举制度，选举便在中国封建社会销声匿迹了。讲信修睦，就是指在社会发展过程中，人与人之间要建立良好的社会关系。信与睦是良好人际关系的核心。处在天下为公的社会中，人们享有绝对的公平，即在衣食住行方方面面都是平等的，因而人在相处的过程中，没有依附性，社会每个成员都是独立的个体。

人得其所，人人为公。《礼记》中记载："故人不独亲其亲，……男有分，女有归。"大同社会描述的是人与人、人与社会之间的和谐，其核心就是尊老、爱幼、人人良善、人人有归的一种美好状态。反映了中国古代人民对于安居乐业、和谐社会关系的渴望。在这个社会里，人人都是得到社会的关怀，人人都享有良好的社会保障。在这个社会里，人们的道德素养也达到了一定的水平，人人具有高尚的品德。"货恶其弃于地也……是谓大同。"人们珍惜社会财富，反对自私自利，为了公共事务谋取利益。劳动是人们的自觉行为，人们在这里各司其职、各得其所、各尽所能，这是大同社会的理想状态。

第二，小康社会。大同社会是人们的理想远景，而小康社会的描述则更为详细和现实。《礼记》中指出："今大道既隐，天下为家……在势者去，众以为殃。是谓小康。"就是说在小康社会中，最高的政治理想即大同社会是不可能实现的奋斗目标，天下已经成为了家天下，即社会的组成单元是"家"。人们在社会关系的处理上，以自己的亲人为亲人，财产私有，劳动为己。天下变成了王室的私有物，礼乐成为了社会等级制度划分的依据，社会中存在着战争。父子之间、君臣之间存在着一定的准则。社会中不再是天下为公，而是每家有自己的天地和住宅，形成了尊重智慧与勇气的社会氛围，人与人之间不再是信任与和睦的关系，而是存在试探。从夏禹开始，人们信奉礼乐制度，将其作为社会运行的基本规则，用礼来考察人的品行。这种遵从礼乐制度的家天下社会就是小康社会。小康社会是对王权思想的歌颂。小康社会以天下为家作为社会的基础，反映了在社会关系构成上，宗族关系的重要性，家庭是社会的基础单元，财产私有成为其中的关键。在小康社会中，王权成为至高无上的权力，为了维护这种王权的地位，人们在社会生活中形成了"礼"，礼是约束人们的行为，反映人们社会地位的基本准则，是调节社会发展的基本规则。尽管小康社会是人们对基于私有制基础上美好生活的向往，但是其中也反映了人们对于有序、和平、富足、进取的美好生活的向往。

(二)"以民为本"的发展理念

在中国古代社会发展的过程中，民本思想是中国古代哲学家、政治家、思想家一直强调的关于统治者的品德，民本思想往往通过对统治者的伦理约束来论述，其最终归结到了伦理问题，而不是政治问题。这种民本思想在儒学中被发扬光大，成为良好统治者的品行。

儒家的民本思想是从周代的政治伦理思想中演化而来的。周代关于民本思想的论述是"敬德保民"。为了论证周朝存在的合理性，吸取以往朝代灭亡的历史教训，周人认为，必须遵从天命，其根本就是要有德行，即"皇天无亲，惟德是辅"，德行是天命的根本，有德行，天才会钟意，天命才会降临。这种德行就是上天对于人民的垂爱，"惟天惠民"，就是说天意中意于那些给百姓恩惠的人。这种民本思想虽然是一种政治伦理思想，但是也体现了以民为本的管理理念，是对当权者的约束。

到了春秋战国时期，孔子提出了"富民，教民，使民"。论语记载："'既庶矣，又何加焉？'曰：'富之。'曰：'既富矣，又何加焉？'曰：'教之。'"这段对话发生在孔子与弟子的讨论中，孔子在去卫国后感慨卫国人口众多，为他驾车的冉有说："人口已经如此之多，还需要再做些什么呢？"这里的人口众多，就是有充足的生产力。在古代，人口、手工是国家的重大优势，甚至可以说，某种程度上，人口是国家的核心竞争因素。人口众多的国家，才能有更多的劳动力从事生产活动，人口是国家繁荣昌盛的基础因素，也是国家抵御外敌的重要因素。在这里，孔子认为，人口众多是实现国家繁荣的第一步。在此基础上，孔子回答冉有的问题说，既然人口已经众多，就要使他们变得富裕起来。"富之"是一个非常重要的思想，在生产力不发达的年代，温饱、富裕是人们普遍的追求，人口众多，就意味着有充分的劳动力从事生产活动，因此，国家繁荣的第二步，就是要富民。因此，孔子也说"百姓足，君孰与不足？"冉有又问："如果富裕了，还需要做什么？"孔子则回答："教育他们。"教民并不是现代意义上的知识教育、素质教育，更多的是指道德教育，这种教育以"礼"为核心，目的就是要使社会恢复有序。"使民"就是统治人民的意思。在教化的基础上，在人们熟悉了孝悌忠信，并且内化之后，就会便于管理。孔子说，"道千乘之国：敬事而信，节用而爱人，使民以时。"(《论语·学而》)因此，孔子所主张的教育的目的并不在于人，而在于"使民"。孔子的这种民本思想虽然有一定的时代局限性，但是他看到了"民本"对于国家发展的重要作用，具有一定的现实意义，影响了中国几千年封建社会发展。

孟子对民本思想又有新的发展。首先，在孔子民本思想的基础上，他提出了"制民之产"，《孟子·齐桓晋文之事》中说，"是故明君制民之产，必使仰足以事父母……然后驱而之善，故民之从之也轻"，意思就是说，英明的君主懂得规定人民的财产，使人民有足够的钱财从事生产生活，这样就容易让百姓跟着国家，孟子的这种思想也是从国家出发来谈论民对于国的重要性，但是与孔子的不同在于，他提出了国家干预财富的思想，还看到了土地问题对于人民的重要意义，这种思想影响了中国几千年。直到现在，土地问题也是人民最关心的问题之一。其次，孟子提出了"民贵君轻"的思想。"民为贵，社稷次之，君为轻。"(《孟子·尽心下》)在孟子的政治观里，人民是组成国家的根本，他把民提高到了政治生活的首要地位。与孔子不同的是，他看到了民是国家的基础，把民本思想提到了更高的位置。

荀子的民本思想更加强调民众力量的两面性。一方面，荀子认为，民众是社会发展的基础，既能使国家繁荣昌盛，也能使国家颠覆；另一方面，他又认为国与民具有非常亲密的良好关系。他从人性本恶的角度论述了教化的重要性，是从"治民"到"制民"的转变。

在此之后，儒家关于民本思想基本也有所创新，董仲舒继承了荀子的"制民"思想，认为"民，瞑也"，必须以制度来管束教化；佛教传入中国后，儒家思想吸收了佛教关于平等的思想，张载提出了"民胞物与"的思想，认为人与人是同胞兄弟，无贵贱之分。清代初，黄宗羲甚至提出了"为天下之大害者，君而已矣"。(《原君》)延续了大同思想，提出建立"公天下"的思想，顾炎武则区分了"亡国"与"亡天下"，"易姓改号，谓之亡国。仁义充塞，而至于率兽食人，人将相食，谓之亡天下"(《日知录》卷十三)，意思是说，国家称号变化是家天下的消亡，是亡国，而道德之亡，则是天下之亡。虽然顾炎武的这种思想是为了恢复汉族的统治，但是也看到了民众在历史发展中的重要作用。

中国古代关于民本思想的发展理念，虽然不可避免地带有阶级局限性与时代局限性，但是其中闪耀着智慧的光芒，"民贵君轻""以民为本"在当代依然具有重要的启发意义，对当代中国政治建设具有重要影响。

（三）"和合共生"的发展状态

"和合思想"是中国古代政治文化思想上的一个重要思想，体现了中国人民独有的发展智慧，体现了深刻的辩证法思想，对于实现社会稳定，共同繁荣具有重要意义。

根据文献记载，和、合最初见于甲骨文和金文。和就是指和谐；合就是指闭合，二者并未有所关联。直至春秋时期，和合才开始有相同范畴，如"商契能和合五教，以保于百姓者也"。（《国语·郑语》）意思就是说，成商始祖契能够让五教相合，使人与人之间的各种关系融洽，使百姓能够安身。其中也说"夫和实生物，同则不继。……若以同裨同，尽乃弃矣"。（《国语·郑语》）事物的发展过程中，阴阳相合，万物才能生长，如果事物都相统，那么就不能使万物生长。意思就是说，事物只有存在差异且在对立统一中才能生存发展，才是和谐，如果完全相同的事物在一起，事物就会衰竭不继。中国古人以阴阳相合来看待事物的变化和发展，事物在阴阳相合的对立统一中实现变化发展，体现了朴素的辩证法思想。

儒家学派创始人孔子以和作为人文精神的核心。孔子强调："君子和而不同，小人同而不和。"（《论语·子路》）强调在处理人与人之间的关系时，君子往往是和而不同，即观点不同但是可以争取相同之处，小人往往同而不和，即意见相同却最终走向分歧，这种看法，就体现了看待处理人际关系要承认差异，尊重差异，求同存异，不要以差异而带上偏见。老子则认为"万物负阴而抱阳，冲气以为和"（《老子》第四十二章），他认为，事物在发展的过程中存在着阴阳两个相反的方面，这两个相反的方面是一切事物都具备的属性，阴阳的相互作用是一切事物产生和发展的基础。此外，孟子还提出了"离散不能相和合"（《墨子间诂》卷三），认为社会发展的稳定因素就在于"和"，离散之心就会导致天下不稳。

和合思想一直延续至今，影响了几千年中华民族的发展，已经成为中国人民为人处世的智慧哲学，是深刻在骨子里的文化基因，"和而不同"的和合思想的本质，反映了中国人民对于差异的包容，对于共同发展的追求，在今天推动构建人与人、人与社会、人与自然之间的良好关系依然具有重要作用。

第二章

新民主主义革命时期中国共产党对社会发展理论的认识

近代以来，由于西方列强的入侵和封建统治的腐败，中国逐渐沦为半殖民地半封建社会。同时，以俄国十月革命的胜利为标志，中国的新民主主义革命转变为世界无产阶级社会主义革命的一部分。新民主主义革命时期，基于中国的基本国情和革命的时代特征，中国共产党以建立中华民族的新社会和新国家作为奋斗目标。为实现这一社会发展目标，中国共产党团结带领人民成功探索出了一条从新民主主义革命到社会主义革命的正确发展道路，领导人民大众取得了建立新中国的伟大胜利，改写了中国社会发展进程。

一、认清国情是解决中国一切社会问题的前提

对国情的深刻认识和科学分析是中国共产党谋划社会发展的出发点和首要前提，新民主主义革命时期，正是在认清国情、准确把握社会发展实际的基础上，中国共产党成功制定出一系列具体可行的社会发展战略和长远规划。毛泽东指出："认清中国社会的性质，就是说，认清中国的国情，乃是认清一切革命问题的基本的根据。"[①]不了解中国国情，便不可能提出符合中国实际的社会发展理论。

鸦片战争后，由于外部西方列强的入侵和内部封建统治的腐败，中国逐渐沦为半殖民地半封建社会，这是新民主主义革命时期我国的基本国情。半殖民地半封建社会，既不同于封建社会，也有别于资本主义社会。一方面，帝国主义的侵略虽然在一定程度上加速了封建社会自给自足的自然经济的解体，客观上为中国资本主义的发展创造了一定条件，但并不能使中国发展成为资本主义国家。封建社会皇帝和贵族的专制政权尽管被推翻了，但并未建立起资产阶级政权，整个社会呈现出典型的半封建性。另一方面，帝国主义列强通过政治的、经济的和文化

① 《毛泽东选集》(第 2 卷)，北京：人民出版社 1991 年版，第 633 页。

的侵略，使中国半殖民地化。帝国主义列强通过武装入侵和强迫清政府签订一系列不平等条约等方式，不但操纵了中国的财政和经济命脉，而且操纵了中国的政治和军事力量。整个中国实际上受制于帝国主义列强，沦为帝国主义列强的半殖民地。

新民主主义革命时期，半殖民地半封建的中国，社会问题错综复杂，衍生出多种矛盾，占支配地位的主要矛盾是帝国主义和中华民族的矛盾、封建主义和人民大众的矛盾，其中最主要的矛盾是帝国主义和中华民族的矛盾。这决定了解决中国一切社会问题的首要任务是推翻帝国主义、封建主义和官僚资本主义的统治，从根本上推翻反动腐朽的政治上层建筑，变革阻碍生产力发展的生产关系。

帝国主义和封建主义相互勾结，残酷地压迫和掠夺中国人民，严重地阻碍着中国社会的发展。在认清这一基本国情的基础上，中国共产党提出一系列解决社会主要矛盾、推动社会向前发展的科学理论。中国共产党认识到，新民主主义革命"主要地就是打击这两个敌人，就是对外推翻帝国主义压迫的民族革命和对内推翻封建地主压迫的民主革命，而最主要的任务是推翻帝国主义的民族革命"[1]。党的二大根据列宁关于殖民地半殖民地的学说，分析了中国社会政治经济状况，制定了党的最低纲领。将消除内乱，打倒军阀，建设国内和平；推翻国际帝国主义的压迫，达到中华民族完全独立；统一中国为真正的民主共和国作为党的最低纲领。中国共产党明确地提出了彻底反帝反封建的民主革命纲领，为中国各族人民的革命斗争指明了方向。1948 年，毛泽东在《在晋绥干部会议上的讲话》中更加完整地表述了新民主主义革命的总路线，即无产阶级领导的，人民大众的，反对帝国主义、封建主义和官僚资本主义的革命，指明了中国革命的对象，为促进中国社会进步奠定了理论基础。

从总体上看，新民主主义革命时期，中国革命的对象是帝国主义、封建主义和官僚资本主义，它们是压在中国人民头上的三座大山。毛泽东对此有清醒的认

---

[1]　《毛泽东选集》(第 2 卷)，北京：人民出版社 1991 年版，第 637 页。

识，并提出以自力更生为主、争取外援为辅，推进中国社会发展的方针。毛泽东认为中国的工业化必须坚持独立自主、自力更生的基本方针。1945 年 8 月，毛泽东在《抗日战争胜利后的时局和我们的方针》一文中指出："我们的方针要放在什么基点上？放在自己力量的基点上，叫做自力更生。"①此后，这一推动中国社会发展的基本原则得到了长期遵循。在党领导中国人民，经过长期艰苦卓绝的斗争，推翻了帝国主义、封建主义和官僚资本主义的统治，取得了新民主主义革命的胜利后，毛泽东依然强调："自力更生为主，争取外援为辅，破除迷信，独立自主地干工业、干农业、干技术革命和文化革命，打倒奴隶思想，埋葬教条主义，认真学习外国的好经验，也一定研究外国的坏经验——引以为戒，这就是我们的路线。"②以毛泽东为主要代表的中国共产党人非常注重学习借鉴他国的经验，善于学习借鉴人类文明的一切优秀成果，博采众长，以更全面地把握人类社会发展规律，解决中国面临的社会现实问题。

二、建立中华民族的新社会和新国家是中国共产党人的奋斗目标

争取民族独立、人民解放和实现国家富强、人民幸福，是近代以来中华民族所面临的两大历史任务，是全体中华儿女的共同愿望。近代以来帝国主义发动的侵略战争，给中华民族带来了无尽的战乱和灾难。帝国主义阻碍了中国社会的发展与进步，这是导致中国贫困落后和一切灾难祸害的总根源。此外，封建地主阶级是帝国主义统治中国和封建军阀实行专制统治的社会基础。地主阶级用封建制度剥削和压迫农民，在政治上、经济上、文化上阻碍了中国社会的前进，也阻碍了中国的经济现代化和政治民主化。因此，推翻帝国主义和封建主义，建立中华民族的新社会和新国家成为中国共产党人的奋斗目标。

---

① 《毛泽东选集》(第 4 卷)，北京：人民出版社 1991 年版，第 1132 页。
② 《毛泽东文集》(第 7 卷)，北京：人民出版社 1999 年版，第 380 页。

新民主主义革命期间，各族人民在中国共产党的领导下历经艰辛，最终取得了举世瞩目的伟大成就，其间虽然风云变幻，但为中国人民谋幸福、为中华民族谋复兴是党永不忘怀的初心使命。十月革命后，马克思主义开始在中国广泛传播，并与中国工人运动相结合，1921年，中国共产党应运而生。中国共产党自成立以来，始终坚持共产主义理想和社会主义信念，团结带领全国各族人民为争取民族独立、人民解放和实现国家富强、人民幸福而不懈奋斗。党的二大提出要组织无产阶级，用阶级斗争的手段，建立劳农专政的政治，铲除私有财产制度，渐次达到一个共产主义的社会。并将"消除内乱，打倒军阀，建设国内和平；推翻国际帝国主义的压迫，达到中华民族完全独立；统一中国本部（东三省在内）为真正民主共和国"①作为党的奋斗目标。同时，二大的宣言中还提出要制定维护工人、农民和妇女利益的法律。党的三大指出："中国共产党鉴于国际及中国之经济政治的状况，鉴于中国社会各阶级（工人农民工商业家）之苦痛及要求，都急需一个国民革命；同时拥护工人农民的自身利益，是我们不能一刻疏忽的。"②并且明确宣告："我们的使命，是以国民革命来解放被压迫的中国民族。"③

经过土地革命的光辉探索和长征的洗礼，中国共产党逐步走向成熟，对于社会建设的目标认识也更为清晰。毛泽东认为，中国就是因为工业落后才会被侵略，工业化是我们实现独立的重要保证。为此，他提出了"工业化"的奋斗目标，将工业化作为社会发展的中心工作，并提出多项国家工业化政策。1934年，毛泽东就指出："在将来向前发展过程中，它将实行国家工业化政策。"④1939年，面对根据地工业基础薄弱的情况，中国共产党"自己动手"，抓工业建设，增加

---

① 《建党以来重要文献选编：一九二一——一九四九（第一册）》，北京：中央文献出版社2011年版，第133页。

② 《建党以来重要文献选编：一九二一——一九四九（第一册）》，北京：中央文献出版社2011年版，第277页。

③ 《建党以来重要文献选编：一九二一——一九四九（第一册）》，北京：中央文献出版社2011年版，第277页。

④ 《毛泽东著作专题摘录》，北京：人民出版社1964年版，第489页。

其投资比例，使工业能够自给自足，促进了经济发展。毛泽东指出，新民主主义革命的主要目的是"解放农民，建立近代工业社会"。① 1940 年，毛泽东在《新民主主义论》中指出："我们共产党人，多年以来，不但为中国的政治革命和经济革命而奋斗，而且为中国的文化革命而奋斗；一切这些的目的，在于建设一个中华民族的新社会和新国家。在这个新社会和新国家中，不但有新政治、新经济，而且有新文化。这就是说，我们不但要把一个政治上受压迫、经济上受剥削的中国，变为一个政治上自由和经济上繁荣的中国，而且要把一个被旧文化统治因而愚昧落后的中国，变为一个被新文化统治因而文明先进的中国。一句话，我们要建立一个新中国。"②毛泽东将中国共产党人的奋斗目标明确化，勾勒了新社会和新国家的美好蓝图。

新民主主义的政治、新民主主义的经济和新民主主义的文化相结合，就是新民主主义的共和国。1945 年 4 月，毛泽东在党的七大所作政治报告中就把新民主主义的政治、经济和文化与党的基本纲领联系起来，并作了具体阐述。毛泽东指出："全世界多种多样的国家体制中，按其政权的阶级性质来划分，基本地不外乎这三种：（甲）资产阶级专政的共和国；（乙）无产阶级专政的共和国；（丙）几个革命阶级联合专政的共和国。"③新民主主义国家的国体是无产阶级领导的以工农联盟为基础，包括小资产阶级、民族资产阶级和其他反帝反封建的人们在内的各革命阶级的联合专政。新民主主义国家的国体决定了人民当家作主，由人民行使管理国家的一切权力，而人民代表大会制度能够最直接、最全面地体现这一内容。与国体相适应，新民主主义的政体是实行民主集中制的人民代表大会制度，二者共同构成新民主主义政治的内容。没收封建地主阶级的土地归农民所有，没收官僚资产阶级的垄断资本归新民主主义的国家所有，保护民族工商业，是新民主主义经济的主要内容。无产阶级领导的人民大众的反帝反封建的文化，即民族

① 《毛泽东思想年编（一九二一——一九七五）》，北京：中央文献出版社 2011 年版，第 394 页。
② 《毛泽东选集》（第 2 卷），北京：人民出版社 1991 年版，第 663 页。
③ 《毛泽东选集》（第 2 卷），北京：人民出版社 1991 年版，第 675 页。

的科学的大众的文化，是新民主主义的文化。

之后，毛泽东结合中国现实，对中国共产党人的奋斗目标有了进一步的认识，提出了实现中国由农业国变为工业国的战略目标。毛泽东在《论联合政府》中明确指出："在新民主主义的政治条件获得之后，中国人民及其政府必须采取切实的步骤，在若干年内逐步地建立重工业和轻工业，使中国由农业国变为工业国。"①1947年，毛泽东在《目前形势和我们的任务》一文中说："中国人民的任务，是要在第二次世界大战结束、日本帝国主义被打倒以后，在政治上、经济上、文化上完成新民主主义的改革，实现国家的统一和独立，由农业国变成工业国。"②1948年，毛泽东在晋绥干部会议上说："消灭封建制度，发展农业生产，就给发展工业生产，变农业国为工业国的任务奠定了基础，这就是新民主主义革命的最后目的。"③1949年3月，毛泽东在党的七届二中全会上指出："在革命胜利以后，迅速地恢复和发展生产，对付国外的帝国主义，使中国稳步地由农业国转变为工业国，把中国建设成一个伟大的社会主义国家。"④在科学理论的指导下、奋斗目标的指引下，中国共产党团结带领人民经过28年的浴血奋战和顽强奋斗，取得了新民主主义革命的伟大胜利，于1949年10月建立了中华人民共和国，开启了社会建设的新纪元。

三、走好从新民主主义革命到社会主义革命的发展道路

每一个国家都面临着推动社会发展的任务，每个国家的社会发展道路也不尽相同。在一个以农民为主体的半殖民地半封建的国度里进行革命，应该选择什么样的道路，这是中国共产党在领导中国革命的过程中必须面对和回答的重

① 《毛泽东选集》（第3卷），北京：人民出版社1991年版，第1081页。
② 《毛泽东选集》（第4卷），北京：人民出版社1991年版，第1245页。
③ 《毛泽东选集》（第4卷），北京：人民出版社1991年版，第1316页。
④ 《毛泽东选集》（第4卷），北京：人民出版社1991年版，第1437页。

大问题。一条适合本国的社会发展道路，必然是立足于国家历史与现实，在实践中逐步探索而来的，盲目照搬其他国家的发展模式会带来灾难性的后果。新民主主义革命时期，中国共产党立足基本国情，在革命的实践中，探索出了一条从新民主主义革命到社会主义革命的发展道路，这是社会向前发展的根本保障。

近代以来，为挽救国家危亡，中国社会各阶级提出了不同的方案，做出了不同的尝试，"但终究未能改变旧中国的社会性质和中国人民的悲惨命运"。① 以林则徐、魏源为代表的地主阶级改革派，主张"师夷长技以制夷"，但这一主张没有达到救国的作用。1859 年，农民阶级领袖的代表洪秀全撰写了《资政新篇》，主张学习资本主义雇佣劳动的制度，提出了近代中国比较完备的具有鲜明的资本主义色调的救国方案。但是，由于清王朝统治者与列强勾结联合剿灭了太平天国运动，此宏伟蓝图也被扼杀。以曾国藩和李鸿章为首的清朝官员发起了以"自强""求富"为口号的洋务运动，但随着中日甲午战争中北洋水师的覆没，这一运动也无疾而终。以康有为和梁启超为代表的资产阶级改良派，提出了君主立宪的改良模式，设想把中国改良为资本主义国家，但最终被慈禧太后等实权派扼杀。以孙中山为代表的资产阶级革命派建立了中华民国，通过辛亥革命推翻了清王朝的统治，结束了在中国存在了两千多年的封建帝制，但不久被袁世凯窃取了革命成果，资产阶级共和国的救国方案也以失败告终。地主阶级改革派的救国运动、太平天国运动、洋务运动、戊戌变法，特别是辛亥革命，中国人民进行了一次次抗争和艰辛探索，每一次都对推动中国社会向前产生了一定的影响，迈出了前进的步伐，但这些斗争和探索终究没有摆脱失败的命运。事实证明，不触动封建根基的自强运动和改良主义，旧式的农民战争，资产阶级革命派领导的民主革命，以及照搬西方资本主义的其他种种方案，都不能为中国找到真正的出路，不能改变中国的旧面貌。旧民主主义革命的失败，以及近代中国革命形势的发展，呼唤

---

① 习近平：《决胜全面建成小康社会 夺取新时代中国特色社会主义伟大胜利——在中国共产党第十九次全国代表大会上的报告》，北京：人民出版社 2017 年版，第 13 页。

着新的革命理论、道路的诞生。

在对旧民主主义革命失败教训进行深刻总结的基础上，中国共产党找到了一条从新民主主义革命到社会主义革命的发展道路。十月革命的胜利给了国人以新的启发，毛泽东说："十月革命一声炮响，给我们送来了马克思列宁主义。十月革命帮助了全世界的也帮助了中国的先进分子，用无产阶级的宇宙观作为观察国家命运的工具，重新考虑自己的问题。"①党的二大首次将中国革命分为民主主义革命和社会主义革命两个步骤，第一次将党在民主革命中要实现的目标同将来进行社会主义革命要实现的长远目标结合起来，不仅明确提出反帝反封建的民主革命任务，还指出要通过民主革命进一步创造条件，实现社会主义和共产主义。土地革命战争时期，在探索中国革命道路的过程中，中国共产党和毛泽东非常注重政权建设，选择了以工农民主专政的苏维埃共和国为根据地政权建设的政治模式，并试图通过工农民主专政达到将来的社会主义的无产阶级专政。毛泽东领导和参与制定的许多法律和土地政纲、土地法、选举细则和布告等都体现了以苏联为榜样的精神和社会主义的一般原则。如：反对剥削，将选举政府的政治民主权利交给最广大的劳动群众，发展合作社的生产，等等。1934 年 1 月，毛泽东在《中华苏维埃共和国执行委员会与人民委员会对第二次全国苏维埃代表大会的报告》中提出：苏维埃一切政策的出发点之一是"为了从现时资产阶级性的工农民主专政，准备转变到将来社会主义的无产阶级专政去"。② 1935 年年底以后，毛泽东通过总结党的历史上胜利和失败的经验教训，弄清了民主革命和社会主义革命的辩证关系，形成了新民主主义理论，得出了经由新民主主义达到社会主义的科学结论。"每个共产党员须知，中国共产党领导的整个中国革命运动，是包括民主主义革命和社会主义革命两个阶段在内的全部革命运动。……而一切共产主义者的最后目的，则是在于力争社会主义社会和共产主义社会的最后的完成。"③

① 《毛泽东选集》(第 4 卷)，北京：人民出版社 1991 年版，第 1471 页。
② 《建党以来重要文献选编(1921—1949)》(第 11 册)，北京：中央文献出版社 2011 年版，第 98 页。
③ 《毛泽东选集》(第 2 卷)，北京：人民出版社 1991 年版，第 651-652 页。

1940 年，毛泽东在《新民主主义论》中指出，中国社会的性质决定了中国革命的历史进程必须分两步走，"第一步，改变这个殖民地、半殖民地、半封建的社会形态，使之变成一个独立的民主主义的社会。第二步，使革命向前发展，建立一个社会主义的社会"。[1] 1945 年，毛泽东在党的七大政治报告中进一步明确指出："我们共产党人从来不隐瞒自己的政治主张。我们的将来纲领或最高纲领，是要将中国推进到社会主义社会和共产主义社会去的，这是确定的和毫无疑义的。"[2] "只有经过民主主义，才能到达社会主义，这是马克思主义的天经地义。而在中国，为民主主义奋斗的时间还是长期的。没有一个新民主主义的联合统一的国家，没有新民主主义的国家经济的发展，没有私人资本主义经济和合作社经济的发展，没有民族的科学的大众的文化即新民主主义文化的发展，没有几万万人民的个性的解放和个性的发展，一句话，没有一个由共产党领导的新式的资产阶级性质的彻底的民主革命，要想在殖民地半殖民地的废墟上建立起社会主义社会来，那只是完全的空想。"[3]

中国共产党探索出的经由新民主主义革命到社会主义革命的发展道路，是性质不同但又相互联系的两个过程。新民主主义革命的性质是资产阶级民主主义革命。新民主主义革命时期，中国还是一个封建经济占明显优势的半殖民地半封建社会，这个阶段的革命是为了终结半殖民地半封建社会形态，中国革命的对象主要是帝国主义和封建主义势力，革命的任务是推翻这两个主要敌人，这个革命还有资产阶级参加，革命的经济政策不是一般地废除私有财产，而是一般地保护私有财产。这样的民主主义革命，不是旧范畴的民主主义革命，而是新民主主义革命。它为了推翻帝国主义、封建主义和官僚资本主义的反动统治，在政治上争取和联合民族资产阶级去反对共同的敌人，在经济上保护民族工商业，容许有利于国计民生的私人资本主义发展。新民主主义革命和历史上欧美各国的民主革命大

① 《毛泽东选集》(第 2 卷)，北京：人民出版社 1991 年版，第 666 页。
② 《毛泽东选集》(第 3 卷)，北京：人民出版社 1991 年版，第 1059 页。
③ 《毛泽东选集》(第 3 卷)，北京：人民出版社 1991 年版，第 1060 页。

不相同，它不是要建立资产阶级的共和国，造成资产阶级专政，而是要造成各革命阶级在无产阶级领导之下的联合专政，建立各革命阶级联合专政的民主共和国，为进入社会主义社会做准备。它和一般意义上的社会主义革命也不相同，它只推翻帝国主义、封建主义和官僚资本主义的反动统治，而不破坏参加反帝反封建的资本主义成分。

社会主义革命是无产阶级性质的革命，它所要实现的目标是消灭资本主义剥削制度和改造小生产的私有制。新中国成立后，以毛泽东为主要代表的中国共产党人积极探讨由新民主主义社会向社会主义社会过渡的问题。毛泽东指出："我国由新民主主义社会逐步过渡到社会主义社会这一过渡历史时期之所以必要，并且需要一个相当长的时间，是由于：一、我国经济和文化的落后，要求一个相当长的时期来创造为保证社会主义完全胜利所必要的经济上和文化上的前提；二、我国有极其广大的个体的农业和手工业及在国民经济中占很大一部分比重的资本主义工商业，要求一个相当长的时期来改造它们。"①党依据中国的具体情况，制定了过渡时期的总路线，即"从中华人民共和国成立，到社会主义改造基本完成，这是一个过渡时期。党在这个过渡时期的总路线和总任务，是要在一个相当长的时期内，逐步实现国家的社会主义工业化，并逐步实现国家对农业、对手工业和对资本主义工商业的社会主义改造"。② 1956 年年底，我国对农业、手工业和资本主义工商业的社会主义改造基本完成，社会经济结构发生了根本变化，社会主义经济成分已占绝对优势，由此带来人民民主政治建设、阶级关系等社会各方面的变化，社会主义制度已经在我国的经济领域、政治领域及社会生活其他领域基本确立。

新民主主义革命与社会主义革命是互相联系、紧密衔接的，中间不容横插一个资产阶级专政。毛泽东把新民主主义革命和社会主义革命比喻为文章的上篇和下篇。"两篇文章，上篇与下篇，只有上篇做好，下篇才能做好。坚决地

---

① 《建国以来重要文献选编》(第 4 册)，北京：中央文献出版社 1993 年版，第 697-698 页。
② 《毛泽东文集》(第 6 卷)，北京：人民出版社 1999 年版，第 316 页。

领导民主革命，是争取社会主义胜利的条件。"①"民主主义革命是社会主义革命的必要准备，社会主义革命是民主主义革命的必然趋势。"②只有认清新民主主义革命和社会主义革命的区别，又认清两者的联系，才能正确地领导中国革命。

四、中国共产党是领导中国社会发展的核心力量

新民主主义革命时期，中国共产党成为领导中国社会发展的核心力量，这是人民的选择，历史的必然。近代以来，中国陷入内忧外患的黑暗境地。为了拯救民族危亡，中国人民奋起反抗，太平天国运动、戊戌变法、义和团运动、辛亥革命接连而起，各种救国方案轮番出台，但都以失败而告终。中国迫切需要新的思想引领救亡运动，迫切需要新的组织凝聚革命力量。在中国近代历史发展的大潮中，经过对各种主义主张、政治派别力量的反复比较，历史和人民最终选择了马克思主义和中国共产党。1921 年，在中国人民和中华民族的伟大觉醒中，在马克思列宁主义同中国工人运动的紧密结合中，中国共产党应运而生。随着中国无产阶级的强大和革命的彻底性，领导中国革命的重任，历史地落到了中国无产阶级及其政党的肩上。历史证明"离开了工人阶级的领导，要完成反帝反封建的民主革命是不可能的"。③

中国共产党之所以能够成为领导中国社会发展的核心力量，得到社会各阶级的衷心拥护，是因为党注重建立以工农联盟为基础的广泛统一战线。中国的新民主主义革命实质上就是无产阶级领导下的农民革命，中国革命的一些基本理论和实践问题都和农民问题紧密地联系着。毛泽东在《〈共产党人〉发刊词》一文中，

① 《毛泽东选集》(第 1 卷)，北京：人民出版社 1991 年版，第 276 页。
② 《毛泽东选集》(第 2 卷)，北京：人民出版社 1991 年版，第 651 页。
③ 《毛泽东选集》(第 2 卷)，北京：人民出版社 1991 年版，第 559 页。

揭示了中国革命发展的客观规律，把统一战线比作党在中国革命中战胜敌人的一个法宝。中国半殖民地半封建社会的阶级状况决定了取得革命胜利要建立广泛的统一战线。"中国社会是一个两头小中间大的社会，无产阶级和地主大资产阶级都只占少数，最广大的人民是农民、城市小资产阶级以及其他的中间阶级。"①中国共产党作为革命的领导力量，正是把农民、城市小资产阶级以及其他中间阶级都团结在自己的周围，结成最广泛的统一战线，由此战胜了以地主阶级和官僚资产阶级集中代表的国民党所领导的强大的反革命力量。习近平评价道："当年，毛泽东同志总结革命斗争经验，把统一战线、武装斗争、党的建设概括为克敌制胜的'三大法宝'，为我们党取得新民主主义革命胜利发挥了重要作用，至今依然发挥着重要作用。"②

　　中国共产党能够成为领导中国社会发展的核心力量，在于党始终坚持马克思主义理论的科学指导。马克思对人类社会发展有着科学的认识，马克思主义中蕴含着丰富的社会发展思想，构成了中国共产党推进中国社会发展的指导思想。马克思和恩格斯认为，俄国极有可能跳跃资本主义的"卡夫丁峡谷"，"一切都取决于它所处的历史环境"。③ 那时，俄国是"在全国广大范围内把公社所有制保存下来的欧洲惟一的国家"④，并与世界上的资本主义生产方式相结合。这种国内外条件，使其可以跨越资本主义。马克思恩格斯的东方社会发展理论，认为相对落后国家可以跨越"卡夫丁峡谷"的观点，为发展中国家赶超西方先进国家的现代化提供了理论指导。列宁指出，东方经济落后的国家"可以不经过资本主义发展阶段而过渡到苏维埃制度"。⑤ 在《论欧洲联邦口号》中，列宁从资本主义发展不平衡规律出发，创造性地提出社会主义革命将在一国或数国首先胜利的理论。之后列宁根据俄国发展实际情况，夺得十月革命胜利，建立起社会主义国家，跨越

---

① 《毛泽东选集》（第3卷），北京：人民出版社1991年版，第808页。
② 习近平：《在党史学习教育动员大会上的讲话》，北京：人民出版社2021年版，第17页。
③ 《马克思恩格斯文集》（第3卷），北京：人民出版社2009年版，第586页。
④ 《马克思恩格斯全集》（第25卷），北京：人民出版社2001年版，第472页。
⑤ 《列宁选集》（第4卷），北京：人民出版社2012年版，第279页。

了资本主义的"卡夫丁峡谷",开创了区别于资本主义工业文明的社会主义新文明发展道路。在探索中国社会发展的过程中,中国共产党坚持以科学的理论指导革命实践,运用马克思主义的立场、观点和方法,借鉴列宁的一国社会主义理论,分析中国社会中出现的新现象、新问题,并对其进行经验总结和理论提升,把马克思社会发展思想与新民主主义革命时期中国社会发展的实际相结合,形成了新民主主义革命时期中国共产党的社会发展理论,这在毛泽东思想当中有着深刻的体现。1945年,党的七大将毛泽东思想确立为党的指导思想。正是在马克思列宁主义及毛泽东思想的科学指导下,中国共产党团结带领各族人民成功走出从新民主主义革命到社会主义革命的发展道路,中国共产党自觉承担起领导中国社会发展的重任,成为核心力量。

中国共产党具有无比坚强的领导力,能够取得任何其他力量无可比拟的领导成就,原因在于党不断注重总结经验教训。在党的幼年时期,由于缺乏领导革命的实践经验,加之理论上的不成熟,在革命的领导权问题上没有形成科学正确的认识,在革命的实践斗争中出过一些失误,走过一些弯路。但党善于总结革命的经验教训,在经历了大革命的失败及井冈山的革命斗争后,以毛泽东为主要代表的中国共产党人,提出了"须知政权是由枪杆子中取得的"著名论断和"工农武装割据"思想,领导革命不断向前发展。到抗日战争时期,党历经长期的革命斗争考验,积累了丰富的革命实践经验,对中国革命的认识趋于成熟,逐步形成了系统化的适合于中国国情的新民主主义革命理论。毛泽东指出:"在抗日时期,我们才制定了合乎情况的党的总路线和一整套具体政策。这时候,中国民主革命这个必然王国才被我们认识,我们才有了自由。到这个时候,我们已经干了二十来年的革命。过去那么多年的革命工作,是带着很大的盲目性的。"①正是在总结革命斗争正反两方面实践经验的基础上,中国共产党制定出新民主主义革命理论,领导中国取得新民主主义革命的胜利,开辟了中国历

① 《毛泽东文集》(第8卷),北京:人民出版社1999年版,第300页。

史发展的新纪元。

加强党的建设，是实现领导权的根本保证。作为领导中国社会发展的核心力量，中国共产党始终注重加强自身的建设。半殖民地半封建的中国，是一个以农民为主体的国度，无产阶级人数很少，农民和其他小资产阶级占人口的大多数，农民和小资产阶级出身的党员占多数。各种非无产阶级思想，特别是小资产阶级思想必然反映到党内来，党内无产阶级思想和非无产阶级思想之间的矛盾成为党内思想上的主要矛盾。"有许多党员，在组织上入了党，思想上并没有完全入党，甚至完全没有入党。"①中国共产党把思想建设放在党的建设的首位，以无产阶级思想克服和改造各种非无产阶级思想。此外，党长期在农村发展，且处于战争环境之中，如果不加强党的组织建设、作风建设，党就会组织松散、软弱涣散。基于此，中国共产党十分重视党的组织建设，贯彻民主集中制这一根本组织原则，坚持在民主基础上的集中和在集中指导下的民主相结合，并且也非常重视党的作风建设，把党的建设作为一项"伟大的工程"。② 新民主主义革命时期，中国共产党之所以能够经受住各种风险考验，推动中国社会进步和发展，就是因为党敢于直面问题，以不断深化党的建设推进国家的发展，在自我革命中提升革命斗争能力和水平，以自我革命引领社会革命。

由新民主主义革命转变为社会主义革命，必须坚持和加强党的全面领导。进行新民主主义革命、实现社会发展是一项持续性的系统工程，所涉及的利益矛盾千头万绪，客观上需要一个坚强有力、领导科学的统筹者和推进者。而中国共产党的领导，保证了中国社会发展的本质属性和发展方向，有效应对和化解了革命进程中出现的矛盾和风险。中国共产党严明的纪律、民主集中制的组织原则、密切联系群众的工作方法，保证了全国一盘棋、一切行动听指挥，使一切力量凝聚在一起，为社会进步和发展提供了可靠的政治保证和组织保证。

---

① 《毛泽东选集》(第 3 卷)，北京：人民出版社 1991 年版，第 875 页。
② 《毛泽东选集》(第 2 卷)，北京：人民出版社 1991 年版，第 602 页。

五、人民大众是推动中国社会发展的动力

以人为本是中国社会发展的核心理念，贯穿于中国共产党领导中国社会发展的全过程，也是党的群众路线在社会发展领域的体现。中国共产党始终坚持人民是历史的创造者，是推动中国社会发展的最强大力量，这是有坚实的理论基础的。马克思恩格斯在关于人民民主的思想中指出，人民群众是推动人类社会发展的决定力量，"历史活动是群众的活动"，[1] 人民是推动社会变革的主要力量。认为生产关系的变革和社会制度的更替最终取决于生产力的发展，这一切都要依靠民众。马克思恩格斯在《神圣家族》中进一步强调，人民是创造历史的主体，"思想本身根本不能实现什么东西。思想要得到实现，就要有使用实践力量的人"。[2]毛泽东也多次强调："人民，只有人民，才是创造世界历史的动力。"[3]在土地革命战争时期，要想战胜比自己强大得多的敌人，中国共产党只有紧紧依靠人民群众，始终保持党同人民群众的血肉联系，才能够克服各种困难和挑战。"因为革命战争是群众的战争，只有动员群众才能进行战争，只有依靠群众才能进行战争。"[4]抗日战争时期，毛泽东热情地歌颂了人民群众的地位和作用："战争的伟力之最深厚的根源，存在于民众之中"[5]，"群众是真正的英雄"[6]，人民是"真正的铜墙铁壁，什么力量也打不破的，完全打不破的"[7]，并提出了"全国民众奋起之日，就是抗日战争胜利之时"[8]这一响亮的口号。毛泽东在《抗战十五个月的总

---

[1] 《马克思恩格斯文集》(第1卷)，北京：人民出版社2009年版，第287页。
[2] 《马克思恩格斯文集》(第1卷)，北京：人民出版社2009年版，第320页。
[3] 《毛泽东选集》(第3卷)，北京：人民出版社1991年版，第1031页。
[4] 《毛泽东选集》(第1卷)，北京：人民出版社1991年版，第136页。
[5] 《毛泽东选集》(第2卷)，北京：人民出版社1991年版，第511页。
[6] 《毛泽东选集》(第3卷)，北京：人民出版社1991年版，第790页。
[7] 《毛泽东选集》(第1卷)，北京：人民出版社1991年版，第139页。
[8] 《毛泽东选集》(第2卷)，北京：人民出版社1991年版，第560页。

结》中指出："依靠民众则一切困难能够克服，任何强敌能够战胜，离开民众则将一事无成。"①人民大众是社会进步的主体动力，党离开群众就成了无本之木，无源之水，只有依靠人民群众，才能最终取得新民主主义革命的胜利，推动社会发展。正如毛泽东所说，"中国的命运一经操在人民自己的手里，中国就将如太阳升起在东方那样，以自己的辉煌的光焰普照大地"②。

新民主主义革命时期，中国共产党认识到无产阶级、农民阶级、城市小资产阶级和民族资产阶级皆是推动中国社会发展的动力，不断为推进中国社会发展增添新的力量。而无产阶级是最基本的动力。无产阶级是中国沦为半殖民地半封建社会过程中最早出现的一个新的社会阶级，它不但是伴随中国民族工业的产生、发展而产生的，而且是伴随外国资本主义在中国直接经营企业而产生的。中国无产阶级是新的社会生产力的代表，是近代中国最进步的阶级。农民是推动革命、社会发展的主力军。在半殖民地半封建的中国社会，农民占全国人口的80%以上，他们深受帝国主义、封建主义和官僚资本主义的压迫和剥削，具有强烈的反帝反封建的革命要求。工人阶级只有与农民阶级结成巩固的联盟，才能形成强大的力量，才能完成反帝反封建的革命任务。没有农民的参与，无产阶级的革命动力作用便无法得到充分发挥。城市小资产阶级，包括广大的知识分子、小商人、手工业者和自由职业者，同样受帝国主义、封建主义和官僚资本主义的压迫。因此，城市小资产阶级同样是中国革命、社会发展的动力。民族资产阶级也是中国革命、社会发展的动力之一。半殖民地半封建社会的民族资产阶级是一个带有两面性的阶级。民族资产阶级既受帝国主义的压迫，又受封建主义的束缚，它同帝国主义和封建主义有着根本矛盾，是革命的力量之一，在一定时期内和一定程度上能够参加反帝反封建的革命。

中国共产党在长期的革命斗争实践中看到了人民群众的巨大力量，深信只有人民群众才能救中国，只有人民群众才能发展中国。因此，党始终致力于组织和

---

① 《毛泽东文集》(第2卷)，北京：人民出版社1993年版，第381页。
② 《毛泽东选集》(第4卷)，北京：人民出版社1991年版，第1467页。

发动群众，充分调动人民群众的积极性，依靠群众的力量实现民族的独立和解放，实现中华民族的伟大复兴。1919 年，为拯救民族危亡，捍卫民族尊严，早期的马克思主义者、先进青年知识分子联合广大人民群众，发起了一场彻底反帝反封建的伟大社会革命运动，即五四运动。五四运动是在中国大地上第一次出现的席卷全国、有着各社会阶层民众参加的声势宏伟的群众运动，它使当时的先进分子真正看到了实现中华民族伟大复兴的力量源泉所在。吴玉章回忆五四运动时说："以往搞革命的人，眼睛总是看着上层的军官、政客、议员，以为这些人掌握着权力，千方百计运动这些人来赞助革命，如今在五四群众运动的对比下，上层的社会力量显得何等的微不足道，在人民群众中蕴涵的力量一旦得到解放，那才真正是惊天动地，无坚不摧的。"[1]抗日战争时期，面对敌人的封锁，正是全民参与的大生产运动帮助中国共产党在艰难的环境中生存下去。部队、机关、学校人员都投入生产运动中，用共同劳动的方法解决物质需求。民众打破了一家一户为生产单位的分散和个体生产形式，以自愿为原则，建立互助合作的劳动组织，即各种形式的合作社，广大的农民、工人、手工业者组成了一支浩浩荡荡的劳动大军。这种全民参与的生产活动保障了有充足的劳力从事相对比较原始的体力劳动，是这一时期比较成功的经济建设活动，极大地帮助了中国共产党克服当时的困难环境。

以人民为主体力量，尊重人民群众的首创精神，充分调动人民群众的积极性、主动性和创造性，是中国共产党在推进社会发展中得出的基本经验。走从新民主主义革命到社会主义革命的发展道路的内在动力就在于人民的积极性与首创性，党对中国社会的全面领导和宏伟规划需要通过人民群众的广泛实践和智慧创造才能实现。新民主主义革命时期，以毛泽东为主要代表的中国共产党人坚持把马克思列宁主义关于人民群众是历史创造者的原理，系统地运用在党的全部活动中，贯彻党的群众路线，为社会发展提供保障。他们自觉拜人民为师，向能者求

---

[1]　岳强：《民主革命时期马克思主义中国化主体生成与演进研究》，北京：人民出版社 2015 年版，第 40 页。

教，向智者问策；充分尊重人民所表达的意愿、所创造的经验、所拥有的权利、所发挥的作用；正确行使人民给予的权力，依靠人民，自觉接受人民监督，紧紧依靠人民，最终创造历史伟业。今天，以习近平为主要代表的中国共产党人仍然非常重视人民群众在中国社会发展中的主体地位。习近平强调："只有坚持以人民为中心的发展思想，坚持发展为了人民、发展依靠人民、发展成果由人民共享，才会有正确的发展观、现代化观。"[①]在新时代新征程上，中国共产党坚持站稳人民立场，贯彻党的群众路线，调动人民群众的积极性与首创性，为新时代社会发展提供动力保障。

---

① 习近平：《把握新发展阶段，贯彻新发展理念，构建新发展格局》，《求是》2021 年第 9 期，第 11-12 页。

第三章

社会主义革命和建设时期中国共产党对社会发展理论的认识

1956 年年底社会主义改造基本完成，中国进入社会主义社会。当时中国国内的状况是：经济社会发展的基础水平极其低下，主要工业产品产量极低，科学技术、文化教育都处于十分落后的境地。以美国为代表的西方国家对中国采取了十分敌视的态度。在这种内外交困的时代背景下，毛泽东的社会发展思想必然带有这个时代的特征。立足"战争与革命"的时代主题，毛泽东提出了一系列在当时来说无疑是十分正确的社会主义发展思想。

一、提出以苏为戒，走自己的道路

如何在中国这样一个经济发展比较落后的东方大国建设和巩固社会主义，是党面临的一个崭新课题。新中国成立初期，由于国际国内的种种原因，以毛泽东为主要代表的中国共产党人选择了以高度集中统一的计划经济体制为主要特征的苏联模式。但苏联模式本身就存在着一些弊端，如国民经济比例不协调、管理体制高度集中缺乏活力等，毛泽东在实践中也发现苏联经验并不完全适合中国国情，仍需要积极探索适合中国特点的社会主义建设道路。

1956 年 4 月和 5 月，毛泽东先后在中央政治局扩大会议和最高国务会议上，作了《论十大关系》的报告，探讨了中国社会主义建设的十大关系问题，初步总结了我国社会主义建设的经验，明确提出要以苏联经验教训为鉴戒，独立自主地探索适合中国情况的社会主义建设道路。认为："特别值得注意的是，最近苏联方面暴露了他们在建设社会主义过程中的一些缺点和错误，他们走过的弯路，你还想走？过去我们就是鉴于他们的经验教训，少走了一些弯路，现在当然更要引以为戒。"[①]1956 年 8 月，毛泽东在修改党的八大政治报告稿时指出："不可设想，社会主义制度在各国的具体发展过程和表现形式，只能有一个千篇一律的格式。

---

① 《毛泽东文集》(第 7 卷)，北京：人民出版社 1999 年版，第 23 页。

我国是一个东方国家，又是一个大国。因此，我国不但在民主革命过程中有自己的许多特点，在社会主义改造和社会主义建设的过程中也带有自己的许多特点，而且在将来建成社会主义社会以后还会继续存在自己的许多特点。"①于是，毛泽东决定重新审视苏联模式，率先在党内提出"以苏联为鉴戒"，探索中国自己的社会主义建设模式问题，明确了建设社会主义必须根据本国情况走自己的道路。《论十大关系》是党探索中国社会主义建设道路的开篇之作。随后，毛泽东在《关于正确处理人民内部矛盾的问题》等文中，比较全面地阐述了具有中国特色的社会主义社会发展理论。

毛泽东构建的中国社会发展模式的理论，其内容不仅涉及经济体制、管理体制，而且也涵盖了政治体制和科学文化领域；不仅针对我国社会主义建设中已出现的问题制定了相应的解决措施，而且对在苏联已出现而在我国尚未暴露的问题采取了预防性对策。主要有以下方面：（1）在经济体制和经济运行机制方面，提出"可以搞国营，也可以搞私营。可以消灭了资本主义，又搞资本主义"；还提出要发展社会主义商品生产，重视价值规律。（2）在经济管理体制和行政管理体制方面，提出扩大地方和企业自主权，发挥中央和地方两个积极性。（3）在中国工业化道路方面，提出以工业为主导，以农业为基础，以农、轻、重为序安排国民经济；处理好中央和地方，国家、生产单位和生产者个人之间的关系。（4）在政治体制方面，提出"专政要继续，民主要扩大"，实行民主集中制，反对官僚主义。在处理与民主党派之间的关系方面，提出了"长期共存、互相监督、肝胆相照、荣辱与共"十六字方针。（5）在科学文化领域，提出"为人民服务，为社会主义服务"的方向和"百花齐放，百家争鸣"的方针。所有这些都是对政治上高度集权、经济上高度集中的苏联模式的突破。虽然后来由于种种原因这种探索没有坚持下去，没有最终摆脱苏联模式，但这些探索为十一届三中全会以后的经济政治体制改革、为邓小平创建以社会主义市场经济体制为主要特征的有中国特色的

---

① 《建国以来毛泽东文稿》（第6册），北京：中央文献出版社1992年版，第143页。

社会发展模式，提供了重要的参考和有益的借鉴。

毛泽东注重把马克思主义基本原理与中国实际相结合，探索符合中国特点的社会主义建设道路。1962年1月，毛泽东明确指出："为了这个事业，我们必须把马克思列宁主义的普遍真理同中国社会主义建设的具体实际，并且同今后世界革命的具体实际，尽可能好一些地结合起来，从实践中一步一步地认识斗争的客观规律。要准备着由于盲目性而遭受到许多的失败和挫折，从而取得经验，取得最后的胜利。"①

从毛泽东的探索和思考中，我们深切地感受到正确的经济社会发展战略对我国社会全面健康发展的重要性。作为后发国家，我们在制定经济社会发展战略时一定要立足国情，从实际出发，坚持理论与实践的统一，用发展着的马克思主义指导发展中的实践，走自己的路。

二、设定中国社会主义发展战略目标

实现中国现代化是毛泽东所构建的中国社会发展目标的重要内容。早在1949年9月，毛泽东在中国人民政治协商会议第一届全体会议上的开幕词中就提出了"建设一个繁荣昌盛的国家"的目标。新中国成立后，建设一个工业化和全方位的社会主义现代化国家始终是中国共产党人的使命与追求。1954年6月，毛泽东指出："我们的总目标，是为建设一个伟大的社会主义国家而奋斗。"②他还指出："关于中国的前途，就是搞社会主义。要使中国变成富强的国家。"③

1954年9月，周恩来在一届人大一次会议上正式提出了四化目标："我国的经济原来是很落后的。如果我们不建设起强大的现代化的工业、现代化的农业、

---

① 《毛泽东文集》(第8卷)，北京：人民出版社1999年版，第302页。
② 《毛泽东思想年编：1921—1975》，北京：中央文献出版社2011年版，第765页。
③ 《毛泽东文集》(第7卷)，北京：人民出版社1999年版，第124页。

现代化的交通运输业和现代化的国防，我们就不能摆脱落后和贫困，我们的革命就不能达到目的。"①这是中国共产党第一次完整地提出"四个现代化"。毛泽东在开幕词中也提出了"将我们现在这样一个经济上文化上落后的国家，建设成为一个工业化的具有高度现代文化程度的伟大的国家"②的历史任务。1956 年 1 月，周恩来在《关于知识分子问题的报告》中明确指出："科学是关系我们的国防、经济和文化各方面的有决定性的因素，只有掌握了最先进的科学，我们才能有巩固的国防，才能有强大的先进的经济力量"，提出了"向现代科学进军"的口号。1957 年，毛泽东在《关于正确处理人民内部矛盾的问题》中提出了团结全国人民共同奋斗，将我国建设成为一个具有现代工业、现代农业和现代科学文化的社会主义国家。同年，在党的全国宣传工作会议上的讲话中，毛泽东再次强调，"我们一定会建设一个具有现代工业、现代农业和现代科学文化的社会主义国家"③的战略目标。

1959 年年底、1960 年年初，毛泽东在读苏联《政治经济学》教科书时，第一次完整地表述了四个现代化的思想，"建设社会主义，原来要求是工业现代化，农业现代化，科学文化现代化，现在要加上国防现代化"。④ 用"四个现代化"来代替工业化，不仅内容更为丰富，而且社会主义发展战略目标的内涵更为深刻了。这样，中国社会发展目标第一次作为政治政策和国家发展目标被提出来，并在实践中加以实施。其中，科学技术现代化不仅是中国社会主义发展战略目标的重要组成部分，而且是实现"四个现代化"的关键。1963 年 1 月，周恩来在上海市科学技术工作会议上讲话时说，要把我国建设成为社会主义强国，"关键在于实现科学技术的现代化"。⑤ 毛泽东在 1963 年 12 月的一次谈话中明确指出，科学技术这一仗，一定要打，而且必须打好；不搞科学技术，生产力无法提高。这

---

① 《周恩来选集》(下卷)，北京：人民出版社 1984 年版，第 132 页。
② 《毛泽东文集》(第 6 卷)，北京：人民出版社 1999 年版，第 350 页。
③ 《毛泽东文集》(第 7 卷)，北京：人民出版社 1999 年版，第 268 页。
④ 《毛泽东文集》(第 8 卷)，北京：人民出版社 1999 年版，第 116 页。
⑤ 《周恩来选集》(下卷)，北京：人民出版社 1984 年版，第 412 页。

表明以毛泽东为主要代表的中国共产党人对科学技术在现代化建设过程中的基础性、支撑性作用已经有了完全清醒的认识。在 1964 年 12 月召开的第三届全国人民代表大会上，四个现代化被确定为中国社会发展建设的战略目标，周恩来代表毛泽东和党中央向党内外正式宣告："要在不太长的历史时期内，把我国建设成为一个具有现代农业、现代工业、现代国防和现代科学技术的社会主义强国，赶上和超过世界先进水平。"①

毛泽东对现代化目标的内涵与外延有所扩展。毛泽东对于四个现代化目标的理解，并不是单一现代化因素的累积，而是包括生产力发展、民主政治、思想文化教育、精神文明建设和人的现代化等方面的社会发展体系。在社会主义现代化目标中，毛泽东将精神文明建设、人的思想境界的提高、建设共产主义新人等作为现代化目标的重要内容。他认为，单纯的社会主义经济现代化很容易使人们产生资本主义腐朽思想，只有不断加强思想政治教育工作，才能提高人们的精神境界，才能培养德、智、体全方面发展的共产主义新人，体现社会主义的崇高性、纯洁性原则。

总之，中国社会发展目标包括两个方面的内容，一是社会主义；二是现代化。这目标是社会主义和现代化的结合，是生产关系和生产力的有机统一。社会主义现代化被毛泽东确定为社会发展的目标，既表明了毛泽东社会发展理论的总体方向，又保证了中国社会发展不脱离社会主义航线。

三、对社会发展阶段进行初步探索

毛泽东从中国社会发展实际出发，对社会发展阶段进行了初步探索，先后提出了"建立"阶段、"建成"阶段和"不发达的社会主义"阶段、"比较发达的社会主

---

① 《周恩来选集》(下卷)，北京：人民出版社 1984 年版，第 439 页。

义"阶段的阶段划分理论。

社会主义分为"建立"和"建成"两个阶段。毛泽东多次强调，社会主义制度建立以后，还需要一个继续完善和巩固的过程，要建立社会主义社会，不是轻而易举的事，应该把确立社会主义制度同建成社会主义区别开来。1956年1月，在全国知识分子问题会议上，他根据当时社会主义改造在我国已经取得决定性胜利的情况，第一次提出我国的"社会主义社会已经进入，尚未完成"①的思想。1956年年底社会主义改造基本完成之后，社会主义制度在我国建立起来，这是否意味着社会主义在中国已经建成了呢？毛泽东在《关于正确处理人民内部矛盾的问题》中指出："我国的社会主义制度还刚刚建立，还没有完全建成，还不完全巩固。"②在这里，他把"建立"和"建成"作了明确的区分。在毛泽东看来，1956年年底的"三大改造"基本完成，只是标志着社会主义的基本"建立"，社会主义制度还没有完全建成，因为改造的只是经济制度方面，人也需要改造。完全建成社会主义，这是一个艰巨的任务。1957年7月，毛泽东把建成社会主义的思想具体化。他明确表述："只有经过十年至十五年的社会生产力的比较充分的发展，我们的社会主义的经济制度和政治制度，才算获得了自己的比较充分的物质基础（现在，这个物质基础还很不充分），我们的国家（上层建筑）才算充分巩固，社会主义社会才算从根本上建成了。"③

社会主义可分为"不发达"和"比较发达"两个阶段。1959年年底到1960年年初，毛泽东在读斯大林的《苏联社会主义经济问题》和苏联《政治经济学教科书》时，进一步思考了社会发展理论，提出了"不发达"和"比较发达"两个阶段。"社会主义这个阶段，又可能分为两个阶段，第一个阶段是不发达的社会主义，第二个阶段是比较发达的社会主义。后一阶段可能比前一阶段需要更长的时间。经过后一阶段，到了物质产品、精神产品都极为丰富和人们的共产主义觉悟极大提高

---

① 王立胜：《晚年毛泽东的艰苦探索》，西安：陕西人民出版社2008年版，第140页。
② 《毛泽东文集》（第7卷），北京：人民出版社1999年版，第214页。
③ 《建国以来重要文献选编（第十册）》，北京：中央文献出版社1994年版，第491页。

的时候，就可以进入共产主义社会了。"①虽然这里还没有明确提出"社会主义初级阶段"的概念，但是，对社会主义社会发展阶段认识的科学性已大大地提高了。他还指出我们过去所说的"建成社会主义"，实际上只相当于"不发达的社会主义"。他根据对生产力和人民富裕程度的定量考察，明确提出我国还处在"不发达的社会主义"阶段。这是一个极富创见的理论成果，成为后来党的社会主义初级阶段理论的重要思想来源。

毛泽东对共产主义社会发展阶段做出进一步的预测。马克思主义创始人在把共产主义社会划分为第一阶段和高级阶段后，并没有对共产主义高级阶段如何发展的问题进行具体阐述。毛泽东运用唯物辩证法的方法对未来社会的发展进行观察、分析，认为没有哪个社会阶段是一直不变的，新的阶段一定会出现，而且还有可能经过不止一个阶段。共产主义社会也不是凝固不变的，一定会出现新的阶段，可能要经过许许多多的阶段。毛泽东认为，从资本主义到社会主义再到共产主义的转变，是发展的必然，共产主义不是发展的最终阶段，社会不会发展到共产主义就终止了，而可能会经过几万个阶段继续向前发展。他认为没有完美的"主义"，即使是社会主义，也还是会有缺点，因为它会发展到共产主义。总会有新的制度来代替不适应生产力发展的旧的制度，"生产力总要向前发展，同生产关系发生矛盾，这就推动着社会不断前进"。② 毛泽东认为，新的阶段在共产主义之后还会出现，新的发展目标也会提出来。

毛泽东关于社会发展阶段的思想，是对中国国情的集中、精确的概括，是党制定纲领、路线、方针、政策的前提条件。社会主义革命和建设时期，中国所取得的一切成就，就是正确认识了社会发展所处的历史阶段，从实际出发制定和执行了科学的路线方针政策的结果。

---

① 《毛泽东文集》(第8卷)，北京：人民出版社1999年版，第116页。
② 《毛泽东文集》(第6卷)，北京：人民出版社1999年版，第490页。

四、提出社会主义社会矛盾的学说

我国社会主义改造的任务完成以后，国内的社会矛盾和阶级关系发生重大变化，无产阶级同资产阶级之间的矛盾已经基本解决。由于社会主义制度刚刚建立，需要有一个不断完善和巩固的过程，在这种情况下，大量人民内部矛盾逐步成为国家政治生活中居于主导地位的矛盾。苏共二十大后，东欧一些社会主义国家弥漫着动荡不安的气氛，相继发生了波兰事件和匈牙利事件，帝国主义乘机掀起反苏反共反社会主义的浪潮。波匈事件对我国也有一定影响。面对这些新问题、新矛盾，许多党员和干部在思想上缺乏准备，也缺乏处理这些问题和矛盾的经验。这表明，在全党和全国工作重心由革命转向建设的时候，面临着一个如何认识和处理社会主义社会矛盾的问题。

关于社会主义社会的矛盾问题，毛泽东等党和国家领导人深刻汲取苏联的经验教训，认真分析和研究中国社会主义建设的新情况新问题，在广泛调研的基础上，形成了关于社会主义社会矛盾的学说。党在八大前后，特别是毛泽东在1957年2月所作的《关于正确处理人民内部矛盾的问题》的报告中，系统论述了社会主义社会矛盾的理论。

关于社会主义社会的基本矛盾，毛泽东指出："在社会主义社会中，基本的矛盾仍然是生产关系和生产力之间的矛盾，上层建筑和经济基础之间的矛盾。"[1] "社会主义生产关系已经建立起来，它是和生产力的发展相适应的：但是，它又还很不完善，这些不完善的方面和生产力的发展又是相互矛盾的。除了生产关系和生产力发展的这种又相适应又相矛盾的情况以外，还有上层建筑和经济基础的又相适应又相矛盾的情况。"[2]毛泽东关于社会主义社会基本矛盾的理论，揭示了

---

[1] 《毛泽东文集》(第7卷)，北京：人民出版社1999年版，第214页。
[2] 《毛泽东文集》(第7卷)，北京：人民出版社1999年版，第215页。

社会主义社会发展的基本动力和社会主义社会矛盾的总根源，初步地论述了社会主义社会基本矛盾的性质、特点和解决基本矛盾的根本方针。一般来说，社会主义社会生产关系是适合生产力发展的，上层建筑适合经济基础发展，它们之间的矛盾是次要的。因此社会主义社会基本矛盾不是对抗性的，不再表现为剧烈的阶级斗争，而是表现为人民内部矛盾，它们可以通过社会主义制度本身有领导、有计划、有步骤地加以解决。

关于我国社会的主要矛盾和根本任务。党的八大正确分析了社会主义改造完成后我国社会主要矛盾的变化，指出：社会主义制度在我国已经基本上建立起来了。我们国内的主要矛盾，已经是人民对于建立先进的工业国的要求同落后的农业国的现实之间的矛盾，已经是人民对于经济文化迅速发展的需要同当前经济文化不能满足人民需要的状况之间的矛盾。据此，党中央提出要把党和国家的工作重点转到技术革命和社会主义建设上来，要求各级党委要抓社会主义建设工作，全党要学科学、学技术、学新本领。

关于社会主义社会矛盾学说的一个重要方面，是关于社会主义社会存在两类不同性质矛盾的理论。毛泽东强调：在我们面前有两类社会矛盾，这就是敌我矛盾和人民内部矛盾，这是两类性质完全不同的矛盾。敌我矛盾是人民同反抗社会主义革命、敌视和破坏社会主义建设的社会势力和社会集团的矛盾，这是根本利益对立基础上的矛盾，因而是对抗性的矛盾。人民内部矛盾，包括工人阶级内部的矛盾，农民阶级内部的矛盾，知识分子内部的矛盾，工农两个阶级之间的矛盾，工人、农民同知识分子之间的矛盾，工人阶级和其他劳动人民同民族资产阶级的矛盾，也包括政府和人民群众之间的矛盾，民主同集中的矛盾，领导同被领导之间的矛盾，国家机关某些工作人员的官僚主义作风同群众之间的矛盾，等等。一般说来，人民内部矛盾是在人民根本利益一致基础上的矛盾，因而是非对抗性的矛盾。毛泽东还特别指出，在我国，由于民族资产阶级有两面性，工人阶级同民族资产阶级的矛盾属于人民内部矛盾。毛泽东提醒人们注意两类不同性质矛盾的转化问题，认为两类不同性质的矛盾的存在是客观的，但不是固定不变的，在一定的条件下，两类不同性质的矛盾可以互相转化。一般情况下，人民内部矛盾不是对抗性的，但如果处理不当，也可能发生对抗。反之，有些本来是对抗性的矛盾，如果处理得当，则可以转化为非对抗性的矛盾。因此，必须严格区分和正确处理两类不同性质的矛盾，特别是要正确处理已经居于主导地位的人民内部矛盾。这对于发展社会主义事业具有极为重要的意义。

毛泽东论述了正确处理两类不同性质社会矛盾的基本方法。他指出：敌我之间和人民内部这两类矛盾的性质不同，解决的方法也不同。简单地说起来，前者是分清敌我的问题，后者是分清是非的问题。"我们历来就主张，在人民民主专政下面，解决敌我之间的和人民内部的这两类不同性质的矛盾，采用专政和民主这样两种不同的方法。"①所谓专政方法，就是运用人民民主专政的国家机器，对于国家内部那些反抗社会主义改造、破坏社会主义建设的敌对分子和严重犯罪分子依法治罪，剥夺他们的政治权利，强迫他们从事劳动，并在劳动中尽量使他们改造成为新人。所谓民主方法，就是讨论的方法、批评的方法、说服教育的方法。

关于正确处理人民内部矛盾的方针。毛泽东指出，用民主的方法解决人民内部矛盾，这是一个总方针。针对人民内部矛盾在具体实践中的不同情况，毛泽东提出了一系列具体方针、原则：对于政治思想领域的人民内部矛盾，实行"团结—批评—团结"的方针，坚持说服教育、讨论的方法；对于物质利益、分配方面的人民内部矛盾，实行统筹兼顾、适当安排的方针，兼顾国家、集体和个人三方面的利益；对于人民群众和政府机关的矛盾，要坚持民主集中制原则，努力克服政府机关的官僚主义，也要加强对群众的思想教育；对于科学文化领域里的矛盾，实行"百花齐放、百家争鸣"的方针，通过自由讨论和科学实践、艺术实践去解决；对于共产党和民主党派的矛盾，实行在坚持社会主义道路和共产党领导的前提下"长期共存、互相监督"的方针；对于民族之间的矛盾，实行民族平等、

① 《毛泽东文集》(第7卷)，北京：人民出版社1999年版，第211-212页。

团结互助的方针，着重反对大汉族主义，也要反对地方民族主义；等等。所有这些方针，都是用民主方法解决人民内部矛盾这一总方针的具体化，为我们解决不同形式的人民内部矛盾指明了方向。

关于区分两类不同性质矛盾和正确处理人民内部矛盾的目的和意义。毛泽东指出，"我们提出划分敌我和人民内部两类矛盾的界限，提出正确处理人民内部矛盾的问题，以便团结全国各族人民进行一场新的战争——向自然界开战，发展我们的经济，发展我们的文化"，"巩固我们的新制度，建设我们的新国家"。① 毛泽东强调，关于正确处理人民内部矛盾的问题是社会主义国家政治生活的主题。这一论断的根本着眼点，在于调动一切积极因素，团结一切可以团结的力量，把全党的注意力转到社会主义建设上来。

毛泽东关于社会主义社会矛盾的学说，科学揭示了社会主义社会发展的动力，以独创性的内容丰富了马克思主义的理论宝库，为正确处理社会主义社会各种矛盾、创造良好的社会环境和政治环境，提供了基本的理论依据，也为后来的改革开放奠定了理论基础。即使在今天，他的基本思想仍然富有理论生命力和实践指导价值。

五、提出"两步走"的发展战略

新中国成立后，针对我国生产力水平落后且发展不平衡的情况，在如何建设和发展社会主义的问题上，以毛泽东为主要代表的中国共产党人逐步提出了"两步走"的发展战略。

毛泽东在社会发展战略的制定上明显带有反复和曲折的特征。1953 年过渡时期总路线刚刚开始执行时，毛泽东就开始酝酿和思考这个问题。最初他根据把

---

① 《毛泽东文集》(第 7 卷)，北京：人民出版社 1999 年版，第 216 页。

我国迅速由落后的农业国转变为先进的工业国的战略目标，确定重工业为战略重点，同时注意农轻重比例的协调发展。1955 年 3 月，毛泽东在党的全国代表会议的讲话中提出：要建成为一个强大的高度社会主义工业化的国家，就需要有几十年的艰苦努力，比如说，要有五十年的时间，即 20 世纪的整个下半世纪。到社会主义改造基本完成前夕，毛泽东已经有了一个比较清晰的蓝图，初步形成了两步走的发展战略。第一步用三个五年计划即 15 年左右的时间完成对农业、手工业和资本主义工商业的社会主义改造，实现国家工业化，建成社会主义；第二步用 10 到 15 个五年计划即 50 到 75 年的时间建成强大的社会主义国家，并赶超世界发达国家。同后来的情况相比，尽管这一设想缺乏严密的科学论证，但还是比较求实、比较谨慎的。1956 年以后，出现"左"的思想倾向，毛泽东开始追求社会主义建设的高速度、高指标，形成了"以钢为纲"的赶超战略。结果导致脱离实际的"大跃进"和"人民公社化"运动，使经济建设遭受重大挫折。

20 世纪 60 年代初，通过反思，毛泽东又指出："至于建设强大的社会主义经济，在中国，五十年不行，会要一百年，或者更多的时间。"[1]这说明毛泽东在经过一些曲折后，已经意识到在我们这样一个经济文化落后的国家建设社会主义的长期性和艰巨性，要实现发展目标绝非一朝一夕的事。1962 年 1 月，毛泽东在扩大的中央工作会议上的讲话中指出："中国的人口多、底子薄，经济落后，要使生产力很大地发展起来，要赶上和超过世界上最先进的资本主义国家，没有一百多年的时间，我看是不行的。三百几十年建设了强大的资本主义经济，在我国，五十年内外到一百年内外，建设起强大的社会主义经济，那又有什么不好呢？"[2]

1963 年 9 月，中央工作会议根据毛泽东的建议，重提中国现代化建设分两步走的战略：第一步建立一个独立的比较完整的工业体系和国民经济体系，使我国工业大体接近世界先进水平；第二步使我国国民经济走在世界前列，全面实现农

---

[1] 《毛泽东文集》(第 8 卷)，北京：人民出版社 1999 年版，第 301 页。
[2] 《毛泽东思想年编(一九二一——一九七五)》，北京：中央文献出版社 2011 年版，第 916 页。

业、工业、国防和科学技术现代化。1964 年 12 月第三届全国人民代表大会第一次会议上，周恩来根据毛泽东建议，在政府工作报告中首次提出分"两步走"实现"四个现代化"的战略构想："从第三个五年计划开始，我国的国民经济发展，可以按两步来考虑：第一步，建立一个独立的比较完整的工业体系和国民经济体系；第二步，全面实现农业、工业、国防和科学技术的现代化，使我国经济走在世界前列。"①并对此作了时间限定，第一步用 15 年时间即在 1980 年前完成；第二步在本世纪内即用 20 年时间完成。

毛泽东分两步走的发展战略，是符合社会主义发展的基本规律的，也是符合我国当时的实际国情的。毛泽东"两步走"的社会战略思考，对党的十一届三中全会后中国共产党提出"三步走"的经济发展战略，具有重要的借鉴意义。

六、提出"统筹兼顾"的思想

毛泽东在借鉴苏联发展经验和教训的基础上，提出了"统筹兼顾"的发展理念。他强调正确处理国家、集体与个人的关系，生产两大部类的关系，中央与地方的关系，积累与消费的关系，长远利益与当前利益的关系；既要顾全大局，突出重点，也要统筹兼顾，全面安排，综合平衡。他认为，"国家和工厂、合作社的关系，工厂、合作社和生产者个人的关系，这两种关系都要处理好。为此，就不能只顾一头，必须兼顾国家、集体和个人三个方面，也就是我们过去常说的'军民兼顾'、'公私兼顾'"。② 在处理物质利益和分配方面的人民内部矛盾时，毛泽东强调要实行统筹兼顾、适当安排的方针。毛泽东指出："这里所说的统筹兼顾，是指对于六亿人口的统筹兼顾。我们作计划、办事、想问题，都要从我国

---

① 《周恩来传(1898—1976)(下)》，北京：中央文献出版社 2008 年版，第 1616 页。
② 《毛泽东文集》(第 7 卷)，北京：人民出版社 1999 年版，第 28 页。

有六亿人口这一点出发，千万不要忘记这一点。"①针对当时中国的实际情况，毛泽东认为"无论粮食问题，灾荒问题，就业问题，教育问题，知识分子问题，各种爱国力量的统一战线问题，少数民族问题，以及其他各项问题，都要从对全体人民的统筹兼顾这个观点出发，就当时当地的实际可能条件，同各方面的人协商，作出各种适当的安排"。② 可以看出，毛泽东把统筹兼顾作为处理社会发展问题的根本方法。

毛泽东注重经济、政治、文化的协调发展。"搞社会主义建设，很重要的一个问题是综合平衡。"③毛泽东提出了一整套"两条腿走路"的工业化发展思路，即重工业和轻工业同时并举，中央工业和地方工业同时并举，沿海工业和内地工业同时并举，大型企业和中小型企业同时并举，等等。鉴于中国社会生产力落后、经济基础薄弱的情况，毛泽东指出，以工业为主导，把重工业作为我国经济建设的重点，以逐步建立独立的比较完整的基础工业体系和国防工业体系，但同时必须充分注意发展农业和轻工业。他说，我国是一个农业大国，农村人口占全国人口的80%以上，只有农业发展了，工业才有原料和市场，才有可能为建立重工业积累较多的资金。更多地发展农业、轻工业，既可以更好地供给人民生活的需要，又可以增加资金积累和扩大市场。这不仅会使重工业发展得多些和快些，而且由于保障了人民生活的需要，会使它发展的基础更加巩固。为了平衡全国工业发展的走势，毛泽东明确指出："好好地利用和发展沿海的工业老底子，可以使我们更有力量来发展和支持内地工业。如果采取消极态度，就会妨碍内地工业的迅速发展。"④这表明毛泽东已萌生出区域经济协调发展的思想。针对如何正确处理中央和地方的关系，毛泽东也指出："应当在巩固中央统一领导的前提下，扩大一点地方的权力，给地方更多的独立性，让地方办更多的事情。这对我们建设

---

① 《毛泽东文集》(第7卷)，北京：人民出版社1999年版，第227-228页。
② 《毛泽东文集》(第7卷)，北京：人民出版社1999年版，第228页。
③ 《毛泽东文集》(第8卷)，北京：人民出版社1999年版，第73页。
④ 《毛泽东文集》(第7卷)，北京：人民出版社1999年版，第26页。

强大的社会主义国家比较有利。我们的国家这样大，人口这样多，情况这样复杂，有中央和地方两个积极性，比只有一个积极性好得多。我们不能像苏联那样，把什么都集中到中央，把地方卡得死死的，一点机动权也没有。"①与经济生活的逐渐宽松化相适应，思想文化领域采取开放方针：一是提出了"百花齐放、百家争鸣"的方针；二是主张文化的对外开放。关于党和非党关系，"长期共存，互相监督"八字方针是处理党和非党关系的基本原则，奠定了共产党领导下的多党合作制度的民主政治格局。处理是非关系采取"惩前毖后，治病救人"的方针。毛泽东还具体论述了社会主义建设中众多重大关系，贯穿其中的核心思想是在有重点的基础上协调各方面的关系。半个世纪后，以胡锦涛为主要代表的中国共产党人提出科学发展观，把统筹兼顾作为根本方法，这是对毛泽东统筹兼顾思想的继承和发展。

七、提出一系列对外开放的设想

人类社会发展的实践证明，历史总是在继承和超越中前进的。资本主义的出现，开创了生产力快速发展的时代，是人类历史发展的重要阶段。社会主义代替资本主义，并不意味着社会主义要全盘否定和抛弃资本主义创造的一切成果，也不意味着社会主义不同资本主义发生任何联系。相反，社会主义要体现出相对资本主义的优势并最终战胜资本主义，必须大胆借鉴和吸收包括资本主义文明在内的一切人类文明成果，创造出高于资本主义国家的社会生产力和物质文化生活水平。新中国成立后，毛泽东曾多次指出，要在平等的基础上开展同一切国家的经济技术交流，包括同一些资本主义国家发展经济贸易关系，要学习一切国家和民族的长处，并提出了一系列对外开放的设想。

---

① 《毛泽东文集》(第7卷)，北京：人民出版社1999年版，第31页。

毛泽东一直认为社会主义国家应该积极参与国际经济合作。1949年12月，正在苏联访问的毛泽东在发给刘少奇等人的电报中提出，"你们在准备对苏贸易条约时应从统筹全局的观点出发，苏联当然是第一位，但同时要准备和波捷德英日美等国做生意，其范围和数量要有一个大概的计算"。① 1954年8月，毛泽东在会见英国工党代表团时指出，中国要发展成为一个工业化国家，需要几十年的时间。而要达到这一目标，主要依靠国内市场，但"这并不是说不要国外联系，不做生意。不，需要联系，需要做生意，不要孤立"。② 1957年2月，毛泽东在《关于正确处理人民内部矛盾的问题》中又指出："至于帝国主义国家，我们也要团结那里的人民，并且争取同那些国家和平共处，做些生意，制止可能发生的战争，但是决不可以对他们怀抱一些不切实际的想法。"③1959年6月，毛泽东在同秘鲁议员团谈话时指出："搞经济关门是不行的，需要交换。""外国资产阶级的一切腐败制度和思想作风，我们要坚决抵制和批判。但是，这并不妨碍我们去学习资本主义国家的先进的科学技术和企业管理方法中合乎科学的方面。"④20世纪70年代初，正是在毛泽东的主持下，我们打开中美关系大门，有了同西方做生意的可能性，引进了许多先进设备和技术。这是建国后第二次大规模的引进，成为后来对外开放的先声。

关于在对外开放过程中，向外国学习什么的问题上，毛泽东说："我们的方针是，一切民族、一切国家的长处都要学，政治、经济、科学、技术、文学、艺术的一切真正好的东西都要学。"⑤毛泽东的这一论述，实质上指明了我国对外开放的内容不仅是经济，还包括政治、科学、技术、文艺等，特别是要学习"资本主义国家的先进的科学技术和企业管理方法中合乎科学的方面。工业发达国家的企业，用人少，效率高，会做生意，这些都应当有原则地好好学过来，以利于改

① 《建国以来毛泽东文稿》(第1册)，北京：中央文献出版社1987年版，第197页。
② 《毛泽东文集》(第6卷)，北京：人民出版社1999年版，第340页。
③ 《建国以来毛泽东文稿》(第6册)，北京：中央文献出版社1992年版，第358页。
④ 《毛泽东文集》(第7卷)，北京：人民出版社1999年版，第43页。
⑤ 《建国以来毛泽东文稿》(第6册)，北京：中央文献出版社1992年版，第101-102页。

进我们的工作。"①毛泽东又说："自然科学方面，我们比较落后，特别要努力向外国学习。但是也要有批判地学，不可盲目地学。在技术方面，我看大部分先要照办，因为那些我们现在还没有，还不懂，学了比较有利。但是，已经清楚的那一部分，就不要事事照办了。"②在文化方面，毛泽东也强调："中国应该大量吸收外国的进步文化，作为自己文化食粮的原料，这种工作过去还做得很不够。这不但是当前的社会主义文化和新民主主义文化，还有外国的古代文化，例如各资本主义国家启蒙时代的文化，凡属我们今天用得着的东西，都应该吸收。"③

毛泽东根据中国的具体国情和社会主义建设实践，对社会主义发展问题进行了不懈的探索，在这个过程中提出了许多有启发性的理论观点，其中的一些理论和观点对后人的理论创新有奠基作用，对后来的改革开放有一定的导向性。在毛泽东的社会发展思想中，有一个核心的原则问题始终没有丢掉，那就是：中国无论怎样发展，始终坚持社会主义方向，坚持"只有社会主义才能救中国"的原则。毛泽东的任何重大决策的出台，主观上都以这一原则为出发点，这也是我们应该从毛泽东那里继承过来的宝贵遗产。毛泽东对中国社会发展规律的探索是中国进一步发展的基石，他的失误教训是中国进一步发展的另一种意义上的经验。

从马克思到列宁再到毛泽东，由于实践条件不同，在理论上对社会主义发展问题的理解有差别，在有关社会主义发展理论的具体运用上，差异则更大，甚至完全不同。但在基本立场、基本观点上则是一致的。这种一致性表现在：社会主义是对资本主义的否定，社会主义的发展要依靠自身的条件和优势；社会主义要在与资本主义的联系中，在利用资本主义的有关物质条件中求得更快的生存与发展；社会主义可以通过改革和自我完善的方法推进社会的进步；在世界市场形成和世界经济体系日趋完善的条件下，社会主义的发展还要重视外部条件，在和不同社会制度竞争的前提下寻求发展。

---

① 《建国以来毛泽东文稿》（第 6 册），北京：中央文献出版社 1992 年版，第 103 页。
② 《建国以来毛泽东文稿》（第 6 册），北京：中央文献出版社 1992 年版，第 103 页。
③ 《毛泽东选集》（第 2 卷），北京：人民出版社 1991 年版，第 706-707 页。

　　同时我们还应看到，从马克思到毛泽东，他们有着不同的实践体验，特别是马克思并没有亲身经历建设社会主义的历史过程，因此对社会主义发展问题的理解，还只是原则性和方向性的，更多地表现为理论上的科学预见。列宁和毛泽东关于社会主义建设的实践，由于主客观原因和各种因素的作用，都是在探索本国独特社会主义道路过程中形成其社会主义建设理论观点的，因此这些理论观点具有明显的探索性。他们都是探索前人没有遇到或没有正确认识的新事物的内在规律，处于这一认识过程中，许多问题尚未深入回答，还有未知领域，因此，不可避免地带有这样或那样的局限性。在列宁和毛泽东那里，有两大问题没有解决：一是对发展问题的理论探讨还刚刚起步，没有也不可能有系统的社会主义发展理论，这是与社会主义建设的初始阶段相适应的。二是在发展实践中，对于发展什么？怎样发展？对于发展的整体目标和战略的制定，还没有一套操作性较强的方式和方法。这两大问题是发展社会主义过程中必须要解决的，列宁和毛泽东只是在实践中触及这样的问题，但解决问题的方式和方法还深深地隐藏在不断发展的社会主义建设实践中。特别是毛泽东的社会主义实践，留给后来的继承者以深深的思考，实践中正反两方面的经验教训，启发了后来者，为社会主义发展理论的创新提供了宝贵经验。

第四章

改革开放和社会主义现代化建设新时期中国共产党

对社会发展理论的认识

一、以邓小平为主要代表的中国共产党人对社会发展理论的认识

如果说毛泽东的社会发展思想是战争与革命时代的产物。那么，当时代主题转换到和平与发展时，就必然要有新的社会发展理论来适应新时期社会发展的要求。邓小平的社会发展理论正是在世界进入到以和平与发展为时代主题的大背景下形成的理论，邓小平是站在时代发展的高度来认识和探索解决中国的发展问题的。在和平与发展的时代特征下，邓小平提出了一系列符合时代特点和中国实际的社会发展理论。

(一) 以邓小平为主要代表的中国共产党人社会发展理论形成的时代背景

以邓小平为主要代表的中国共产党人的社会发展理论是在和平与发展成为时代主题的历史条件下，在总结我国社会主义胜利和挫折的历史经验并借鉴其他社会主义国家兴衰成败历史经验的基础上，在我国改革开放和现代化建设的实践中，逐步形成和发展起来的。

1. 和平与发展成为时代主题

20 世纪 70 年代，西方资本主义遭遇严重的经济危机，第二次世界大战后，美苏两极对抗的冷战格局出现重大变化，两大阵营的力量对比更趋平衡，尽管局部战争仍有发生，但短时期内爆发世界大战的可能性越来越小，长期被冷战阴云笼罩的世界各国人民对和平的渴望更加强烈。新科技革命推动下的经济社会快速发展使各国人民更加珍惜发展的机遇，求发展的愿望更加强烈。求和平谋发展，逐渐成为世界各国人民的普遍愿望。邓小平敏锐地把握了国际形势的重大变化，对时代主题的转换作出了科学判断。他明确地指出："现在世界上真正大的问题，

带全球性的战略问题，一个是和平问题，一个是经济问题或者说发展问题。和平问题是东西问题，发展问题是南北问题。概括起来，就是东西南北四个字。南北问题是核心问题。"①党中央根据这一判断，提出和平与发展是时代主题。他还强调指出："应当把发展问题提到全人类的高度来认识，要从这个高度去观察问题和解决问题。"②在和平与发展的内涵中，和平是国际形势的主要特点，而发展则是时代的中心任务。简言之，当今时代主题是解决发展问题。对广大发展中国家而言，主要是实现社会发展的问题。

在世界保持相对和平的条件下，发展问题越来越突出地成为时代的主要潮流，成为世界各国普遍关注的核心问题。发展是一个全球性的问题，不仅发展中国家需要发展，发达国家也存在着发展的问题。发展的内容是多方面的，包括经济、社会、科技、文化等各个领域，但其主体是经济的发展。不同社会制度和不同发展程度的国家，都日益关注自身的发展问题，把发展置于内外战略的中心地位。争取发展之所以成为当代世界各国的共同发展要求，有其历史的必然性。首先，广大发展中国家，要巩固政治独立和维护国家主权，改变自身的贫穷落后面貌，当务之急和根本出路就在于抓住机遇，加快发展；其次，对西方发达国家来说，也面临着再发展的问题。如果长期没有发展或发展缓慢，将面临固有地位失落的问题；最后，南北差距扩大，总体上发达国家越来越富，而发展中国家却越来越穷。这个问题的解决，说到底也只能靠发展来解决。这是以邓小平为主要代表的中国共产党人社会发展理论形成的一个重要的时代背景。

时代的发展既提供了难得的机遇，也提出了尖锐的挑战。"世界形势日新月异，特别是现代科学技术发展很快。现在的一年抵得上过去古老社会几十年、上百年甚至更长的时间。不以新的思想、观点去继承、发展马克思主义，不是真正的马克思主义者。"③邓小平站在时代的高度，以世界的眼光来观察和思考中国的

① 《邓小平文选》(第3卷)，北京：人民出版社1993年版，第105页。
② 《邓小平文选》(第3卷)，北京：人民出版社1993年版，第282页。
③ 《邓小平文选》(第3卷)，北京：人民出版社1993年版，第291页。

社会发展问题，指出了当今世界是开放的世界、中国社会的发展离不开世界。这为中国共产党一心一意搞社会主义现代化建设，实行对外开放以借鉴和吸收人类社会创造的一切文明成果，奠定了科学的基础，也为党在复杂变幻的国际局势中冷静沉着，抓住机遇，发展自己提供了明确的指针。

世界形势总体上趋于缓和，发展有了相对和平的环境。19 世纪末 20 世纪初，资本主义发展到了帝国主义阶段。由于垄断资本的发展，加剧了世界经济各个部分在发展速度上的差异，引起了政治、军事发展的不平衡，整个资本主义世界充满了激烈的对抗、争斗和危机，并导致了帝国主义国家为重新瓜分世界而发动战争。战争也引起了革命。由于帝国主义国家之间的矛盾和冲突，推动了世界其他矛盾的发展，世界无产阶级充分利用这种战争造成的形势，突破帝国主义体系中的薄弱环节，实现了社会主义革命从一国的首先胜利到多国的成功实践，形成了与资本主义相抗衡的世界体系，并由此促进了世界民族解放运动的蓬勃发展。随着社会主义和帝国主义两种制度的对立和冲突的日趋发展，地区矛盾和局部战争也连绵不断。正是帝国主义的战争与无产阶级的革命，使战争与革命成了当时世界历史的主题。但 20 世纪 70 年代中期以后，国际形势和世界格局发生了一系列的重大变化。东西方矛盾开始缓和，争取和维护世界和平，成为越来越多国家的共同要求，国际间出现了相对和平的发展趋势。世界形势出现相对和平稳定的发展趋势，不是偶然的，而是世界各种矛盾发展变化和抑制战争的力量不断增长等因素交互作用的结果。首先，随着战后世界各国人民的空前觉醒，维护世界和平已经成为一股不可阻挡的历史潮流。其次，随着战后世界经济整体性的不断加强和全球化进程的加快，各国经济间的相互依存、相互渗透和互为条件的程度有了提高，这在一定意义上成为制约战争的重要因素，有利于促进和平局面的到来。最后，随着世界向多极化方向的逐步发展，制止战争的因素在日益增强。

这种相对和平的国际环境，给每个国家和民族提供了发展的契机和条件。针对国际格局的新变动，邓小平从 20 世纪 80 年代刚一开始就指出："我们有信心，如果反霸权主义斗争搞得好，可以延缓战争的爆发，争取更长一点时间的和平。

这是可能的，我们也正是这样努力的。不仅世界人民，我们自己也确确实实需要一个和平的环境。"①由于中国的经济文化发展水平还不高，在国际政治、经济格局中还是比较弱的一方，就制约战争、维护和平而言，力量还是有限的。所以，邓小平说："如果说中国是一个和平力量、制约战争的力量的话，现在这个力量还小。等到中国发展起来了，制约战争的和平力量将会大大增强。"②正因为如此，邓小平强调指出："中国对外政策的目标是争取世界和平。在争取和平的前提下，一心一意搞现代化建设，发展自己的国家，建设具有中国特色的社会主义。"③对时代主题的科学判断是邓小平谋划中国社会主义建设及未来社会发展的现实社会背景。

2. 世界社会主义运动遭受重大挫折

"只有社会主义能够救中国，只有社会主义能够发展中国。"④这句话既是科学真理，是把马克思主义与中国实际相结合必然得出的科学结论，也是中国自近代以来所选择的唯一科学的发展之路，是历史的选择，人民的选择，是中国遵循历史发展规律所作的必然选择。在世界范围内，选择社会主义的发展道路成了"二战"以后许多落后国家走向现代富强、民主、文明的科学选择。在短短的几十年时间内，这些选择社会主义道路的国家无一例外地都取得了令世界瞩目的伟大成就。但是，在历史的车轮即将驶向21世纪的时候，大量原先隐藏着的矛盾、问题不断暴露、激化，最终的结果是东欧剧变、苏联解体，这些社会主义纷纷改弦易辙，世界社会主义运动陷入低谷。这不仅是国际共产主义运动的重大挫折，同时标志着单一模式社会发展道路的重大挫折，甚至是失败。当然这种现象的出现既是人们始料未及的，也是所有善良的人们所不愿意看到的。但是，它既然来了，唯一科学的方法就是正视它，科学地反思它。以邓小平为主要代表的中国共

---

① 《邓小平文选》(第 2 卷)，北京：人民出版社 1994 年版，第 241 页。
② 《邓小平文选》(第 3 卷)，北京：人民出版社 1993 年版，第 105 页。
③ 《邓小平文选》(第 3 卷)，北京：人民出版社 1993 年版，第 57 页。
④ 《邓小平文选》(第 3 卷)辅导教材，北京：人民出版社 1994 年版，第 409 页。

产党人，本着对社会主义，特别是对中国社会主义负责任的态度，他一方面站在国际共产主义运动的历史的至高点上认真反思这个问题；另一方面又立足于中国社会主义建设的历史和现实的基础上进行认真的反思、科学的总结，并以此作为新的历史起点，全面谋划中国社会主义的现实和未来发展。

世界社会主义运动遭受挫折也影响了国内部分人的思想。在纠正"文化大革命"的错误和拨乱反正的过程中，出现了两种错误思潮：一方面是针对受极"左"思潮的毒害，攻击党中央执行的一系列方针政策违反了马列主义、毛泽东思想；另一方面是针对社会上有极少数人别有用心地歪曲解放思想的方针，散布怀疑或反对四项基本原则的言论。这两种思潮都是违背马列主义、毛泽东思想的，都是妨碍和破坏社会主义现代化建设事业的。而党内也有极少数人不但不承认这种思潮的危险性，而且还直接或间接地加以某种程度的同情或支持。面对这种情况，邓小平指出："这四项基本原则并不是新的东西，是我们党长期以来所一贯坚持的。"①他在 1979 年召开的理论工作务虚会上明确指出："为了实现四个现代化，我们必须坚持社会主义道路，坚持无产阶级专政，坚持共产党的领导，坚持马列主义、毛泽东思想。中央认为，今天必须反复强调坚持这四项基本原则，因为某些人（哪怕只是极少数人）企图动摇这些基本原则。这是决不许可的。每个共产党员，更不必说每个党的思想理论工作者，决不允许在这个根本立场上有丝毫动摇。如果动摇了这四项基本原则中的任何一项，那就动摇了整个社会主义事业，整个现代化建设事业。"②因为四项基本原则是实现四个现代化的根本前提。如果让反党反社会主义的思想任意泛滥，那么，"三中全会的方针政策就要落空，工作着重点的转移就要落空，四个现代化建设就要落空，党内外民主生活的发展也要落空"。③ 国内外的形势和党的十一届三中全会以来的实践证明：要保证改革开放和现代化建设的社会主义性质和方向，要实现改革和建设的历史任务，要保

---

① 《邓小平思想评传(1977—1997)》，北京：人民出版社 2010 年版，第 157 页。

② 《邓小平关于建设有中国特色社会主义的论述专题摘编》，北京：中央文献出版社 1992 年版，第 201 页。

③ 《十一届三中全会以来重要文献选读》（上册），北京：人民出版社 1987 年版，第 61 页。

持一个安定团结的社会治安环境，要维护民族的统一，实现国家的兴旺，都离不开四项基本原则这个立国之本。四项基本原则是实现社会主义现代化、推进社会发展进步的根本政治保证。

3. 对社会主义建设经验教训的总结

新中国成立后，我国顺利地恢复了国民经济，走出了一条具有鲜明中国特色的社会主义改造道路。1956 年，随着苏共二十大的召开和波匈事件的发生，苏联模式的弊端初步暴露出来，中国共产党在第一个五年计划的实践中也觉察到这个模式的弊端。毛泽东随即提出，要以苏为鉴，认真地总结自己的经验，探索自己的建设社会主义的道路。在这个探索中形成了一些正确的和比较正确的理论观点、方针政策和实践经验。这些思想理论成果的产生，是党和国家的一份珍贵的思想财富，对于邓小平社会发展理论的形成发展具有重要意义。但这一时期，中国共产党也犯了不少错误，走了不少弯路。这主要是在经济上急于求成、盲目求纯和急于过渡；在政治上以阶级斗争为纲。造成这些失误的更深层的原因，一是偏离了党的实事求是的思想路线，对国际国内的形势、我国社会主义发展所处历史阶段及其社会主要矛盾作出了错误的估量和判断；二是对什么是社会主义和如何建设社会主义的问题没有完全搞清楚，因而也就不可能集中精力发展生产力，也不可能对社会主义的某些制度和体制进行有效的改革。"文化大革命"使国民经济遭受严重损失，民主和法制遭到践踏，大批干部和群众遭受迫害，学术文化事业在许多方面遭到摧残，科技水平在一些领域同世界先进国家的差距进一步拉大，党风和社会风气遭到严重破坏，导致社会发展的严重混乱、破坏和倒退。我国社会主义建设经历的曲折和失误，特别是"文化大革命"给党、国家和各族人民带来的严重灾难，促使中国共产党人和中国人民进行深刻的反思。

吸取"文化大革命"的教训，党的十一届三中全会对过去作了系统的总结，提出了一系列新的推进社会发展的方针政策。邓小平指出："我们现在的路线、方针、政策是在总结了成功时期的经验、失败时期的经验和遭受挫折时期的经验后制定的。"①"文化大革命"结束后，"中国向何处去"成为摆在中国人民面前头等重要的问题。为了冲破"两个凡是"的严重束缚，清除"左"的指导思想，邓小平以他的远见卓识、丰富政治经验、高超领导艺术，强调实事求是是毛泽东思想的精髓，旗帜鲜明反对"两个凡是"的错误观点，支持和领导开展真理标准问题的讨论，推动进行各方面的拨乱反正。1977 年，邓小平、陈云等老一辈革命家先后发表文章或讲话，呼吁恢复和发扬实事求是的优良传统和作风，坚持以实事求是的态度对待马列主义、毛泽东思想。与此同时，许多有识之士也在思考着同样的问题。1978 年 5 月 10 日，《实践是检验真理的唯一标准》一文，首先在中央党校内部刊物《理论动态》第 60 期上发表。5 月 11 日，《光明日报》以特约评论员名义，公开发表了这篇文章，新华社当天向全国转发。5 月 12 日，《人民日报》等报纸全文转载。这篇文章冲破了"两个凡是"的严重束缚，在全国引起强烈反响，引发了关于真理标准的大讨论，推动了各条战线、各个领域拨乱反正的启动和开展。真理标准问题大讨论，也为党的十一届三中全会的召开作了重要的思想准备，对于改变党和国家的历史命运、推进社会发展进步产生了重大而深远的影响。1978 年 12 月召开的党的十一届三中全会，重新确立了解放思想、实事求是的思想路线，停止使用"以阶级斗争为纲"的错误提法，确定把全党工作的着重点转移到社会主义现代化建设上来，作出实行改革开放的重大决策，实现了党的历史上具有深远意义的伟大转折。党的十一届三中全会以后，以邓小平为主要代表的中国共产党人，领导全党和全国人民，果断地纠正了这些错误，深刻地分析了它出现的原因，同时又坚决地维护和继承了过去在理论上和实践上所取得的一切积极成果，为实现历史性的转折、为中国逐步形成正确的社会发展理论作了思想理论准备。

粉碎"四人帮"后，邓小平在总结十年"文化大革命"经验教训的基础上，提出发展社会主义民主，健全社会主义法制以推动社会发展。"为了保障人民民主，

---

① 《邓小平思想年谱 1975—1997》，北京：中央文献出版社 1998 年版，第 388 页。

必须加强法制。必须使民主制度化、法律化，使这种制度和法律不因领导人的改变而改变，不因领导人的看法和注意力的改变而改变。现在的问题是法律很不完备，很多法律还没有制定出来，"①邓小平指出，我们面临的迫切任务是要加快立法的步伐，以便"做到有法可依，有法必依，执法必严，违法必究"。同时强调"国家和企业、企业和企业、企业和个人等等之间的关系，也要用法律的形式来确定；它们之间的矛盾，也有不少要通过法律来解决"。② 1979 年 3 月，邓小平在党的理论工作务虚会上的讲话中又说："我们过去对民主宣传得不够，实行得不够，制度上有许多不完善，因此，继续努力发扬民主，是我们全党今后一个长时期的坚定不移的目标。"③1980 年 12 月，邓小平在中央工作会议的讲话中，又一次指出："要继续发展社会主义民主，健全社会主义法制。这是三中全会以来中央坚定不移的基本方针，今后也决不允许有任何动摇。我们的民主制度还有不完善的地方，要制定一系列的法律、法令和条例，使民主制度化、法律化。社会主义民主和社会主义法制是不可分的。不要社会主义法制的民主，不要党的领导的民主，不要纪律和秩序的民主，决不是社会主义民主。"④这样，邓小平不仅科学地阐述了民主和法制的辩证关系，提出了发展社会主义民主和健全社会主义法制的任务，而且为如何建设社会主义民主制定了一系列的基本方针和基本原则，从而为民主和法制建设指明了方向。

4. 生产力水平落后的国情

要切实有效地解决中国的社会发展问题，除了把握世界潮流趋势以外，还必须切实从中国国情出发，实事求是，把科学的社会发展理论与中国的具体国情相结合。中国自古以来就是一个农业大国，传统的小农经济长期占据中国社会的主导地位。近代以来，由于受帝国主义压迫，中国社会的发展处于被压迫被剥削阶

---

① 谢春涛：《转折中国：1976—1982》，北京：人民出版社 2008 年版，第 39 页。
② 《十一届三中全会以来重要文献选读》（上册），北京：人民出版社 1987 年版，第 25 页。
③ 《邓小平文选》（第 2 卷），北京：人民出版社 1994 年版，第 176 页。
④ 《邓小平文选》（第 2 卷），北京：人民出版社 1994 年版，第 359 页。

段，社会生产力极度落后，人民生活在水深火热之中，加上科技水平落后，社会发展进度缓慢。毛泽东领导的新民主主义革命为中国人民带来了正确的发展方向。建国后，广大人民热情高涨，积极投入社会主义新中国的建设中去。经过几十年的艰苦努力，新中国的面貌焕然一新。社会稳定，人民的基本生活得到保障，并且在科学技术与经济发展方面取得举世瞩目的成就。然而，中国是一个大国，不仅幅员辽阔而且人口众多。广大人民在解决了基本的温饱问题后仍然生活在贫困的边缘。"由于底子太薄，现在中国仍然是世界上很贫穷的国家之一。中国的科学技术力量很不足，科学技术水平从总体上看要比世界先进国家落后二三十年。"①社会各项制度不够完善，教育、医疗等基本生活设施缺乏，再加上党的社会发展理论不成熟，导致了整个社会处于一种热情高涨但是发展动力不足的尴尬局面。

在社会主义建设开始后，党对我国社会的主要矛盾有了较为正确的认识，据此提出我国的根本任务是在新的生产关系下保护和发展生产力。但是，这些认识并没有很好地坚持下来。党的八大二次会议改变了党的八大关于我国社会主要矛盾的正确判断，错误地认为在社会主义社会建成以前，无产阶级与资产阶级的矛盾，社会主义道路与资本主义道路的矛盾，始终是我国社会的主要矛盾。这是导致后来阶级斗争扩大化的重要原因。在邓小平看来，新中国建立三十年来，不论是农业、工业，还是其他方面，都有了一定程度的发展。"但一个根本的问题是，我们耽误了时间，生产力的发展太慢。"②他就此尖锐地指出："我们干革命几十年，搞社会主义三十多年，截至一九七八年，工人的月平均工资只有四五十元，农村的大多数地区仍处于贫困状态。这叫什么社会主义优越性？"③对此，邓小平吸取经验教训，强调要正确认识社会主义社会的主要矛盾和根本任务，提出以经济建设为中心，集中力量发展生产力。他敏锐把握我国社会生产力的发展趋势，

① 《邓小平文选》（第2卷），北京：人民出版社1994年版，第163页。
② 《邓小平文选》（第2卷），北京：人民出版社1994年版，第311页。
③ 《邓小平文选》（第3卷），北京：人民出版社1993年版，第10-11页。

坚持以经济建设为中心，制定和实施正确的路线方针政策，不断完善社会主义的生产关系和上层建筑，不断为生产力的解放和发展打开更广阔的通途，不断促进先进生产力的发展。实践证明，在社会主义初级阶段，要科学把握我国社会主要矛盾，以经济建设为中心，不断提高人民物质文化生活水平，不断满足人们对美好生活的向往。对于社会主义社会一定范围内长期存在的阶级斗争，不能将其简单地等同于全国范围的阶级斗争，也不能搞大规模的政治运动，更不能搞阶级斗争扩大化。"以经济建设为中心"，回答了社会主义的根本任务问题，体现了发展生产力的本质要求，有利于极大推动社会进步。

中国科学技术力量不足、科学技术水平落后，是邓小平提出一系列符合中国实际的社会发展理论的主要背景。针对中国科学技术力量不足，邓小平提出科学技术是生产力，重视科技人员的作用，用科学技术的进步带动国民经济发展。在"文革"中，科学家、教授、知识分子作为"臭老九"受到了错误的批判和打击，正常的科学研究无法进行，从而严重阻碍了我国科学技术的进步。在全面整顿的过程中，邓小平尖锐地指出："科技人员不是劳动者？科学技术叫生产力，科技人员就是劳动者！"[1]并强调必须大力开展科学研究，认为"这是多快好省地发展工业的一个重要途径。随着工业的发展，企业的科技人员数量应当越来越多，在全部职工中所占的比例应当越来越大"。[2] 为了尽快地把科研工作搞上去，不拖国民经济的后腿，根据邓小平的指示，《科学院工作汇报提纲》起草完成。这个提纲突出地阐述了"科学技术是生产力"的观点，强调科学研究要走在国民经济的前列，要推动生产的向前发展；要求科研机构以搞好科研为主，在短时期内，采取有效措施，认真落实知识分子政策，鼓励科研人员钻研科学技术，把我国的科学研究水平搞上去。这些主张否定了当时轻视科学技术和科技人才的错误倾向，为我国进行社会主义现代化建设指出了一个基本的方法和途径，有利于极大地推进社会发展进程。针对科学技术水平落后的情况，邓小平提出积极开展对外

---

① 《邓小平文选》(第2卷)，北京：人民出版社1994年版，第34页。
② 《邓小平文选》(第2卷)，北京：人民出版社1994年版，第29页。

经济技术交流，以加速推进我国社会发展。"文革"中"四人帮"把开展对外技术交流诬蔑为"崇洋媚外""卖国主义"等，使我国经济的对外开放在一个相当长的时期内基本上停滞了，并重新回到了闭关自守、夜郎自大的状态，从而在很大程度上延缓了我国自身的经济技术发展的进程，扩大了我国同外国的差距。扩大进出口，开展对外经济技术交流，取别人之长补自己之短，这是进行现代化建设的一个必要条件和重要途径。正是基于这种认识，邓小平在规划我国工业发展时说，要"引进新技术、新设备、扩大出口""要争取多出口一点东西，换点高、精、尖的技术和设备回来，加速工业技术改造，提高劳动生产率"。① 邓小平强调这是一个大政策，想要引起全党对这项工作的重视，破除"四人帮"强加给对外经济技术上的诬蔑之词，使我国早日走出自我封闭的状态，参加国际经济的分工和竞争，以加速我国社会主义现代化的进程、推进社会发展。

立足中国的具体国情，以邓小平为主要代表的中国共产党人对我国社会发展阶段进行了科学分析，系统地论述了我国社会主义初级阶段理论，为推动社会稳步发展提供了理论指导。1987 年召开的党的十三大，明确概括和全面阐发了党的"一个中心、两个基本点"的基本路线，明确指出："十一届三中全会以来，我们党在对社会主义再认识的过程中，在哲学、政治经济学和科学社会主义等方面，发挥和发展了一系列科学理论观点。包括：关于解放思想，实事求是，以实践作为检验真理的唯一标准的观点；关于建设社会主义必须根据本国国情，走自己的路的观点；关于在经济文化落后的条件下，建设社会主义必须有一个很长的初级阶段的观点；关于社会主义社会的根本任务是发展生产力，集中力量实现现代化的观点；关于社会主义经济是有计划商品经济的观点；关于改革是社会主义社会发展的重要动力，对外开放是实现社会主义现代化的必要条件的观点；关于社会主义民主政治和社会主义精神文明是社会主义重要特征的观点；关于坚持四项基本原则同坚持改革开放的总方针这两个基本点相互结合、缺一不可的观点；

---

① 《邓小平文选》(第 2 卷)，北京：人民出版社 1994 年版，第 29 页。

关于用'一个国家、两种制度'来实现国家统一的观点；关于执政党的党风关系到党的生死存亡的观点；关于按照独立自主、完全平等、互相尊重、互不干涉内部事务的原则，发展同外国共产党和其他政党的关系的观点；关于和平与发展是当代世界的主题的观点，等等。这些观点，构成了建设有中国特色的社会主义理论的轮廓，初步回答了我国社会主义建设的阶段、任务、动力、条件、布局和国际环境等基本问题，规划了我们前进的科学轨道。"①

5. 改革开放和现代化建设的实践

马克思主义理论来自于实践，在实践中丰富和发展，并且接受实践的检验，从而更好地指导实践。邓小平指出："我们现在所干的事业是一项新事业，马克思没有讲过，我们的前人没有做过，其他社会主义国家也没有干过，所以，没有现成的经验可学。我们只能在干中学，在实践中摸索。……关键在于不断地总结经验。"②我国改革开放和社会主义现代化建设的崭新实践，是人民群众生机勃勃的伟大创造，是理论发展的源泉。

党的十一届三中全会后，农业和农村经济发展面临的一个重大问题是，还有两亿多农民的温饱问题尚未解决。1978 年冬，安徽省凤阳县小岗村 18 户农民，冒着风险，在包干合同书上按下了手印。小岗村创造的包干到户，就是"保证国家的，留足集体的，剩下都是自己的"。这个办法简便易行，成效显著，受到农民欢迎。四川、甘肃、云南、广东等省份的一些地方也放宽政策，采取了类似做法。这些大胆尝试，揭开了农村经济改革的序幕。而邓小平始终站在时代潮流的前面，热情地支持、鼓励、保护、引导群众的这种创造。党的十一届三中全会以后，邓小平站在时代要求、国家发展、人民期待的高度，同中央领导集体一起，领导我们党作出一系列重大决策，把改革开放和社会主义现代化建设一步一步推向前进。1982 年邓小平在党的十二大开幕词中明确指出："把马克思主义的普遍

---

① 《十三大以来重要文献选编》（上），北京：人民出版社 1991 年版，第 56-57 页。
② 《邓小平文选》（第 3 卷），北京：人民出版社 1993 年版，第 258-259 页。

真理同我国的具体实际结合起来，走自己的道路，建设有中国特色的社会主义，这就是我们总结长期历史经验得出的基本结论。"①从此，"中国特色社会主义"成为我们党的全部理论和实践创新的主题。这一重大命题的提出具有里程碑意义，是中国共产党人对科学社会主义发展的开创性贡献。邓小平领导全党从总结群众成功实践的经验中，也从总结工作的某些失误的教训中，把经验上升为理论，揭示了我国社会主义现代化建设的规律，从而形成了邓小平社会发展理论。

邓小平社会发展理论是以邓小平为主要代表的中国共产党人立足中国又面向世界，总结历史又正视现实、放眼未来，把马克思主义基本原理同中国的国情和时代特征结合起来，在研究新情况、解决新问题的过程中形成发展起来的。什么是社会主义、怎样建设社会主义，是邓小平在领导改革开放和现代化建设这一新的革命过程中，不断提出和反复思考的首要的基本的理论问题。他说："我们冷静地分析了中国的现实，总结了经验，肯定了从建国到一九七八年三十年的成绩很大，但做的事情不能说都是成功的。我们建立的社会主义制度是个好制度，必须坚持。我们马克思主义者过去闹革命，就是为社会主义、共产主义崇高理想而奋斗。现在我们搞经济改革，仍然要坚持社会主义道路，坚持共产主义的远大理想，年轻一代尤其要懂得这一点。但问题是什么是社会主义，如何建设社会主义。我们的经验教训有许多条，最重要的一条，就是要搞清楚这个问题。"②我国社会主义在改革开放前所经历的曲折和失误，归根到底就在于对这个问题没有完全搞清楚；改革开放以来在前进中遇到的一些犹疑和困惑，归根到底也在于对这个问题没有完全搞清楚。从党的十二大到十三大，伴随我国改革开放和社会主义现代化建设实践的全面开展和深入发展，邓小平围绕着"什么是社会主义、怎样建设社会主义"这个基本的理论问题和实践问题进行深层次思考，提出了关于社会主义的许多重要的科学论断。1984年党的十二届三中全会作出了《中共中央关于经济体制改革的决定》，提出了社会主义经济是在公有制基础上的有计划的商

①　《邓小平文选》(第 3 卷)，北京：人民出版社 1993 年版，第 3 页。
②　《邓小平文选》(第 3 卷)，北京：人民出版社 1993 年版，第 115-116 页。

品经济。此后，从农村改革到城市改革，由经济体制改革到各方面体制改革，展开了波澜壮阔的历史进程，形成了一系列新的方针政策以及与此相对应的理论观点。

针对人们思想中普遍存在的疑虑，1992年邓小平南方谈话重申了深化改革、加速发展的必要性和重要性，并从中国实际出发，站在时代的高度，深刻地总结了十多年改革开放的经验教训，在一系列重大的理论和实践问题上，提出了一系列重要论断，如社会主义本质是解放生产力，发展生产力，消灭剥削，消除两极分化，最终达到共同富裕；"三个有利于"标准；社会主义可以搞市场经济；革命是解放生产力，改革也是解放生产力；不坚持社会主义，不改革开放，不发展经济，不改善人民生活，就没有出路；改革开放的胆子要大一些，敢于试验，看准了的，就大胆地试，大胆地闯；要提倡科学，靠科学才有希望；要坚持两手抓，一手抓改革开放，一手抓打击各种犯罪活动，这两手都要硬。南方谈话是邓小平理论的集大成之作，从理论上深刻地回答了当时困扰和束缚人们思想的一系列重大问题，推动改革开放和社会主义现代化建设进入新阶段，邓小平社会发展理论也逐步走向成熟。

改革开放以来中国社会发展能够取得巨大成就，根本原因是在现代化建设的实践中，逐步形成和发展了邓小平社会发展理论。这个理论，比较系统地初步回答了中国这样经济文化比较落后的国家如何建设社会主义、如何巩固和发展社会主义的一系列基本问题，用新的思想、观点，继承和发展了马克思主义。这个理论，在推动中国社会发展中具有重要的历史地位和指导意义，它是马克思列宁主义基本原理与当代中国实际和时代特征相结合的产物，是全党全国人民集体智慧的结晶，是中国共产党和中国人民珍贵的精神财富。邓小平对这一理论作出了杰出贡献，他是全党全军全国各族人民公认的享有崇高威望的卓越领导人，是中国社会主义改革开放和现代化建设的总设计师。他尊重实践，尊重群众，时刻关注最广大人民的利益和愿望，善于概括群众的经验和创造，敏锐地把握时代发展的脉搏和契机，既继承前人又突破陈规，表现出了开辟社会主义建设新道路的巨大政治勇气和开拓马克思主义新境界的巨大理论勇气，对邓小平社会发展理论的创立作出了历史性的重大贡献。习近平总书记也指出："邓小平同志留给我们的最重要的思想和政治遗产，就是他带领党和人民开创的中国特色社会主义，就是他创立的邓小平理论。"①1997 年召开的党的十五大正式提出"邓小平理论"这一概念，深刻阐述了邓小平理论的历史地位和指导意义，进一步论述了邓小平对这一理论的创立作出的独创性贡献。十五大报告明确指出："实践证明，作为毛泽东思想的继承和发展的邓小平理论，是指导中国人民在改革开放中胜利实现社会主义现代化的正确理论。"②十五大还郑重地把邓小平理论同马克思列宁主义、毛泽东思想一起，确立为党的指导思想并写入党章。1999 年的宪法修正案正式将邓小平理论载入宪法。邓小平社会发展理论作为邓小平理论的重要组成部分，也是指导改革开放和社会主义现代化建设、推动社会发展的正确理论。

基于以上考察，邓小平坚持从马克思主义和中国的现实国情出发，深刻总结了国内外一系列国家经济和社会发展的经验教训，结合时代发展的背景，指出必须要建设具有中国特色的社会发展模式。邓小平总结道："我们的现代化建设必须从中国的实际出发，无论是革命还是建设，都要注意学习和借鉴外国经验，但是，照抄照搬别国经验、别国模式，从来不能得到成功。这方面我们有过不少教训，把马克思主义的普遍真理同我国的具体实际结合起来，走自己的道路，建设有中国特色的社会主义，这是我们总结长期历史经验得出的基本结论。"③

(二) 以邓小平为主要代表的中国共产党人社会发展理论的主要内容

以邓小平为主要代表的中国共产党人的社会发展理论围绕着"什么是社会主义、怎样建设社会主义"这个基本的理论问题，第一次比较系统地初步回答了建设中国特色社会主义的一系列基本问题，包括认清当代中国所处的社会发展阶

---

① 习近平：《在纪念邓小平同志诞辰 110 周年座谈会上的讲话》，北京：人民出版社 2014 年版，第 21 页。

② 《江泽民文选》（第 2 卷），北京：人民出版社 2006 年版，第 9 页。

③ 《邓小平文选》（第 3 卷），北京：人民出版社 1993 年版，第 2-3 页。

段，提出解放和发展生产力是社会主义的最根本任务，提出建设有中国特色社会主义的发展道路，提出"三步走"发展目标和发展战略，提出改革是社会主义的发展动力，提出社会主义发展主体论等，形成了一个比较完备的科学体系。

1. 认清当代中国所处的社会发展阶段

党的十一届三中全会后，邓小平总结了中国人口多、耕地少，经济底子薄的两大特点，强调每个国家的发展基础不同，具体情况不同，对于别国的建设经验可以借鉴，但不可以照抄。中国共产党要以独立自主、自力更生为立足点，从实际出发，依靠中国人自己的力量建设中国自己的社会主义现代化。邓小平从我国国情出发，针对社会发展的具体情况，参考别国社会发展的经验教训，指出中国的社会主义还是处在初级阶段的社会主义。我国处在社会主义初级阶段，是邓小平对当代中国基本国情的科学判断，是对当代中国所处的社会发展阶段的科学判断。

社会主义初级阶段理论，是中国共产党在改革开放的实践中逐步形成的。党的十一届三中全会后，邓小平提出，现在搞建设，要适合中国情况，走出一条中国式的现代化道路。邓小平谈到我国社会主义建设的经验时指出："不要离开现实和超越阶段采取一些'左'的办法，这样是搞不成社会主义的。"[①]1981 年，党的十一届六中全会通过的《关于建国以来党的若干历史问题的决议》中，首次提出"我们的社会主义制度还是处于初级阶段"的论断，并在改革开放的实践中深化了这一认识。党的十二大报告重申了这一论断。报告中指出："我国的社会主义社会现在还处在初级发展阶段，物质文明还不发达。"[②]这次论述突出了"物质文明不发达"这样一个初级阶段的重要特征。1986 年 9 月，党的十二届六中全会通过的《中共中央关于社会主义精神文明建设指导方针的决议》，再一次强调了我国正处于社会主义初级阶段这一论断。指出："我国还处在社会主义初级阶段，

---

① 《邓小平文选》(第 2 卷)，北京：人民出版社 1994 年版，第 312 页。
② 《十二大以来重要文献选编》(上)，北京：人民出版社 1986 年版，第 26 页。

不但必须实行按劳分配，发展社会主义的商品经济和竞争，而且在相当长历史时期内，还要在公有制为主体的前提下发展多种经济成分，在共同富裕的目标下鼓励一部分人先富起来。"《决议》不仅初步概括了社会主义初级阶段的基本特征，而且从实际出发，论述了精神文明建设所应当遵守的一些指导方针。党的十三大召开前夕，邓小平指出："我们党的十三大要阐述中国社会主义是处在一个什么阶段，就是处在初级阶段，是初级阶段的社会主义。社会主义本身是共产主义的初级阶段，而我们中国又处在社会主义的初级阶段，就是不发达的阶段。一切都要从这个实际出发，根据这个实际来制订规划。"①

党的十三大系统地论述了社会主义初级阶段理论。明确指出，社会主义初级阶段，就是指我国在生产力落后、商品经济不发达条件下建设社会主义必然要经历的特定阶段，即从我国进入社会主义到基本实现社会主义现代化的整个历史阶段。在中国这样一个东方大国建立起社会主义制度，是一个伟大的胜利，近代以来中国的历史已经无可辩驳地证明，资本主义道路在中国走不通，中国走上社会主义道路是历史的必然。我国进入社会主义社会的历史条件和社会状况，又决定了进入社会主义社会以后，还必须经历一个很长的初级阶段，去实现别的许多国家在资本主义条件下实现的工业化和生产的商品化、社会化、现代化。社会主义初级阶段至少需要上百年时间。社会主义初级阶段的论断包括两层含义：一是我国已经进入社会主义社会，必须坚持而不能离开社会主义。二是我国的社会主义社会还处在不发达的阶段，必须正视而不能超越初级阶段。邓小平在党的十三大报告中指出了党在社会主义初级阶段的基本路线，即"领导和团结各族人民，以经济建设为中心，坚持四项基本原则，坚持改革开放，自力更生，艰苦创业，为把我国建设成为富强、民主、文明的社会主义现代化国家而奋斗。"②

党的十五大进一步阐述了社会主义初级阶段的基本特征。明确指出社会主义初级阶段是逐步摆脱不发达状态，基本实现社会主义现代化的历史阶段；是由农

---

① 《邓小平文选》(第3卷)，北京：人民出版社1993年版，第252页。
② 《十三大以来重要文献选编》(上)，北京：人民出版社1991年版，第15页。

业人口占很大比重、主要依靠手工劳动的农业国，逐步转变为非农业人口占多数、包含现代农业和现代服务业的工业化国家的历史阶段；是由自然经济半自然经济占很大比重，逐步转变为经济市场化程度较高的历史阶段；是由文盲半文盲人口占很大比重、科技教育文化落后，逐步转变为科技教育文化比较发达的历史阶段；是由贫困人口占很大比重、人民生活水平比较低，逐步转变为全体人民比较富裕的历史阶段；是由地区经济文化很不平衡，通过有先有后的发展，逐步缩小差距的历史阶段；是通过改革和探索，建立和完善比较成熟的充满活力的社会主义市场经济体制、社会主义民主政治体制和其他方面体制的历史阶段；是广大人民牢固树立建设有中国特色社会主义共同理想，自强不息，锐意进取，艰苦奋斗，勤俭建国，在建设物质文明的同时努力建设精神文明的历史阶段；是逐步缩小同世界先进水平的差距，在社会主义基础上实现中华民族伟大复兴的历史阶段。对社会主义初级阶段的这一深刻认识，充分体现了社会主义初级阶段历史发展的过程性特征。

认清了当代中国所处的社会发展阶段，深刻揭示了社会主义的本质，为解决中国的社会发展问题奠定了最重要的理论基础。初级阶段是党确定走中国式的现代化道路以及正确制定执行党的路线方针政策的最根本依据。在此基础上，邓小平紧紧抓住"什么是社会主义、怎样建设社会主义"这一根本问题，从深层次揭示了社会主义的本质特征，这就是"解放生产力，发展生产力，消灭剥削，消除两极分化，最终达到共同富裕"。[①] 这就从生产力、生产关系、生产目的等社会发展基本要素的结合上揭示了社会主义的本质，为社会主义现代化确定了基本的价值目标，由此明确了中国式的现代化实际上就是由社会主义初级阶段不发达状态向社会主义中级阶段较为发达状态迈进的历史进程。

邓小平关于社会主义初级阶段的论断，使党和人民对社会主义建设的长期性、复杂性、艰巨性有了更加清醒的认识。1992 年邓小平在南方谈话中深刻指

---

① 《邓小平文选》(第 3 卷)，北京：人民出版社 1993 年版，第 373 页。

出，"我们搞社会主义才几十年，还处在初级阶段。巩固和发展社会主义制度，还需要一个很长的历史阶段，需要我们几代人、十几代人，甚至几十代人坚持不懈地努力奋斗"①。社会主义初级阶段理论基于对中国国情的准确把握，揭示了当代中国所处的历史方位，是建设中国特色社会主义的总依据，是对马克思主义关于社会主义发展阶段理论的重大发展和重大突破。社会主义初级阶段理论是邓小平对我国社会发展状况的科学揭示，这一理论也因此成为中国共产党提出基本路线，制定改革发展方针政策的重要理论依据。

2. 提出解放和发展生产力是社会主义的最根本任务

在发展任务上，基于对中外社会主义建设经验教训的科学总结和对我国社会主要矛盾的科学分析，邓小平提出解放和发展生产力是社会主义的最根本任务。社会主义革命是为了解放生产力，发展生产力。社会主义制度建立后，为巩固和发展社会主义，必须进一步解放生产力，发展生产力。处于社会主义初级阶段的当代中国，发展生产力的任务尤为突出，尤为重要。邓小平强调：贫穷不是社会主义，社会主义要消灭贫穷；我们要建设的中国特色社会主义，是不断发展社会生产力的社会主义；我们确定的基本路线，是以经济建设为中心，实现社会主义现代化的发展路线。

邓小平强调，发展才是硬道理，中国解决所有问题的关键是要靠自己的发展。维护世界和平，反对霸权主义，离不开发展；振兴中华民族，使中国岿然屹立于世界民族之林，离不开发展；坚持和完善社会主义制度，说服那些不相信社会主义优越性的人们，离不开发展；解决国内各种问题，保持稳定局面，做到长治久安，离不开发展；发展社会主义民主，健全社会主义法制，离不开发展；加强精神文明建设，提高全社会的文明程度，离不开发展；坚持"一国两制"方针，和平统一祖国，离不开发展。

---

① 《邓小平文选》(第3卷)，北京：人民出版社1993年版，第379-380页。

发展要抓住机遇。邓小平提出："我就担心丧失机会。不抓呀，看到的机会就丢掉了，时间一晃就过去了。"①必须正确估量国际环境对于实现我们战略目标的有利和不利因素，以高度的历史责任感和紧迫感抓住机遇，珍惜机遇，用好机遇，千方百计地发展自己，发展经济。

"二战"以后，世界进入一个相对和平与稳定时期，同时也是各个国家集中精力进行社会建设的黄金时期。邓小平准确地看到这一点，他指出："现在我们要争取一个比较长的和平时间，并要利用这个时间，抢这个时间，来建设自己的国家。这个时间可不能丧失，多一年是一年，多五年是五年，有二十年就更好了，我们的目标就达到了，打仗也不怕了。"②能否抓住机遇，关系到我国是否能在短时期内摆脱贫困落后的状态，实现社会主义现代化建设、推动社会发展进步。"不敢解放思想，不敢放开手脚，结果是丧失时机，犹如逆水行舟，不进则退。"③

抓住机遇，发展自己，关键是发展经济，必然把经济建设当作中心，如果离开这个中心，就有丧失物质基础的危险。以经济建设为中心，是中国共产党根据社会主义初级阶段主要矛盾，即人民日益增长的物质文化需要和落后的社会生产之间的矛盾，得出的科学判断，是党在新时期实现的最根本的拨乱反正。以经济建设为中心是兴国之要，是党和国家兴旺发达、长治久安的根本要求。

围绕发展生产力这一核心思想，邓小平总结社会主义建设的经验教训，高度强调经济发展得快一点，必须依靠科技。在"文革"中，科学家、教授、知识分子作为"臭老九"受到了错误的批判和打击，正常的科学研究无法进行，从而严重阻碍了我国科学技术的进步。在全面整顿的过程中，邓小平尖锐地指出："科技人员不是劳动者？科学技术叫生产力，科技人员就是劳动者!"④并强调必须大力开展科学研究，认为"这是多快好省地发展工业的一个重要途径。随着工业的

---

① 《邓小平文选》(第3卷)，北京：人民出版社1993年版，第375页。
② 《邓小平年谱(1975—1997)》(上)，北京：中央文献出版社2004年版，第533页。
③ 《邓小平文选》(第3卷)，北京：人民出版社1993年版，第377页。
④ 《邓小平文选》(第2卷)，北京：人民出版社1994年版，第34页。

发展，企业的科技人员数量应当越来越多，在全部职工中所占的比例应当越来越大"。"如果我们的科学研究工作不走在前面，就要拖整个国家建设的后腿。"①邓小平指出，社会生产力的巨大发展，劳动生产率的大幅度提高，最主要的是靠科学的力量、技术的力量。他提出的"科学技术是第一生产力"②的新论断，反映了科学技术在世界范围内发展的新趋势和对我国现代化建设的新要求。邓小平提出"我们要实现现代化，关键是科学技术要能上去"③"我们要以世界先进的科学技术成果作为我们发展的起点"④"中国必须在世界高科技领域占有一席之地"⑤等一系列战略思想，为我国加快科技发展，推动经济社会发展，指明了基本的发展方向和途径。在邓小平正确发展策略的指导下，1986 年 3 月，王大珩、王淦昌、杨嘉墀、陈芳允四位科学家向中央提出要跟踪世界先进水平，发展中国高技术的建议。经邓小平批示，国务院批准了《高技术研究发展计划（"863 计划"）纲要》（简称"863 计划"）。在我国科学技术需要奋起直追的年代，这一高技术发展计划的实施有力推动了我国高科技的进步及其相关产业的发展。

是否有利于发展生产力是判断社会建设各项工作是非得失的根本标准。早在 1978 年视察东北工作时，邓小平就说过："按照历史唯物主义的观点来讲，正确的政治领导的成果，归根结底要表现在社会生产力的发展上，人民物质文化生活的改善上。"⑥1980 年 5 月，他进一步说："社会主义经济政策对不对，归根到底要看生产力是否发展，人民收入是否增加，这是压倒一切的标准。空讲社会主义不行，人民不相信。"⑦1984 年 10 月，党的十二届三中全会通过的经济体制改革决定强调指出："全党同志在进行改革的过程中，应该紧紧把握住马克思主义的这个基本观点，把是否有利于发展社会生产力作为检验一切改革得失成败的最主

① 《邓小平文选》（第 2 卷），北京：人民出版社 1994 年版，第 32 页。
② 《邓小平文选》（第 3 卷），北京：人民出版社 1993 年版，第 274 页。
③ 《邓小平文选》（第 2 卷），北京：人民出版社 1994 年版，第 40 页。
④ 《邓小平文选》（第 2 卷），北京：人民出版社 1994 年版，第 129 页。
⑤ 《邓小平文选》（第 3 卷），北京：人民出版社 1993 年版，第 279 页。
⑥ 《邓小平文选》（第 2 卷），北京：人民出版社 1993 年版，第 128 页。
⑦ 《邓小平文选》（第 2 卷），北京：人民出版社 1993 年版，第 314 页。

要标准。"①党的十三大报告不仅明确提出了"生产力标准"这一概念，而且指出："社会主义社会的根本任务是发展生产力。在初级阶段，为了摆脱贫穷和落后，尤其要把发展生产力作为全部工作的中心。是否有利于发展生产力，应当成为我们考虑一切问题的出发点和检验一切工作的根本标准。"②生产力标准理论的提出，对推进中国社会的发展具有十分重要的意义。

3. 提出建设有中国特色社会主义的发展道路

在发展的道路和模式上，邓小平强调要走自己的路，建设有中国特色的社会主义。党的十一届三中全会后，邓小平始终站在时代要求、国家发展、人民期待的高度，同中央领导集体一起，领导中国共产党作出了一系列重大决策，把改革开放和社会主义现代化建设一步一步推向前进。1982年邓小平在党的十二大开幕词中明确指出："把马克思主义的普遍真理同我国的具体实际结合起来，走自己的道路，建设有中国特色的社会主义，这就是我们总结长期历史经验得出的基本结论。"③从此，"中国特色社会主义"成为党的全部理论和实践的主题。

"世界上的问题不可能都用一个模式解决。中国有中国自己的模式。"④改革开放后很长一段时间内，我国经济体制改革的核心问题是如何正确认识和处理计划与市场的关系问题。传统观念认为，计划经济是社会主义的基本特征，市场经济是资本主义特有的东西。但在经济改革实践中，计划和市场的矛盾愈益显现出来，成为深化社会主义经济体制改革面临的主要问题。改革开放以来，农村家庭联产承包责任制的推行，乡镇企业的兴起，农村富余劳动力的转移，加速了农村经济市场化的进程。随着企业自主权的逐步扩大和经营机制的逐步转换，多种经济成分参与的流通体制的逐步形成，促进了物资、劳力、资金、技术、信息在城

---

① 《十二大以来重要文献选编》（中），北京：人民出版社1986年版，第564页。
② 《十三大以来重要文献选编》（上），北京：人民出版社1991年版，第13页。
③ 《邓小平文选》（第3卷），北京：人民出版社1993年版，第3页。
④ 《邓小平文选》（第3卷），北京：人民出版社1993年版，第261页。

乡市场的流动，初步显示了市场的作用和活力。特区经济蓬勃发展，对外开放从沿海向内地扩展，有力地推动了我国经济发展与国际市场的衔接。事实说明，市场作用发挥比较充分的地方，经济活力就比较强，发展态势也比较好。正是这十多年以市场为取向的改革，为党和人民取得建立社会主义市场经济新体制的共识提供了实践基础。邓小平对社会主义与市场经济的关系进行了深入思考。邓小平指出："说市场经济只存在于资本主义社会，只有资本主义的市场经济，这肯定是不正确的。社会主义为什么不可以搞市场经济，这个不能说是资本主义。""社会主义也可以搞市场经济。"①1984年党的十二届三中全会作出了《中共中央关于经济体制改革的决定》，提出了社会主义经济是在公有制基础上的有计划的商品经济。邓小平破除了计划经济是社会主义、市场经济是资本主义的传统观念，指出："计划经济不等于社会主义，资本主义也有计划；市场经济不等于资本主义，社会主义也有市场。"②计划和市场都是方法，都是发展生产力的手段。邓小平的这一系列重要论断，从根本上解除了把计划经济和市场经济看作属于社会基本制度范畴的思想束缚，邓小平科学地解决了社会主义与市场经济的兼容性问题，为我国确立社会主义市场经济体制的目标模式奠定了坚实的理论基础。党的十四大根据改革开放实践发展的要求和邓小平关于社会主义也可以搞市场经济的思想，特别是南方谈话的精神，确定了建立社会主义市场经济体制的改革目标。

中国共产党对于中国社会发展道路的认识逐渐清晰。邓小平在1980年12月中央工作会议上的讲话中对此作了比较全面完整的总结和概括。这次讲话对十一届三中全会以来的路线、方针、政策作了比较系统总结的同时，还指出："至于走什么样的路子，采取什么样的步骤来实现现代化，这要继续摆脱一切老的和新的框框的束缚，真正摸准、摸清我们的国情和经济活动中各种因素的相互关系，据以正确决定我们的长远规划的原则。"③他还指出，中国的社会主义现代化建设

---

① 《邓小平文选》（第2卷），北京：人民出版社1994年版，第236页。
② 《邓小平文选》（第3卷），北京：人民出版社1993年版，第373页。
③ 《邓小平文选》（第2卷），北京：人民出版社1994年版，第356页。

"不能照抄西方国家或苏联一类国家的办法，要走出一条在社会主义制度下合乎中国情况的道路"。① 1981 年 6 月，党的十一届六中全会通过的《关于建国以来党的若干历史问题的决议》，对我国社会主义现代化道路作了系统的理论概括。《决议》指出："三中全会以来，我们党已经逐步确立了一条适合我国情况的社会主义现代化建设的正确道路。这条道路还将在实践中不断充实和发展，但是它的主要点，已经可以从建国以来正反两方面经验、特别是'文化大革命'的教训中得到基本的总结。"②《历史决议》虽然没有用"中国特色社会主义"来命名这条适合中国情况的社会主义现代化建设的正确道路，但这里所总结的 10 个要点，可以说是总结新中国成立以后正反两方面的经验，特别是"文化大革命"的教训得出的基本结论，是对中国特色社会主义道路内涵第一次系统的概括。正是在上述认识的基础上，邓小平在党的十二大开幕词中第一次完整地提出了关于建设社会主义必须根据本国国情，走自己道路的观点。

4. 提出"三步走"发展目标和发展战略

在发展目标和发展战略上，邓小平提出了实现"小康"的阶段性目标，这使我国的社会发展目标进一步具体化。根据发展目标，邓小平制定了分"三步走"基本实现现代化的社会发展战略。在我国比较落后的生产力基础上实现社会主义现代化是一项十分艰巨的事业，必须有步骤分阶段实现。

党的十一届三中全会后，随着党和国家工作重点转移到经济建设上来，邓小平逐步提出了建设"小康社会"的战略目标。党的十一届三中全会以后，以邓小平为核心的党中央对我国社会主义现代化建设事业的曲折实践进行了建设性的全面反思，重新开始思考如何从中国的具体国情出发推进我国的现代化进程问题。在邓小平看来，新中国建立三十年来，不论是农业、工业，还是其他方面，都有

---

① 《邓小平文选》(第 2 卷)，北京：人民出版社 1994 年版，第 362 页。
② 《三中全会以来重要文献选编》(下)，北京：人民出版社 1982 年版，第 839 页。

了一定程度的发展。"但一个根本的问题是，我们耽误了时间，生产力的发展太慢。"①后来邓小平还就此尖锐地指出："我们干革命几十年，搞社会主义三十多年，截至一九七八年，工人的月平均工资只有四五十元，农村的大多数地区仍处于贫困状态。这叫什么社会主义优越性？"②因此，不改革没有出路，必须迅速地把工作重点转移到经济建设上来。而随着我国以经济建设为中心、坚持四项基本原则，坚持改革开放的基本路线以及一系列现代化政策的确立，人民群众对于通过发展经济、提高生活水平的愿望充满期待，通过促进发展满足人民日益增长的物质文化需要提到了党的面前，必然要求党提出一个既能鼓舞人心又能切实可行的发展目标。

邓小平认识到要使我国达到发达国家的现代化水平，不是短时期内能够办到的。他在 1979 年 10 月中共省、市、自治区委员会第一书记座谈会上第一次明确提出要降低原来关于现代化的具体指标，他谈道："我们开了大口，本世纪末实现四个现代化。后来改了个口，叫中国式的现代化，就是把标准放低一点。……现在我们的国民生产总值人均大概不到三百美元，要提高两三倍不容易。我们还是要艰苦奋斗。就是降低原来的设想，完成低的目标，也得很好地抓紧工作，要全力以赴，抓得很细，很具体，很有效。四个现代化这个目标，讲空话是达不到的。"③邓小平选择了"小康"来表述新时期我国社会主义现代化建设的具体目标。1979 年 12 月，他在会见日本首相大平正芳时说："我们的四个现代化的概念，不是像你们那样的现代化的概念，而是'小康之家'。到本世纪末，中国的四个现代化即使达到了某种目标，我国的国民生产总值人均水平也还是很低的。要达到第三世界中比较富裕一点的国家的水平，比如国民生产总值人均一千美元，也还得付出很大的努力，就算达到那样的水平，同西方来比，也还是落后的。所

---

① 《邓小平文选》(第 2 卷)，北京：人民出版社 1994 年版，第 311 页。
② 《邓小平文选》(第 3 卷)，北京：人民出版社 1993 年版，第 10-11 页。
③ 《邓小平文选》(第 2 卷)，北京：人民出版社 1994 年版，第 194-195 页。

以，我只能说，中国到那时也还是一个小康的状态。"①他把"小康"作为现代化建设在新时期的奋斗目标，并进行了简要阐述，为全党和全国人民描绘了一个美好而又相对现实的前景。1987 年 4 月，邓小平在会见西班牙工人社会党副总书记、政府副首相格拉时更加明确地提出了现代化的战略目标，指出在 20 世纪末，人均收入达到一千美元，意味着我国进入小康社会，贫困的中国变成小康的中国。同年，党的十三大正式提出到 20 世纪末人民生活达到小康水平的总体目标，即我们所说的"总体小康"。

党的十一届三中全会后，为推进中国的社会发展，邓小平从实际出发，对中国现代化建设的步骤进行了深入思考，提出了"三步走"发展战略。1985 年，邓小平提出"分两步走"的战略步骤，即"第一步，本世纪末，达到小康水平，就是不穷不富，日子比较好过的水平。第二步，再用三五十年的时间，在经济上接近发达国家的水平，使人民生活比较富裕"②。同年，在接见美国客人时进一步阐述了"两步走"的关系。他说：第一步"这个目标达到了，就为我们的继续发展奠定了一个很好的基础。再用三十年到五十年的时间建设，我们就可以接近世界上发达国家的水平"。③ 1987 年 4 月，邓小平在会见西班牙工人社会党副总书记、政府副首相格拉时，完整提出"三步走"发展战略。他说："我们原定的目标是，第一步在八十年代翻一番。""我们制定的目标更重要的还是第三步，在下世纪用三十年到五十年再翻两番，大体上达到人均四千美元。"④党的十三大肯定了"三步走"的战略构想，准确地指出，"第一步，实现国民生产总值比一九八〇年翻一番，解决人民的温饱问题。……这个任务已经基本实现。……第二步，到本世纪末，使国民生产总值再增长一倍，人民生活达到小康水平。……第三步，到下个世纪中叶，人均国民生产总值达到中等发达国家水平，人民生活比较富裕，基

---

① 《邓小平文选》(第 2 卷)，北京：人民出版社 1994 年版，第 237 页。
② 《邓小平文选》(第 3 卷)，北京：人民出版社 1993 年版，第 109 页。
③ 《邓小平思想年编：1975—1997》，北京：中央文献出版社 2011 年版，第 535 页。
④ 《邓小平思想年谱 1975—1997》，北京：中央文献出版社 1998 年版，第 385 页。

本实现现代化。"①至此，"三步走"实现现代化的战略步骤正式形成。在"三步走"发展战略的指引和全国人民的共同努力下，我国改革开放和社会主义现代化建设事业迅速推进，原定 1990 年达到国民生产总值比 1980 年翻一番的目标，于1987 年提前完成；原定 2000 年达到国民生产总值比 1980 年翻两番的目标，于1995 年提前完成。我国胜利实现了"三步走"战略的第一步、第二步目标，人民生活基本达到小康水平。

围绕社会发展战略，邓小平提出了"台阶式"发展的思想，要求抓住机遇，加快发展，争取隔几年使国民经济上一个新台阶。他明确指出："在今后的现代化建设长过程中，出现若干个发展速度比较快、效益比较好的阶段，是必要的，也是能够办到的。"②实现发展战略，要实事求是地把握好速度问题。在中国搞现代化不能追求太高的速度，但速度低了也不行，凡是能积极争取的发展速度还是要积极争取。快是有条件的，要讲效益，讲质量。邓小平指出：发展太慢也不是社会主义；中国经济的发展总要力争隔几年上一个台阶，"过几年有一个飞跃，跳一个台阶，跳了以后，发现问题及时调整一下，再前进"。③ 进入 20 世纪 80年代，随着我国农村改革的巨大成功和城市改革的全面展开，邓小平要求全党抓住时机，推进改革。1985 年 7 月，邓小平在听取中央负责同志汇报当前经济情况时强调："我们要抓住时机，现在是改革的最好时机。"④同年 9 月，又提出："我们要抓住当前的有利时机，坚定不移，大胆探索，同时注意及时发现问题和解决问题，力争在不太长的时间内把改革搞好。"⑤1988 年 6 月，邓小平再次强调："现在国际形势看来会有个比较长时间的和平环境……要紧紧抓住经济建设这个中心，不要丧失时机。"⑥正是在邓小平"台阶式"发展战略思想的指导下，从

---

① 《十三大以来重要文献选编》（上），北京：人民出版社 1991 年版，第 16 页。
② 《邓小平文选》（第 3 卷），北京：人民出版社 1993 年版，第 377 页。
③ 《邓小平文选》（第 3 卷），北京：人民出版社 1993 年版，第 368 页。
④ 《邓小平文选》（第 3 卷），北京：人民出版社 1993 年版，第 132 页。
⑤ 《邓小平文选》（第 3 卷），北京：人民出版社 1993 年版，第 142 页。
⑥ 《邓小平文选》（第 3 卷），北京：人民出版社 1993 年版，第 270 页。

1984 年到 1988 年我国经济在高速发展中上了一个新台阶，基本解决了人民大众的温饱问题，提前实现了第一步社会发展战略目标。为此，邓小平用"上了一个台阶"来评价此成绩。他说，在过去的十年里，"中国有了可喜的成就，经济发展和人民的生活水平都上了一个台阶。"①1980 年以来的伟大实践和巨大成就对邓小平最终形成"台阶式"的发展战略具有决定意义。后来，邓小平总结说："经济发展比较快的是一九八四年至一九八八年……这是一个非常生动、非常有说服力的发展过程。"重要的是这五年的加速发展，使党和人民有充分的理由确信我国"经济发展隔几年上一个台阶，是能够办得到的"。② 1992 年，邓小平在南方谈话中指出："我国的经济发展，总要力争隔几年上一个台阶。"③"现在，我们国内条件具备，国际环境有利，再加上发挥社会主义制度能够集中力量办大事的优势，在今后的现代化建设长过程中，出现若干个发展速度比较快、效益比较好的阶段，是必要的，也是能够办到的。我们就是要有这个雄心壮志！"④党的十四大报告把这一观点归纳在社会发展的战略步骤中，指出："在现代化建设的长过程中要抓住时机，争取出现若干个发展速度比较快、效益又比较好的阶段，每隔几年上一个台阶。"⑤这标志着"台阶式"发展的思想在全党形成了普遍的共识。

邓小平还提出允许和鼓励一部分地区、一部分人先富起来，逐步实现共同富裕的思想。邓小平提出，沿海一些地区要走在全国的前面，率先实现现代化，以更好地带动全国的现代化。内地要根据自己的条件加快建设，国家要尽力支持内地的发展，沿海要注意带动和帮助内地的发展。对于在一部分人先富起来的过程中出现的某些社会成员之间收入差距过分悬殊的问题，要认真解决。合法的较高收入应予允许和保护，并依法加以必要的调节；非法的，必须坚决有效地依法处理。要承认不平衡，同时要从不平衡逐步达到相对的平衡，逐步实现共同富裕。

---

① 《邓小平文选》（第 3 卷），北京：人民出版社 1993 年版，第 288 页。
② 《邓小平文选》（第 3 卷），北京：人民出版社 1993 年版，第 376 页。
③ 《邓小平文选》（第 3 卷），北京：人民出版社 1993 年版，第 375 页。
④ 《邓小平文选》（第 3 卷），北京：人民出版社 1993 年版，第 377 页。
⑤ 《十四大以来重要文献选编》（上），北京：人民出版社 1996 年版，第 12 页。

邓小平说："我的一贯主张是，让一部分人、一部分地区先富起来，大原则是共同富裕。一部分地区发展快一点，带动大部分地区，这是加速发展、达到共同富裕的捷径。"①走"先富""后富"到"共富"的道路。

为了有针对性地推动社会发展，邓小平紧紧把握社会发展的重点问题，提出了中国经济发展的战略重点。他指出："战略重点，一是农业，二是能源和交通，三是教育和科学。"②农业是国民经济的基础，也是经济发展、社会安定、国家自立的基础。在中国这样一个绝大多数人口在农村的大国，必须把加强农业放在经济工作的首位，这是实现国民经济健康发展和社会安定的基础。邓小平就如何推进农业发展进行了大胆的探索和实践。如何抓住农业这个战略重点，进一步加强和发展农业？邓小平讲过很多意见，其中最为重要的有两个思想，一是强调靠政策调动农民的积极性；二是靠科学技术的作用。他指出："农业的发展一靠政策，二靠科学。"③党的十一届三中全会以后，我国在农村形成了一系列新政策和新措施，特别是党和政府积极推广多种形式的联产承包责任制和科教兴农战略，极大地调动了广大农民的生产积极性，促进了农业和农村经济发展，使农村面貌发生重大变化。交通和能源是我国经济发展和现代化建设的第二战略重点。邓小平特别强调加强基础工业和基础设施的建设，指出："基础工业，无非是原材料工业、交通、能源等，要加强这方面的投资，要坚持十年到二十年，宁肯欠债，也要加强。"④这表明了发展交通和能源的必要性和重要性。邓小平认为，基础工业是发展的重点，宁肯欠债，也要加强这方面的投资。他进一步指出："我建议组织一个班子，研究下一个世纪前五十年的发展战略和规划，主要是制订一个基础工业和交通运输的发展规划。"⑤他认为铁路、公路、航运也是重点中的重点，必须放在优先的位置加以考虑。此外，邓小平指出，"我们要实现现代化，关键是科学

---

① 《邓小平文选》(第3卷)，北京：人民出版社1993年版，第166页。
② 《邓小平文选》(第3卷)，北京：人民出版社1993年版，第9页。
③ 《邓小平文选》(第3卷)，北京：人民出版社1993年版，第17页。
④ 《邓小平文选》(第3卷)，北京：人民出版社1993年版，第307页。
⑤ 《邓小平文选》(第3卷)，北京：人民出版社1993年版，第312页。

技术要能上去。发展科学技术，不抓教育不行"①。"我们国家要赶上世界先进水平，从何着手呢？我想，要从科学和教育着手。"②中国共产党根据邓小平这一思想，做出了大力发展教育和科学的战略决策，并把它确定为社会发展的战略重点。邓小平在仔细分析时代发展的背景与中国的实际情况后指出，农业、能源、交通是国民经济发展的基础环节，教育与科学技术是社会发展的关键环节，这是在搞经济建设过程中需要优先发展的重点。这样就把远大目标和现实行动有机地统一起来了。

"三步走"的发展战略，把我国社会主义现代化建设的目标具体化为切实可行的步骤，为基本实现现代化明确了发展方向，展现了美好的前景，成为全国人民为共同理想而努力奋斗的行动纲领。正如邓小平所说，实现这一发展战略，将完成一项非常艰巨的、很不容易的任务，是真正对人类作出了贡献，就更加能够体现社会主义制度的优越性。

5. 提出改革是社会主义的发展动力

在社会发展动力上，邓小平强调改革是社会主义发展的动力。社会主义社会的基本矛盾仍然是生产关系和生产力、上层建筑和经济基础之间的矛盾，正是这些矛盾推动了社会主义社会的发展。党的十一届三中全会后，邓小平指出："要发展生产力，经济体制改革是必由之路。"③他强调在坚持社会主义基本制度的同时，还要通过改革从根本上改变束缚生产力发展的经济体制，促进生产力的发展，从而解决了社会主义社会的发展动力问题。邓小平认为不实行改革，现代化事业和社会主义事业就会被葬送，没有改革就没有今后的持续发展，改革是社会主义现代化建设的根本途径，是解放和发展生产力的强大动力。

邓小平在南方谈话中指出："革命是解放生产力，改革也是解放生产力。过

---

① 《邓小平文选》(第2卷)，北京：人民出版社1994年版，第40页。
② 《邓小平文选》(第2卷)，北京：人民出版社1994年版，第48页。
③ 《邓小平文选》(第3卷)，北京：人民出版社1993年版，第138页。

去，只讲在社会主义条件下发展生产力，没有讲还要通过改革解放生产力，不完全。应该把解放生产力和发展生产力两个讲全了。"①他阐明了改革的内涵和实质，改革首先是要解放生产力，解放生产力是发展生产力的前提条件，只讲发展不讲解放是片面的，必须把改革直接同解放和发展生产力联系在一起。

"改革是中国的第二次革命。"②中国共产党领导的第一次革命，把一个半殖民地半封建的旧中国变成了一个社会主义新中国；中国共产党领导的第二次革命，将把一个经济文化比较落后的社会主义中国变成一个现代化的社会主义国家。改革作为一次新的革命，不是也不允许否定和抛弃建立起来的社会主义基本制度，它是社会主义制度的自我完善和发展。改革不是一个阶级推翻另一个阶级那种原来意义上的革命，也不是原有经济体制的细枝末节的修补，而是对体制的根本性变革。它的实质和目标，是要从根本上改变束缚我国生产力发展的经济体制，建立充满生机和活力的社会主义新经济体制，同时相应地改革政治体制和其他方面的体制，以实现中国的社会主义现代化。

改革是全面的改革。当代中国改革不是对原有计划经济体制作一般性的调整或细枝末节的修剪，而是指向经济体制的深层结构和根本问题，是根本上改变原来那种不适应我国目前生产力发展水平的计划经济体制，建立社会主义市场经济体制。同时，为了扩大社会主义民主，健全社会主义法制，为保障经济体制改革的成果和经济体制改革的顺利进行，还要积极稳妥地推进政治体制改革。不仅如此，这场改革还涉及教育、科技等诸多领域，是社会发展从宏观到微观，从社会物质关系到精神关系的一场广泛的、全面的改革。邓小平多次指出我国社会主义改革不是某一方面、某一领域的改革，而是全面的改革，是一个系统工程。他说："改革是全面的改革，包括经济体制改革，政治体制改革和相应的其他各个领域的改革。"③

---

① 《十三大以来重要文献选编（下）》，北京：人民出版社 1993 年版，第 2064 页。
② 《邓小平文选》（第 3 卷），北京：人民出版社 1993 年版，第 113 页。
③ 《邓小平文选》（第 3 卷），北京：人民出版社 1993 年版，第 237 页。

改革中难免遇到这样那样的风险，胆子要大，步子要稳。在改革的进程中，不能因循守旧，四平八稳，不能不顾条件，急于求成。判断改革和各方面工作的是非得失，归根结底，要以是否有利于发展社会主义社会的生产力，是否有利于增强社会主义国家的综合国力，是否有利于提高人民的生活水平为标准。

邓小平还强调，开放也是改革。他明确指出："对外开放具有重要意义，任何一个国家要发展，孤立起来，闭关自守是不可能的，不加强国际交往，不引进发达国家的先进经验、先进科学技术和资金，是不可能的。"①历史经验一再告诉我们，关起门来搞建设是不行的，把自己孤立于世界之外是不利的。只有坚持实行对外开放，积极参与国际经济竞争和合作，发挥自己的比较优势，使国内经济与国际经济实现必要的互接互补，加上自己的艰苦奋斗、自力更生、不断创新，才能赶上时代，赶上当代世界的科技和经济发展。

实行对外开放要正确对待资本主义社会创造的现代文明成果。他指出：现在的世界是开放的世界，中国的发展离不开世界。资本主义社会经过几百年发展，特别是一些发达国家，在经济、科技、教育、文化和社会管理等方面，积累了丰富经验，取得了许多历史性的文明成果。社会主义作为后起的崭新的社会制度，必须大胆借鉴、吸收人类社会包括资本主义社会创造出来的全部文明成果，必须敢于、善于利用资本主义求发展，结合新的实践进行新的创造，为我所用，才能加快发展，赢得同资本主义相比较的优势。

邓小平为我国制定了全方位、多层次、宽领域的对外开放战略，并且将对外开放确定为长期不变的基本国策。我国的对外开放，包括对发达国家的开放，也包括对发展中国家的开放，是对世界所有国家的开放。它不仅是经济领域的开放，还包括科技、教育、文化等领域的开放。对外开放的战略举措是有步骤、分层次进行的，是通过建立经济特区——沿海开放城市——沿海经济开放区——内地逐步展开的。

---

① 《邓小平文选》（第3卷），北京：人民出版社1993年版，第117页。

对外开放要高度珍惜并坚决维护中国人民经过长期奋斗得来的独立自主权利。邓小平指出："中国的事情要按照中国的情况来办，要依靠中国人自己的力量来办。独立自主，自力更生，无论过去、现在和将来，都是我们的立足点。……任何外国不要指望中国做他们的附庸，不要指望中国会吞下损害我国利益的苦果。"①他教育党和人民要警惕和抵制西方大国"和平演变"中国的战略，反对"全盘西化"论，中国绝不能成为西方大国的附属国。

6. 提出社会主义发展主体论

在社会发展主体上，改革开放以来，邓小平一直很重视人的发展，强调要"尊重知识，尊重人才"。邓小平重视人的主体力量，指出，我国的社会主义建设必须依靠人民群众的力量，依靠人的全面发展。社会主义现代化建设要求必须依靠农民、工人、知识分子等基本力量，通过各民族的合作与互助，调动一切积极因素，建立最可靠的统一战线。邓小平社会发展理论的最高原则和最终目的都是人民。邓小平指出："社会主义的目的就是要全国人民共同富裕，不是两极分化。"②邓小平同志一再强调，社会主义的特点不是穷，而是富，是人民的共同富裕。人民群众的共同富裕，才是最终的目标和社会主义的最终价值，这一论述充分反映了邓小平以人为本的社会主义价值观。

邓小平不仅重视人的主体力量，而且尊重人民群众的首创精神。他意识到人民群众的伟大力量，说："党只有紧紧地依靠群众，密切地联系群众，随时听取群众的呼声，了解群众的情绪，代表群众的利益，才能形成强大的力量，顺利地完成自己的各项任务。"③他认为改革开放中的许多东西都是由群众在实践中提出来的，他支持了安徽凤阳小岗村农民的家庭联产承包责任制，肯定了真理标准问题的大讨论，说服了人民允许"傻子瓜子"继续经营，赞扬了乡镇企业异军突起

---

① 《邓小平文选》(第 3 卷)，北京：人民出版社 1993 年版，第 3 页。
② 《邓小平文选》(第 3 卷)，北京：人民出版社 1993 年版，第 110-111 页。
③ 《邓小平文选》(第 2 卷)，北京：人民出版社 1994 年版，第 342 页。

等。正是以邓小平为核心的党中央充分尊重人民群众的首创精神，善于集中人民的智慧，充分调动了人民群众的积极性和创造性，使人民群众成为社会主义改革开放事业的力量源泉。为此，邓小平强调："中国的事情能不能办好，社会主义和改革开放能不能坚持，经济能不能快一点发展起来，国家能不能长治久安，从一定意义上说，关键在人。"①

邓小平把人民的需要和现实满足程度作为衡量各项方针政策及其实施效果的价值尺度。改革开放初期，有些人总是戴着有色眼镜看问题，公开主张：凡事都要问一问姓"资"还是姓"社"，如果不问清姓"资"姓"社"，就必然会把改革开放引向资本主义道路而断送社会主义事业。所以，这些人往往把自己不甚了解，也搞不清楚的东西，统统说成是资本主义的。这种无谓的争论成为了社会发展的严重障碍。邓小平针对理论界姓"资"姓"社"的无谓争论和对改革开放政策是非的无休止责难，于1992年年初视察南方的谈话中，尖锐地批评说："有的人认为，多一分外资，就多一分资本主义，'三资'企业多了，就是资本主义的东西多了，就是发展了资本主义。这些人连基本常识都没有。"②他指出："改革开放迈不开步子，不敢闯，说来说去就是怕资本主义的东西多了，走了资本主义道路。要害是姓'资'还是姓'社'的问题。判断的标准，应该主要看是否有利于发展社会主义社会的生产力，是否有利于增强社会主义国家的综合国力，是否有利于提高人民的生活水平。"③要把人民"高兴不高兴""答应不答应""满意不满意""赞成不赞成"作为一切问题的出发点和归宿。在邓小平看来，"三个有利于"标准是人民的最根本利益，这是对人民群众主体地位的充分肯定，极大地调动了人民群众的积极性和创造性，促进了社会主义现代化建设的快速发展。

社会发展成就的取得，速度的快慢，很大程度上取决于国民素质的提高和人力资源的开发。邓小平充分意识到这一点，他指出："我们国家国力的强弱，经

---

① 《中国共产党简史》，北京：人民出版社、中共党史出版社2021年版，第281页。
② 《邓小平文选》（第3卷），北京：人民出版社1993年版，第373页。
③ 《邓小平文选》（第3卷），北京：人民出版社1993年版，第372页。

济发展后劲的大小，越来越取决于劳动者的素质，取决于知识分子的数量和质量。"①他强调加强精神文明建设，物质文明和精神文明都搞好，才是中国特色的社会主义。一手抓物质文明，一手抓精神文明，"两手抓，两手都要硬"，这是我国社会主义现代化建设的一个根本方针。他多次指出："不加强精神文明的建设，物质文明的建设也要受破坏，走弯路。"②"经济建设这一手我们搞得相当有成绩，形势喜人，这是我们国家的成功。但风气如果坏下去，经济搞成功又有什么意义？会在另一方面变质，反过来影响整个经济变质，发展下去会形成贪污、盗窃、贿赂横行的世界。"③他鲜明地指出，必须坚决抵制外来腐朽思想的侵蚀。越是集中力量发展经济，越是加快改革开放的步伐，就越需要社会主义精神文明提供强大的精神动力和智力支持，以保证物质文明建设的顺利进行。关于精神文明建设的根本任务，邓小平强调要提高人的素质，把培养"四有新人"作为人才的培养目标，以培养出社会发展所需要的人才。"搞社会主义精神文明，主要是使我们的各族人民都成为有理想、讲道德、有文化、守纪律的人民。"④培育"四有"新人的目标，是对社会主义"时代新人"的一种创造性构想，是社会主义初级阶段关于人的全面发展的基本标准，更是中国社会发展的目标和实质。

7. 中国共产党是社会发展的领导力量

在社会主义的领导力量问题上，邓小平反复强调，办好中国的事情，关键在党。他认为搞现代化建设，存在"左"和右的干扰问题，要搞现代化建设使中国兴旺发达起来，"必须坚持四项基本原则，主要是坚持党的领导，"⑤没有共产党的领导，就不可能有社会主义革命和社会主义建设，就没有社会主义道路。他特别强调了在四项基本原则中，坚持党的领导的重要意义。面对在新的形势和任务

---

① 《邓小平人才人事理论学习纲要》，北京：人民出版社 1997 年版，第 21 页。
② 《邓小平文选》(第 3 卷)，北京：人民出版社 1993 年版，第 144 页。
③ 《邓小平文选》(第 3 卷)，北京：人民出版社 1993 年版，第 154 页。
④ 《社会主义精神文明建设文献选编》，北京：中央文献出版社 1996 年版，第 116 页。
⑤ 《邓小平文选》(第 3 卷)，北京：人民出版社 1993 年版，第 248 页。

面前党的种种不适应状况，邓小平非常重视改善党的领导，并对此进行了坚持不懈的深入思考。他认为中国共产党要带领人民全面开创社会主义现代化建设新局面，关键是要抓好党的领导建设。1980 年 1 月，邓小平在中央召集的干部会议上作了题为《目前的形势和任务》的重要讲话，鲜明地提出要坚持党的领导、改善党的领导的历史任务。他指出，坚持党的领导具有无比的重要性，没有党的领导，就没有现代中国的一切，党对中国社会主义事业的领导，是六十年的斗争历史形成的。目前形势下，为了坚持党的领导，必须努力改善党的领导，只有坚持并改善党的领导，由此带动其他工作，我们的任务才能够完成。1980 年 8 月，邓小平在中共中央政治局扩大会议上作《党和国家领导制度的改革》的讲话，一针见血地指出"要着手解决党政不分、以党代政"的问题，党和政府、经济组织、群众团体之间要明确、合理地划分职权，使党"可以集中精力管党，管路线、方针、政策"。① 在 1980 年 12 月《贯彻调整方针，保证安定团结》的讲话中，邓小平进一步强调了坚持党的领导的重要性。他指出，四项基本原则的核心，是坚持党的领导。

建设中国特色社会主义，关键在于坚持、加强和改善党的领导。邓小平指出："没有中国共产党，就没有社会主义的新中国。"②在中国这样一个大国，现代化建设，国家的统一，人民的团结，社会的安定，民主的发展，都要靠党的领导。为了坚持和加强党的领导，必须努力改善党的领导。除了改善党的组织状况以外，还要改善党的领导工作状况，改善党的领导制度。

邓小平提出，在新的历史时期，中国共产党作为执政党，肩负着历史的重任，经受着时代的考验，必须发扬优良传统，加强自身建设，不断提高领导水平和执政水平。邓小平强调，要聚精会神地抓党的建设，"把我们党建设成为有战斗力的马克思主义政党，成为领导全国人民进行社会主义物质文明和精神文明建

---

① 《邓小平文选》(第 2 卷)，北京：人民出版社 1994 年版，第 321 页。
② 《邓小平文选》(第 2 卷)，北京：人民出版社 1994 年版，第 170 页。

设的坚强核心"①。

要加强党的思想建设、组织建设、作风建设。邓小平强调，党的各级干部，首先是领导干部，要重视马克思主义的理论学习，从而加强工作中的原则性、系统性、预见性和创造性。要坚持和健全民主集中制、加强和改进党的基层组织建设，按照"革命化、年轻化、知识化、专业化"的方针培养和选拔德才兼备的领导干部。执政党的党风是关系党生死存亡的重大问题。一定要坚持党的宗旨，继承党的优良传统，发扬党的理论和实践相结合的作风、和人民群众紧密地联系在一起的作风以及自我批评的作风。

邓小平指出，领导制度、组织制度问题更带有根本性、全局性、稳定性和长期性。党的十一届三中全会以来，邓小平和党中央提出了加强党的制度建设的一系列方针原则。党领导人民制定了宪法和法律，党必须在宪法和法律的范围内活动。党章是最根本的党规党法，各级党组织和每个党员都要按党章办事。健全党的各级代表大会制度，党内选举制度，党的组织生活制度，集体领导和个人分工负责相结合的制度，保证党内生活的民主化。废除实际存在的干部领导职务终身制，逐步形成优秀人才能够脱颖而出、富有生机与活力的用人机制。完善党内监督制度，把党内监督同群众监督、舆论监督、民主党派和无党派人士的监督结合起来，把自上而下和自下而上的监督结合起来，逐步形成强有力的监督体系等。

8. 四项基本原则是社会发展的根本政治保证

四项基本原则是社会发展的根本政治保证。坚持四项基本原则是立国之本，它规定了我国走什么道路，实行什么样的经济和政治制度，由谁来领导和以什么作为指导思想等一系列最根本最重大的原则问题，决定着国家的性质和发展方向，关系着全国各族人民的利益和命运。四项基本原则也为改革开放和社会主义现代化建设提供了政治保证，一是保证改革开放和现代化建设坚持社会主义方

---

① 《邓小平文选》(第3卷)，北京：人民出版社1993年版，第39页。

向；二是保证改革开放和现代化建设有一个稳定的环境；三是保证全党和全国人民有一个共同理想和统一意志。

邓小平指出："这四项基本原则并不是新的东西，是我们党长期以来所一贯坚持的。"①之所以在党的十一届三中全会不久就重申这一原则，是针对在纠正"文化大革命"的错误和拨乱反正的过程中，出现的两种错误思潮：一方面是针对受极"左"思潮的毒害，攻击党中央执行的一系列方针政策违反了马列主义、毛泽东思想；另一方面是针对社会上有极少数人别有用心地歪曲解放思想的方针，散布怀疑或反对四项基本原则的言论。这两种思潮都是违背马列主义、毛泽东思想的，都是妨碍和破坏社会主义现代化建设事业的。在这样两种思想倾向的影响下，造成了一部分青年思想混乱。而党内也有极少数人不但不承认这种思潮的危险性，而且还直接或间接地加以某种程度的同情或支持。正是面对这种情况，1979 年 3 月 30 日，邓小平代表中共中央在北京召开的理论工作务虚会上作了题为《坚持四项基本原则》的讲话，讲话指出："为了实现四个现代化，我们必须坚持社会主义道路，坚持无产阶级专政，坚持共产党的领导，坚持马列主义、毛泽东思想。中央认为，今天必须反复强调坚持这四项基本原则，因为某些人（哪怕只是极少数人）企图动摇这些基本原则。这是决不许可的。每个共产党员，更不必说每个党的思想理论工作者，决不允许在这个根本立场上有丝毫动摇。如果动摇了这四项基本原则中的任何一项，那就动摇了整个社会主义事业，整个现代化建设事业。"②因为四项基本原则是实现四个现代化、推动社会进步的根本前提。如果让反党反社会主义的思想任意泛滥，那么"三中全会的方针政策就要落空，工作着重点的转移就要落空，四个现代化建设就要落空，党内外民主生活的发展也要落空。"③1987 年 10 月，中国共产党第十三次全国代表大会把"四项基本原则"作为重要内容写进了党在社会主义初级阶段的基本路线中，即：领导和团

---

① 《邓小平文选》（第 2 卷），北京：人民出版社 1994 年版，第 165 页。
② 《十一届三中全会以来重要文献选读》（上册），北京：人民出版社 1987 年版，第 55 页。
③ 《十一届三中全会以来重要文献选读》（上册），北京：人民出版社 1987 年版，第 61 页。

结全国各族人民，以经济建设为中心，坚持四项基本原则，坚持改革开放，自力更生，艰苦创业，为把我国建设成为富强、民主、文明的社会主义现代化国家而奋斗。1992 年 10 月 18 日，中国共产党第十四次全国代表大会通过的新党章，把建设有中国特色社会主义的理论和党的"一个中心、两个基本点"的基本路线正式载入党章。2007 年 10 月 21 日，中国共产党第十七次全国代表大会的党章，关于四项基本原则的表述："坚持社会主义道路、坚持人民民主专政、坚持中国共产党的领导、坚持马克思列宁主义毛泽东思想这四项基本原则，是我们的立国之本。"这进一步完善了四项基本原则的内容。国内外的形势和党的十一届三中全会以来的实践证明：要保证改革开放和现代化建设的社会主义性质和方向，要实现改革和建设的历史任务，要保持一个安定团结的社会治安环境，要维护民族的统一，实现国家的兴旺，都离不开四项基本原则。

邓小平的社会发展理论是中国共产党人运用马克思主义基本原理指导中国社会主义现代化建设实践的理论结晶，用江泽民的话说，就是既体现了马克思主义的基本原理，又包含了中华民族的优秀思想和中国共产党人的实践经验；既是科学理论，又是治国方略。邓小平的社会发展理论充分体现了他的政治智慧，在阐述社会发展的一系列基本理论的同时，又为人们提供了相应的理论依据、行动纲领、价值观念和思维方式，这为他的社会发展理论的贯彻执行提供了有力保障。因此，邓小平的社会发展理论有着很强的现实针对性和可操作性。

(三) 以邓小平为主要代表的中国共产党人社会发展理论的重大意义

改革开放以来，以邓小平为主要代表的中国共产党人对社会发展理论的认识具有重大意义，具体表现为推进了实现中华民族伟大复兴的历史进程；拓展了发展中国家走向现代化的途径；彰显了科学社会主义的真理性。

1. 推进了实现中华民族伟大复兴的历史进程

第一，奠定了实现中华民族伟大复兴的坚实基础。为应对推进社会发展进程中不同历史时期错综复杂的风险与挑战，以邓小平为主要代表的中国共产党人推动中国现代化建设不断发展完善，指引现代化建设取得重大成就，奠定了实现民族复兴的坚实基础。改革开放和社会主义现代化建设新时期，面对"什么是社会主义现代化、如何实现社会主义现代化"的主要问题，以邓小平为主要代表的中国共产党人以中国式的现代化为出发点，以改革创新作为发展的主要动力，推进改革开放，激发了社会主义生机活力，使社会发展各领域取得重大进展，人民生活实现了从温饱不足到全面小康。

第二，推动实现中华民族伟大复兴进入了不可逆转的历史进程。实现民族复兴、国家富强是自近代以来中国人民的历史夙愿，为此有流血牺牲，有几代人的努力，这也是中国共产党百年奋斗的主题。改革开放以来，以邓小平为主要代表的中国共产党人从我国国情出发探索创造的中国式现代化道路，是实现中华民族伟大复兴的现实路径。"中国式现代化道路从总体性维度对现代化道路进行整体规划，超越了单纯经济主义或物质中心论思想对现代化的制约，从多元整体性维度勾勒了现代化的丰富图景，为未来中国现代化事业的全面发展勾画了科学的实践路径。"[1]它的总任务就是通过社会全面转型，把中国塑造成现代化强国，实现民族复兴。在以邓小平为主要代表的中国共产党人社会发展理论的引领下，现代化建设在社会发展各领域取得了重大成就，中国人民真正"富起来"了、中华民族"富起来"了，推动实现中华民族伟大复兴进入了不可逆转的历史进程。

2. 拓展了发展中国家走向现代化、推进社会发展的途径

第一，丰富了对现代化、社会发展理论的认知。"西方因工业文明和文艺复兴而率先实现现代化，自信满满的西方人宣扬西方中心论。"[2]面对西方现代化取得的显著成果，"走西方的路"成为很多发展中国家实现现代化的选择，但中国

---

① 徐坤：《中国式现代化道路的科学内涵、基本特征与时代价值》，《求索》2022 年第 1 期，第 40-49 页。

② 杨振闻：《从"文明蒙尘"到"人类文明新形态"——中国式现代化道路的文明旨归》，《求索》2022 年第 1 期，第 30-39 页。

没有走"捷径"，选择西方现代化的老路，而是在中国共产党的带领下，在长期现代化建设实践中走出了一条根植中国大地、适应中国发展实际的现代化新道路。它成功摆脱和超越了西方的制度框架、经济模式和文明体系，突破了"西方文明＝现代文明"的思维范式，打破了西方现代化道路的"唯一性"，揭示了世界现代化道路和发展模式的多样性和可选择性。

以邓小平为主要代表的中国共产党人社会发展理论坚持走中国式现代化道路，坚持以人民为中心，这是它的本质属性；主张实现共同富裕和人的全面发展，这是它的价值取向；强调和平发展和改革创新，这是它的发展战略。体现出了以邓小平为主要代表的中国共产党人社会发展理论的发展智慧，也是中国式现代化道路从根本上不同于西方现代化道路所在。中国既保持独立自主，又吸收资本主义国家文明成果，一次次躲过全球性的经济危机，在取得经济社会快速发展的同时保持政治社会秩序的稳定。中国式现代化道路的成功表明现代化建设必须立足本国国情才能推动社会发展，照搬其他国家的模式，是不可能成功的。这在一定程度上丰富了对现代化、对社会发展理论的认识。

第二，为发展中国家走向现代化、推进社会发展提供了全新选择。"现代化道路并没有固定模式，适合自己的才是最好的，不能削足适履。每个国家自主探索符合本国国情的现代化道路的努力都应该受到尊重。"①怎样实现现代化，每个国家、民族都有权选择适合自己的现代化道路，西方现代化道路并不是唯一路径。中国，这个世界上最大的发展中国家，在以邓小平为主要代表的中国共产党人的带领下成功开辟了社会主义现代化道路，破解了必须走资本主义道路的历史性难题，意味着把西方现代化作为普世模式的一元化时代彻底结束，为发展中国家寻求现代化道路开了先例、作了示范，为其推进社会发展提供了全新经验。

在过去的时间里，因为资本主义最先开始现代化并且取得了显著成就，西方发展道路被奉为经典，想当然的认为是唯一选择。而以邓小平为主要代表的中国

---

① 《深入学习习近平总书记"七一"重要讲话精神》，北京：人民出版社 2021 年版，第 74 页。

共产党人对中国式现代化道路的成功实践，极大地推动了社会发展，用事实证明了实现现代化没有经典模板。当然先发国家的现代化经验对后来者有学习借鉴的意义，但这种学习借鉴一定是有选择性的，目的是早日形成适合自己国家的现代化道路，也一定是对先前发展模式的超越。中国式现代化道路克服了资本主义所固有的先天缺陷，以和平发展取代了殖民掠夺的发展逻辑，在中国共产党的领导下，最大程度发挥社会主义优势，通过"走自己的路"成功崛起。改革开放以来中国的成功，就意味着中国式现代化道路的成功，意味着以邓小平为主要代表的中国共产党人社会发展理论的科学性，这是无可辩驳的事实。

3. 彰显了科学社会主义的真理性，开辟了科学社会主义新境界

以邓小平为主要代表的中国共产党人对社会发展理论的探索成果，是坚持马克思主义指导思想的结果，验证了马克思主义的科学性和真理性力量。

第一，彰显了中国特色社会主义的强大生命力和巨大优越性，拓展了中国特色社会主义的理论新境界。改革开放以来，中国共产党坚持从中国的实际情况和变化的国际形势出发制定自己的现代化战略。中国共产党将马克思社会发展思想与中国现代化建设实际相结合，在探索过程中形成了一系列理论成果，系统回答了中国社会发展的领导核心、目标体系、主体力量、本质属性、科学内涵和发展战略等问题，对中国社会发展规律的认识达到了理论的高度，对探索经验进行理论升华，拓展了中国特色社会主义的理论新境界。中国的现代化建设在中国化的马克思主义理论成果指导下，取得了巨大成就。以邓小平为主要代表的中国共产党人在探索、推进社会发展的过程中，始终坚定"四个自信"，有效抵制了西方敌对势力对我国意识形态的渗透瓦解，使中国特色社会主义成为当今世界社会主义运动史上的最大亮点，为世界社会主义运动带来新生机活力。

第二，彰显了马克思主义的科学性和真理性，开辟了马克思主义社会发展思想新境界。中国式现代化道路是改革开放以来以邓小平为主要代表的中国共产党在马克思主义中国化的理论创新和实践创新的过程中，坚持马克思主义的世界观

和方法论，将马克思主义基本原理与中国现代化建设实际相结合的重大成果。中国式现代化道路的成功开辟与不断完善，也印证了马克思主义的科学性。马克思主义的剩余价值理论，通过生产资料归谁所有来判断是资本主义，还是社会主义，而"就现代化的性质而言，中国的现代化是世界上最成功的社会主义经济发展模式。中国之所以能够超越西方现代化模式，关键在于坚持了公有制为主体的社会主义原则"①。中国式现代化道路是中国共产党对辩证唯物主义和历史唯物主义世界观和方法论继承创新的结果，是科学社会主义理论与中国现代化实践相结合的成果。在社会主义现代化建设的实践中，邓小平创造性地提出了"中国式的现代化"的重要概念，并强调了其"社会主义"属性。把"现代化"与"社会主义"紧密联系在一起，是中国共产党在世界现代化史上作出的原创性贡献。中国式现代化道路的形成，是对马克思提出的"东方道路"命题的回应，超越了传统现代化的局限性，丰富发展了科学社会主义理论。

二、以江泽民为主要代表的中国共产党人对社会发展理论的认识

20 世纪 80 年代末 90 年代初，中国面临严峻的国内外形势，国内发生严重政治风波，国际共产主义运动陷入低谷，中国社会发展经受前所未有的考验。党的十三届四中全会以来，面对纷繁复杂的国内外形势，以江泽民为主要代表的中国共产党人，在领导我国改革开放和现代化建设的实践中，对我国社会发展的一系列重大理论和现实问题作出新的概括，科学判断形势，全面推进社会主义现代化建设，继承与发展马克思列宁主义、毛泽东思想和邓小平理论，加深对"什么是社会主义、怎样建设社会主义和建设什么样的党、怎样建设党"的认识，形成"三个代表"重要思想。"三个代表"重要思想是一个完整而系统的科学理论，其中蕴含着极

---

① 侯为民：《百年视野下中国式现代化的溯源与思考》，《上海经济研究》2022 年第 2 期，第 9 页。

为丰富的关于社会发展的思想。这是对邓小平社会发展思想的继承和发展，同时又结合新的实际，提出了关于社会发展的一系列新思想、新观点、新论断。

"三个代表"重要思想的提出对中国社会的发展具有极其重要的推动作用，它是中国特色社会主义理论在 21 世纪的重要成果之一。它在进一步深入回答"什么是社会主义、怎样建设社会主义"这一问题的同时，提出并回答"建设什么样的党、怎样建设党"这一新问题。"三个代表"重要思想是我们党对社会发展的深入认识，是对新时期党的任务、党的宗旨和党的建设的理论体系的全新探索，是对社会主义建设与党的建设提出的更高要求，是符合当时中国社会发展的重要理论基础，是结合中国具体实践形成的马克思主义中国化的重要理论成果。江泽民指出："在实行改革开放和发展社会主义市场经济的条件下，建设什么样的党、怎样建设党，是一个重大现实问题，直接关系到我们党和国家的前途命运。"[①]

党的十六大报告中提出"三个代表"重要思想的历史地位与指导作用，并指出"三个代表"重要思想是"加强和改进党的建设、推进我国社会主义自我完善和发展的强大理论武器"[②]。这一重要论断从创新与发展中国特色社会主义的高度，阐明中国共产党在继承与发展毛泽东思想和邓小平理论的过程中，科学探索党的建设，进一步深化对中国特色社会主义的认识的同时，取得全新的理论成果。

(一) 以江泽民为主要代表的中国共产党人社会发展理论形成的时代背景

1. 国际背景

20 世纪 80 年代末 90 年代初，伴随苏联解体与东欧剧变等重大国际事件的发生，国际局势发生重大变革。冷战结束后的国际社会，和平与发展成为时代主题，世界多极化、经济全球化、产业信息化、文明多样化并行发展。国际形势不断变化使中国在发展中面临巨大挑战，因而在应对政治、经济、科技、文化等方

---

① 《江泽民文选》(第 3 卷)，北京：人民出版社 2006 年版，第 44 页。
② 《江泽民文选》(第 3 卷)，北京：人民出版社 2006 年版，第 536 页。

面不断发展变化的国际形势过程中，"三个代表"重要思想逐渐产生。

"三个代表"重要思想的产生伴随国际政治格局多极化。80 年代末 90 年代初，东欧剧变与苏联解体，宣告美苏冷战结束，同时也宣告两极格局结束，世界两极对立格局被打破，世界各国关系发生重大变革与调整，国际政治格局呈现由"两极"向"多极"趋势发展。然而，国际政治格局多极化也并非一蹴而就，同样面临巨大阻碍与挑战。苏联解体后，国际共产主义运动遭受前所未有的打击，美国作为唯一超级大国，极力推动世界向"单极化"发展，企图主导世界秩序。中国作为世界上最大的社会主义国家，坚决抵制霸权主义与强权政治，倡导国际社会在和平中共同发展，顺应世界多极化历史发展潮流。因此，中国共产党必然要面对以美国为首的霸权主义国家通过"遏制""渗透"等方式对中国造成的国际压力。在如此国际环境下，中国共产党的执政能力成为面对严峻挑战的关键所在。

"三个代表"重要思想的产生伴随世界经济格局全球化。在以和平与发展为时代主题的国际背景下，世界多极化进程在曲折中发展，在科学技术与国际市场发展中，世界经济格局全球化日益发展，这为包括我国在内的发展中国家提供了发展机遇。但是，不可忽视的是，经济全球化仍由发达资本主义国家主导，他们利用世贸组织、世界银行和国际货币基金组织推动跨国资本，凭借经济实力与科技实力，使发展中国家在经济全球化进程中处于劣势地位。自我国加入世界贸易组织以来，面对错综复杂的国际经济形势，我国在经济、政治体制等方面面临风险与挑战。因此，如何在维护国家主权前提下，融入世界市场，促进国家经济发展，积极推动全球化进程，成为中国需要面对并亟需解决的关键问题，同时也对中国共产党的执政水平和领导水平提出更高要求。

"三个代表"重要思想的产生伴随现代科学技术发展。20 世纪 90 年代以来，人类历史发展进程从大机器生产时代进入自动化生产时代，现代科学技术发展迅速，特别是生命科学与信息技术取得重大突破。科学技术的发展推动世界经济发展与全球化，决定着各国经济发展。发达国家掌握着科技优势，发展中国家渴望实现科技瓶颈突破，因而科技竞争日趋激烈。中国作为发展中国家，只有把握科学技术发展机遇，实现科学技术瓶颈重大突破，才能在国际科技竞争中处于有利地位，才能促进我国社会生产力实现跨越式发展。因此，中国共产党必须领导全国各族人民，开拓创新，把握发展机遇，积极推动科学技术发展，从而实现社会生产力进步。

"三个代表"重要思想的产生伴随世界文明与文化碰撞。科学技术的发展推动世界思想文化的融合与变革，纷繁复杂的社会思潮不断涌现与变化，一些腐朽思想文化也逐渐"渗透"入我国，不断冲击我国优秀文化，对社会主义精神文明建设造成负面影响。特别是在信息技术高速发展时期，文化传播途径增多，这使得我国必然面临世界思想文化所带来的巨大影响，同时也要求我们党带领人民树立正确文化理念，积极应对国际文化的冲击。

正是世界多极化、经济全球化、产业信息化以及文明多样化的出现，使得中国共产党必须积极面对复杂多样的国际环境，因此，"三个代表"重要思想便在这样的国际环境背景下产生。

2. 国内背景

自改革开放以来，纵观我国发展状况，生产力水平稳步提升，经济迅速发展，各项体制逐步完善，国际地位进一步提高，我国已进入全面建设小康社会、加快推进社会主义现代化的新发展阶段。但是，我国在经济、政治、社会等方面依然存在诸多问题，仍有待解决。因此，在应对我国国内社会发展状况的过程中，"三个代表"重要思想逐渐产生。

"三个代表"重要思想的产生伴随我们党对自身历史方位的科学判断。中国共产党"已经从领导人民为夺取全国政权而奋斗的党，成为领导人民掌握全国政权并长期执政的党；已经从受到外部封锁和实行计划经济条件下领导国家建设的党，成为对外开放和发展社会主义市场经济条件下领导国家建设的党"。① 随着

---

① 《江泽民文选》（第 3 卷），北京：人民出版社 2006 年版，第 536-537 页。

社会经济发展，我们党所处的内外部环境不断发生新变化。一方面，党的领导水平和执政水平不断提高，党的群众基础不断增强。另一方面，我们党的队伍进入整体性交接的关键时期，年轻干部逐渐走上各级领导岗位。因此，这就要求我们党要加强建设，开拓创新，与时俱进，时刻保持先进性，在面对社会变化过程中始终坚持理想信念，始终保持高水平执政能力，始终作为中国特色社会主义现代化建设领导核心。

"三个代表"重要思想的产生伴随社会主义市场经济发展。逐步建立与完善社会主义市场经济是自改革开放以来我们党需要面对的重大历史任务，社会主义市场经济发展伴随政治、文化等多方面改革与转型，只有将社会主义公有制与市场经济相结合，才能建立完善的社会主义市场经济体制，才能保证国民经济健康稳定发展。我们党既要解决在改革转型过程中出现的经济多元化与复杂化问题，又要解决市场经济发展所带来的产业结构调整与市场秩序变化。同时，我们党还需面对社会主义市场经济发展过程中，计划经济思维向市场经济思维的转变。因此，在经济方面，对中国共产党执政能力同样提出时代要求。

"三个代表"重要思想的产生伴随我们党对中国特色社会主义实践经验的总探索。党的十三届四中全会以来，我们党积极应对困难与风险，积极推动改革开放和社会主义现代化建设。在实现现代化建设"三步走"战略前两步目标基础上，进入全面建设小康社会与加快推进社会主义现代化新阶段。我国政治、经济、社会等多方面发生广泛而深刻变化的过程中，生产方式与分配方式也在不断发生变化。面对国内经济结构调整、人口与资源环境关系、发展经济与保持环境生态等矛盾，我们党如何正确处理社会主义现代化建设中的若干重大关系，完善社会主义市场经济体制，推进政治体制改革，解决经济发展与资源、环境的矛盾，保持国民经济的可持续发展，这些都是摆在中国共产党面前的必须研究解决的紧迫而重大的问题。"三个代表"重要思想就是在应对中国社会经济发展中出现的各种实际问题过程中形成和发展起来的。

3. "三个代表"重要思想的形成过程

"三个代表"重要思想是中国特色社会主义理论体系的重要组成部分，经历了形成、发展到深化的过程。江泽民指出："我提出这个问题，是经过了长时期思考的。在实行改革开放和发展社会主义市场经济的条件下，建设什么样的党、怎样建设党，是一个重大现实问题，直接关系到我们党和国家的前途命运。党的十四届四中全会和十五大提出的党的建设新的伟大工程，就是回答这个问题的。"①"三个代表"重要思想，是中国共产党在马克思主义理论基础上，通过不断实践形成的重要成果。

1989 年 6 月，中国共产党第十三届中央委员会第四次全体会议提出惩治腐败，大力加强党的建设。并强调坚持中国共产党第十一届中央委员会第三次全体会议以来的路线、方针、政策，坚持中国共产党第十三次全国代表大会确立的"一个中心，两个基本点"的基本路线，强调中国共产党作为工人阶级的先锋队和社会主义事业的领导力量，要随着时代、形势和任务的变化，转变工作方式，但是党的性质不能变，共产主义的最高目标不能变。1989 年 8 月，中共中央发出了《关于加强党的建设的通知》。

1991 年，江泽民在建党 70 周年庆祝大会上对"进一步加强中国共产党的建设"进行论述，提出建设中国特色社会主义政治、经济、文化，指出："有中国特色社会主义的经济、政治、文化，是有机统一、不可分割的整体。加强这三方面的建设，根本目的是充分调动广大人民群众的积极性、推动社会生产力发展和社会全面进步。"②

1992 年 10 月，中国共产党第十四次全国代表大会突破把市场经济与社会主义对立起来的传统观念，确定建立社会主义市场经济体制的改革目标，系统论述加强党的建设和改善党的领导问题。党的十四大系统论述了加强党的建设和改善

---

① 《江泽民文选》(第 3 卷)，北京：人民出版社 2006 年版，第 44 页。
② 《江泽民文选》(第 1 卷)，北京：人民出版社 2006 年版，第 161 页。

党的领导问题，强调"坚持党要管党和从严治党，加强和改进党的建设，努力提高党的执政水平和领导水平，使我们这个久经考验的马克思主义的党，在建设有中国特色社会主义的伟大事业中更好地发挥领导核心作用"①。

1994年，中国共产党十四届四中全会就新形势下党的建设问题进行专门研究，通过《中共中央关于加强党的建设几个重大问题的决定》，分析了党的建设面临的形势，并指出："党必须善于在改革开放的新形势下认识自己、加强自己、提高自己，认真研究和解决自身建设中遇到的新矛盾新问题。"②提出要把中国共产党建设成为用建设有中国特色社会主义理论武装起来的，全心全意为人民服务、思想上政治上组织上完全巩固的，能够经受住各种风险、始终走在时代前列的马克思主义政党。

1997年9月，江泽民在中国共产党第十五次全国代表大会上作了题为《高举邓小平理论伟大旗帜，把建设有中国特色社会主义事业全面推向二十一世纪》的报告，提出"面向新世纪的中国共产党"这个具有鲜明时代特征和深刻内涵的党建命题，同时进一步明确新的伟大工程的总目标，并指出："把党建设成为用邓小平理论武装起来、全心全意为人民服务、思想上政治上组织上完全巩固、能够经受住各种风险、始终走在时代前列、领导全国人民建设有中国特色社会主义的马克思主义政党。"③这不仅对中国共产党的领导与执政能力建设提出了更高要求，而且结合时代特征和我国社会主义现代化建设发展新的实际，给党的建设赋予了新的内容。报告第一次全面阐述建设有中国特色社会主义经济、政治、文化的基本目标和基本政策，提出党在社会主义初级阶段的基本纲领。

党的十五大以后，中共中央在全国县处级以上领导班子和领导干部中集中开展以"讲学习、讲政治、讲正气"为主要内容的党性党风教育。江泽民指出，在对外开放和发展社会主义市场经济的国内外环境下，中国共产党必须始终保持工

---

① 《江泽民文选》（第1卷），北京：人民出版社2006年版，第245页。
② 《江泽民文选》（第1卷），北京：人民出版社2006年版，第411页。
③ 《江泽民文选》（第2卷），北京：人民出版社2006年版，第43页。

人阶级先锋队的性质，更好地代表最广大人民的利益；在社会经济成分、组织形式、物质利益和就业方式多样化的趋势进一步发展的国内外环境下，中国共产党必须始终保持全党同志按照党的奋斗目标，按照国家和人民的最高利益来行动，维护和加强党的坚强团结与高度统一，"这是我们在新的历史条件下加强党的建设的重大理论问题，也是重大现实问题。只有正确回答了这些问题，党的建设才能更好地向前推进"①。围绕这一重大理论与现实问题，江泽民先后在广东、江苏、浙江、上海等地考察工作，并对关系新时期党建工作全局的重大理论问题和现实问题进行调研与总结，提出"三个代表"重要思想。

2000 年 2 月 25 日，江泽民在广东考察工作，发表《在新的历史条件下更好地做到"三个代表"》的重要讲话。从全面总结党的历史经验和如何适应新形势新任务的要求出发，他强调指出，"总结我们党七十多年的历史，可以得出一个重要结论，这就是：我们党所以赢得人民的拥护，是因为我们党在革命、建设、改革的各个历史时期，总是代表着中国先进生产力的发展要求，代表着中国先进文化的前进方向，代表着中国最广大人民的根本利益，并通过制定正确的路线方针政策，为实现国家和人民的根本利益而不懈奋斗"②。这是对"三个代表"重要思想第一次完整、准确与比较全面的阐述，同时说明"三个代表"重要思想是对党的历史经验的科学总结。

2000 年 5 月 14 日，江泽民在江苏、浙江、上海党建工作座谈会上，明确提出："推进党的思想建设、政治建设、组织建设、作风建设，都应该贯穿'三个代表'要求。"③要坚持"把'三个代表'要求落实到坚定正确地执行党的路线方针政策中去"④。同年 6 月 9 日，江泽民在全国党校工作会议上第一次指出，"三个代表"重要思想所要回答和解决的正是"建设什么样的党、怎样建设党"的重大问题。6 月 28 日，江泽民在中央思想政治工作会议上，提出了如何认识社会主义

① 《江泽民文选》(第 3 卷)，北京：人民出版社 2006 年版，第 1-2 页。
② 《江泽民文选》(第 3 卷)，北京：人民出版社 2006 年版，第 2 页。
③ 《江泽民文选》(第 3 卷)，北京：人民出版社 2006 年版，第 15 页。
④ 《江泽民文选》(第 3 卷)，北京：人民出版社 2006 年版，第 23 页。

发展的历史进程，如何认识资本主义发展的历史进程，如何认识我国社会主义改革实践过程对人们思想的影响，如何认识当今的国际环境和国际政治斗争带来的影响。这"四个如何认识"实际上深刻揭示了"三个代表"重要思想产生的历史起点和逻辑起点，反映了"三个代表"重要思想提出的时代背景和发展的现实依据。

党的十五届五中全会上，江泽民就"改进党的作风"发表重要讲话，郑重地告诫全党："历史和现实都表明，一个政权也好，一个政党也好，其前途命运最终取决于人心向背，不能赢得最广大人民的支持，就必然垮台。"①因此，务必要使全党同志深刻认识和全面、正确地把握"三个代表"的要求，以"三个代表"作为检验我们各项工作是否合格的根本标准。"按照'三个代表'要求全面加强党的建设，根本目的就在于保证我们党能够始终保持同人民群众的血肉联系"②。

2001年7月1日，江泽民在庆祝建党80周年的重要讲话中全面阐述"三个代表"重要思想的科学内涵和基本内容，提出了一系列马克思主义的新思想、新观点、新论断，总结了我们党领导全国各族人民经过八十年的不懈奋斗所取得的伟大业绩和基本经验，阐述了"三个代表"重要思想的科学内涵和精神实质，分析了我们党的队伍、党所处的地位和环境、党所肩负的任务发生的重大变化，回答了在新的历史条件下建设一个什么样的党、怎样建设党这一重大理论和实践问题，提出了按照"三个代表"重要思想要求加强和改进党的建设的任务，论述了党的最高纲领与现阶段的基本纲领的辩证统一关系，号召全党继续为实现党的基本路线和历史任务而奋斗。江泽民指出："我们党要始终代表中国先进生产力的发展要求，就是党的理论、路线、纲领、方针、政策和各项工作，必须努力符合生产力发展的规律，体现不断推动社会生产力的解放和发展的要求，尤其要体现推动先进生产力发展的要求，通过发展生产力不断提高人民群众的生活水平。"③"我们党要始终代表中国先进文化的前进方向，就是党的理论、路线、纲领、方

---

① 《江泽民文选》(第3卷)，北京：人民出版社2006年版，第129页。
② 《江泽民文选》(第3卷)，北京：人民出版社2006年版，第187页。
③ 《江泽民文选》(第3卷)，北京：人民出版社2006年版，第272-273页。

针、政策和各项工作，必须努力体现发展面向现代化、面向世界、面向未来的，民族的科学的大众的社会主义文化的要求，促进全民族思想道德素质和科学文化素质的不断提高，为我国经济发展和社会进步提供精神动力和智力支持。"①"我们党要始终代表中国最广大人民的根本利益，就是党的理论、路线、纲领、方针、政策和各项工作，必须坚持把人民的根本利益作为出发点和归宿，充分发挥人民群众的积极性、主动性、创造性，在社会不断发展进步的基础上，使人民群众不断获得切实的经济、政治、文化利益。"②同时，指出"三个代表"重要思想是我们党坚持以马克思列宁主义、毛泽东思想、邓小平理论和党的基本路线为指导，以我国改革开放和现代化建设的实际问题、以我们正在做的事情为中心，着眼于马克思主义理论的运用，着眼于对现实问题的思考，着眼于新的实践和新的发展，及对党在现阶段以至今后相当长的历史时期中的基本纲领、基本任务的新概括，这就非常明确地表明了"三个代表"重要思想的基本内涵。

2002 年 5 月 31 日，江泽民在中共中央党校省部级干部进修班毕业典礼上深刻阐述了"三个代表"重要思想的内在联系，提出"贯彻'三个代表'重要思想，关键在坚持与时俱进，核心在坚持党的先进性，本质在坚持执政为民"③。这就深刻揭示了"三个代表"重要思想作为一个完整理论体系的内在逻辑关系。

2002 年 11 月，中国共产党第十六次全国代表大会报告全面阐述了"三个代表"重要思想形成的时代背景、历史地位、精神实质和指导意义。并指出，"三个代表"重要思想是对马克思列宁主义、毛泽东思想和邓小平理论的继承和发展，反映了当代世界和中国的发展变化对党和国家工作的新要求，是加强和改进党的建设、推进我国社会主义自我完善和发展的强大理论武器，是全党集体智慧的结晶，是党必须长期坚持的指导思想。党的十六大将"三个代表"重要思想与马克思列宁主义、毛泽东思想和邓小平理论一道，确立为党必须长期坚持的指导思想

---

① 《江泽民文选》（第 3 卷），北京：人民出版社 2006 年版，第 276 页。
② 《江泽民文选》（第 3 卷），北京：人民出版社 2006 年版，第 279 页。
③ 《江泽民文选》（第 3 卷），北京：人民出版社 2006 年版，第 537 页。

写入党章；2004 年写入宪法。

(二) 以江泽民为主要代表的中国共产党人社会发展理论的主要内容

1. "三个代表"重要思想的核心内容

"三个代表"重要思想将党的建设与实现中国特色社会主义现代化紧密相连，把坚持党的先进性与发展先进生产力、发展先进文化、实现最广大人民的根本利益紧密相连。

"三个代表"重要思想是"我们党必须始终代表中国先进生产力的发展要求，代表中国先进文化的前进方向，代表中国最广大人民的根本利益"。①

中国共产党始终代表中国先进生产力的发展要求。江泽民在庆祝建党 80 周年的重要讲话中指出："我们党要始终代表中国先进生产力的发展要求，就是党的理论、路线、纲领、方针、政策和各项工作，必须努力符合生产力发展的规律，体现不断推动社会生产力的解放和发展的要求，尤其要体现推动先进生产力发展的要求，通过发展生产力不断提高人民群众的生活水平。"②社会主义的根本任务是发展社会生产力，只有在生产力发展的前提下，才能实现科学技术的进步，才能保证中国共产党的先进性，实现我们党与时俱进的根本要求。我们党从建立之日起始终是中国先进生产力的代表，工人、农民与知识分子始终是推动社会主义生产力发展与社会主义建设的重要力量，人是生产力发展中的决定性因素，我们党的首要任务就是不断提高积极性、主动性与创造性，充分运用创新与创造能力。

科学技术是第一生产力，社会主义的长期稳定与繁荣必须依靠生产力的发展，因此，促进科学技术的创新，推动先进生产力的发展成为决定性因素，只有通过科技进步与创新，才能实现生产力质的飞跃。只有不断解放和发展生产力，才能推动和促进社会主义的全面进步，才能使现代化发展得到强大科技实力的支

---

① 《江泽民文选》(第 3 卷)，北京：人民出版社 2006 年版，第 536 页。
② 《江泽民文选》(第 3 卷)，北京：人民出版社 2006 年版，第 272-273 页。

撑。先进生产力的发展与经济建设相辅相成，相互促进。只有先进生产力发展，才能促进经济进一步发展，才能使社会主义生产关系与上层建筑不断调整，从而进一步促进生产力的发展。因此，我们党始终重视科学技术在推动社会发展中的重要作用，坚持发展世界先进科学技术，加强高新技术研究。

中国共产党始终代表中国先进文化的前进方向。江泽民在庆祝建党80周年的重要讲话中同样指出："我们党要始终代表中国先进文化的前进方向，就是党的理论、路线、纲领、方针、政策和各项工作，必须努力体现发展面向现代化、面向世界、面向未来的，民族的科学的大众的社会主义文化的要求，促进全民族思想道德素质和科学文化素质的不断提高，为我国经济发展和社会进步提供精神动力和智力支持。"①若想实现社会主义先进文化的发展，首先需要把握先进文化的前进方向，努力推进社会主义精神文明建设，在满足人民精神文化需求的同时，丰富与增强人民精神世界与精神力量，这是改革开放和现代化建设的重要目标与根本保证。

发展社会主义先进文化，首先需要进行社会主义精神文明建设。只有社会主义精神文明全面建设，经济建设、政治建设等方面才能全面繁荣。我们党在发展社会主义先进文化中，始终弘扬民族精神，传承中华优秀传统文化。人类社会需要物质文明与精神文明的共同发展，社会主义先进文化，是民族的、科学的、大众的社会主义文化，需要面向现代、面向世界、面向未来。中国优秀文化成果是中华民族生命机体中不可分割的重要成分，贯穿于五千多年的文明发展历程中，发展中国优秀传统文化，弘扬中华文明传统美德，贯彻以爱国主义为核心的优秀文化内涵。我们党在探寻改革开放与社会主义现代化建设，在充分发扬中华优秀传统文化的同时，汲取世界优秀文化成果，不断提升中国文化的国际社会地位。发展社会主义先进文化，必须加强社会主义思想政治工作。社会主义思想政治工作是保证经济发展与社会稳定的重要前提，在不断进行改革开放，不断促进经济

---

① 《江泽民文选》(第3卷)，北京：人民出版社2006年版，第276页。

发展的同时，同样不可忽视思想政治工作的关键性。

中国共产党始终代表中国最广大人民的根本利益。江泽民在庆祝建党 80 周年的重要讲话中还指出："我们党要始终代表中国最广大人民的根本利益，就是党的理论、路线、纲领、方针、政策和各项工作，必须坚持把人民的根本利益作为出发点和归宿，充分发挥人民群众的积极性、主动性、创造性，在社会不断发展进步的基础上，使人民群众不断获得切实的经济、政治、文化利益。"①

人民是国家的主人，是历史的创造者，是建设中国特色社会主义的核心力量，决定着党和国家的前途与命运。人民的利益是党和国家发展的决定性因素，党为实现人民群众的根本利益而奋斗，党和国家的一切工作和方针政策，都以最广大人民群众的根本利益为出发点。我们党作为执政党，始终代表最广大人民的根本利益，始终坚持人民的利益高于一切。只有一切为了群众，一切相信群众，一切依靠群众，才能使我们党始终与最广大人民保持一致性，才能使我们党始终坚持全心全意为人民服务的宗旨。

中国共产党始终与群众共同享有经济社会发展的成果。我们党领导人民进行改革开放与社会主义现代化建设进程中，共享经济社会发展成果。人民的利益是党和国家制定一切工作和方针政策的准则，政策的实施应以是否符合最广大人民群众的根本利益为重要衡量标准。

2. 对中国特色社会主义发展道路作了更为明确的规定

在社会发展的指导思想上，进一步牢固确立了发展这个当代中国的主题，提出要把发展作为党执政兴国的第一要务，始终用发展的办法解决前进中的问题。在邓小平提出的"发展才是硬道理"的基础上，江泽民反复强调："发展是硬道理，这是我们必须始终坚持的一个战略思想。"②特别是我国这样一个发展中大国，能不能解决好发展问题，直接关系人心向背、事业兴衰。离开发展，坚持党

① 《江泽民文选》（第 3 卷），北京：人民出版社 2006 年版，第 279 页。
② 《江泽民文选》（第 3 卷），北京：人民出版社 2006 年版，第 118 页。

的先进性、发挥社会主义制度的优越性和实现民富国强都无从谈起。"三个代表"重要思想在深化发展重要性的同时，进而提出发展是党执政兴国第一要务这一重要论断。江泽民指出："我们党要承担起推动中国社会发展的历史使命，必须始终紧紧抓住发展这个执政兴国的第一要务，把保持党的先进性和发挥社会主义制度的优越性，落实到发展先进生产力、发展先进文化、维护和实现最广大人民的根本利益上来。把握住这一点，就从根本上把握了人民的愿望，把握了社会主义现代化建设的本质。"①在党的十六大报告中，他再次强调把发展作为党执政兴国的第一要务。要务，通常是指最重要而又最紧迫的任务，第一要务，是相对于其他各种要务而言的。把发展作为党执政兴国的第一要务，这一重要命题深刻地揭示了发展与执政、执政与兴国的内在联系，同时也凸显了发展在中国共产党执政兴国中"第一要务"的位置。它表明中国共产党已经把社会主义的发展看成现代化建设的本质所在，是保持党的先进性、发挥社会主义制度的优越性，落实"三个代表"重要思想的根本所在。

面对世界经济和科技前所未有的大发展和激烈的国际竞争，只有加快发展，增强经济实力，提高综合国力，才能在风云变幻的国际局势中处于主动地位，立于不败之地。抓住机遇，开拓进取，奋力在这场竞争中取得主动，发展壮大自己，是中国共产党对国家、对民族、对人民必须肩负起来的历史责任。江泽民强调，无论国际国内形势如何变化，无论遇到什么样的困难，只要正确坚持和贯彻发展的思想，我们就能够从容应对挑战，克服困难，不断前进。改革开放以来，党的路线方针政策得到全体人民的拥护，我们能够战胜各种困难和风险，都与紧紧扭住发展这个主题密切相关。坚持以发展为主题，用发展的眼光、发展的思路、发展的办法解决前进中的问题，就能把中国特色社会主义事业不断推向前进。江泽民指出，发展是硬道理，中国解决所有问题的关键在于依靠自己的发展。紧紧抓住发展这个执政兴国的第一要务，党才能实现历史使命和奋斗目标。

---

① 《江泽民同志重要论述研究》，北京：人民出版社 2002 年版，第 103 页。

只有发展，才能实现全面建设小康社会的宏伟目标，进一步提高人民的物质文化生活水平；才能增强我国的综合国力，实现中华民族的伟大复兴。

在社会主义社会的发展阶段上，"三个代表"重要思想又把党对初级阶段的认识推向前进。它明确地指出：社会主义初级阶段是整个建设中国特色社会主义的很长历史过程中的初始阶段。在这个长过程中，我们已经历了若干具体的发展阶段，还要继续经历若干个具体的发展阶段。并随着经济发展和社会全面进步，将来条件具备时，我国社会主义建设会进入更高的发展阶段。这就为我们日益深刻地认识我国国情，从各个具体发展阶段的实际出发，制定正确的发展战略，确定各个具体阶段的奋斗目标，作出了正确而有力的指导。中国共产党明确提出，进入 21 世纪之初，我国社会主义现代化发展到了一个新的阶段，这个阶段的特点是，全面建设小康社会并继续向现代化目标前进。

中国解决问题的关键在于依靠自身的全面发展，在面对世界经济与科技的合作与竞争中，只有发展才能实现全面建设小康社会的宏伟目标，提高人民的物质文化生活水平。只有发展才能增强我国综合国力，实现中华民族伟大复兴。只有发展才能增强国家经济实力，提高综合国力与国际地位。中国共产党承担着推动中国社会进步的历史责任，把发展作为党执政兴国的第一要务，在不断开创现代化建设的进程中创造崭新局面，这是我们党对国家、对民族、对广大人民群众的历史责任与重要承诺。

3. 确立全面建设小康社会和建设社会主义法治国家的奋斗目标

在社会发展战略方面，我国沿着邓小平提出的小康目标，在"三步走"发展战略的指导下，在 20 世纪末总体上进入了小康。在此基础上，以江泽民为主要代表的中国共产党人审时度势，科学总结了国内外社会发展的经验，进一步提出了全面建设小康社会和建设社会主义法治国家的奋斗目标。

全面建设小康社会的奋斗目标，是立足于我国的基本国情提出的。到 20 世纪末，我国已经胜利实现了现代化建设"三步走"战略的第一步、第二步目标，人民生活总体上达到小康水平。但是，这个小康还是低水平的、不全面的、不平衡的。我国人均生产的物质产品和社会财富较少，劳动生产率较低，人均占有及能够用于扩大再生产和消费的物质产品较少。偏重于满足物质消费、生存性消费，而精神消费或文化消费，特别是发展性消费还得不到有效满足。城乡二元经济结构还没有改变，地区差距扩大的趋势尚未扭转，发展不平衡问题依然十分严峻，贫困人口还为数不少；人口总量继续增加，老龄人口比重上升，就业和社会保障压力增大；生态环境、自然资源和经济社会发展的矛盾日益突出；我们仍然面临发达国家在经济科技等方面占优势的压力；经济体制和其他方面的管理体制还不完善；民主法制建设和思想道德建设等方面还存在一些不容忽视的问题。巩固和提高达到的小康水平，还需要进行长时期的艰苦奋斗。

20 世纪末，人民生活总体达到小康水平，"三步走"战略第一步与第二步目标已实现。20 世纪 90 年代，江泽民就对全面建设小康社会、实现第三步战略目标进行了前瞻性的战略思考。1997 年，他在党的十五大报告中初步勾画了实现第三步战略目标的蓝图：21 世纪第一个十年实现国民生产总值比 2000 年翻一番，使人民的小康生活更加宽裕，形成比较完善的社会主义市场经济体制；再经过十年的努力，到建党一百年时，使国民经济更加发展，各项制度更加完善；到 21 世纪中叶新中国成立一百年时，基本实现现代化，建成富强民主文明的社会主义国家。2000 年 10 月，党的十五届五中全会在提出"十五"计划时，深入分析了世纪之交我国改革开放和现代化建设面临的国际和国内形势，又明确提出从新世纪开始，我国将进入全面建设小康社会，加快推进社会主义现代化的新的发展阶段。显然，"新三步走"比"三步走"更具体、更明确，它将大的"第三步"细化为小的"三步"，将 21 世纪前 50 年分为三个阶段，并提出了各阶段的目标，这为中国共产党制定各项具体方针政策提供了总的依据，从而进一步丰富了邓小平的社会发展理论。党的十六大提出全面建设小康社会的奋斗目标，是实现现代化建设第三步战略目标的重要环节与重要内容。

江泽民提出的"两个一百年"的奋斗目标，是对邓小平关于实现现代化的进一步探索与思考，全面建设小康社会的奋斗目标，符合我国的基本国情。但是，在当时的社会环境下，仍然存在诸多问题：生产力落后，科技滞后，教育资源分布不均，工业化与现代化有待发展；人口总量持续增加，人口老龄化比重增加，就业与社会保障存在较大压力；地区差距明显，贫困人口占据部分数量；生态环境、自然资源和经济社会发展的矛盾突出；经济体制、民主法制、思想道德建设等方面有待进一步完善等。

实现"两个一百年"的奋斗目标，全面建设小康社会，一方面对于实现现代化建设第三步战略目标具有极其重要的意义；另一方面也是在进一步构建社会主义市场经济体制的前提下，充分扩大对外开放的重要环节。因此，全面建设小康社会既是实现祖国繁荣富强、人民幸福美好的必由之路，又是进一步体现社会主义优越性的必由之路。

江泽民高度重视加强社会主义民主法制建设，反复强调要依法治国，建设社会主义法治国家，并明确把"依法治国"确定为党领导人民治理国家的基本方略，把"建设社会主义法治国家"确立为建设有中国特色社会主义政治的基本目标。1999 年 1 月 22 日，党中央根据我国改革开放和社会主义现代化建设事业进一步发展的实践，提出关于修改宪法部分内容的建议，主张将"中华人民共和国实行依法治国，建设社会主义法治国家"写进根本大法并获得九届人大二次会议通过。

建设社会主义法治国家，必须坚持依法治国。江泽民在党的十五大报告中明确指出："依法治国，就是广大人民群众在党的领导下，依照宪法和法律规定，通过各种途径和形式管理国家事务，管理经济文化事业，管理社会事务，保证国家各项工作都依法进行，逐步实现社会主义民主的制度化、法律化，使这种制度和法律不因领导人的改变而改变，不因领导人看法和注意力的改变而改变。依法治国，是党领导人民治理国家的基本方略，是发展社会主义市场经济的客观需要，是社会文明进步的重要标志，是国家长治久安的重要保障。"[①]依法治国，必

---

① 《江泽民文选》(第 2 卷)，北京：人民出版社 2006 年版，第 28-29 页。

须坚持法律面前人人平等，严格依法办事，任何组织和个人都不允许有超越宪法和法律的特权。实行依法治国，必须坚持有法可依、有法必依、执法必严、违法必究。要适应社会主义市场经济发展、社会全面进步的新形势，加强立法工作，提高立法质量，形成中国特色社会主义法律体系。推进依法行政，维护司法公正，提高执法水平，确保法律的严格实施。维护法制的统一和尊严。拓展和规范法律服务。加强法制宣传教育，提高全民法律素质。这一系列依法治国举措，对加强社会主义民主法治建设、建设社会主义法治国家具有重要意义。

4. 物质文明、政治文明、精神文明三大文明协调发展的总体布局

在社会发展目标方面，"三个代表"重要思想第一次明确地提出物质文明、精神文明与政治文明相协调的全面的社会发展目标。社会的全面进步，应当包括物质文明、政治文明、精神文明三个方面的协调发展。江泽民高度重视三个文明的协调发展，他指出"建设有中国特色社会主义，应该是我国经济、政治、文化全面发展的进程，是我国社会主义物质文明、政治文明、精神文明全面建设的进程。"[1]并在党的十六大报告中明确提出了关于社会主义物质文明、政治文明和精神文明协调发展的理论。党的十六大清晰描绘了全面建设小康社会的蓝图："我们要在本世纪头二十年，集中力量，全面建设惠及十几亿人口的更高水平的小康社会，使经济更加发展、民主更加健全、科教更加进步、文化更加繁荣、社会更加和谐、人民生活更加殷实。"[2]十六大把十五大提出的两个"更加"即经济更加发展、各项制度更加完善，进一步展开为六个"更加"，进一步明确了这是一个中国特色社会主义经济、政治、文化全面发展的目标。江泽民指出："要在中国共产党的坚强领导下，发展社会主义市场经济、社会主义民主政治和社会主义先进文化，不断促进社会主义物质文明、政治文明和精神文明的协调发展，推进中华

---

① 《江泽民文选》（第 3 卷），北京：人民出版社 2006 年版，第 490-491 页。
② 《改革开放三十年研究文集》，北京：中央文献出版社 2009 年版，第 331 页。

民族的伟大复兴。"①江泽民把社会主义物质文明、政治文明、精神文明一起确立为社会发展的三大基本目标，从而使社会发展理论进一步走向成熟和完善。

江泽民阐明了物质文明、政治文明、精神文明的相互关系。物质文明是精神文明和政治文明的物质保证。江泽民指出："精神文明的发展，要有一定的物质条件，经济建设搞好了，生产力发达了，就会给精神文明建设提供更充实的物质基础。"②1996 年 3 月，江泽民指出："民主是个政治概念，属于上层建筑范畴。世界上从来就没有什么抽象的超阶级的民主，也没有什么绝对的民主。民主的发展总是同一定的阶级利益、经济基础和社会历史条件相联系的。每个国家都有自己的历史传统和经济、社会发展的实际情况，民主应该适合自己的国情。"③经济基础决定上层建筑，而政治文明作为上层建筑的一种体现，江泽民认为：物质文明是政治文明建设的基础。

政治文明为物质文明和精神文明建设提供政治方向。党的十四届六中全会提出，我们进行的精神文明建设，是以经济建设为中心，坚持四项基本原则和坚持改革开放的精神文明建设。这就是说，社会主义精神文明建设与"一个中心，两个基本点"的政治路线是完全一致的。精神文明建设不仅要体现这一基本政治路线的内涵，而且还要以这条路线为核心内容的政治文明为其提供政治方向和政治保障。

精神文明为物质文明和政治文明提供精神支撑。精神文明为物质文明发展提供了精神动力和智力支持。江泽民指出："必须着力提高全民族的思想道德素质和科学文化素质，为经济发展和社会全面进步提供强大的精神动力和智力支持，培育适应社会主义现代化要求的一代又一代有理想、有道德、有文化、有纪律的公民。"④精神文明为政治文明发展保证方向。在党的十四届三中全会上，江泽民

① 《江泽民文选》(第 3 卷)，北京：人民出版社 2006 年版，第 574 页。
② 《江泽民文选》(第 1 卷)，北京：人民出版社 2006 年版，第 575 页。
③ 《十四大以来重要文献选编(中)》，北京：人民出版社 1997 年版，第 1748 页。
④ 《十五大以来重要文献选编》(上)，北京：人民出版社 2000 年版，第 35-36 页。

指出："一个党，一个民族，一个国家，特别是像我们这样的大党，这样十多亿人口、由五十六个民族组成的多民族大国，必须有正确的理论指导和强大的精神支柱。"①缺乏正确的理论指导，我们社会发展实践就是一种盲目的实践，一种不成功的实践。政治文明建设，同样需要有科学的理论指导。

社会主义现代化建设，其重点在于发展社会主义民主政治。中国共产党领导人民坚持和发展人民民主长期实践证明，社会主义政治文明的建设，是大力推动我国改革开放，完善中国特色社会主义理论体系的关键一环。江泽民在党的十六大报告中，将全面建设小康社会与社会主义现代化全面发展相联系，并提出物质文明、政治文明和精神文明是社会主义现代化全面发展的目标，进而丰富中国特色社会主义的内涵。

社会主义政治文明具有其独特的优势，与资本主义政治文明具有根本性区别。坚持党的领导、人民当家作主与依法治国三者有机统一，在这三者的相互协同下，社会主义政治文明成为我国推进政治文明建设所遵循的基本方针。"党的领导是人民当家作主和依法治国的根本保证，人民当家作主是社会主义民主政治的本质要求，依法治国是党领导人民治理国家的基本方略。"②党领导人民当家作主，才能真正实现人民群众在党的领导下管理国家事务，才能真正维护人民群众的根本利益。

社会主义民主政治包括人民代表大会制度，中国共产党领导的多党合作和政治协商制度，民族区域自治制度和基层民主政治建设。只有在法律的有效保障下，才能实现社会主义民主政治的建设。建设社会主义法治国家，进行社会主义政治文明建设，依法治国是关键一环，因此，坚持依法治国，建设社会主义法治国家，是建设社会主义政治文明的重要环节。依法治国，离不开宪法与法律的规定，离不开广大人民群众，更离不开党的领导，只有在党的领导下，人民群众才

① 《江泽民论加强和改进执政党建设(专题摘编)》，北京：中央文献出版社、研究出版社2004年版，第107页。

② 《江泽民文选》第3卷，北京：人民出版社2006年版，第553页。

能有效管理国家事务，才能保证国家各项工作依法进行，才能逐步实现社会主义民主的法制化。坚持法律面前人人平等，立法工作的有效实施，才能形成中国特色社会主义法律体系。依法行政的有效推进，才能确保法律实施过程的严谨，维护法制的尊严，推动社会主义法治道路的发展。

社会主义政治制度的发展与不断完善需要通过政治体制改革来完成，政治体制改革的重点在于发挥社会主义制度的优势性，增强党和国家的治理能力，积极调动人民群众的自发性与创造性。将坚持和完善社会主义民主制度，加强社会主义法制建设，改革和完善党的领导方式和执政方式，改革和完善决策机制，深化行政管理体制改革，推进司法体制改革，深化干部人事制度改革，加强对权力的制约和监督，维护社会稳定多者有机结合。在促进经济发展、社会稳定的同时，维护国家统一与领土完整，维护民族团结与政治民主，进而推动实现社会主义民主政治的制度化与规范化。

5. 把人的全面发展作为社会主义发展的本质要求

在社会发展的价值取向方面，"三个代表"重要思想的本质在坚持执政为民。这就要求中国共产党坚持把人民利益作为衡量一切工作的最高标准，始终抓住发展这一执政兴国的第一要务，在经济社会发展的基础上为人民谋取切实的经济、政治、文化利益。

首先，"三个代表"重要思想明确地确立了人民这个最高价值主体。江泽民在强调党的路线方针政策和各项工作都要以提高人民生活水平为根本出发点和落脚点的同时，也鲜明地指出了最广大人民群众是创造物质价值和精神价值的主体，是决定我国前途命运和实现自身利益的根本力量。建设中国特色社会主义，是我国各族人民实现自身利益、创造美好生活的共同事业，是亿万人民群众广泛参与的创造性事业。

其次，"三个代表"重要思想突出了以最广大人民群众的利益为最高价值定位。中国共产党来自于人民，植根于人民，服务于人民。江泽民反复强调，党的全部任务和责任，都是为人民谋利益，团结和带领人民群众为实现自己的根本利益而奋斗。中国共产党作为执政党，面临的最根本的课题，是能不能始终代表最广大人民群众的根本利益，始终全心全意为人民服务。江泽民总结国内外正反两方面的历史经验，深刻指出，纵观历史，不少政治组织和政治集团，在夺取政权的阶段，其政策主张或多或少地代表了人民群众的利益，但是在取得政权之后，就忘乎所以，骄傲起来，久而久之，就脱离了人民群众，不再代表人民群众的利益，最后被人民群众所抛弃。它们垮台的原因尽管很复杂，但人心向背的变化是一个根本原因。"人心向背，是决定一个政党、一个政权兴亡的根本性因素。"①中国共产党作为执政党，必须高度关注人心向背问题。从根本上说，政治问题主要是对人民群众的态度问题、同人民群众的关系问题。一切为了群众，一切相信群众，一切依靠群众，党就能获得取之不尽的力量源泉。

党始终坚持人民的利益高于一切。党除了最广大人民的利益，没有自己特殊的利益。我们党进行的一切奋斗，归根到底都是为了最广大人民的根本利益。党的一切工作，必须以最广大人民的根本利益为最高标准。任何时候都必须坚持尊重社会发展规律与尊重人民历史主体地位的一致性，坚持为崇高理想奋斗与为最广大人民谋利益的一致性，坚持完成党的各项工作与实现人民利益的一致性。

要努力使工人、农民、知识分子和其他群众共同享受到经济社会发展的成果。党领导人民进行改革开放和现代化建设的根本目的，就是要通过发展社会生产力，努力满足人民群众日益增长的物质文化需要。在整个现代化建设的过程中，一定要使群众得到应该得到的、看得见的物质利益，这样才能使群众愈来愈深刻地认识到实行改革开放和实现社会主义现代化是祖国的富强之道，也是自己的富裕之道，更加自觉地为之共同奋斗。这是我们事业不断发展并取得最终成功的根本保证。江泽民指出："在整个社会生产和建设发展的基础上，不断使全体人民得到并日益增加看得见的利益，始终是我们中国共产党人的神圣职责。"②

---

① 《江泽民文选》(第3卷)，北京：人民出版社2006年版，第185页。
② 《江泽民文选》(第3卷)，北京：人民出版社2006年版，第122页。

在我国社会深刻变革、党和国家事业快速发展的进程中，妥善处理各方面的利益关系，把一切积极因素充分调动和凝聚起来，至关紧要。在建设中国特色社会主义的进程中，全国人民的根本利益是一致的。随着改革开放的深入和社会主义市场经济的发展，物质利益的多样化是不可避免的，群众产生不同的利益要求也是不可避免的。中国共产党所有的政策措施和工作，都应该正确反映并有利于妥善处理各种利益关系，都应该认真考虑和兼顾不同阶层、不同方面群众的利益。最大多数人的利益是最紧要和最具有决定性的因素，这始终关系党的执政的全局，关系国家经济政治文化发展的全局，关系全国各族人民的团结和社会安定的全局。改革越深入，越要正确认识和处理各种利益关系，把个人利益与集体利益、局部利益与整体利益、当前利益与长远利益正确地统一和结合起来。只有这样，我们的改革和建设才能始终获得最广泛最可靠的群众基础和力量源泉。

"人民，只有人民，才是我们工作价值的最高裁决者。"[1]江泽民强调，我们想事情，做工作，想得对不对，做得好不好，根本的衡量尺度，就是人民拥护不拥护，人民赞成不赞成，人民高兴不高兴，人民答应不答应。党和国家的一切工作和方针政策，都要以是否符合最广大人民群众的根本利益为最高衡量标准。

再次，"三个代表"重要思想贯穿了"实现人的全面发展"这个最高价值理想。人作为社会的主体，既是社会全面发展的结果，又是社会全面发展的前提。江泽民指出："推进人的全面发展，同推进经济、文化的发展和改善人民物质文化生活，是互为前提和基础的。人越全面发展，社会的物质文化财富就会创造得越多，人民的生活就越能得到改善，而物质文化条件越充分，又越能推进人的全面发展。社会生产力和经济文化的发展水平是逐步提高、永无止境的历史过程，人的全面发展程度也是逐步提高、永无止境的历史过程。这两个历史过程应相互结合、相互促进地向前发展。"[2]

---

① 《江泽民论有中国特色社会主义（专题摘编）》，北京：中央文献出版社2002年版，第638页。
② 《江泽民文选》（第3卷），北京：人民出版社2006年版，第295页。

6. 提出"跨越式"发展思路和创新动力论

在邓小平提出的"台阶式"发展思路上，江泽民提出了"跨越式"发展思路。他说："当今世界的发展趋势表明，信息化对推动经济和社会发展具有重大作用，我们必须高度重视并全力推进，以信息化带动工业化，发挥后发优势，争取实现社会生产力的跨越式发展。"①这就是说，我国的发展思路已由"台阶式"转向"跨越式"。这里的跨越是指原本生产力水平比较低下的国家，它的发展不再按传统的先工业化、后信息化的模式，而是在与世界生产力发展的交往过程中，用世界上最先进的生产力来推动自己现有的生产力的发展，以实现传统的跨越，从而接近或达到甚至超过世界先进生产力水平。目前，我国生产力发展水平处于比较落后的阶段，而在当代信息革命浪潮中，中国要想避免再次落伍的命运并跻身于世界先进行列，就只有走跨越式发展之路。因此，江泽民在庆祝中国共产党成立八十周年大会上的讲话中指出："大力推动科技进步和创新，不断用先进科技改造和提高国民经济，努力实现我国生产力发展的跨越。这是我们党代表先进生产力发展要求必须履行的重要职责。"②由此看来，跨越式发展并没有否定台阶式发展，两者都强调加速发展，差别在于跨越式发展是科技含量更高，发展速度更快的高水平发展。因此，跨越式的发展思路是对邓小平社会发展理论的继承和发展。

在社会发展动力方面，"三个代表"重要思想强调改革是社会主义制度的自我完善和发展，改革的目的是为了解放和发展生产力，强调改革是经济和社会发展的强大动力。正如江泽民在党的十五届五中全会的讲话中所说："改革是社会主义实现自我完善和发展的根本途径和动力。"③在"改革动力论"的基础上，江泽民提出了"创新动力论"。他说："创新是一个民族进步的灵魂，是一个国家兴旺

---

① 《十五大以来重要文献选编》(中)，北京：人民出版社2001年版，第1402页。
② 《江泽民文选》(第3卷)，北京：人民出版社2006年版，第275页。
③ 《江泽民文选》(第3卷)，北京：人民出版社2006年版，第120页。

发达的不竭动力，也是一个政党永葆生机的源泉。"①创新特别是理论创新、体制创新和科技创新，就成了一个关于民族振兴、国家兴衰的重要推动力。江泽民指出："思想解放、理论创新，是引导社会前进的强大力量。"②"社会主义制度的自我完善和发展，说到底，是一个体制创新的问题。……不进行体制创新，很多问题的解决就没有出路。"③

江泽民高度重视科学技术在推动社会生产力发展中的重要作用。他指出："振兴经济首先要振兴科技。"④"我们要牢记一条道理，这就是没有强大的科技实力，就没有社会主义现代化。"⑤要坚持有所为有所不为的方针，瞄准世界科技发展的前沿，加强基础研究和高新技术研究，力争在有条件的领域实现突破。科学的本质是创新。只有大力推进知识创新、科技创新，才能实现技术的跨越式发展。必须加强国家创新体系建设，抓住那些对我国经济、科技、国防和社会发展具有战略性、基础性、关键性作用的重大科技课题，努力在关键领域和若干科技发展前沿掌握核心技术和拥有一批自主知识产权，持续增强科技创新力和竞争力。深化科技体制改革，加速科技成果向现实生产力转化。

"推进科技进步，关键要创新。科技创新是提高科技实力的中心环节。"⑥"我们进行科技创新，就是要使科学技术成为我国跨世纪发展的强大推动力量"⑦。"要宣传和弘扬紧跟时代、勇于创新的精神。……要运用马克思主义的宽广眼界观察世界，运用当代最新知识丰富自己，不唯本本，不守教条，与时俱进，不断推进理论创新、体制创新、科技创新。"⑧"二十多年来，我们党领导人民进行改革开放和现代化建设取得的伟大成就，都是与我们不断进行的理论创新、体制创

① 《江泽民文选》（第3卷），北京：人民出版社2006年版，第64页。
② 《江泽民文选》（第3卷），北京：人民出版社2006年版，第68页。
③ 《江泽民文选》（第3卷），北京：人民出版社2006年版，第120页。
④ 《江泽民文选》（第1卷），北京：人民出版社2006年版，第232页。
⑤ 江泽民：《论科学技术》，北京：中央文献出版社2001年版，第64页。
⑥ 《江泽民文选》（第3卷），北京：人民出版社2006年版，第121页。
⑦ 《江泽民文选》（第3卷），北京：人民出版社2006年版，第65页。
⑧ 《十五大以来重要文献选编》（中），北京：人民出版社2001年版，第1583页。

新、科技创新等分不开的。"①江泽民关于创新发展的一系列论述，为我国在新的历史时期的发展注入了新的动力。

7. 对中国社会发展领导力量的新要求和依靠力量的新思考

随着社会主义市场经济体制的确立与实践，由市场化改革所带来的问题体现在国家社会发展的方方面面。江泽民根据世情、国情、党情的深刻变化，提出加强党的建设，保证党的先进性、纯洁性，提升党在市场经济改革背景下的执政能力，通过党的建设引领经济社会发展。江泽民围绕"建设一个什么样的党、怎样建设党"，对中国社会发展领导力量提出的新要求进行了解答。

首先，江泽民高度重视党内民主的价值，在党的十六大报告中明确指出，党内民主是党的生命，对人民民主有重要的示范和带动作用。由此明确了党内民主发展的价值地位，党内民主和人民民主都起着维护社会稳定、推动社会发展的功能，他强调要着力推进党内民主制度化、以发展党内民主带动人民民主。其次，面对发展社会主义市场经济以来严峻的腐败形势，为彻底根除党内腐败，江泽民强调腐败不除将亡党亡国。一个国家、一个政党，一旦到了亡党亡国的边缘，也就意味着社会动荡。在此境况下，社会发展也就无从谈起。因此，腐败会加剧社会不稳定，反腐败会造就社会稳定，这是党自身建设中始终要注意的问题。再次，江泽民高度重视党的基层组织建设，提出"基础不牢，地动山摇"的重大命题。就基层党建与社会发展的关系而言，江泽民从强调"基础不牢、地动山摇"入手，高度重视做好基层党建工作，这在总体上是有利于巩固扩大社会发展的群众基础、政治基础、组织基础的。社会发展的前提是社会稳定，社会稳定本质上是基层的稳定，没有一个个社会基层组织、社会群体、社会群众的稳定，整体的社会稳定就会失去基础，也就难以维持稳定局面，更谈不上推动社会发展。最后，党内风气与社会发展相关联。好的社会风气可以形成好的社会氛围，好的社

---

① 《江泽民文选》(第 3 卷)，北京：人民出版社 2006 年版，第 64 页。

会氛围是社会发展的环境支撑。在营造良好的党内风气方面，江泽民明确提出了讲政治、讲学习、讲正气的"三讲"要求，整合、优化了思想政治风气、学习风气、工作风气、生活风气，在党内树立和营造了清风正气的氛围。随着党的领导进一步延伸到社会上，影响了社会风气的发展轨迹，在很大程度上促进了社会风气的好转，这就为社会发展营造了良好的环境氛围，巩固和保持了和谐稳定的社会局面。

坚持中国共产党的领导，就是要坚持党在建设中国特色社会主义事业中的领导核心地位，发挥党总揽全局、协调各方的作用。坚持党对国家大政方针和全局工作的政治领导，坚持党对军队和其他人民民主专政的国家机器的绝对领导，坚持党管干部的原则，坚持党对意识形态领域的领导，坚持共产党领导的多党合作。增强党的阶级基础，扩大党的群众基础，不断提高党的社会影响力。要重点做好在工人、农民、知识分子、军人和干部中发展党员的工作，壮大党的队伍最基本的组成部分和骨干力量。要把承认党的纲领和章程、自觉为党的路线和纲领而奋斗、经过长期考验、符合党员条件的其他社会阶层的先进分子吸收到党内来，增强党在全社会的影响力和凝聚力。

坚持党的领导，核心是坚持党的先进性。坚持党的先进性，要用时代发展的要求审视自己，以改革的精神加强和完善自己，实现坚持马克思主义基本原理和推进理论创新相统一，坚持党的优良传统和弘扬时代精神相统一，坚持增强党的阶级基础和扩大党的群众基础相统一，使党成为思想上政治上组织上完全巩固、始终站在时代前列带领人民团结奋进的坚强领导核心。

江泽民强调推进党的建设新的伟大工程，重点是加强党的执政能力建设，不断提高科学判断形势的能力、驾驭市场经济的能力、应对复杂局面的能力、依法执政的能力、总揽全局的能力。推进党的建设新的伟大工程要求我们：一定要坚持党要管党、从严治党的方针，进一步解决提高党的领导水平和执政水平、提高拒腐防变和抵御风险能力这两大历史性课题；一定要准确把握当代中国社会前进的脉搏，改革和完善党的领导方式和执政方式、领导体制和工作制度，使党的工作充满活力；一定要把思想建设、组织建设和作风建设有机结合起来，把制度建设贯穿其中，既立足于做好经常性工作，又抓紧解决存在的突出问题。

坚持党要管党、从严治党的方针。江泽民指出："治国必先治党，治党务必从严。治党始终坚强有力，治国必会正确有效。"①党执政的时间越长，越要从严要求党员和干部。从严治党，最根本的就是党的各级组织和全体党员、干部，都要做到严格按照党章办事，按照党内政治生活准则和党的各项规定办事。从严治党必须全面贯穿到党的思想、政治、组织、作风和制度建设之中，切实体现到对各级党组织、广大党员和干部进行教育、管理、监督等各个环节，特别要建立起一整套便利、管用、有约束力的机制。党的作风，关系党的形象，关系人心向背，关系党的生命。加强和改进党的作风建设，核心问题是保持党同人民群众的血肉联系。党的最大政治优势是密切联系群众，党执政后的最大危险是脱离群众。全心全意为人民服务，立党为公，执政为民。在任何时候任何情况下，与人民群众同呼吸共命运的立场不能变，全心全意为人民服务的宗旨不能忘，坚信群众是真正英雄的历史唯物主义观点不能丢。

江泽民更加突出人民群众在社会发展中的主体作用，把共产党对人民群众历史地位和历史作用的认识提高到了一个新的水平。首先，江泽民提出了"三个代表"的重要思想，把"始终代表最广大人民的根本利益"作为其重要内容之一，强调必须以"三个代表"重要思想作指导，加强党的建设。党把贯彻群众路线看成建设无产阶级政党的内在要求。其次，江泽民提出了人民群众是"实现自身利益的根本力量"的重要思想。在庆祝中国共产党成立八十周年大会上的讲话中，江泽民指出，"人民群众是先进生产力和先进文化的创造主体，也是实现自身利益的根本力量"。② 这一思想认识，突出强调了人民的利益主体地位，表明了中国共产党对人民历史主体作用认识的深化和全面把握。

坚持人民群众的历史创造主体与价值主体的统一性，就必须把最广大人民群

---

① 《江泽民文选》（第2卷），北京：人民出版社 2006 年版，第 496 页。
② 江泽民：《论党的建设》，北京：中央文献出版社 2001 年版，第 507 页。

众的根本利益作为我们一切工作的出发点和落脚点，最广泛最充分地调动一切积极因素，发挥人民群众的主动性、积极性和创造性。江泽民强调，要始终紧紧依靠人民群众，诚心诚意为人民谋利益，从人民群众中汲取前进的不竭动力。他指出："在任何时候任何情况下，与人民群众同呼吸共命运的立场不能变，全心全意为人民服务的宗旨不能忘，坚信群众是真正英雄的历史唯物主义观点不能丢。必须始终把体现人民群众的意志和利益作为我们一切工作的出发点和归宿，始终把依靠人民群众的智慧和力量作为我们推进事业的根本工作路线。"①要充分发挥人民群众的主观能动性和伟大的创造精神，保证人民群众依法管理好自己的事情，满足自己的愿望和利益，真正积极主动地创造历史，不断为中华民族的伟大复兴增添新的力量。

随着现代科学技术的发展和知识经济的兴起，人才在社会发展中的地位日益凸显。江泽民依据这一时代特征，提出了"人才是第一资源"的重要思想，阐述了人才在经济社会发展中的动力作用。江泽民指出："时代在前进，事业在发展，党和国家对各方面人才的需求必然越来越大。要抓紧做好培养、吸引和用好各方面人才的工作。进一步在全党全社会形成尊重知识、尊重人才，促进优秀人才脱颖而出的良好风气。"②在谈到人才的重要性时，江泽民指出，"人才问题，关系党和国家的兴旺发达和长治久安"。③ "做好人才工作，首先要确立人才资源是第一资源的思想。"④"人才资源是第一资源"思想的提出，是中国共产党在人民群众历史作用认识问题上的一个重大创新，揭示了人才这一战略资源在推动经济发展和社会进步中的基础决定性作用，指明了社会主义现代化建设伟大事业的依靠力量。

江泽民立足时代前沿、与时俱进，在社会发展实践的基础上既继承前人又突破陈规，提出了一系列关于社会发展的新理论、新观点，丰富和发展了马克思主

---

① 江泽民：《论党的建设》，北京：中央文献出版社2001年版，第496页。
② 江泽民：《论党的建设》，北京：中央文献出版社2001年版，第518页。
③ 《江泽民文选》（第3卷），北京：人民出版社2006年版，第319页。
④ 《江泽民文选》（第3卷），北京：人民出版社2006年版，第319页。

义的社会发展理论，开拓了马克思主义新境界。

8. 建立社会主义市场经济体制

1992 年，邓小平视察南方谈话，明确阐述"社会主义市场经济体制"的概念。党的十四大确立我国经济体制改革的目标是建立社会主义市场经济体制，在为改革开放创造全新局面的同时，推动党的建设与国家的发展，全面创新具有中国特色的经济制度。此后，党的十四届三中全会阐述了社会主义市场经济体制的发展理论与发展前景。

在社会主义现代化建设进程中，社会主义市场经济体制要求以公有制为主体、多种所有制经济共同发展的基本经济制度与以按劳分配为主体、多种分配方式并存的分配制度相结合。在坚持和发展公有制的基础上，积极推动多种所有制经济共同发展，积极努力寻求能够促进生产力发展的有效实现形式。此外，在以公有制为主体的经济制度下，将社会主义市场经济与国家宏观调控相结合，通过宏观调控，进一步完善社会主义市场经济。江泽民强调："坚持社会主义市场经济的改革方向，使市场在国家宏观调控下对资源配置起基础性作用。"①在实现市场在资源配置中重要作用的同时，积极构建完善和有效的市场体系，促进商品和生产要素在全国市场自由流动，从而进一步扩大自改革开放以来所取得的优秀成果。

根据解放和发展生产力的要求，社会主义市场经济体制的建立，必须毫不动摇地巩固和发展公有制经济，必须毫不动摇地鼓励、支持和引导非公有制经济发展，同时要坚持公有制为主体，促进非公有制经济发展。社会主义市场经济体制要求将市场机制作用和国家宏观调控相结合，在构建完整市场体系的同时，积极完善宏观调控，健全统一、开放、竞争、有序的现代市场体系。在深化分配制度改革的同时，健全与完善社会保障体系，坚持效率优先、兼顾公平。在分配过程

---

① 《江泽民文选》(第 3 卷)，北京：人民出版社 2006 年版，第 534 页。

中，要防止平均分配与悬殊分配，以共同富裕为最终目标，规范分配方式、规范分配行为、规范分配内容。同时，通过建立和完善社会保障体系，使社会主义市场经济发展水平与之相适应。

（三）以江泽民为主要代表的中国共产党人对社会发展理论认识的重大意义

1. 中国特色社会主义理论体系的丰富和发展

十三届四中全会以来，以江泽民为主要代表的中国共产党人，深入探索并形成了"三个代表"重要思想这一科学理论。"三个代表"重要思想是马克思主义的世界观与方法论的发展与传承，客观分析当今世界发展，并与中国实际相结合，运用辩证唯物主义和历史唯物主义推动中国特色社会主义事业建设，构建中国特色社会主义新的理论阐释，继承和发展马克思主义中国化。"始终做到'三个代表'，是我们党的立党之本、执政之基、力量之源。"[1]

"三个代表"重要思想是党的最高纲领与最低纲领的有机统一，为构建与推动中国特色社会主义的建设提供了理论基础。"三个代表"重要思想将马克思主义社会理想与中国特色社会主义道路建设的具体实践相结合，提出了适用于中国发展的理论并指导实践，从实际出发，从社会主义建设的根本目标出发，关注时代、关注发展、关注创新，为21世纪社会主义的发展与建设提供了坚实的理论基础与实践保证。"三个代表"重要思想坚持将马克思主义与具体实际相结合，在坚持马克思主义基本原理的基础上，充分体现了马克思主义的理论创新，以马克思主义理论指导社会发展与实践。

"三个代表"重要思想包含了关于中国特色社会主义的发展道路、发展战略、根本任务、发展动力、国际战略等重要思想。"贯彻'三个代表'重要思想，关键在坚持与时俱进，核心在坚持党的先进性，本质在坚持执政为民。全党同志要牢

---

[1] 《江泽民文选》（第3卷），北京：人民出版社2006年版，第536页。

牢把握这个根本要求，不断增强贯彻'三个代表'重要思想的自觉性和坚定性。"①
"三个代表"重要思想深化无产阶级政党为人民服务的宗旨，进而不断实现最广
大人民的根本利益，适用于中国共产党时代要求和时代契机的变化，适用于社会
的进步与发展变化。为广大人民群众办好事、办实事，"最大多数人的利益是最
紧要和最具有决定性的因素"②，体现出我们党始终代表中国最广大人民的根本
利益。

"三个代表"重要思想是在科学判断党的历史方位、判断国际国内社会发展
趋势的基础上提出的。并且，明确我们党"已经从领导人民为夺取全国政权而奋
斗的党，成为领导人民掌握全国政权并长期执政的党；已经从受到外部封锁和实
行计划经济条件下领导国家建设的党，成为对外开放和发展社会主义市场经济条
件下领导国家建设的党"。③ 中国共产党以历史发展规律和社会变化规律为基础，
科学判定未来发展，结合时代特征规划党的各项基本任务，以科学制定并正确执
行党的路线方针政策，全方位推动中国共产党的建设与中国社会的发展。这对于
中国特色社会主义建设不仅具有理论意义，同样具有实践意义。

2. 加强和改进党的建设、推进我国社会主义自我完善和发展的强大理论
武器

建设什么样的党、怎样建设党，至关重要。中国共产党既是中国特色社会主
义事业的领导核心，又是扩大改革开放成果的关键力量，同时是推动社会主义现
代化建设的领航者，党的建设关系到社会主义事业的发展前景，关系到中国在实
现现代化进程中的稳定繁荣，关系到中国的综合国力与国际地位。加强党的建
设，必然要坚持党要管党、从严治党，以党的政治路线为出发点，以党的中心任
务为核心。从严治党贯穿于思想、政治、组织等多方面，按照党章办事，依照党

---

① 《江泽民文选》(第3卷)，北京：人民出版社2006年版，第537页。
② 《江泽民文选》(第3卷)，北京：人民出版社2006年版，第280页。
③ 《江泽民文选》(第3卷)，北京：人民出版社2006年版，第536-537页。

内政治生活准则和党的各项规定办事，是从严治党的关键环节。保持党同人民群众的血肉联系，加强和改进党的作风建设。坚决做到立党为公、执政为民，与人民群众同呼吸共命运，全心全意为人民服务。

坚持中国共产党的领导，实际就是确立党领导全国各族人民进行中国特色社会主义建设中的重要核心地位，党的执政能力关系到社会主义的未来发展，党的建设是推动改革开放的必由之路。因此，党的持续发展必然需要全面实践"三个代表"重要思想，提高党的理论水平。同时，加强党的执政能力建设，提高党的领导水平和执政水平。坚持和健全民主集中制，增强党的活力和团结统一。全面培养领导干部队伍能力，形成有所作为的领导层。稳步推动基层党建工作，全面增强党的阶级基础，在此基础上积极扩大党的群众基础。加强和改进党的作风建设，深入开展反腐败斗争。始终坚持党要管党、从严治党的方针，我们党的最大政治优势是密切联系群众。"全党同志始终保持共产党人的蓬勃朝气、昂扬锐气和浩然正气，永远同人民群众心连心，我们党的执政基础就坚如磐石。"①

"三个代表"重要思想在认识与探索党的建设中，对党的先进性与党的宗旨提出了新的阐释。党的先进性在不同的历史背景下具有不同的表现，在当时的历史背景下，想要坚持党的先进性，就必须加强党的建设，加强社会主义建设，在充分发挥社会主义制度的优越性的前提下，发展先进生产力与先进文化，最终实现人民的根本利益。此外，针对党长期执政的情况，结合我国基本国情，中国共产党把执政为民和立党为公确定为党的宗旨，并提出"三个代表"重要思想是我们党立党之本、执政之基、力量之源。因而，在进一步认识与探索党的建设规律的同时，丰富与完善中国特色社会主义制度。

以江泽民为主要代表的中国共产党人对社会发展理论的认识，形成"三个代表"重要思想，在丰富理论体系的同时，深化对党的性质、宗旨以及根本任务的认识，阐释新时期党的先进性，是马克思主义理论的又一次创新与发展。"三个

---

① 《江泽民文选》(第3卷)，北京：人民出版社2006年版，第574页。

代表"重要思想依据时代特征，针对性提出一系列重大论断，所包含的丰富内容、科学内涵和精神实质为中国特色社会主义的进一步发展提供了科学指南和理论基础。

三、以胡锦涛为主要代表的中国共产党人对社会发展理论的认识

党的十六大以来，以胡锦涛为主要代表的中国共产党人在中国特色社会主义的实践中，应对发展中遇到的困难，把握发展中的重要机遇，继承和发扬党的三代中央领导集体关于发展的重要思想，逐步酝酿、提出并完善着新世纪马克思主义关于发展的科学理论，明确提出以人为本、全面协调可持续发展的科学发展观，在中国特色社会主义的伟大旗帜上写下了新的发展阶段的壮美诗篇。

党的十七大报告指出："科学发展观，第一要义是发展，核心是以人为本，基本要求是全面协调可持续，根本方法是统筹兼顾。"这四句话是科学发展观的科学内涵、精神实质、根本要求的集中概括，是对我们党发展理论的继承和创新，也是对马克思主义发展理论的拓展和深化。它把我们党对发展的认识推进到一个新高度和新境界，对于夺取全面建设小康社会新胜利，开创中国特色社会主义事业新局面，具有重大而深远的意义。深刻理解和全面把握科学发展观的科学内涵、精神实质、根本要求，有助于我们增强高举中国特色社会主义伟大旗帜的自觉性和坚定性，有助于我们增强贯彻落实科学发展观的自觉性和坚定性，坚定不移地把科学发展观贯彻落实到经济社会发展的各个方面。

（一）科学发展观形成的时代背景

科学发展观是我们党站在历史与时代的高度，着眼于实现全面建设小康社会和中华民族伟大复兴的宏伟目标提出的重大战略思想和指导方针。它的产生与形成，有着深刻的实践基础。这正如胡锦涛所指出的："科学发展观总结了 20 多年

来我国改革开放和现代化建设的成功经验，吸取了世界上其他国家在发展进程中的经验教训，概括了战胜非典疫情给我们的重要启示，揭示了经济社会发展的客观规律，反映了我们党对发展问题的新认识。"①

1. 社会主义初级阶段的基本国情及其阶段性特征的准确把握

科学发展观，就是关于社会主义初级阶段如何发展的科学理论。它是立足于我国社会主义初级阶段的基本国情，总结我国发展实践，借鉴国外发展经验，适应新的发展要求提出来的。清醒地认识形势和背景，对发展社会主义是一个非常重要的问题。中国仍处于并长期处于社会主义初级阶段，这是中国最大的国情。

经过新中国成立以来特别是改革开放以来的不懈努力，我国取得了举世瞩目的发展成就，从生产力到生产关系、从经济基础到上层建筑都发生了意义深远的重大变化，但我国仍处于并将长期处于社会主义初级阶段的基本国情没有变，人民日益增长的物质文化需要同落后的社会生产之间的矛盾这一社会主要矛盾没有变。当前我国发展的阶段性特征，是社会主义初级阶段基本国情在新世纪新阶段的具体表现。强调认清社会主义初级阶段基本国情，不是要妄自菲薄、自甘落后，也不是要脱离实际、急于求成，而是要坚持把它作为推进改革、谋划发展的根本依据。我们必须始终保持清醒头脑，立足社会主义初级阶段这个最大的实际，科学分析我国全面参与经济全球化的新机遇新挑战，全面认识工业化、信息化、城镇化、市场化、国际化深入发展的新形势新任务，深刻把握我国发展面临的新课题新矛盾。科学发展观，正是在科学分析我国新世纪新阶段的新特征、新机遇、新挑战，深刻把握我国发展面临的新课题、新矛盾，作出的新判断、新选择，展现了中国特色社会主义更为广阔的发展前景。

2. 社会主义现代化建设经验的精辟概括

科学发展观最深厚的根据，来自改革开放和社会主义现代化建设的长期实

---

① 胡锦涛：《在中央人口资源环境工作座谈会上的讲话》，北京：人民出版社 2004 年版，第 2 页。

践。它是针对我国在发展中出现的问题而提出的，特别是改革开放以来实践经验与教训的科学总结。

十一届三中全会以后，以邓小平为核心的党的第二代中央领导集体，深刻总结了新中国成立 20 多年来的经验教训，果断地把党和国家的工作重点转到社会主义现代化建设上来，强调以经济建设为中心，"发展是硬道理"，作出实行改革开放的重大决策，成功地领导了中国的经济体制改革，通过引入市场经济，实现了国民经济的快速全面发展。

可以说改革开放以来的现代化建设实践，是科学发展观形成的直接实践基础。改革开放后我国虽然确立了以经济建设为中心、以满足人民生活基本需求为主要目标的发展战略，但过去长期形成了忽略客观条件、急于求成的赶超意识，把发展简单片面地理解为 GDP 增长率，把经济增长特别是把 GDP 增长自觉或不自觉地作为增长和发展的核心，在衡量发展的程度时也完全采用 GDP 为指标，把 GDP 增长作为重要的、甚至是唯一的评价标准，这在实践中带来的后果就是我国追求发展的经济总量的积累，是以高产出、高投入来求得规模的增大，以牺牲环境和资源追求一时的发展。其实，邓小平早就指出："过去十多年来，我们一直没有摆脱经济比例的严重失调，而没有按比例发展就不可能有稳定的、确实可靠的高速度。"[1] "正确的政治领导的成果，归根结底要表现在社会生产力的发展上，人民物质文化生活的改善上。"[2] 因此我们的发展必须是社会的全面进步和人的全面发展。

改革开放三十多年来，我国 GDP 增长很快，平均达到9%以上，这是一种快速发展，同时我国的综合国力也明显增强，人民生活也有显著提高。这是有目共睹的事实，是任何人也否定不了的。但同时，在发展过程中造成的诸多社会问题和生态问题也是十分严重，有目共睹的。目前存在的发展中不平衡、不协调、不可持续问题依然突出，经济增长的资源环境约束强化，投资和消费关系失衡，收

---

① 《邓小平文选》(第 2 卷)，北京：人民出版社 1994 年版，第 161 页。
② 《邓小平文选》(第 2 卷)，北京：人民出版社 1994 年版，第 128 页。

入分配差距较大，科技创新能力不强，产业结构不合理，农业基础仍然薄弱，城乡区域发展不协调，就业总量压力和结构性矛盾并存，物价上涨压力加大，社会矛盾明显增多，制约科学发展的体制机制障碍依然较多。

在改革开放进程中出现的一些问题不仅没有在发展的过程中得到解决，反而随着经济发展的进程愈益恶化。在有些地方、有些领域，问题恶化的速度甚至远远超过了经济增长的速度。非典疫情的暴发也暴露了我国经济社会发展中的许多问题。2003 年，中国遇到了一场突如其来的重大灾害——非典。当时非典很快由一场局部公共卫生事件转变为亚洲乃至全球的公共卫生危机。据国家统计局初步估计，"非典"对 2003 年中国 GDP 增长的影响大概是 0.8 个百分点。实际上，非典对中国的负面影响不仅仅是经济影响，还包括那些无法计算的舆论影响、形象影响等，教训十分深刻。正如温家宝总理所说的，一个民族在灾难中失去的，必将在民族的进步中获得补偿，关键是要善于总结经验和教训。痛定思痛，到底我们应当从这次危机中汲取什么教训？如何更好地解决改革与发展进程中存在的问题？如何才能进一步走好中国的发展之路呢？结论只有一个，进行中国发展观政策大调整，树立和落实科学的发展观，构建新的发展战略。

3. 建立和完善社会主义市场经济体制实践的深刻总结

科学发展观是在以胡锦涛总书记的党中央在发展和完善社会主义市场经济体制的进程中提出的重大战略思想。科学发展观的提出是非典的启示，但还有更为深刻的必然原因，它是与党中央思考社会主义市场经济的问题相联系提出来的。胡锦涛在江西考察时的讲话中指出："要牢固树立协调发展、全面发展、可持续发展的科学发展观，积极探索符合实际的发展新路子，进一步完善社会主义市场经济体制。"胡锦涛把"科学发展"与社会主义市场经济联系起来，为社会主义市场经济的发展指明了新的方向。随后召开的十六届三中全会的会议主题就是关于社会主义市场经济问题，科学发展观和"五个统筹"的思想在这次会议上被正式写入党的文件和会议公报中。科学发展观是党中央集中思考和深刻总结社会主义市场经济实践经验过程中概括出来的理论精华，反映了我们党对社会主义市场经济规律认识的深化，是发展和完善社会主义市场经济的指导思想。"科学发展观是在探索社会主义市场经济的新道路上，继'科学发展观'重要思想后产生的又一重大理论成果，它初步回答了在市场经济条件下怎样发展社会主义的重大理论和实践问题。"①

改革开放以来，中国在经济领域最重要的创新就是把坚持社会主义基本制度同发展市场经济结合起来。"把坚持社会主义基本制度同发展市场经济结合起来，强调我们在深刻而广泛的变革中始终坚持社会主义基本制度，同时又在社会主义条件下发展市场经济，使经济活动遵循价值规律的要求，不断解放和发展社会生产力，增强综合国力，提高人民生活水平，更好实现经济建设这个中心任务。"②社会主义市场经济体制的建设和完善是改革开放的重要特征，社会主义市场经济的形成和成熟是中国特色社会主义理论的重大创新实践证明，社会主义和市场经济的结合取得了初步的成功，既发挥了社会主义的优越性，也发挥了市场经济的优越性，使整个社会充满了发展的活力和创造力。这也是为什么自 20 世纪 90 年代以来我国经济高速稳定发展的主要原因，也是中国发展道路成功的根本所在。

与此同时也要看到，在我们的发展中出现了一些矛盾和问题，主要是发展不平衡、不协调。这些矛盾问题的产生有很多原因，其中一个重要原因，就是社会主义市场经济体制还不够完善。这里既有市场作用发挥得还不充分的问题，也有市场经济固有缺陷带来的问题等，即带有盲目性、无序性等，如果不加以限制，就会导致发展的不平衡，产生两极分化，破坏人与人、人与社会、人与自然的和谐，资本主义国家的发展已证明了这点。回顾资本主义市场经济的发展历史，资本主义国家几乎都遵循了相同的规律。在发展初期，自由化的市场经济使其焕发出了巨大的生产能力，经济得到高速发展。但资本主义市场经济的弊端很快就暴露出来，出现了严重的贫富分化、市场饱和、国内资源枯竭、环境污染、社会矛

---

① 　冷溶：《科学发展观的创立及其重大意义》，《马克思主义研究》2006 年第 8 期，第 5-12 页。
② 　胡锦涛：《继续把改革开放伟大事业推向前进》，《求是》2008 年第 1 期，第 3-5 页。

盾激化等问题，经济危机连续不断地爆发。资本主义社会当时的解决办法，就是发动战争，对外掠夺资源，强占市场，转嫁国内社会矛盾，从而给人类社会和生产力造成巨大破坏。正如邓小平所说："资本主义无论如何不能摆脱百万富翁的超级利润，不能摆脱剥削和掠夺，不能摆脱经济危机，不能形成共同的理想和道德，不能避免各种极端严重的犯罪、堕落、绝望。"①解决这个问题，只能靠社会主义，靠发挥社会主义制度的优越性。邓小平在晚年曾说了一句很深刻、很有分量、很发人深省、很需要阐发的话："社会主义市场经济优越性在哪里？就在四个坚持。"②江泽民在《关于在我国建立社会主义市场经济体制》中也谈到："我们强调充分看到市场的优点，并不是说市场是全面的、万能的，市场也有其自身的明显弱点和局限性，……因此，这就要求我们发挥计划调节的优势，来弥补和抑制市场调节的这些不足和消极作用，把宏观经济的平衡搞好，以保证整个经济全面发展。在那些市场调节力所不及的若干环节中，也必须利用计划手段来配置资源。同时，还必须利用计划手段来加强社会保障和社会收入再分配的调节，防止两极分化。"③他一再强调，要善于把我们党的政治优势同市场机制结合起来，要把社会主义制度的优势与市场经济的优势结合起来，充分发挥社会主义制度的政治优势，克服市场缺陷。胡锦涛在关于科学发展观的讲话中，更加明确指出各级党委、政府和领导干部要适应新形势新任务的要求，在实践中不断深化对市场运行规律的认识，不断提高自觉运用市场机制的能力，不断增强驾驭市场的本领，做到既使市场在资源配置中起基础性作用，又充分发挥社会主义制度的优越性，有效克服市场本身存在的缺陷，推动经济社会更快更好地发展。

经过十几年的实践，我们对市场经济的特性逐步有了比较深刻的认识。目前，我国的市场经济在某些领域和方面发展得还不够充分、成熟，市场经济的一些缺陷也显露出来。对市场经济的缺陷，我们要"注重克服市场的缺陷和不足，

---

① 《邓小平文选》(第 2 卷)，北京：人民出版社 1994 年版，第 167 页。
② 《邓小平年谱(一九七五——一九九七)》(下)，北京：中央文献出版社 2004 年版，第 1363 页。
③ 《江泽民文选》(第 1 卷)，北京：人民出版社 2006 年版，第 201 页。

解决市场不能解决的问题"。而能否做到这一点，是中国市场经济能否成功的关键。十六届三中全会《中共中央关于完善社会主义市场经济体制若干问题的决定》，就反映了这样一种认识。科学发展观正是在这次全会文件起草时，在党中央集中思考这个问题的过程中，在系统总结实践经验的基础上，概括出来的理论精华。它反映了我们党对社会主义市场经济规律认识的深化，为今后如何搞市场经济指明了方向、提出了明确的要求和正确的方针。落实科学发展观，解决发展中的不平衡，实际上就是要建立完善的社会主义市场经济体制，既发挥市场优势，又有效克服其固有缺陷，实现又快又好的发展。科学发展观从发展的角度，初步回答了在市场经济条件下怎样搞社会主义的重大理论和实践问题，在科学社会主义发展的历史进程中具有重大意义。

4. 世界上其他国家发展实践经验教训的深刻总结

第一，吸取和借鉴西方发达国家在发展问题上的经验教训。"二战"后，随着科学技术的进步、生产力的发展和经济全球化进程的加快，世界经济获得了前所未有的发展。但是，进入 20 世纪 70 年代后，大部分发展中国家在效仿西方发达国家工业化的过程中，并没有实现预期的发展目的，却陷入了"有增长无发展"的困境，即只有明显的生产的量的增长，而没有社会经济结构、社会状况、政治经济体制等的明显进步和质的提高，出现了严重的分配不公、社会腐败和政治动荡。同时，西方发达国家的经济也一度陷入"滞涨"之中，经济出现一定程度的衰退。这种状况引发了各国对战后发展模式和发展实践的反思，先后形成了不同的发展观有：一是发展等于经济增长。这种发展观把国内生产总值（GDP）作为评判发展的首要标准，把发展单纯归结为物质财富的积累。其结果是有些国家出现了"有增长无发展"，甚至是"负发展"的现象。二是发展等于人与自然协调的发展。20 世纪 70 年代初期，美国麻省理工学院的梅多斯等人提出了增长极限论。增长极限论认为，世界经济增长已临近自然生态极限，人类应制止增长和技术对生态环境的破坏。为应对增长极限的风险，美国经济学家 K. 波尔丁在 20 世纪 70 年代提出了"循环经济"的概念。三是发展等于以人为中心加社会综合发展。
20 世纪 80 年代，联合国推出法国经济学家佩鲁的发展学论著《新发展观》，强调
发展应该是"整体的""综合的"和"内生的"，提出发展应以人的价值、人的需要
和人的潜力的发挥为中心，促进生活质量的提高和社会每位成员的全面发展。为
此，在发展中必须消除无工作的增长、无声的增长、无情的增长、无根的增长、
无未来的增长等畸形发展形式，促进人的全面发展。四是可持续发展观。1980
年 3 月，联合国大会第一次使用了可持续发展的概念，随后可持续发展逐步成为
完整的理论。

通过吸取和借鉴西方发达国家在发展问题上的经验教训，反思世界发展观的
演变，我们逐步深化了对发展观的认识，深刻认识到实现建设中国特色社会主义
伟大事业，必须把经济发展、社会发展、人的发展和人与自然的和谐发展统一起
来。因此，我们提出了实施科学发展的重大思想战略，在丰富了发展的理论的同
时，也促进了发展的实践。

第二，反思和吸取苏联、东欧社会主义国家经验教训。

在西方国家对发展问题的认识不断得到深化时，苏联、东欧各国对本国的社
会主义建设也进行了探索，并形成了社会主义发展观。回顾苏联、东欧等国的社
会主义实践，可以看出他们在探索、保证全体人民的政治平等和当家作主，消灭
人剥削人的制度，消除两极分化、贫富悬殊、建设新型的思想道德体系等方面，
取得了巨大的进步，也积累了丰富的经验。苏联、东欧国家在经济方面的成就也
是明显的。然而 20 世纪 80 年代末 90 年代初，苏联解体和东欧剧变相继发生，
世界社会主义运动进入低潮。这个轰动世界的重大历史事件，引起了人们深深地
思索：为什么在国际资产阶级的战争威胁、武装入侵、联合围剿下，苏联和其他
社会主义国家不但未被压垮屈服，反而越战越强。而在西方资本主义国家和平演
变的攻势下，与美国抗衡几十年的世界超级大国苏联解体，东欧剧变，苏联、东
欧社会主义国家就发展观方面留下哪些经验教训值得我们反思。

社会主义发展模式凝固化。这个发展模式主要指 20 世纪 20 年代末至 30 年

代中在苏联形成的社会主义发展模式。"二战"以后，它又以"唯一正确"的形式嫁接到欧亚一系列社会主义国家。在历史上，这种社会主义发展模式的确曾发挥过积极的作用，取得了举世瞩目的成就，显示了社会主义制度的优越性。但随着经济发展规模的扩大，经济结构复杂化，发展目标多元化，人民生活要求提高，以及经济全球化的趋势逐渐加大的条件下，这种模式的优势就转化为劣势。实质上，社会主义社会和其他社会一样，也是一个需要经常变化和改革的社会，同时社会主义发展的实践，也提出了改革的要求。但是苏联、东欧各国长期以来没有认识到这一点，使改革姗姗来迟。在随后的改革过程中，改革的发展又偏离了基本方向。改革起步晚，已是一大失误，而在改革中为了揭露旧体制的弊端，对这种社会主义发展模式一概否定，全面否定党的历史和社会主义历史，对历史上的领袖人物也进行全面攻击，则导致更大的失误。

经济发展的失衡。在具体的经济社会发展中，搞片面的、单一的发展，走了一条畸形的发展道路，导致了严重的后果。在社会主义建设和发展中，苏联和其他一些东欧国家片面发展重工业，忽视轻工业和农业，这导致了高积累、低消费，使得人民生活品质长期处于低水平。东欧各国国民经济发展也遵循同样的理论和指导思想，国民经济发展畸形化，引起了人民群众的强烈不满，引发了许多社会矛盾。在管理体制上，过分强调中央的统一领导，不注意发挥地方的积极性，中央管理机构臃肿重叠，又不能及时有效地解决地方和企业的具体问题。这严重挫伤了地方和企业发展经济的积极性，影响了经济的健康发展。

没有正确认识和处理社会发展中出现的矛盾，导致矛盾逐步积累并激化。对苏联国内矛盾，斯大林持"三个否认"的态度：一是否认苏联社会主义的生产力和生产关系、上层建筑和经济基础之间存在矛盾；二是否认苏联社会主义社会人民内部存在着矛盾；三是否认苏联社会主义发展过程中存在一系列经济、政治、文化上的矛盾。在理论上否认矛盾，在实践上又没有从根本上解决矛盾，而是企图通过强大的中央集权领导体制，用行政手段或强制性的方式压服矛盾，使社会矛盾形成了历史性的沉积，结果矛盾积累、恶化。

没真正解决好人的全面发展问题。在苏联社会主义建设和发展历程中，没能真正解决好人的全面发展问题，主要表现为只见物不见人，片面强调物的作用，忽视人的作用，忽视广大工农群众的作用；在处理国家建设和人民群众的生活的关系方面，忽视劳动人民生活水平的提高和人的自由全面的发展，特别是农民生活很苦；认为讲人的问题是资产阶级的专利，一谈人道主义就认为是资产阶级思想泛滥，忽视了人的积极性、主动性和创造性的充分发挥，忽视对人的需求的全面满足，忽视人的素质的全面提高。

正因为在社会主义发展中所存在的一系列失误，苏联在斯大林去世后，出现了一些动荡；到了1989年矛盾积累、激化，直至最终以苏联解体、东欧剧变告终，也导致了世界社会主义运动的低潮。而科学发展观正是对苏联的经验加以总结，汲取其教训而作出的正确抉择。

第三，借鉴和吸收发展中国家的经验教训。

拉丁美洲存在着整个美洲数量最为庞大的发展中国家，20世纪五六十年代，这些国家普遍实行封闭式的、国家干预式的进口替代模式。这种极端的经济发展模式以及国家对经济、社会生活的过度干预，直接造成了拉美国家在20世纪80年代的经济发展陷入了严重的困境之中，普遍爆发了债务危机和经济危机。面对这种情况，加上受西方新自由主义和西方发展经济学的影响，许多拉美国家不顾本国国情，照搬照抄西方的发展理论和模式，进行所谓的"经济改革"，国有企业实行私有化，进一步开放国内市场、放松对外资的限制，并实行价格自由化等。由于大量属于拉美国家公共部门的大公司被出售，一些产业迅速向私人资本特别是外国资本集中，西方国家成为最大的购并买家，使拉美沦为发展中国家私有化程度最高和对国际垄断资本依赖程度最高的地区之一，以至于国际垄断资本极大地控制了拉美地区国家的经济乃至政治，这导致的直接后果就是经济发展停滞，失业率不断攀升。由于国际垄断资本集团用各种手段把在拉美获取的巨额利润转移出拉美地区，导致了拉美各国资金外流严重，外债负担沉重。到2004年，仅拉美国家外债就高达7230亿美元，这严重制约了拉美地区的经济社会发展，也对世界经济发展造成了极大的负面影响。与此同时，拉美地区国家收入分配不公的问题越来越突出，两极分化状况和贫困化现状十分严重。在拉美地区一些国家，一边是现代化的大都市，一边是密密麻麻极其简陋的贫民区，成为一道"独特的风景"。两极分化必然带来社会矛盾日益尖锐和社会对立的加深。20 世纪 90 年代以来，拉美一些国家的治安状况迅速恶化，偷盗、抢劫事件不断发生，贩毒等黑社会势力猖獗。例如在巴西，由于人人都可以轻而易举地获得枪支，因此实力强大的黑社会给人民的生活带来了严重威胁。因此，拉美国家的 80 年代被称为"失去的十年"，90 年代迎来的是"又一个失去的十年"。

中国和拉美国家同为发展中国家，在发展进程中，也曾遇到许多相同或相似的问题，如改革发展中的战略选择问题，以及发展中的经济增长与社会公正、经济增长与资源、自然环境等问题。特别是在发展问题中被理论界称为"拉美现象"的问题，我们也在一定程度上存在，如片面追求经济增长，而忽视了经济增长与社会发展之间、城乡发展之间、地区发展之间、不同利益群体之间、经济增长同环境资源之间的诸种关系，导致在社会发展中出现了贫富悬殊、失业人口增多、城乡和地区差距拉大、生态环境恶化等问题。因此，拉美国家在发展道路上的经验教训为我们提供了重要启示，特别是其过去在"依附理论"指导下的"西方化"发展战略及其所带来的诸多发展问题，更使我们更加清醒地认识到：我们在推进社会主义现代化的进程中，必须立足于我国国情，借鉴和吸收别国的发展模式，始终以实现我国人民的根本利益为发展目的，不断探索出一条适合我国实际情况的发展道路；在扩大对外开放的进程中，必须以增强国民经济的自主发展和提升民族经济的核心竞争力为目标，进一步完善外商投资环境，实行有效的产业政策，增强对外开放的有效性；在促进经济社会发展的进程中，坚持经济增长与社会进步必须协调发展，以促进社会公正的实现，经济发展要走全面协调和可持续发展的路子，建立资源节约型和环境友好型社会，实现可持续发展等。因此，可以说，拉美国家发展的经验教训为科学发展观的形成提供了重要的借鉴。

（二）以胡锦涛为主要代表的中国共产党人社会发展理论的主要内容

1. 发展：科学发展观的第一要义

发展对于坚持和发展中国特色社会主义具有决定性意义。人类社会正在经历一场全球范围内的深刻的大变革，以经济和科技实力为基础的综合国力的竞争空前激烈，任何国家、任何民族都无法回避、必须面对。历史一再表明，丧失发展机遇，原本繁荣昌盛的国家和民族就会倒退，成为时代的落伍者；只有抓住机遇加快发展，落后的国家和民族才有可能实现发展的新跨越，走在时代的前列。能不能抓住新机遇、解决新问题、实现新发展，是时代对我们党的执政能力和我们民族凝聚力、创造力的重大考验。只有加快发展，增强我国的经济实力，提高我国的综合实力，我们才能在现今风云变幻的国际局势中占据有利地位。因此，我们要紧紧抓住并切实利用好这个重要的战略机遇期，奋力在这场大竞争中取得主动并最大限度地发展壮大自己，这是我们党、国家、民族立于不败之地的根本所在，也是中国共产党人对国家、对民族、对人民必须肩负起来的历史责任。正如胡锦涛所强调的，发展是解决中国一切问题的"总钥匙"，发展对于全面建设小康社会、加快推进社会主义现代化，对于开创中国特色社会主义事业新局面、实现中华民族伟大复兴，具有决定性意义。只有紧紧抓住和搞好发展，才能从根本上把握人民的愿望，把握社会主义现代化建设的本质，把握我们党执政兴国的关键。

发展必须牢牢扭住经济建设这个中心。科学发展观强调第一要义是发展，就是要牢牢扭住经济建设这个中心，聚精会神搞建设、一心一意谋发展。科学发展观虽然强调全面发展，但它并没有否定以经济建设为中心，相反，科学发展观的各项内容均要以经济建设为中心，围绕着经济建设而展开。正因为如此，胡锦涛指出："坚持以经济建设为中心，紧紧抓住和切实用好重要战略机遇，大力解放和发展社会生产力，对我们这样一个发展中大国加快实现现代化具有重大战略意义。只有坚持以经济建设为中心，不断增强综合国力，才能为抓好发展这个党执政兴国的第一要务、为全面协调发展打下坚实的物质基础。……全党全国都要增强促进发展的紧迫感，在任何时候任何情况下都紧紧扭住经济建设这个中心不放松，充分调动和切实保护广大干部群众加快发展的积极性，坚定不移地推动经济持续快速协调健康发展。"①发展必须坚持以经济建设为中心，促进全面、协调、可持续发展。这是社会主义初级阶段的基本国情所决定的，目前我国社会存在着各种错综复杂的矛盾，每个方面都需要综合平衡，但人民群众日益增长的物质文化需要与落后的社会生产的矛盾，是我国当前阶段和今后很长时期内的主要矛盾。为解决这个主要矛盾，必须以解放和发展生产力为根本任务，坚持以经济建设为中心，统筹兼顾各方面的发展。邓小平就曾指出，建设现代化的社会主义强国，任务很多，需要做的事情很多，各种任务之间又有相互依存的关系，如经济与教育、科学，经济与政治、法律等，都有相互依存的关系，不能顾此失彼，但发展的核心内容是发展经济。他强调说："现代化建设的任务是多方面的，各个方面需要综合平衡，不能单打一。但是说到最后，还是要把经济建设当作中心。离开了经济建设这个中心。就有丧失物质基础的危险。其他一切任务都要服从这个中心，围绕这个中心，决不能干扰它。冲击它。"②他告诫全党："抓住时机，发展自己，关键是发展经济。"抓经济建设这个中心工作要做到：专心致志，聚精会神，始终如一，扭着不放，毫不动摇。十六大坚持邓小平的一贯思想，进一步提出："发展必须坚持以经济建设为中心，立足中国现实，顺应时代潮流，不断开拓促进先进生产力和先进文化发展的新途径。"③只有坚持以经济建设为中心，不断解放和发展生产力，以人为本的科学发展观才有坚实可靠的物质基础，才能赢得社会的全面进步和人的全面发展。对社会公共事业的关注，包括加强基础教育事业、科技文化事业、社会卫生事业、社会治安和保障事业等，都要建立在经

---

① 胡锦涛：《在中央人口资源环境工作座谈会上的讲话》，北京：人民出版社 2004 年版，第 7 页。
② 《邓小平文选》（第 2 卷），北京：人民出版社 1994 年版，第 250 页。
③ 《十六大以来重要文献选编》（上），北京：中央文献出版社 2005 年版，第 11 页。

济全面发展、财富不断涌流的基础上。因此，离开经济建设这个中心，丧失了物质基础，什么城乡与区域的协调发展，什么社会与生态的全面进步，什么国内发展与对外开放的统筹，都很难做好。

科学发展观强调第一要义是发展，指的是又好又快发展。实现又好又快发展，要求我们必须转变经济发展方式。这不仅是关系国民经济发展全局的紧迫而重大的战略性任务，更是提高我国经济的国际竞争力和抵御风险能力的根本举措，是实现全面建设小康社会奋斗目标的重要保证。由"九五"计划中提出的转变经济增长方式到党的十七大提出要转变经济发展方式，虽然只是两个字的改变，但隐含的内涵却是非常深刻的。增长并不等于发展，发展包含着增长的内容。转变经济增长方式注重追求经济总量的增加、经济增长速度的加快和投入与产出的效率，而转变经济发展方式的涉及面更广，含义更加深刻。转变经济发展方式，除了涵盖转变经济增长方式的全部内容以外，还对经济发展的理念、目的、战略和途径等都提出了新的更高的要求，不仅注重经济规模的扩大和效率的提高，而且更加注重经济增长过程中的协调性、可持续性和增长成果的共享性。协调性是指我们要对经济发展各种要素进行有机整合，使产需衔接得更加连贯密切，实现供求总量和结构的平衡合理；可持续性是指经济增长要与资源环境的承载能力相适应；共享性是指要让全体人民能够充分地分享到经济发展所带来的物质文化成果。从转变经济增长方式到转变经济发展方式，说明我国在经济建设方面已经从注重经济数量扩张转向注重质量效益提高，这是对国际经验教训的合理借鉴，也是对我国经济建设实践经验教训的总结和对以往经济理论的升华，对促进由原来单纯追求 GDP 的增长转到科学发展的轨道上来起到明晰的导向作用。

实现又好又快发展，要求我们必须进一步完善社会主义市场经济体制。经过30 多年的改革开放，社会主义市场经济体制已经初步建立起来了，但经济体制改革的任务依然繁重，妨碍实现科学发展的诸多体制障碍依然存在。因此，我们要深化对社会主义市场经济规律的认识，从制度上保证市场在国家的宏观调控下能够充分发挥对资源配置的基础性作用，使社会主义市场经济焕发出更加蓬勃的生机与活力。坚持和完善公有制为主体、多种所有制经济共同发展的基本经济制度，毫不动摇地巩固和发展公有制经济，毫不动摇地鼓励、支持、引导非公有制经济发展，坚持平等保护物权，形成各种所有制经济平等竞争、相互促进新格局。我们要切实加强和改善宏观调控，弥补单纯的市场调节的缺陷，综合运用财政、货币政策，充分发挥国家发展规划、计划、产业政策在宏观调控中的导向作用，保持宏观经济政策的连续性和稳定性，切实解决经济运行中的突出矛盾和问题，增强宏观调控的针对性、预见性、灵活性、科学性和有效性，形成有利于科学发展的宏观调控体系。

我们提出并贯彻落实科学发展观，就是要致力于实现以人为本、全面协调可持续的科学发展。科学发展，就是符合中国国情的发展，是符合客观规律的发展，是符合人民根本利益的发展，是符合中华民族利益的发展。十六大以来党中央作出的一系列重大战略决策和理论创新，都是为了把握发展规律、创新发展理念、转变发展方式、破解发展难题，提高发展质量和效益，实现又好又快发展，都是围绕"什么是科学发展、怎样实现科学发展"这个根本问题所展开的。科学发展也是又好又快的发展。"好"就意味着：有较高的经济发展的质量，有较强的社会发展的层次，有较大的企业发展的效益，人民群众能得到较多的实实在在的利益。"快"的含义是经济发展的速度要高，社会发展的步伐要快，思维观念的转变要大。这两点又紧密相关，"快"是要求"好"的快，"好"是要有速度的"好"。可以说，党的十六大以来，深入贯彻落实科学发展观，我们的发展确实达到了这样的目标：又好又快。从经济发展的角度看，中国的 GDP 2003 年增长速度是 10%，2004 年是 10.1%，2005 年是 10.3%，2006 年是 10.5%，2007 年是 11% 以上。这样的速度不仅在世界上是罕见的，也是改革开放以来最快的。2008 年 GDP 总量已经超过 30 万亿元，人均 GDP 超过 3000 美元。2008 年全年国内生产总值 300670 亿元，比上年增长 9.0%。分产业看，第一产业增加值 34000 亿元，增长 5.5%；第二产业增加值 146183 亿元，增长 9.3%；第三产业增加值 120487 亿元，增长 9.5%。年末国家外汇储备 19460 亿美元，比上年末增加 4178 亿美元。全年税收收入 57862 亿元(不包括关税、耕地占用税和契税)，比上年增加 8413 亿元，增长 17.8%。全年货物进出口总额 25616 亿美元，比上年增长 17.8%。其中，货物出口 14285 亿美元，增长 17.2%；货物进口 11331 亿美元，增长 18.5%。进出口差额(出口减进口)2955 亿美元，比上年增加 328 亿美元。[①]

我们也要致力于实现各方面事业有机统一、社会成员团结和睦的和谐发展。科学发展也就是和谐的发展。科学发展和社会和谐是内在统一的。没有科学发展就没有社会和谐，没有社会和谐也难以实现科学发展。实现社会和谐就要转变发展方式。转变发展方式有两个含义：增长方式从粗放型到集约型，从线性发展到循环发展；从符合一部分人的利益优先发展到符合大众利益的优先发展。发展方式要更多地考虑大众的利益。这两个问题是紧密联系在一起的。如果不解决后一个问题即发展是为谁发展的问题，第一个问题就难以根本性解决。符合少数人或者一部分增长的模式，从本质上讲就是粗放式的增长。只有符合大众的增长，才是集约式增长。实现社会和谐就要基本建立覆盖城乡居民的社会保障体系，人人享有基本生活保障。实现社会和谐就要做到"学有所教"，"让每一个适龄孩子有学上"；做到"劳有所得"，努力"消灭零就业家庭"，让按劳分配原则得以充分实现；做到"病有所医"，不断完善公共医疗卫生体制，让每一个人看得起病、看得好病；做到"老有所养"，让每一个人都有良好的社会保障来支持晚年的生活；做到"住有所居"，让人人有适当的房屋居住。

我们还要致力于实现既通过维护世界和平发展自己、又通过自身发展维护世界和平的和平发展。在改革开放进程中，中国走上了一条和平发展的道路。对这条道路最简明的解读就是，中国作为一个社会主义国家，在以和平与发展为主题的时代条件下，决心走一条在维护世界和平中来发展自己，又以自身的发展来促进世界和平的发展之路。这条道路要求把发展的基点主要放在自己的力量上，独

---

① 国家统计局：《中华人民共和国 2008 年国民经济和社会发展统计公报》，国家统计局网站 2009 年 2 月 26 日。

立自主、自力更生、艰苦奋斗，依靠广阔的国内市场、充足的劳动力资源和雄厚的资金储备，以及改革带来的机制创新。中国的发展不会妨碍任何人，也不会威胁任何人，更不会牺牲任何人。中国现在不称霸，将来强大了也永远不会称霸。2005年12月22日中国国务院新闻办发表《中国的和平发展道路》白皮书，提出了中国走"和平发展道路"的内涵：和平发展是中国现代化建设的必由之路；争取和平的国际环境发展自己，又以自身的发展促进世界和平；依靠自身力量和改革创新实现发展，同时坚持实行对外开放；顺应经济全球化发展趋势，努力实现与各国的互利共赢和共同发展；坚持和平、发展、开放、合作，与各国共同致力于建设持久和平与共同繁荣的和谐世界。中国坚定不移地走和平发展道路，是基于中国国情的必然选择，更体现了对世界和平与人类进步事业的高度责任感，充分表现出中国特色社会主义的先进本质。

2. 以人为本：科学发展观的核心

党的十六大以后，以胡锦涛为总书记的新一届中央领导集体，明确提出了坚持以人为本，树立全面、协调、可持续的科学发展观。这就把以人为本提到战略指导思想的高度上来，强调以人为本是发展观的本质和核心。这是继承和吸收古今中外优秀思想文化，根据当代形势和中国现实国情及建设中国特色社会主义的任务、目标，在理论和实践上的重大创新，是对马克思主义以人为本思想的创造性继承和发展。正如江泽民所指出的，一名领导干部不善于从历史中吸取营养，不可能成为高明的领导者；一个政党不善于从总结历史中认识和把握社会发展规律，不可能成为顺应历史潮流的自觉的政党；一个民族不善于从历史中继承和发展本民族与世界其他民族创造的优秀文明成果，就不可能屹立于世界民族之林。

科学发展观讲的以人为本中的"人"，是指中国社会主义建设事业中的人民。人，就是人民群众，它不仅指劳动群众，还包括一切社会主义现代化事业的建设者、创业者和参与者，例如，社会主义的工人、农民、知识分子，以及社会各阶级、各阶层、各少数民族、各民主党派、个体经营者、民营企业家等，都是"以人为本"中的人。科学发展观中的人，不是强调一般意义上的人，而是有其特殊的质的规定性：其一，在社会主义制度下，当家做主，成为国家和社会的主人，从根本上摆脱了被剥削、被压迫的任人宰割地位的人民群众。其二，社会主义建设的目的是为了满足广大劳动人民的物质和文化需要，因此，每个人既是建设社会主义的手段，又是社会主义建设的目的，实现了目的和手段的统一。其三，作为中国特色社会主义建设者，它强调的是人作为中国特色社会主义事业的建设者和贡献者的共同性，而不是人的阶级性和阶级差别性。也就是说，在社会主义初级阶段，不论其阶级、阶层如何，不论其属于何种政治、经济、利益集团，只要其为中国特色社会主义建设事业作了努力和贡献，就是"以人为本"中指的人，是最广大的人民群众，其中工人、农民、知识分子是主体。对于这样的人，都要予以尊重、关心、爱护和保护。因此，以人为本第一次在"人"的界定上实现了一种理论上和实践上的飞跃，即第一次在"人"的界定上，把目光投向了社会中最广大的人民群众，而不是少数人，更不是个别人。以人为本中的"人"不仅包括直接进行物质生产的劳动者，而且包括一切参与社会主义建设的建设者，还包括促进社会发展、进步的一切社会成员。

我们提出以人为本的根本含义，就是坚持全心全意为人民服务，立党为公、执政为民，始终把最广大人民的根本利益作为党和国家工作的根本出发点和落脚点，坚持尊重社会发展规律与尊重人民历史主体地位的一致性，坚持为崇高理想奋斗与为最广大人民谋利益的一致性，坚持完成党的各项工作与实现人民利益的一致性，坚持发展为了人民、发展依靠人民、发展成果由人民共享。以人为本，体现了马克思主义历史唯物论的基本原理，体现了我们党全心全意为人民服务的根本宗旨和我们推动经济社会发展的根本目的。科学发展观中强调的以人为本，就是要以实现人的全面发展为目标，从人民群众的根本利益出发谋发展、促发展；不断满足人民群众日益增长的物质文化需要，切实保障人民群众的经济、政治、文化权益，让发展的成果惠及全体人民；就是要把人民的利益作为一切工作的出发点和落脚点，不断满足人们的多方面需求和促进人的全面发展。① 具体地说，就是要在经济发展的基础上不断提高人民群众物质文化生活水平和健康水平；就是要尊重和保障人权，包括公民的政治、经济、文化权利；就是要不断提高人们的思想道德素质、科学文化素质和健康素质；就是要创造人们平等发展、充分发挥聪明才智的社会环境。我们党对以人为本的具体内涵的揭示，涉及经济、政治、文化、社会和人的发展等诸多方面，把发展同人的关系、发展手段同发展目的的关系辩证地统一起来，体现了科学发展观的本质，是科学发展观与其他非马克思主义发展观的最本质区别。

必须坚持以人为本。全心全意为人民服务是党的根本宗旨，党的一切奋斗和工作都是为了造福人民。要始终把实现好、维护好、发展好最广大人民群众的根本利益作为党和国家一切工作的出发点和落脚点，尊重人民主体地位，发挥人民首创精神，保障人民各项权益，走共同富裕道路，促进人的全面发展，做到发展为了人民、发展依靠人民、发展成果由人民共享。"以人为本"是一个历史的范畴，是理想性与现实性、连续性与阶段性的统一。不能强调其理想性，而不顾现实性，陷入不切实际的空想；也不能只顾眼前利益，忽视最终理想，失去了前进的方向。实现人的全面发展是其最终的目标，但实现这一目标是一个长期的过程，只有扎扎实实地做好现阶段的每一项工作，才能不断通过实现各个阶段的具体目标而实现我们的远大理想。特别是当前，我国还处于社会主义初级阶段，人的发展还受到种种现实条件的制约，因此，"以人为本"在现阶段表现为：这个"人"，是人民群众。这个"本"，是人民群众的根本利益，就是从人民群众的根本利益出发谋发展、促发展，把人民群众的利益作为一切工作的出发点和落脚点，发展是为了满足广大人民群众的要求。社会主义社会的发展进步之所以要坚持以人为本，是因为社会主义作为一种运动，是以人民为主体的、为人民谋利益的运动，作为一种社会，则是以人民及其根本利益为根本出发点和落脚点的社

---

① 温家宝：《提高认识 统一思想 牢固树立和认真落实科学发展观》，《人民日报》2004 年 3 月 1 日。

会。因此，把以人为本作为社会全面、协调、持续发展的基础，是社会主义的性质所决定和要求的，同时，也只有社会主义，才能完全、彻底地把全面、协调、可持续的发展思路建立在以人为本的基础上。

满足最广大人民的利益需求，有四个方面的基本要求：第一，始终把实现最大多数人的意志和利益作为党的一切工作的出发点和归宿，切实代表好广大人民群众的利益。最大多数人的利益是最紧要和最具有决定性的因素，无论是战争年代，还是改革和建设时期，我们党总是首先考虑并满足最大多数人的利益要求，始终把体现最大多数人的意志和利益作为自己一切工作的出发点和归宿。当前，我国社会生活正在发生着广泛而深刻的变化，涉及多方面利益的调整和再分配，失业现象、贫富差距拉大等社会问题还未能很快消除。因此，必须进一步深化改革，扩大就业机会，完善分配制度，健全社会保障体系，切实提高以工人、农民和知识分子为主体的劳动群众的收入水平，真正使全体人民共享改革开放和经济繁荣的成果，走共同富裕的道路。

第二，要想群众之所想，急群众之所急，做群众之所需，切实实现广大人民群众的利益。"老百姓心中有一杆秤"，党员干部只有实实在在地为群众办实事做好事，诚心诚意为群众谋利益，才能真正得到群众的信任和支持。必须坚决克服懒汉思想和漂浮作风，脚踏实地、埋头苦干，多办利民之事，做一名言行一致的马克思主义实干家，办好事关大局的事，办好雪中送炭的事，办好有利于长远发展的事。同时注意把改革的力度、发展的速度和社会心理的承受度统一起来，把不断改善人民的生活作为处理改革发展稳定关系的重要结合点，切实把实事做好，把好事做实，真正把每一件事都办到老百姓的心坎上，把政绩建在老百姓的心坎中。

第三，结合社会生活的新情况，妥善处理好新形势下的利益关系，切实维护好广大人民群众的利益。从总体上说，改革开放以来经济快速发展，生活水平明显提高，广大群众对党的方针政策是满意的，这一点毋庸置疑。但在一些具体问题上，也存在不少意见，有的还比较突出和尖锐，如腐败现象滋生蔓延、分配不公、收入差距悬殊等，特别是下岗失业、生活困难的群众意见更大些。这些问题如果重视不够，处理不当，解决不好，很容易引发社会不稳定。因此，我们不仅要想方设法发展经济，加快发展，提高人民的整体生活水平，而且必须结合新的社会实际，认真研究新情况、分析新矛盾、摸索新经验、解决新问题，既要切实代表最大多数人的利益，也要认真考虑不同阶层、不同方面群众的利益。与此同时，要坚决纠正一些地方和部门存在的办事不公、以权谋私、损坏群众利益等问题。在此基础上，结合时代特点，有针对性地做好群众思想工作。引导他们正确认识和处理各种利益关系，激励他们通过自身努力致富奔小康。

第四，认真解决好发展问题，不断满足群众的利益需求，切实发展好广大人民群众的利益。如果人民群众的生活水平长期得不到较大改善，切身利益得不到切实保证，就会损害群众对党和政府的信任，丧失对改革的信心，甚至动摇对社会主义的信念。发展的问题解决好了，广大人民的利益就能从根本上得到保证，党的执政地位才能不断巩固。因此，我们必须始终紧紧抓住发展这个执政兴国的第一要务，把坚持党的先进性和发挥社会主义制度的优越性，落实到发展先进生产力、发展先进文化、实现最广大人民群众的根本利益上来，推动社会全面进步，促进人的全面发展。紧紧把握住这一点，就从根本上把握了人民的愿望，把握了社会主义现代化建设的本质。

3. 全面协调可持续发展：科学发展观的基本要求

在当代中国，谋求发展就是要把我们国家建设成为一个高度发达的社会主义现代化强国。在实现社会主义现代化的过程中，只有坚持全面协调可持续发展，才能保证经济社会又好又快发展。所以，我们谋求的发展必须是全面发展、协调发展和可持续发展，而不是片面的发展、不计代价的发展和竭泽而渔式的发展。这样，全面协调可持续发展就成为科学发展观的基本要求，就成为又好又快实现社会主义现代化的科学保证。对此，2007 年 12 月 17 日，胡锦涛在《在新进中央委员会委员、候补委员学习贯彻党的十七大精神研讨班上的讲话》中，进一步阐述了把全面协调可持续发展作为科学发展观基本要求的可能性和必要性。他指出："现在，我们之所以把全面协调可持续作为科学发展观的基本要求来强调，这是因为：一方面，经过长期发展，我们积累了较为雄厚的物质技术条件，可以在推进全面协调可持续发展上有更大作为；另一方面，城乡区域发展不平衡、经济社会发展不协调、经济发展与人口资源环境不适应等问题更加突出地摆在了我们面前，我们只有更加自觉地推进全面协调可持续发展，才能更好化解对我国发展的各种制约因素，更好推动我国发展进程，确保实现我国发展的战略目标。"那么什么是全面协调可持续发展，党的十七大报告指出，坚持全面、协调、可持续发展，就是"要按照中国特色社会主义事业总体布局，全面推进经济建设、政治建设、文化建设、社会建设，促进现代化建设各个环节、各个方面相协调，促进生产关系与生产力、上层建筑与经济基础相协调。坚持生产发展、生活富裕、生态良好的文明发展道路，建设资源节约型、环境友好型社会，实现速度和结构质量效益相统一、经济发展与人口资源环境相协调，使人民在良好生态环境中生产生活，实现经济社会永续发展"。

全面进步、全面发展是社会主义社会的基本特点，无论是这个社会的经济、政治、文化，还是其组织、管理、生产、分配及决策实施等，都只有表现出发展的全面性特点，才能真正体现出社会主义的本质和社会主义社会的优越性。[1] 由于社会是由各种因素组成的一个整体性、系统性的有机体，因此科学的发展应该是构成社会系统各要素全面、协同的进步，是政治、经济、文化和生态环境等要素的全面发展。在建设社会主义现代化的过程中，我们一直致力于社会的全面发展，尤其是十一届三中全会以来，我们党在强调以经济建设为中心的同时，十分重视人的全面发展和社会的全面进步。在党的十三大上，党的基本路线把建设富强、民主、文明的社会主义现代化强国作为社会主义初级阶段的奋斗目标。在庆祝建党 80 周年的讲话上，我们党明确提出了"社会主义社会是全面发展、全面进

---

① 张雷声：《科学发展观与中国特色社会主义的发展》，《思想理论教育导刊》2004 年第 2 期，第 11-15 页。

步的社会"的科学论断。① 在此基础上，党的十六届三中全会正式提出了科学发展观，并且强调指出，在实现全面建设小康社会宏伟目标的过程中，"必须促进社会主义物质文明、政治文明和精神文明协调发展，坚持在经济发展的基础上促进社会全面进步和人的全面发展"②。显然，这与党的基本路线、基本纲领是相一致的，突出强调从经济、政治和文化三个方面来全面推进社会主义现代化建设。十六届四中全会提出的构建社会主义和谐社会的要求，进一步扩展了对中国特色社会主义总体布局的系统认识："随着我国经济社会的不断发展，中国特色社会主义事业的总体布局，更加明确地由社会主义经济建设、政治建设、文化建设三位一体发展为社会主义经济建设、政治建设、文化建设、社会建设四位一体"。③ 在党的十七大上，将十六大确定的全面建设小康社会的经济、政治、文化、可持续发展目标和中国特色社会主义总体布局结合起来，从经济、政治、文化、社会和生态文明五个方面提出了实现全面建设小康社会奋斗目标的新要求。将上述表述统一起来可以看出：全面发展就是要全面推进社会主义经济建设、政治建设、文化建设、社会建设和生态建设(生态文明建设)，就是要实现社会主义的物质文明、政治文明、精神文明、社会文明和生态文明的共同发展，并且要保证它们向着与社会发展的共同价值目标——人的全面发展相一致的方向前进。

建设高度发达的社会主义物质文明。物质文明是人类物质生活的进步状态，是人类在经济建设实践中形成的物质成果的总和。马克思主义认为，生产力决定生产关系，物质资料的生产是社会存在和发展的物质基础，物质资料的生产方式是社会发展的决定力量。社会主义现代化必须建立在物质资料充分发展即生产力高度发达的基础上。社会主义建设的实践一再证明，发展是解决中国一切问题的关键，只有社会主义物质文明建设取得长足的发展，社会主义发展过程中遇到的各种矛盾和问题才能得到有效的解决，社会主义的物质基础也才能得到不断加强

---

① 《江泽民文选》(第3卷)，北京：人民出版社2006年版，第276页。
② 《十六大以来重要文献选编》(上)，北京：中央文献出版社2005年版，第483页。
③ 《十六大以来重要文献选编》(中)，北京：中央文献出版社2006年版，第696页。

和巩固。因此，促进发展首先要促进经济发展。在建设中国特色社会主义的进程中，我们不仅必须促使"以阶级斗争为纲"向以经济建设为中心的转变，也要促使传统的计划经济体制向社会主义市场经济体制的转变，以及粗放型的经济增长方式向集约型的经济增长方式的转变。只有这三个方面的转变共同完成，高度发达的社会主义物质文明才能建设起来。

建设高度发达的社会主义政治文明。政治文明是人类社会政治生活的进步状态，即人类在政治建设实践中所取得的一切积极的进步成就的总和，是人类社会存在和发展的政治保证。民主是社会主义的本质特征，没有民主就没有社会主义，社会主义的现代化也就无从谈起。民主化和现代化两者之间是紧密相连、互相促进的，离开其中任何一方，另一方就失去了存在的意义，两者统一于建设中国特色社会主义的伟大实践中。一方面，脱离了民主化的现代化是不完整的。发展社会主义民主政治，建设社会主义政治文明，保证人民群众依法行使民主权利，充分发挥人民群众的积极性、主动性和创造性，促进党和人民群众以及各种政治关系的和谐发展，不仅是现代化的基本内容，也是现代化的重要的政治保证。另一方面，脱离了现代化的民主化是没有实际意义的。以经济建设为中心是我国总结社会主义现代化建设的实践经验教训和总结世界工业化、现代化进程中的经验教训得出的重要结论，实践也证明了这一结论的正确性和不可违背性，社会主义现代化建设中的各项事业都要紧紧围绕经济建设这个中心。不仅社会现实发展提供了这样的经验教训，马克思主义的唯物史观也指明了必需的物质条件、经济基础对一切社会上层建筑，包括社会政治建设的根本性作用和意义。因此，我们不能脱离经济建设这个中心来抽象地谈民主，尤其是不能以民主化为借口冲淡甚至冲击或者动摇经济建设这个中心。社会主义政治建设的基本方针，就是必须把坚持党的领导、人民当家做主和依法治国三者有机地统一起来。

建设高度发达的社会主义精神文明。精神文明是人类智慧、道德的进步状态，即人类在文化建设实践中所取得的一切积极的进步成果的总和，为社会存在和发展提供思想保证、精神动力、智力支持和价值导向。在社会主义现代化建设新时期，我们要坚持"两手抓，两手都要硬"的方针，在建设高度发达的社会主义物质文明的同时，还要建设高度发达的社会主义精神文明。加强社会主义精神文明建设，关键是要建设社会主义核心价值体系，把社会主义核心价值体系建设作为精神文明建设的重要任务来抓，把社会主义核心价值体系建设融入精神文明建设的全过程，巩固马克思主义在意识形态领域的指导地位，增强社会主义意识形态的吸引力和凝聚力。因此，我们必须坚持马克思主义指导思想，用毛泽东思想、邓小平理论、"三个代表"重要思想和科学发展观武装广大人民群众的头脑；培养和树立中国特色社会主义共同理想信念，弘扬以爱国主义为核心的民族精神和以改革创新为核心的时代精神；倡导社会主义荣辱观，培养良好的和谐的道德风尚，团结、引领全体社会成员在思想上、道德上共同进步，共同促进社会主义先进文化的繁荣发展，进一步促进社会和谐发展与进步。

建设高度发达的社会主义社会文明。社会文明是指社会的进步状态，即人类在社会建设实践中所形成的积极的进步成果的总和，对整个社会进步起到保障和促进稳定的作用。社会发展指整个人类社会向前的运动过程，包括两个方面的内容：从纵向看，指人类社会由低级向高级的运动和发展过程；从横向看，指的是在特定的社会发展阶段中社会的各个方面整体的运动和发展过程，具体来说，不仅包括科技、教育、文化、卫生、体育等社会事业的发展，还包括社会就业、社会保障、社会公正、社会秩序、社会管理、社会和谐以及社会结构、社会体制等方面的运动和发展过程。全面建设小康社会，就是要促进这些方面在整体上的进步与发展。目前，我们要按照"民主法治、公平正义、诚信友爱、充满活力、安定有序、人与自然和谐相处"的总要求和"共同建设、共同享有"的原则，以民主法治为基础，以改善民生为重点，切实解决好人民群众最关心、最直接、最现实的利益问题，努力形成全体人民各尽其能、各得其所而又和谐相处的局面。显然，只有善于把加强社会建设和社会管理同推进经济社会协调发展紧密结合起来，才能保证社会主义现代化的正常进行。

建设高度发达的社会主义生态文明。生态文明是一种以人与人、人与自然、人与社会和谐相处、良性循环、全面发展、持续繁荣为基本宗旨的人类文明形态，是人类在遵循人、自然、社会协调和谐发展的基本规律的基础上，在改造客观世界和主观世界的过程中所取得的物质与精神成果的总和。建设生态文明，是党的十七大首次提出来的一项重要战略任务，标志着我们党对坚持文明发展道路有了更加深刻的认识和了解，体现了我们党对新世纪新阶段我国经济社会发展构成中呈现出来的一系列阶段性特征的科学判断，以及对人类社会发展规律的深刻把握。社会主义生态文明是一种以尊重和维护生态环境为主旨、以可持续发展为根据、以未来人类的继续发展为着眼点的文明形式，更加突出生态的重要性，强调人类在改造自然的同时必须尊重和保护自然，而不能随心所欲，盲目蛮干。自然界是包括人类在内的一切生物的摇篮，是人类赖以生存和发展的基础和基本条件。建设社会主义生态文明是对传统文明形态特别是工业文明进行深刻的反思而形成的认识成果，是化解一系列全球性生态危机的必然选择，也是在建设物质文明过程中不断探索保护和改善生态环境的实践成果，是对人类文明形态和文明发展理念、道路、模式认识上的重大突破。建设生态文明并不是否定工业文明，而是强调先进的工业文明必须实现人与自然的和谐发展，实现人与自然环境的相互依存、相互促进和共处共融，使人们在享有现代物质文明和精神文明成果的同时，又能持续保持和享有良好的生态文明成果，实现当前利益与长远利益的有效统一。要充分认识和把握实现工业化和信息化与推进生态文明建设之间的关系，坚持以资源环境的承载力为基础、以自然规律为准则、以可持续发展为目标，加强对土地、水、森林、矿产等自然环境的合理开发利用，形成节约能源资源和保护生态环境的产业结构、增长方式、消费模式，积极构建资源节约型、环境友好型社会。在优化结构、提高质量和效益的基础上，调整经济结构，实现速度、结构、质量、效益的统一，实现经济发展与人口、资源、环境相协调，走出一条生产发展、生活富裕、生态良好的文明发展道路，使人民能够在良好的生态环境中生产和生活，永远保持经济社会的可持续发展。

显然，全面发展就是指社会系统的各个领域都要发展，也就是要实现经济、政治、文化、社会和生态五者协调的、共同的发展。当然，这不意味着要同等发展、平均发展。一方面，经济建设始终是一切领域的基础和一切工作的核心。只有坚持以经济建设为中心，不断增强综合国力，才能为抓好发展这个党执政兴国的第一要务、为全面协调可持续发展打下坚实的物质基础。只有坚持以经济建设为中心，不断增强综合国力，才能更好地解决前进道路上的矛盾和问题，顺利实现全面建设小康社会和社会主义现代化的宏伟目标。因此，在任何时候和任何情况下，我们都不能放松经济建设这个中心。另一方面，经济和政治、文化、社会、生态各领域是相互联系、相互作用、有机统一、不可分割的。没有这些因素提供的相应的作用，就不能有经济的正常发展；没有这些方面的发展，单纯追求经济发展，不仅经济发展难以持续，而且也难以搞上去。因此，我们必须时刻警惕出现因发展不平衡而制约发展的局面。总之，我们必须"要坚持抓好经济建设这个中心，同时又要切实防止片面性和单打一"①。这就是说，只有将"中心论"和"全面性"统一起来才能真正实现又好又快的发展。

在促进经济社会全面发展的同时又要促进人的全面发展。经济社会发展与人的发展是互为前提、互为基础、相互促进的。人越是全面发展，对社会发展规律的认识也就越深刻，就越能充分地发挥主观能动性，积极地推动经济建设的发展，为社会创造出更多更丰富的物质文化财富。而物质文化财富的丰富就越能满足人民的物质文化生活需要，人民的生活状况就越能得到改善，人民的生活水平就越能提高得更快。社会发展和经济文化的发展是逐步提高、永无止境的历史过程，人的全面发展也是逐步提高、永无止境的历史过程，两者是辩证统一、互相作用的。目前，我国正处于并将长期处于社会主义初级阶段，发展生产力、增强综合国力仍然是一项长期的任务。我们要树立共产主义的伟大理想，立足现实，积极进取，不懈努力，在不断推动经济发展和社会进步的同时，不断推进人的全面发展，把这两个历史过程统一于建设中国特色社会主义事业的伟大实践中。

---

① 《十六大以来重要文献选编》(上)，北京：中央文献出版社 2005 年版，第 851 页。

4. 统筹兼顾：科学发展观的根本方法

统筹兼顾是我们在中国这样一个十几亿人口的发展中大国治国理政的重要历史经验，是我们处理各方面矛盾和问题必须坚持的重大战略方针，也是我们党一贯坚持的科学有效的工作方法。"只有坚持统筹兼顾，我们才能真正处理好我国这样一个十几亿人口的发展中大国的改革发展稳定问题，真正处理好全体人民的根本利益和各方面的利益问题，真正把全体人民和各方面的积极性、主动性、创造性充分发挥出来，为推进党和国家事业形成广泛共识、集聚强大力量。"①

进入新世纪以来，随着改革开放的深入和现代化建设的推进，社会利益主体增多，领域更广，利益关系也更复杂，因而对统筹兼顾的要求也更高更全面。党的十六届三中全会根据变化，明确地把统筹兼顾作为科学发展观的一个根本要求提出来，而且拓展了统筹兼顾的内容和范围，提出了"五个统筹"，即统筹城乡发展、统筹区域发展、统筹经济社会发展、统筹人与自然和谐发展、统筹国内发展和对外开放。这"五个统筹"的战略方针正是妥善处理当前各方面突出矛盾、协调好各种利益关系所必需的。党的十七大又进一步完善和发展了统筹兼顾的内容，提出统筹兼顾就是要正确认识和妥善处理中国特色社会主义事业中的重大关系，既要总揽全局、统筹规划，又要抓住牵动全局的主要工作、事关群众利益的突出问题，着力推进、重点突破。并在"五个统筹"的基础上，增加了统筹中央和地方、个人（局部、当前）利益和集体（整体、长远）利益、国内国际两个大局、统筹经济建设和国防建设这四种关系，使"五个统筹"拓展为"九个统筹"。这大大拓展了统筹兼顾方针的内涵、对象和范围，深化了我们党对社会主义建设规律的认识，成为深入贯彻落实科学发展观的根本切入点和重要现实途径。

"九个统筹"，把全面发展、协调发展、可持续发展统筹整合为交互协同的三位一体，"九个统筹"，哪一个也不能少。统筹城乡发展，重在建立有利于逐

---

① 《十七大以来重要文献选编》（上），北京：中央文献出版社 2009 年版，第 110 页。

步改变城乡二元经济结构的体制，千方百计地解决好"三农"问题，促进城乡一体化的发展，是其他各个统筹的关键。统筹区域发展，重在形成促进区域经济社会全面、协调、可持续发展的机制，积极推进区域交流、合作、优势互补和协同发展，是其他各个统筹的基础。统筹经济社会发展，重在坚持以人为本，整合协同社会主义物质文明建设、政治文明建设、精神文明建设、生态文明建设，促进经济社会和人的全面发展，是其他各个统筹的主导。统筹人与自然发展，重在建立促进经济社会可持续发展的机制，加大经济、社会和人口、资源、环境协同发展的国家支持力度和社会投入力度，不断增强可持续发展能力，是其他各个统筹的前提。统筹国内发展和对外开放，重在协同各项改革及其推进，形成稳定、透明的涉外经济管理体制，充分利用国际国内两个市场和两种资源联动发展，是其他各个统筹的路径。统筹中央和地方关系，重在正确处理中央和地方的关系，善于发挥两个积极性，维护中央权威和赋予地方必要权力的有机统一，是其他各个统筹的保证。统筹个人利益和集体利益、局部利益和整体利益、当前利益和长远利益，重在统筹协调各种利益关系以调动各方面的积极性，是其他各个统筹的根本。统筹国内国际两个大局，重在树立世界眼光，加强战略思维，努力营造良好国际环境，是其他各个统筹的条件。统筹经济建设和国防建设，重在协调发展国防建设和经济建设，在集中力量进行经济建设的同时，必须切实加强国防建设，使其形成相互促进的良好局面，是其他各个统筹的保障。"九个统筹"相互关联、相互牵动、相互协同、相互融合，是辩证统一的关系。毫不动摇地做到这"九个统筹"，最大限度地兼顾各个方面，其结果就是逐步形成整体协同、持久有序、结构合理、机制完善、功能高效、进展演替的发展态势。

（1）统筹城乡发展

新中国成立60多年来，城乡之间一直未能建立起均衡增长的良性互动机制。随着社会主义市场经济体制的逐步建立，城乡联系显著增强，但城乡分割的经济结构还没有从根本上得到改变，城乡发展仍未进入良性互动的轨道，城乡差距还在拉大。农民收入增长缓慢，农民人均纯收入远远低于城市居民人均可支配收入的增长，2002 年农村居民人均纯收入 2476 元，城镇居民人均可支配收入 7703 元，农村居民收入还不到城镇居民的 1/3。特别是农村还有 3000 万左右的贫困人口，还有约 6000 万人刚刚越过温饱线。农村教育、科技、文化、卫生、体育事业更是远远落后于城市。正是基于对这些情况全面深刻地把握，党的十六大指出全面建设小康社会的重点和难点都在农村，并根据我党几十年来处理城乡关系问题上的经验教训，提出了"统筹城乡经济社会发展"的重要战略思路。党的十六届三中全会《决定》把"统筹城乡发展"列为"五个统筹"之首，其重要性由此可见一斑。

第一，坚持统筹城乡发展、解决"三农"问题是全面建设小康社会、顺利实现现代化的重中之重。根据十六大提出的目标，我国将在 2020 年左右全面建成小康社会，我国是一个农业大国，农业是国民经济的基础，农村人口有几亿，占全国总人口的 70%多，没有几亿农民的小康就不可能实现全国的小康；没有农村的现代化，就不可能有全国的现代化。全面建设小康社会，重点在农村，难点也在农村。当前国民经济发展的突出矛盾是农民收入增长缓慢，农村完成全面建设小康的任务十分艰巨；同时我国城市与农村的发展差距、东西部农村之间的差距在拉大。农村能否如期完成建设小康社会的各项任务对全国来说举足轻重。另外，建设现代农业，发展农村经济，增加农民收入，是全面建设小康社会的重大任务。同时，在现代化背景下农业、农村和农民居于什么位置，是任其自然萎缩、衰败和淘汰，还是促进其发展、进步和转变；是将农业、农村和农民抛弃在现代化进程之外，还是将其纳入现代化进程中，是任何一个国家在现代化过程中都会面临的重要课题和难题。前者的后果将使现代化失去稳定的基础和强大的动力，后者的结果恰恰相反。所以，正确认识农业、农村和农民问题的战略地位，直接关系到我国社会主义现代化进程顺利与否。

第二，坚持统筹城乡发展、解决"三农"问题是关系到改革能否顺利进行的大问题。我们目前所进行的改革是全国范围的、全方位的改革，是包括农村在内的改革，而不是纯城市的改革，所以必须城乡协调进行。同时，"三农"问题对改革的影响更大、更特殊。因为"三农"问题的解决速度和解决方式将决定市场化改革的速度。农村危机的进一步加大，将会全面减缓正在进行的经济改革，甚至会使多年的改革成果毁于一旦；并且"三农"问题解决得不好将会增加改革的难度，就会使国民经济发展失衡，从而减缓整个国家经济的发展速度；如果"三农"问题继续恶化，将会使人怀疑市场化改革方向的正确性，甚至可能会使改革开倒车。所以"三农"问题解决的效果、解决的时间直接关系到改革的方向，关系到全国改革的效率和改革的成败。

第三，坚持统筹城乡发展、解决"三农"问题是保持整个国民经济和社会的稳定与发展的重要环节。我们所追求的发展，是城乡协调的发展，我们所要求的稳定，是城乡都稳定。但是，由于"三农"问题日益严重，已成为影响整个国民经济和社会发展的不安定因素。农民是目前我国的主要弱势群体，当前，农民权益受到侵害、农村社会问题频发、一些农民群众有不满情绪是不争的事实。同时，农村民主发展滞后及农民素质低下又使他们缺乏正常的渠道和途径来反映自己的需求，保护自己的利益，维护自己的权利。一旦无法排解和释放的怨气、愤怒堆积到一定程度，被某些不怀好意的人或者集团利用，就会导致社会的动荡和混乱，就会酿成较大的政治问题，而且会阻碍整个国民经济和全社会的和谐稳定发展。因此，"三农"问题不仅是经济问题，而且是很现实、很紧迫的政治问题，必须从政治的高度来看待并采取措施加以解决。从政治角度看，农民是巩固社会主义国家政权和维护社会稳定的基本力量。并且，农民的政治态度在很大程度上影响甚至决定着整个社会的安定团结。农民人数众多，分布广阔，只要他们旗帜鲜明，立场坚定，思想不乱，整个社会的安定就有了可靠的保证。正如邓小平所指出的那样："从中国的实际出发，我们首先解决农村问题。中国有百分之八十的人口住在农村。中国稳定不稳定首先要看这百分之八十稳定不稳定。"[1]

第四，坚持统筹城乡发展，解决"三农"问题是巩固党的执政基础和执政地

---

[1]　《邓小平文选》(第3卷)，北京：人民出版社1993年版，第65页。

位，完成党的历史使命的重要举措。农民作为农业生产力中最积极、最活跃的因素，他们的生产积极性直接决定着农业生产的深度和广度。而要保持农民持久的生产积极性，又必须通过满足农民的切身利益来实现。只有亿万农民的吃饭穿衣问题得到彻底解决，并逐步由温饱走向小康，他们才会真正感受到社会主义制度的优越性，才会从心底拥护党和热爱党，才会迸发出巨大的劳动热情。建国以来我国农业有过两次大的飞跃。第一次是三大改造时期，第二次是党的十一届三中全会之后。这两次飞跃都较好地解决了农民问题，给农民带来了实际利益，反过来，又大大地推动了整个农业生产的发展。历史的经验告诉我们，如果农民的事情没有办好，中国的事情就不可能办好；农民的生活水平得不到提高，中国社会主义建设的战略目标就不可能实现。如果"三农"问题不解决，农民的生活水平长期得不到提高，城乡差距还不断扩大，不但有违社会主义的根本目的，而且会使农民失去对党的信任和支持，从而使党缺少执政的基础。从根本意义上讲，把解决农民问题、实现农民的小康作为建设中国特色社会主义的基本任务，不仅是动员和组织农民群众的客观需要，也是我党性质和宗旨的必然要求。

统筹城乡发展，关键是改变城乡二元社会经济结构，把城市和乡村纳入大的统一的社会发展系统中，通盘筹划，综合考虑，实现城乡共同繁荣。从当前我国城乡发展的实际来看，统筹城乡关系，要从以下几点去把握。

一是从整体性的角度去把握城乡统筹发展。城市和乡村都是人类赖以生存、活动和发展的地域，也是实现我国经济社会整体发展的两个重要层面。从经济中心和我国的经济总量看，城市是大头；从人口分析和地域空间看，农村是大头。我国经济社会快速、持续和健康发展，离不开这两个重要层面。根据以往的实践，也根据新时期改革开放和现代化建设的客观现实，我们应该把城市和乡村看作一个相互依赖、相互促进、密不可分的整体，通盘考虑城乡发展中的一些重大问题，即把城市与乡村联在一起，结成一片，坚持从整体的角度去把握城乡关系，研究城乡发展，做到结合农村研究城市的发展，结合城市研究农村的发展，最终求得城乡协同发展，共同繁荣。正如温家宝所指出的："农村和城市是有机统一的整体，城市的发展不可能离开农村的发展，城市的发展也不会自然地带动农村的发展。各级党委和政府都要树立全面和正确的发展观，在制定国民经济发展计划、确定国民收入分配格局、研究重大经济政策的时候，把解决好农业、农村和农民问题放在优先位置，加大对农业的支持和保护，发挥城市对农村的带动作用，使城市和农村相互促进、协调发展，实现全体人民的共同富裕。"①这是十六大以来的一个重要战略创新，为我们党解决城乡发展问题指明了方向。

二是从全面性的角度去把握城乡统筹发展。从全面性的角度去把握城乡发展，指的是在推进城乡发展过程中，不能顾此失彼，只注重城乡某一层面的发展，而忽视其他层面的发展。也就是说，城乡发展不仅仅是个经济概念，它应是一个包含经济、政治、文化等各个层面相互协调，共同发展的统一体和社会范畴，既要促进城乡经济繁荣，又要实现城乡社会全面进步。城乡经济发展与社会发展是相互依存、相互促进的辩证统一关系。城乡经济发展是城乡社会发展的前提和基础，城乡社会发展则是经济发展的目的和结果。没有经济发展，城乡社会发展就成了无米之炊；离开了城乡社会发展，经济发展也会是"水中捞月"，这二者合则相得益彰，离则一损俱损。与城市相比，我国农村发展落后，农村社会事业的发展更为落后；城乡经济发展差距大，社会事业发展差距更大。如果农村的教育、科技、文化、卫生等事业，农村的整个精神文明建设、民主法制建设上不去，面貌得不到大的改观，不但会影响我们破解"三农"难题，而且会制约城乡经济发展，拖城乡经济发展的后腿。因此，我们在推进城乡发展时，应切忌片面性，注意处理好城乡间经济发展与社会发展的关系，努力把握好城乡统筹发展的全面性。

三是从协调性的角度去把握城乡统筹发展。整体性和全面性是城乡发展的内在要求，但发展中的矛盾和问题则是层出不穷、复杂多变的。由于历史的现实的原因，我国城乡间的资源禀赋、产业特点、科技水平、人口素质、经济社会发展

---

① 温家宝：《为推进农村小康建设而奋斗》，《人民日报》2003 年 2 月 8 日。

水平差别很大，这样城乡经济社会关系的各个层面难免会出现失衡，这就需要去协调。协调既是促进城乡统筹发展的手段，又是实现城乡统筹发展的目的。我国新时期的城乡关系仍存在着诸多不协调即失衡之处，其主要表现是农业增长速度远远跟不上工业，农村面貌的改变大大落后于城市，农民的生活、消费水平远不如市民。具体说，有城乡资金投入上的失衡，城乡产业结构上的失衡，城乡资源配置上的失衡，城乡科教文卫事业发展上的失衡，城乡商品流通和市场建设上的失衡等。这种失衡与改革前不同的是，城乡经济社会的联系不再是严重分割的，城乡商品和资源要素的流动尤其是劳动力的流动一直在快速进行，且流动的数量和规模在不断地扩大。同时，城乡关系的失衡在不同地区有不同的表现形式，经济发达地区矛盾相对缓和，而不发达地区则冲突较为突出。虽然不同地区不同层面的城乡关系矛盾有深浅，冲突有大小，但均不利于城乡经济社会的协调发展。解决城乡关系中种种失衡问题，实现城乡优势互补，协调共进，已成了统筹城乡经济社会发展中的一个重大问题。只有以全面建设小康社会为目标，以城乡一盘棋思想作指导，不断揭示城乡运行和发展过程种种不协调的表现，分析其产生的动因，把握协调的基本原则和不同特点，寻求协调发展的方法和途径，这样城乡经济社会才能获得相对均衡的发展局面。

四是从融合性的角度去把握城乡统筹发展。从条块交错的角度看，我国的经济社会是由城乡经济社会构成的。在社会分工和现代市场经济条件下，城乡经济社会之间存在着密切的依赖性和深刻的渗透性。离开了一方的支持和依托，另一方的运行和发展都是不可能的，至少是很困难的。这就在客观上要求城乡作为一个系统，无论是其经济还是社会，都应相互衔接，相互融合。融合是城乡经济社会发展的内在要求，也是城乡经济社会统筹发展的重要条件。这种融合至少有两方面的意义，一则有利于城乡经济社会优势互补、协调发展，并切实提高发展效率；二则为更高层次的协调，即为整个国家经济社会协调发展奠定基础，提供条件。只有不断解决融合中的矛盾，总结推广融合中的经验，才能使城乡经济社会一直处于融合运转、融合发展过程中。

应该看到，目前我国城乡经济社会融合的广度和深度均不尽如人意，主要表现在城乡产业衔接不够，城乡空间经济组织化程度不高，城乡资源优化组合不尽合理，城乡各要素之间的物质、能量、信息交换尚不畅通，城乡功能双向辐射力度不足。总的来说，以城带乡，以乡促城，城乡互动，相辅相成，相得益彰的格局远未形成。从本质上讲，城乡融合是城市和乡村互为资源、互为市场、互为服务的过程，是城市和乡村双向演进的互动发展过程。融合不仅仅是为了解决乡村发展问题，也不仅仅是城市拉动乡村发展问题。因此，在实际工作中我们应着力研究，探寻城乡双向演进的融合点，抓住融合点，就能起到牵一发而动全身的作用，真正实现城乡互动性发展。

五是从持续性的角度去把握城乡统筹发展。统筹城乡发展，不仅要推进城乡经济社会快速发展，又要实现城乡经济社会持续健康发展。快速是要求，持续是保证，快速与持续既是对立的又是统一的。我国城乡二元结构的问题由来已久，"三农"问题的破解涉及城乡经济社会发展中一系列复杂的深层次的矛盾，实现城乡统筹发展的目标，任务重、难度大，不可能一蹴而就。急功近利，盲目求快，往往欲速则不达。我国在这方面曾有过深刻的教训，1958 年的"大跃进"和1978 年的所谓"洋跃进"就是典型的事例。当时都过高地估计了经济发展的形势，过高地提出了经济发展的目标和要求，过高地估计处理困难和危机的能力，结果造成了发展过程中的大起大落，付出了沉重的政治和经济代价。近年来城乡发展中又出现了一些值得我们正视的现象。一些城市和农村不顾客观条件，滥用"跨越式发展""率先基本实现现代化"的口号，层层压指标，乱上项目，滥铺摊子，搞低水平的重复建设，以损失社会的、生态的效益为代价，造成耕地重用轻养，林地重采轻造，草地超载过牧，水域酷渔滥捕，矿产采富弃贫，污水废气乱排滥放，酿成了许多难以解决的后遗症，此类现象不胜枚举。究其主要根源，未能深刻认识和把握发展的持续性是最大的原因。"领导急于求成，群众急于求富"，这种以牺牲有限资源和生态环境求得城乡高速发展的做法是难以为继、不可持久的。

因此，在推进城乡发展过程中，一定要把握发展的持续性，一方面必须以长远的战略眼光，对加快城乡发展、缩小城乡发展差距做出长期谋划，准备进行持续的奋斗；另一方面，又应从实际出发，面对现实，规划好城乡发展近期的行动和方略，积极化解目前所面临的一个个紧迫的矛盾，从而在城乡发展中做到当前与长远、现实与未来的统筹兼顾。

统筹城乡发展，基础在"乡"，关键在于解决农业发展、农村进步和农民增收，使"三农"协同发展，在逐步解决"三农"问题的过程中发展现代新型城乡关系，使统筹城乡发展有所依托并落在实处。因此，解决"三农"问题应是统筹城乡经济社会进步、融合城乡关系、协调城乡发展的重中之重。与城市之间的协调发展相比，统筹城乡发展，是站在更高的层次，强调的不仅仅是城乡共同发展，而是要以城乡互相融合、以城带乡的互动式发展，这是新世纪我国国民经济发展战略的一个重大政策目标。

（2）统筹区域发展

统筹区域发展，就是要继续发挥各个地区的优势和积极性，逐步扭转地区差距扩大的趋势，实现共同发展。其实质是解决好东、中、西部三大区域协调发展的问题。改革开放以来，全国各地经济都有很大发展，但由于原有基础、客观条件以及改革开放力度的不同，地区差距目前还没有得到根本改变。区域发展的不平衡、不协调，必然会影响到社会稳定、民族团结、国防巩固和国民经济的持续、协调发展。因此，促进区域协调发展，不仅是重大的经济问题，也是重大的政治问题，不仅关系到现代化建设的全局，也关系到社会稳定和国家的长治久安。所以说，统筹区域发展是其他各个统筹的基础。

缩小地区差距，实现区域的协调发展，是科学发展观指导中国整体发展的重要思想。我国东部地区掌握着较先进的技术，有较强的经济实力，西部经济落后，技术力量薄弱，但资源比较丰富。这种差异决定了我国区域的发展必须选择梯度转移的路径，通过东部向中西部转移和扩散资源、产业，发挥先进地区对落后地区的带动和辐射作用，逐步形成东、中、西三个经济发展带，努力构建东部领跑、中部崛起、西部提速、东北振兴的发展态势。①

目前，在继续积极支持东部地区率先发展、深入推进西部大开发的基础上，大力促进中部地区崛起，全面振兴东北地区等老工业基地，区域发展总体战略取得重大进展，东中西开始出现优势互补、良性互动的局面。但区域发展不平衡的问题仍然十分突出。尤其是珠三角、长三角和环渤海等东部沿海地区随着要素成本持续上升，既有的优势在减弱，传统的发展方式难以走得更远，加上国际形势变化和周边国家竞争加强，加快经济转型和结构升级已经刻不容缓；而中西部地区基础设施逐步完善，要素成本优势明显，发展空间还比较大。因此，促进区域经济协调发展的一个重要方向，就是加快东部沿海产业向中西部的梯度转移，形成更加合理、有效的区域产业分工格局。东部地区要率先发展，就必须加快调整，优化结构，重点发展现代服务业、装备制造业和高新技术产业，增强自主创新能力、可持续发展能力和国际竞争力，更好地辐射和带动中西部地区发展。中西部地区的发展要坚持从自身实际出发，充分借鉴东部地区发展的经验和教训，增强承接产业转移的主动性，营造良好的投资环境，并与自身产业布局、结构调整和节能环保等要求紧密结合，培育区域发展的新优势。西部地区缺水，生态条件差，但绝对不能饥不择食，来者不拒，决不能把那些高耗能、高耗水、高污染的项目引进来。要大力发展优势特色产业和劳动密集型产业。必须坚决破除地区壁垒和保护主义，引导生产要素跨区域合理流动，按照主体功能区的规划和政策，统筹考虑生产力的规模、结构、布局和时序，形成东中西协调互动、相互促进、科学发展的新局面。

（3）统筹经济社会发展

统筹经济社会发展，实质是改变经济发展与社会发展"一条腿长、一条腿短"的状况，像重视经济发展那样重视社会发展，加快推进社会领域的各项改革。随着人民群众的物质生活水平日益提高，它对精神文化、健康安全等方面的需求

---

① 方存忠：《把握"五个统筹"的科学发展观》，《光明日报》2003 年 11 月 14 日。

也日益增长，更加要求社会与经济共同发展。一方面，经济发展是社会发展的前提和基础，也是社会发展的根本保证，只有经济发展了，才能为社会发展提供物质条件，才能满足相应的社会发展的需要。试想当人们连饭都吃不饱的时候，何谈接受良好的教育、享受较高水准的文化生活以及精神生活？当经济总量很小、人均 GDP 很低的时候又何谈加快发展高科技以及完善社会保障体系、全面推进社会进步的物质保证？另一方面，社会发展是经济发展的目的，也为经济发展提供精神动力、智力支持和必要条件。社会发展对经济发展具有某种导向的作用。经济向何处发展，怎么发展，往往都离不开正确的理论指导，而正确的社会发展理论必然成为经济发展的先导。我们都知道一个国家或地区社会生活是否平等、社会环境是否安定、社会秩序是否混乱、社会安全是否有保障，以及医疗条件、教育水平等都会影响到该国(地区)对投资的吸引力的大小，影响到经济的发展。可见，社会发展不仅是社会稳定和政治稳定的根基，而且是经济发展的必要保障。因此，统筹经济社会发展，重在坚持以人为本，整合协同社会主义物质文明建设、政治文明建设、精神文明建设、生态文明建设，促进经济社会和人的全面发展，是其他各个统筹的主导。

要改变目前社会发展和经济发展不够协调的状况，必须加快推进社会领域的各项改革。要大力推进教育、科技、文化、卫生等社会事业的改革和发展，采取有力措施减少失业和贫困人口，解决社会中的不公正和腐败等社会问题。随着经济体制改革的深化，也要相应地积极稳妥地推进政治体制改革，扩大社会主义民主，健全社会主义法制，加强思想政治工作，建立社会主义思想道德体系，为改革和发展提供强大的精神动力和智力支持。统筹经济社会发展，就是使全体社会成员能够共享经济增长的成果。

(4)统筹人与自然和谐发展

统筹人与自然和谐发展，其实质是实现经济社会和人口资源环境的协调发展，促进人与自然的协调与和谐，努力开创生产发展、生活富裕、生态良好的文明发展道路。当前，我国经济社会发展与人口、资源、环境方面仍然存在许多不容忽视的问题。与发达国家相比，我国经济整体素质仍然不高，综合国力还不强，科技水平明显落后，经济结构不尽合理，尚未摆脱粗放型经济增长方式。人口总量庞大，人口素质较低，人均资源明显不足，许多重要资源人均占有量远远低于世界平均水平。在资源短缺的同时，破坏和浪费又非常突出，生态环境恶化趋势尚未根本扭转，面临的人口、资源、环境压力越来越大。因此不断增强可持续发展能力，高度重视资源和生态环境问题，实现人与自然和谐发展，是其他各个统筹的前提。

第一，控制人口增长，提高人口素质；合理利用资源，保护生态环境。既要加快发展的速度，更要注重增长的质量，努力实现速度和结构、质量和效益相统一。要坚持以信息化带动工业化，以工业化促进信息化，走出一条科技含量高、经济效益好、资源消耗低、环境污染少、人力资源优势得到充分发挥的新型工业化路子。转变生产生活方式，积极缓解资源和环境压力。顺应发展循环经济的世界历史潮流，积极推进我国传统的"资源——产品——废物排放"的单向型生产方式向新兴的"资源——产品——再生性资源"的循环型生产方式转变，引导居民树立科学、健康、节约的消费理念。

第二，建立正确的评价人与自然和谐发展的指标体系。GDP 是一个十分重要的经济指标，但它也有弱点。应探讨用人文发展指数、环境指数、居民生活质量等指标补充 GDP 指标，或探讨用绿色 GDP 概念取代 GDP，以更好地反映人们从事经济活动的成果。

第三，加强治理工业"三废"和温室气体的排放。环境污染降低了人们的生活质量，抵消了经济增长的收益。污染企业向贫困地区转移更进一步恶化了当地人们的生产和生活条件，增加了反贫困的难度。应通过财政补贴、税收减免、特许经营等多种方式，引导民间资本投资环保项目。通过开征排污税（费），制定降低污染物排放的行动计划，推广排污权交易，推广强制性技术标准，逐步减少工业废弃物排放量。

第四，要大力推进有益于生态环境保护的工程。比如大力发展生态农业、生态效益型工业(包括节水、节能、节约资源、循环经济工业等)和生态旅游业,建设优美的人居环境(如生态城市、生态乡镇、生态村庄等),真正使经济发展体现"以人为本"和"生态环境优先"的精神。应把握居民消费结构升级的大好时机,加快退耕还林、退耕还草步伐,大力恢复生态植被,引导发展绿色农业和生态农业,保障我国食品安全。

(5)统筹国内发展和对外开放

统筹国内发展和对外开放,重在协同各项改革及其推进,形成稳定、透明的涉外经济管理体制,充分利用国际国内两个市场和两种资源联动发展,是其他各个统筹的路径选择。中国的发展与世界的发展是相互联系的,要加快国内的发展和改革必须坚定不移地实行对外开放,在对外开放中谋求国内的更大发展。改革开放30多年的实践证明,一方面,对外开放大大加快了国内发展;另一方面,只有国内发展了,对外开放才能创新水平、上新台阶。30多年来,我国在对外开放、融入全球化进程中,取得了伟大成就,这是主流。但也要看到,在全球化进程中我国也存在片面强调对外开放而忽略国内发展的倾向,这虽是支流,但必须引起高度重视。统筹国内发展与对外开放,某种意义上可以这样理解:对外开放必须立足于国内发展,服务于国内发展,否则对外开放便失去了意义。

当前,在经济全球化深入发展的新形势下,我国参与国际分工与合作的机遇增多,但外部环境中的不确定因素和潜在风险也在加大,统筹国内发展和对外开放的难度和要求更高。因此,为了在进一步扩大开放的条件下维护好、发展好我国的根本利益,一要增强开放意识,拓展对外开放的广度和深度。善于从国际国内条件的变化中抢抓新的发展机遇,从国际国内优势的互补中创造新的发展条件,在不断强化的国际国内竞争中加快转变发展方式,更充分地利用好国际国内两个市场、两种资源,牢牢把握对外开放的主动权。二要增强效益意识,着力提升开放型经济水平。把利用国际有利条件和充分发挥自身优势结合起来,把扩大引进技术和全面增强自主创新能力结合起来,把利用外资和促进国内产业结构优化升级结合起来,把实施"走出去"战略和缓解国内资源约束结合起来。加快转变外贸增长方式，优化进出口结构，推动加工贸易转型升级。全面提升利用外资水平，加快培育我国的跨国公司和国际知名品牌。三要增强风险意识，在扩大开放中切实维护经济安全。随着我国全方位开放日益发展，参与国际经济合作的机遇在增多，外部环境中的不确定因素和潜在风险也在增加。因此，我们要始终保持清醒头脑，注意趋利避害，维护国家安全。四要增强合作意识，努力营造良好的外部环境。我们要充分利用各种多双边组织和机制，扩大共同利益的汇合点，妥善处理分歧和摩擦，消除国际社会对我国的疑虑和担心。推动建设公正合理的国际贸易和金融体制，加强和改善与各类国家的经贸合作关系。深化与发展中国家的传统友谊，力所能及扩大援外规模，改进援外方式，提高援外效益。同时，督促"走出去"的企业遵守国际通行规则，并承担相应的社会责任。

（6）统筹中央和地方关系

中央与地方的关系问题是每个国家在进行管理和统治过程中都必须面临的客观问题，其实质是中央和地方的权限划分问题。社会主义现代化建设的实践和当代世界发展的实践一再证明，科学划分中央与地方的权力是正确处理中央与地方关系的前提和基础。中央与地方的关系如何，直接关系到中央宏观调控作用的发挥程度和整个社会发展的协调程度。可以说，无论是社会主义市场经济体制的建立还是宏观调控机制的建立，无论是政治职能的转换还是政治体制的改革，无论是经济持续健康的增长还是经济的快速发展，也无论是区域经济的差异还是解决地方利益的冲突，更无论是民族的团结与共同繁荣，还是国家的统一与社会的稳定等，都需要统筹中央和地方的关系，因此，统筹中央和地方关系是实现其他各个统筹的保证。

对于中央和地方的关系，早在 1956 年，毛泽东就有论述，他认为"有中央和地方两个积极性，比只有一个积极性好得多"。① 江泽民深刻指出："我们党历来十分重视处理好中央和地方的关系。充分发挥中央和地方两个积极性，是国家政

①　《毛泽东文集》（第 7 卷），北京：人民出版社 1999 年版，第 31 页。

治生活和经济生活中的一个重要原则问题，直接关系到国家的统一、民族的团结和全国经济的协调发展。我们国家大、人口多，情况复杂，各地经济发展不平衡。赋予地方必要权力，让地方有更多因地制宜的灵活性，发挥地方发展经济的积极性和创造性，有利于增强整个经济的生机和活力。同时，全国经济是一个有机的整体，中央必须制定和实施全国性法律和方针政策，才能保证总量平衡和结构优化，维护全国市场的统一，促进国民经济有序运行和协调发展。"①针对我国全面建设小康社会时期的新形势新任务，党的十七大提出了按照统筹兼顾的根本方法处理中央和地方关系的新原则。统筹中央和地方关系，就是要尊重基层和群众的首创精神，正确处理中央和地方的关系，合理划分中央与地方管理经济社会事务的权限和职责，做到事权与财权相匹配、权力与责任相一致，在维护中央的统一领导的同时，更好地调动地方的积极性。

统筹中央和地方关系，必须合理划分经济社会事务管理的权限和职责。"合理划分中央和地方经济社会事务的管理责权。按照中央统一领导、充分发挥地方主动性积极性的原则，明确中央和地方对经济调节、市场监管、社会管理、公共服务方面的管理责权。属于全国性和跨省（自治区、直辖市）的事务，由中央管理，以保证国家法制统一、政令统一和市场统一。属于面向本行政区域的地方性事务，由地方管理，以提高工作效率、降低管理成本、增强行政活力。属于中央和地方共同管理的事务，要区别不同情况，明确各自的管理范围，分清主次责任。根据经济社会事务管理责权的划分，逐步理顺中央和地方在财税、金融、投资和社会保障等领域的分工和职责。"②

统筹中央和地方关系，必须完善垂直管理的体系。改革开放以来，实行权力下放，地方积极性得到充分发挥，有力地推动了改革和发展。但是，在这个过程中，也出现了一些新的矛盾和问题。有的地方和部门过多地考虑本地区本部门的局部利益，贯彻执行中央的方针政策不力，甚至出现了"上有政策、下有对策"，

① 《江泽民文选》（第1卷），北京：人民出版社2006年版，第471-472页。
② 《十六大以来重要文献选编》（上），北京：中央文献出版社2005年版，第479页。

有令不行、有禁不止的现象；应当由中央集中的集中不够，某些方面存在过于分散的现象。为了解决中央与地方的矛盾、确保政令畅通，海关、税务、工商、质量监督、国土等一些重要的行政部门，都已经从地方政府序列退出，改为中央或省以下垂直管理。政府垂直管理虽然有利于摆脱地方干扰，实现资源更好地配置，但也存在着一些问题，如由于缺乏监督，容易滋生腐败行为；弱化地方政府职能，导致压抑地方积极性等。因此，需要规范垂直管理部门与地方政府的关系，确定好垂直管理的"度"，并建立起一套完整的监督体系使之发挥监督作用。

统筹中央和地方关系，必须让中央和地方关系实现法制化。江泽民曾指出，处理中央和地方关系的主要任务就是抓紧合理划分二者的经济管理权限，明确各自的事权、财权和决策权，做到权力和责任相统一，并力求规范化、法制化。中国已逐步形成了地方政权组织的法律法规体系，但总体上，地方制度法制建设仍然不够健全，没有形成对中央和地方都具有约束力的长期稳定有效的法律制度，权力再分配非规范化，致使中央和地方权限划分的随意性、不规范性、不稳定性过大，不能及时稳定调整、改革的成果，这也是我国中央和地方关系长期不能妥善解决的重要原因。因此，必须实现中央和地方关系的法制化，加强职权划分的法制保障、事权和财权制度创新，建立地方利益表达与平衡机制，使二者的关系保持一种均衡和稳定的状态。

统筹中央和地方关系，必须切实推进中央政府与地方政府职能的转变。党的十七大指出，要"加大机构整合力度，探索实行职能有机统一的大部门体制，健全部门间协调配合机制"。按照这一要求，我们应切实推进中央政府与地方政府职能的转变，加快服务型、效率型新型政府建设。

（7）统筹个人（局部、当前）利益和集体（整体、长远）利益

在经济社会发展诸多关系中，最主要最根本的就是利益关系。由于利益关系引起或导致各种矛盾和问题。统筹兼顾的实质就是统筹协调各种利益关系以调动各方面的积极性。统筹中国特色社会主义事业的其他所有重大关系的目的就是统筹协调各方面利益关系，正确反映和兼顾各阶层各群体的利益要求，充分调动全

社会全民族的发展积极性、主动性、创造性，为推进党和国家事业形成广泛共识、集聚强大力量。因此，统筹各种利益关系是其他各个统筹的根本。

随着改革开放的进一步深入和社会主义市场经济的发展，我国社会结构发生了重大变化，利益群体重新分化组合，呈现出利益主体多元化、利益结构复杂化、利益差距扩大化、利益冲突明显化等特征，不同的社会阶层和利益群体的不同利益诉求带来了各种社会矛盾。如何妥善处理社会关系、统筹协调各方面利益，已经成为了一个无法回避的重要而迫切的问题。党的十七大报告提出统筹个人利益和集体利益、局部利益和整体利益、当前利益和长远利益，就是要坚持从全体人民的整体利益、长远利益和根本利益出发，做到个人利益服从集体利益、局部利益服从整体利益、当前利益服从长远利益，既切实维护好最广大人民的根本利益，又着力解决好人民最关心、最直接、最现实的利益问题。

统筹协调各种利益关系，必须充分考虑不同群体、不同阶层的利益要求，统筹兼顾不同地区、不同部门、不同行业、不同群众的利益，切实找准大多数群众共同利益和不同方面群众具体利益的结合点，统筹兼顾不同方面群众的经济、政治、文化、社会权益，最大限度地反映和体现社会各个方面的利益要求，使发展所带来的利益增量为大多数群众所共享。要特别重视加强制度建设，"适应我国社会结构和利益格局的发展变化，形成科学有效的利益协调机制、诉求表达机制、矛盾调处机制、权益保障机制。坚持把改善人民生活作为正确处理改革发展稳定关系的结合点，正确把握最广大人民的根本利益、现阶段群众的共同利益和不同群体的特殊利益的关系，统筹兼顾各方面群众的关切"。① 统筹协调各种利益关系的主要内容包括以下四个方面：

一是统筹个人利益和集体利益。所谓个人利益，就是人们在发展社会整体利益的过程中，通过诚实劳动、合法经营所获取的维持个人生活和工作需要的正当的物质文化需要。马克思从不否认正当的个人利益，他认为，人们奋斗所争取的

---

① 《十六大以来重要文献选编》（下），北京：中央文献出版社 2008 年版，第 664 页。

一切，都同他们的利益相关。集体利益是一个相对的概念，是指一定社会成员利益的集合，其本质是每个成员利益有机联系的统一整体，因此可以说国家和社会的整体利益也是一种集体利益。从个人利益和集体利益的关系来看，个人利益是集体利益的源泉，集体利益是个人利益的保障。在社会主义条件下，由于广大人民群众是生产资料的占有者和支配者，社会生产的目的是为了满足劳动者日益增长的物质生活和精神生活的需要，这就从根本上保证了集体利益和个人利益的一致性。这种一致性决定了在二者发生矛盾时，个人利益要服从集体利益。正如邓小平所指出的："在社会主义社会中，国家、集体和个人的利益在根本上是一致的，如果有矛盾，个人的利益要服从国家和集体的利益。"①强调集体利益高于个人利益，并不是否认正当的个人利益，而是主张把个人利益和集体利益结合起来，要求集体必须充分关心和保护个人的合法权益，使个人的正当利益得到实现，并使个人的个性得到自由和谐的发展。

二是统筹局部利益和整体利益。统筹局部利益和整体利益既是促进整个社会发展的需要，又是最大限度地调动人民群众积极性的需要。局部利益和整体利益是相对而言的。比如，部门利益或行业利益相对于单位利益而言是整体利益，但相对于国家利益而言却是局部利益。相对于国家利益而言，地区利益、部门利益、行业利益、单位利益无疑都是局部利益。统筹局部利益和整体利益，主要就是统筹协调好地区利益、部门利益、行业利益、单位利益与国家利益的关系。从局部利益和全局利益的关系来看，二者从根本上说是一致的。局部要服从全局，全局要照顾局部，要兼顾局部利益和全局利益，努力实现局部利益和全局利益的良性互动。我们党历来强调，局部必须服从和服务整体，整体必须考虑和照顾局部，正如温家宝指出："要处理好局部和全局的关系。全国经济社会发展是一个整体，从根本上说，局部利益与全局利益是一致的。局部要服从全局，全局要照顾局部，兼顾局部利益和全局利益，充分发挥中央和地方两个积极性。"为此，中

---

① 《邓小平文选》（第 2 卷），北京：人民出版社 1994 年版，第 337 页。

央在作出重大部署、制定方针政策时，既要考虑全局利益和长远利益，也要照顾不同地区、部门的特点和利益，区别对待。地方要充分发挥各自的积极性、主动性、创造性，因地制宜地做好工作，同时必须坚决维护中央的统一领导，维护中央权威，自觉维护国家的整体利益。

三是统筹当前利益和长远利益。所谓长远利益，是指通过一系列实践活动，并在相当长的时间以后才能完全实现的利益。当前利益是群众在现阶段看得见、摸得着的实惠和好处。长远利益是当前利益的方向，当前利益是实现长远利益的阶梯。实行统筹兼顾，促进科学发展，必须把当前利益和长远利益统一起来。就是既要考虑当前发展的需要，又要考虑未来发展的需要；既要遵循经济规律，又要遵循自然规律；既要讲究经济社会效益，又要讲究生态环境效益；既要抓紧解决当前经济社会发展中亟待解决的突出矛盾和问题，同时又要着眼未来发展，坚决防止急功近利的短期行为；既要从人民群众的根本利益出发，着眼于满足人民群众的需要和促进人的全面发展，又要着眼于实现现阶段的发展目标和促进可持续发展，切实为人民群众创造良好的生产生活条件，保证有利于中华民族的长远发展。

四是统筹不同阶层的利益关系。统筹各种利益关系的一个十分重要的内容，就是统筹各阶层之间的利益关系。在当代中国，人民群众既包括工人、农民、知识分子、公务员、军人等基本社会阶层，又包括民营科技企业的创业人员和技术人员、受聘于外资企业的管理技术人员、个体户、私营企业主、中介组织的从业人员、自由职业人员等新社会阶层。各社会阶层之间无疑存在着非常复杂的利益关系。统筹协调阶层利益的目的，就是要兼顾不同阶层的利益诉求，正确化解阶层之间的利益矛盾，实现各阶层、各群体的和谐共处与共同发展。统筹不同阶层利益的内容和要求是多方面的，但总的要求是使人民群众共享改革发展的成果，实现各阶层利益的良性互动和协调共进。

(8)统筹国内国际两个大局

把国内和国际形势联系起来全面分析、通盘考虑，历来是我们党制定正确路线方针政策的重要方法。党的十七大提出了统筹国内国际两个大局的新理念，这是党中央从党和国家事业发展全局的高度提出的重大战略思想，对于发展中国特色社会主义，推动建设持久和平、共同繁荣有着重要意义。统筹国内国际两个大局，就是要深刻认识国内大局和国际大局、内政和外交的紧密联系，既立足于自己的发展，又善于从国际形势和国际条件的变化中把握发展方向、用好发展机遇、创造发展条件、掌握发展全局，做到审时度势、因势利导、内外兼顾、趋利避害，为我国发展营造良好的国际环境。因此，统筹国内国际两个大局是其他各个统筹的条件。

今天的世界是开放的世界，作为经济发展强劲的发展中大国和国际体系的重要成员，中国与世界的联系比以往任何时候都更加密切。正如党的十七大报告中所指出的，当代中国同世界的关系发生了历史性变化，中国的前途命运日益紧密地同世界的前途命运联系在一起。中国发展离不开世界，世界繁荣稳定也离不开中国。统筹国内国际两个大局是在深入分析时代特征和我国发展实际的基础上提出来的，是顺应当今世界发展大势的必然要求，是适应中国同国际社会关系发生重大变化的必然要求，是在新的历史起点上发展中国特色社会主义的必然要求。在世界多极化不可逆转、经济全球化深入发展、科技革命加速推进的当今时代，只有具备自主创新的精神，广阔的国际视野和善于学习的态度，才能实现我国的科学发展、和谐发展与和平发展，统筹国内国际两个大局则成为我们观察事物和做好工作的重要思想方法。

统筹国内国际两个大局有两方面的基本要求。一是必须坚定不移地立足于自己的发展。建国以来特别是改革开放 30 年来的实践已经充分证明，只有立足于自己的发展，首先把国内的事情办好，才能破解制约科学发展的矛盾和难题，才能在国际竞争中掌握主动权，避免受制于人，才能在自身发展的同时促进世界和平与发展，赢得世界的尊重。立足于自己的发展，必须按照中央要求，把各方面真正引导到科学发展轨道上来。面对当前的世界金融危机，必须更加注重加强和改善宏观调控，着力扩大内需，大力推进自主创新，加快产业结构调整，深化改革开放。要巩固经济发展的良好势头，防止出现大起大落，避免苗头性问题演变成趋势性问题，局部性问题演变为全局性问题，努力实现更长时间、更高水平、更好质量的发展。二是必须学会更好地与外部世界打交道。不管国际风云如何变幻，中国政府和人民都将高举和平、发展、合作旗帜，始终不渝奉行独立自主的和平外交政策，始终不渝走和平发展道路，始终不渝奉行互利共赢的开放战略，始终不渝恪守维护世界和平、促进共同发展的外交政策宗旨，通过维护世界和平发展自己、通过自身发展维护世界和平，为推动建设和谐世界做出新的贡献。我们必须"树立世界眼光，加强战略思维，善于从国际形势发展变化中把握发展机遇、应对风险挑战，营造良好国际环境"。① 总之，统筹国内国际两个大局必须更加注重从国际国内形势的相互联系中把握发展方向，必须更加注重从国际国内条件的相互转化中用好发展机遇，必须更加注重从国际国内资源的优势互补中创造发展条件，必须更加注重从国际国内因素的综合作用中掌握发展全局。

（9）统筹经济建设和国防建设

党的十七大报告指出："国防和军队建设，在中国特色社会主义事业总体布局中占有重要地位。必须站在国家安全和发展战略全局的高度，统筹经济建设和国防建设，在全面建设小康社会进程中实现富国和强军的统一。"②这一论述说明巩固而强大的国防是国家安全的根本保证，正确认识和处理经济建设与国防建设的关系，是中国特色社会主义建设中一个带有全局性的重大问题。

我们党历来高度重视国防建设，根据发展阶段的不同及形势任务的变化适时提出处理国防建设和经济建设关系的原则和方针。新中国成立初期，毛泽东提出了一手抓经济、一手抓国防的方针。20 世纪 80 年代，邓小平提出了国防和军队建设要服从和服务于国家经济建设大局，并在这个大局下面行动的战略思想。江泽民提出，坚持国防建设与经济建设协调发展的方针，在经济发展的基础上推进国防和军队现代化。胡锦涛指出，坚持国防建设与经济建设协调发展的方针，是

---

① 《十七大以来重要文献选编》（上），北京：中央文献出版社 2009 年版，第 13 页。
② 《十七大以来重要文献选编》（上），北京：中央文献出版社 2009 年版，第 32 页。

我们党对国防建设和经济建设内在规律的科学总结。经济建设是国防建设的基本依托。国防实力是综合国力的重要组成部分。党的十七大报告关于统筹经济建设和国防建设、在全面建设小康社会进程中实现富国和强军的统一的论述，继承和发展了我们党一贯坚持的有关原则和方针，充分体现了深入贯彻落实科学发展观的基本要求，进一步强调了国防和军队建设在中国特色社会主义事业总体布局中的重要地位，体现了工作部署和发展目标的有机统一。

当今世界，军事力量在综合国力竞争中的作用越来越大，许多国家都加紧调整发展战略，注重加强军事力量建设，以谋求战略优势；国家安全和发展对国防和军事力量的依存度越来越高，国家安全利益逐渐超出传统领土、领海、领空范围，不断向海洋、太空和电磁空间拓展。这对我国维护国家主权、安全、发展利益提出了更高的要求，保障我国和平发展的使命和责任也越发重要，国防和军队建设在中国特色社会主义事业总体布局中的地位更加突出。面对这种严峻现实，我们必须正确处理国防建设和经济建设的关系。一方面，经济是国防的物质技术基础，只有国民经济发展了，才能为国防现代化提供必要的物质技术基础。另一方面，国防现代化是我国社会主义现代化的重要组成部分，加强国防建设是国家安全与经济发展的基本保证。如果经济建设与国防建设这两大战略任务出现了战略失衡，必然危及到国家经济社会的长远和可持续发展。

在全面建设小康社会进程中实现富国和强军的双重目标，国家富强离不开巩固的国防和强大的军队。全面建设小康社会作为 21 世纪头 20 年我国发展的总体目标，包括富强、民主、文明、和谐的内容，其中就蕴含着强军的要求。没有强军作保障，富强、民主、文明、和谐就没有根基。在整个全面建设小康社会的历史进程中，在协调推进经济建设、政治建设、文化建设、社会建设的同时，必须着力推进国防和军队建设，把国防和军队现代化建设融入国家现代化建设全局，使国防和军队现代化进程同国家现代化进程相协调相促进，始终成为国家安全和和平发展的坚强保障，真正实现富国和强军从历史过程到发展成果的全面统一。

统筹经济建设和国防建设，必须根据国际战略态势和我国安全形势，统筹安排国家资源，科学确定国防建设和经济建设的比例关系。在战略机遇期，以有效保障经济社会全面协调可持续发展为基础，在国防和军队建设上量力而行、尽力而为；在国防资源运用上集中力量，突出重点，有所为有所不为。根据经济社会发展速度和水平，不断提高国防建设投入规模，保证国防建设发展不滞后于经济社会的总体发展，确保国防实力始终能够满足国家安全防卫的现实要求。同时，还要充分考虑到国防建设在中国特色社会主义事业总体布局中重要性日益上升的趋势和要求，高瞻远瞩、居安思危、未雨绸缪，在力所能及的情况下，对国防建设中关系国家长治久安的一些重点领域优先考虑、重点突破、走在前头。

统筹经济建设和国防建设，必须适应社会主义市场经济和经济全球化的现实，走出一条中国特色军民融合式发展路子。"要统筹国防资源与经济资源，促进国防经济和社会经济、军事技术和民用技术、军队人才和地方人才兼容发展，在武器装备科研生产、军队人才培养、军队综合保障、国防动员等方面努力推进军民融合、寓军于民，把国防和军队现代化建设融入经济社会发展体系。针对经济发展和国防建设中的瓶颈问题，着力实施国家重大科技专项，集中优势力量尽快在一些关键领域取得重大技术突破。充分发挥竞争对创新的激励作用，时刻把握世界科技发展前沿动态，尽快形成一套能够在最短时间内把一般经济科技成果转化成国防建设成果、把新的经济技术优势转化成国防实力的成熟机制，使富国和强军的目标和要求在全面建设小康社会伟大进程中相辅相成、相得益彰。"①

（10）"统筹兼顾"的整体性质

统筹城乡发展、统筹区域发展、统筹经济社会发展、统筹人与自然和谐发展、统筹国内发展和对外开放、统筹中央和地方的关系、统筹个人（局部、当前）利益和集体（整体、长远）利益、统筹国内国际两个大局、统筹经济建设和国防建设这九个统筹是互相联系、相辅相成的统一整体，其实质是在全面建设小康

① 《统筹经济建设和国防建设，在全面建设小康社会进程中实现富国和强军的统一》，《人民日报》2008年1月14日。

社会和实现现代化的进程中，如何选择发展道路和发展模式，如何发展得更好的问题。

"九个统筹"的重要方针既丰富了科学发展观，又使科学发展观的落实有了更加明确的切入点和现实途径。这九大关系的统筹反映了新时期我国经济社会发展的客观要求，揭示了我国发展过程中必须特别关注和致力于解决的主要矛盾关系。统筹城乡发展思想是在既充分认识到我国现存的城乡二元结构对于现代化建设的严重阻碍，又充分借鉴外国城市化过程的经验教训的基础上，以符合中国国情的新型城市化道路的提出为背景形成的。统筹经济社会发展的思想是在经历了若干经济波动、社会矛盾异动后，克服片面经济增长观（GDP 崇拜）的基础上，形成经济社会发展综合指标及相应的体制支撑为背景提出的。统筹区域发展的思想是在一方面区域之间的差距日益扩大、其负面影响日益显现；另一方面国力有了长足增长、区域均衡发展已具备客观可能的基础上，以"西部大开发""振兴东北"和"中部崛起"的大战略的形成为背景提出的。统筹人和自然发展思想是在自然资源日渐枯竭、生态承受力几乎抵达极限、转变经济增长方式已成为共识的基础上，以新型工业化道路的基本成型为背景提出的。统筹对外开放和对内改革进度的思想是在改革开放既要与国际接轨、推动国内的市场化取向的改革，又要抵制西方"西化""分化"图谋、巩固和完善社会主义制度的认知下，以将开放的程度、改革的力度和社会可能承受的程度"三统一"为背景提出的。统筹中央和地方关系的思想是在我国中央和地方关系长期不能妥善解决的基础上，以促进社会主义市场经济健康发展、加强政治体制改革、维护社会发展和稳定、构建和谐社会为背景提出的。统筹各种利益关系的思想是在我国社会结构发生了重大变化，利益群体重新分化组合，出现利益主体多元化、利益结构复杂化、利益差距扩大化、利益冲突明显化等特征，经济社会发展进入社会矛盾急剧增多的"矛盾凸显期"为背景提出的。统筹国内国际两个大局的思想是在深入分析时代特征和我国发展实际的基础上，以顺应当今世界发展大势，当代中国同世界关系发生重大变化为背景提出的。统筹经济建设和国防建设的思想是在对外开放日益扩大、综合国力竞争日趋激烈、发达国家在经济技术上依然占据优势地位、传统安全威胁和非传统安全威胁相互交织的基础上，以面对我国经济社会快速发展和维护国家主权、安全、发展利益要求更高的新情况为背景提出的。"统筹兼顾"是一个分析矛盾、解决问题的动态过程，是抓方向、抓全局、抓成效的基本思路，是落实科学发展观的实践形式。

统筹兼顾作为科学发展观的根本方法，深刻反映了科学发展观所集中体现的马克思主义关于发展的世界观和方法论，是辩证唯物主义思想方法在现代化建设中的具体运用，是我们深刻领会和正确运用科学发展观必须把握的精髓和关键。要牢牢掌握统筹兼顾的科学思想方法，努力提高辩证思维能力，不断增强统筹兼顾的本领，更好地推进科学发展。

掌握统筹兼顾的科学思想方法，一要总揽全局，统筹规划。把中国特色社会主义伟大事业和党的建设新的伟大工程作为一个整体，坚持以经济建设为中心，按照四位一体总体布局，全面推进经济建设、政治建设、文化建设、社会建设和党的建设，把促进科学发展、社会和谐与加强党的建设有机统一起来，使之相互促进、相互支撑，实现良性互动。坚持以宽广的胸怀把握全局，审时度势、与时俱进；以辩证的思维分析全局，顺势而为、因势利导；以系统的方法谋划全局，瞻前顾后、统筹安排。

二要立足当前，着眼长远。把当前发展和长远发展联系起来，既考虑现在发展需要，又考虑未来发展需要；既遵循经济规律，又遵循自然规律；既讲究经济社会效益，又讲究资源和生态环境效益。坚持实现阶段性目标和促进可持续发展的有机统一，满足人民物质文化需要和促进人的全面发展的有机统一。坚决防止急功近利的短期行为，努力实现经济与社会、物质与精神、人与自然的协调发展，保证中华民族世世代代永续发展。

三要全面推进，重点突破。把党和国家各项工作看做辩证统一的整体，正确处理中心与全面、重点与非重点的关系，注重加强薄弱环节，善于抓住和解决牵动全局的主要工作、事关长远的重大问题，把工作的着力点真正放到解决改革发展稳定中的重要问题上，放到解决群众生产生活中的紧迫问题上，放到解决党的建设中的突出问题上。努力提高观察形势、分析问题的能力，善于在纷繁复杂的矛盾中抓住根本，在不断变化的形势中把握方向。

四要兼顾各方，综合平衡。把经济社会发展看做动态过程，深刻认识平衡是相对的，不平衡是绝对的，把握经济社会发展中平衡与不平衡的辩证关系，既善于调动各方面发展的积极性，鼓励抓住机遇加快发展，又努力实现均衡发展，注重发展的协调性和稳定性。坚持因地制宜，因人制宜，因时制宜，不强求一律，不搞齐步走、一刀切，防止顾此失彼。正确认识和妥善处理重要利益关系，充分考虑不同地区、不同行业、不同群体的利益要求，善于把握各方利益的结合点，使各个方面的利益和发展要求得到兼顾。①

(三) 以胡锦涛为主要代表的中国共产党人社会发展理论的贡献

1. 丰富了马克思主义的理论宝库

(1) 形成了系统的马克思主义发展理论

这一马克思主义发展理论主要包括：第一，第一次提出了"科学发展观"这一理论的总范畴和总概念，揭示了这一理论的本质规律。正是有了这样一个总范畴和总概念，就能把一些零散的认识系统化，形成一个完整的理论体系。所以，这个范畴的提出具有非常重大的意义，标志着我们党对发展问题认识的飞跃，也标志着这一理论形成。第二，提出"以人为本"是这一理论的核心。科学发展观开宗明义地提出"以人为本"，并把它与全面、协调、可持续发展联系起来，从根本上回答了为什么发展、为谁发展、发展的目的问题。这表明，我们党对社会主义生产目的的理论作了更全面、更深刻的阐释，又充分体现了我们党的性质、宗旨和执政理念在发展问题上的要求。第三，提出"全面、协调和可持续发展"

---

① 参见《科学发展观学习读本》，北京：学习出版社 2008 年版，第 51—53 页。

是这一理论的基本要求。这使我们第一次从整体上对发展的要求有了一个全面、系统、准确的认识和把握。"全面、协调和可持续发展"概念的内涵十分丰富。所谓"全面发展"，就是要以经济建设为中心，全面推进经济、政治、文化建设，实现经济发展和社会全面进步。所谓"协调发展"，就是要统筹城乡发展、统筹区域发展、统筹经济社会发展、统筹人与自然和谐发展、统筹国内发展和对外开放，推进生产力和生产关系、经济基础和上层建筑相协调，推进经济、政治、文化建设的各个环节、各个方面相协调。所谓"可持续发展"，就是要促进人与自然的和谐，实现经济发展和人口、资源、环境相协调，坚持走生产发展、生活富裕、生态良好的文明发展道路，保证一代接一代永续发展。这三个概念与"以人为本"相联系，构成了马克思主义发展理论体系的全部内涵和基本要求。第四，提出了以经济建设为中心与推进经济社会全面进步的有机统一是这一理论的根本要求。科学发展观主要解决的理论和实践问题是如何做到又好又快发展，实现人和社会的全面发展。对于这个理论和实践问题，邓小平和江泽民都有论述。但科学发展观提出后，我们党对这个问题的认识就更加清楚、明确。胡锦涛指出："只有坚持以经济建设为中心，不断增强综合国力，才能为全面协调发展打下坚实的物质基础。"同时，"只有实现全面、协调、可持续的发展，才能使经济发展更加持续、快速、健康，实现又快又好地发展"。科学发展观把以经济建设为中心、全面协调可持续发展和"五个统筹"的思想统一起来，深化了我们党对社会主义现代化建设规律的认识。第五，提出"统筹兼顾"是这一理论的根本方法。科学发展观强调要正确认识和妥善处理中国特色社会主义事业中的重大关系，统筹城乡发展、区域发展、经济社会发展、人与自然和谐发展、国内发展和对外开放、中央和地方关系，三对利益关系、国内国际两个大局等矛盾关系，明确了发展的具体措施和切入点，把发展理论政策化，增强了发展理论的实践性。第五，科学发展观从哲学高度升华了我们党的发展思想。它是我们党指导发展的世界观和方法论的集中体现，从根本上坚持了实事求是的思想路线，不但是马克思主义立场观点方法在发展问题上的运用和反映，也从发展观的角度对马克思主义哲学进行了阐发，丰富和深化了我们党对马克思主义哲学的认识。学习和落实科学发展观的过程，就是我们自觉运用马克思主义哲学指导发展实践的过程，也是我们自觉改造世界观、人生观、价值观的过程。

（2）丰富和发展了马克思主义理论体系

马克思主义理论是包括辩证唯物主义和历史唯物主义、政治经济学和科学社会主义在内的丰富理论体系。科学发展观不仅深刻揭示了我国社会主义经济发展的客观规律，丰富了党的执政理念，而且反映了当今世界的发展潮流和当代中国的发展变化对党和国家工作的新要求，它所蕴涵的一系列新思想、新观点丰富和发展了马克思主义理论体系。科学发展观作为马克思主义关于发展的世界观和方法论的集中体现，是对马克思主义唯物论、辩证法、认识论和历史观等基本原理的创造性运用和发展。科学发展观关于坚持以人为本、提高自主创新能力、提高开放型经济水平、加快转变经济发展方式、形成有利于科学发展的宏观调控体系等观点，深化了对社会主义市场经济规律的认识，为社会主义政治经济学提供了新的理论基础和时代内容。科学发展观，以社会主义建设与发展的具体实践为基础，以研究经济社会又好又快发展为主题，以揭示社会主义发展的本质规律为目的，进一步深化了对社会主义建设规律和共产党执政规律的认识，推进了科学社会主义的理论发展。

第一，阐发和运用了马克思主义哲学基本理论。发展概念本来就是马克思主义哲学的基本概念，马克思主义哲学一开始就注重研究社会历史发展问题，从辩证唯物主义和历史唯物主义的世界观和方法论的高度揭示了社会发展的客观规律，全面揭示了社会结构体系的内在联系，社会发展与人的发展的统一，社会发展最终是为了人的发展，社会发展包括经济发展和社会其他领域发展在内的、全方位协调统一的全部内在规律。

科学发展观是马克思主义辩证法和唯物论在发展问题上的统一，体现了两点论、重点论和均衡论的统一。科学发展观强调坚持以经济建设为中心，把发展生产力作为首要任务，把经济发展作为一切发展的前提，发展了历史唯物主义关于生产力是人类社会发展的基础的观点，在历史唯物主义视野中表明了科学发展的合规律性。科学发展观坚持以人为本，把人民群众作为推动发展的主体和基本力量，把满足人民群众不断增长的物质文化需要作为发展的根本出发点和落脚点，从最广大人民的根本利益出发谋发展、促发展，发展了历史唯物主义关于人民是历史发展主体和人的全面发展的观点，表明了科学发展观的合目的性。科学发展观既是对发展规律的科学把握，也是对发展价值的正确认知，体现了合规律性与合目的性的辩证统一。

科学发展观坚持全面发展和协调发展，强调全面推进经济建设、政治建设、文化建设、社会建设，实现经济发展和社会全面进步，注重统筹城乡发展、区域发展、经济社会发展、人与自然和谐发展、国内发展和对外开放，体现了唯物辩证法关于事物之间普遍联系、辩证统一的基本原理。科学发展观坚持可持续发展，强调要实现经济发展与人口、资源、环境相协调，保证一代接一代地永续发展，体现了辩证唯物主义关于人与自然关系的思想。科学发展观把社会主义物质文明、政治文明、精神文明、和谐社会建设和人的全面发展看成相互联系的整体，把人类社会的发展看成生产力和生产关系、经济基础和上层建筑、社会生产各个部门、各个地域、各个方面，人与社会、当代与后代等彼此相互联系、相互促进、不可分割的过程，体现了唯物辩证法关于事物是不断发展变化的基本原理。

科学发展观揭示了我国经济社会发展的正确道路，是指导我们推进发展的根本方法。科学发展观要求正确处理经济发展与社会发展、发展速度与效益、市场机制与宏观调控、改革发展稳定等社会主义现代化建设中的一系列重大关系，在大力推进经济建设的同时促进政治、文化、社会共同发展，解决好与经济增长相关的各种社会问题。科学发展观提出统筹兼顾的根本要求，把发展看作相互推进、系统协调的过程，强调总揽全局，科学筹划，协调发展，兼顾各方，使各个方面、各个环节协调一致地运转。科学发展观着眼于中华民族的长远利益，以前瞻的眼光创新发展模式、健全发展机制、提高发展质量，努力实现经济与社会、人与自然的良性互动。科学发展观坚持正确处理中心与全面、重点与非重点、平衡与不平衡的关系，注重加强经济社会发展的薄弱环节，实现发展的均衡和协调，充分体现了唯物辩证法在发展问题上的科学运用。[①]

第二，丰富和发展了马克思主义政治经济学基本理论。社会主义社会是迄今为止人类历史上最先进的社会形态，它理所当然要比资本主义社会具有更优越的经济制度和相应的经济体制，为经济发展和生产力进步提供制度和体制保障。中国共产党人坚持把马克思主义的基本原理同中国的实际相结合，通过艰辛的经济建设实践与理论探索，不断丰富和发展着马克思主义的政治经济学基本理论。

1978 年党的十一届三中全会以后，我们党坚持解放思想、实事求是的思想路线，加强了对社会主义经济理论的探索，逐步提出了社会主义市场经济理论。从提出社会主义经济是公有制基础上有计划的商品经济，到以计划经济为主、市场经济为辅；从党的十三大强调社会主义有计划的商品经济体制是计划与市场内在统一的体制，到党的十四大明确指出计划与市场不是社会主义与资本主义的本质区别，确立了在我国建立社会主义市场经济体制，我国社会主义经济建设理论与实践获得了重大突破。新的理论指导新的实践，新的实践又推动理论新的发展。党的十四届三中全会通过了《中共中央关于建立社会主义市场经济体制的决定》，有力地指导了我国社会主义市场经济体制的建立，推动着社会主义市场经济的发展。2003 年，党的十六届三中全会通过了《中共中央关于完善社会主义市场经济体制若干问题的决定》，在论述完善社会主义市场经济体制的目标和任务时，强调要"按照统筹城乡发展、统筹区域发展、统筹经济社会发展、统筹人与自然和谐发展、统筹国内发展和对外开放的要求，更大程度地发挥市场在资源配置中的基础性作用，增强企业活力和竞争力，健全国家宏观调控，完善政府社会

---

① 侯惠勤等：《马克思主义中国化理论创新 30 年（1978—2008）》，北京：中国社会科学出版社 2008 年版，第 329-330 页。

管理和公共服务职能，为全面建设小康社会提供强有力的体制保障"。① 在论述深化经济体制改革的指导思想和原则时，提出了"坚持以人为本，树立全面、协调、可持续的发展观，促进经济社会和人的全面发展"。可见，科学发展观是作为完善社会主义市场经济体制的目标、指导思想和原则提出来的。

科学发展观深化了并将继续深化对社会主义市场经济规律的认识。可以说，把社会主义与市场经济结合起来，这是中国共产党人的一个伟大创举。实践证明，在社会主义制度条件下发展市场经济，是促进社会主义生产力发展的正确选择。社会主义市场经济体制既能发挥社会主义的优越性，又能发挥市场经济的优越性，充分调动广大人民群众的积极性和创造性，激发社会的生机和活力，促进生产力和经济的发展，促进中国社会的进步，是适合中国国情的经济体制。但是，由于市场经济本身存在的弱点和不足，它也具有盲目性、无秩序性，如果不对其进行限制的话，就会导致发展的不平衡、不协调，产生两极分化，甚至可能导致生态平衡的破坏、社会的动荡。这就需要在发展社会主义市场经济的实践中必须贯彻落实科学发展观。科学发展观提出了经济、社会、人与自然协调和谐发展的思想，突出强调在坚持以经济建设为中心、发展社会主义市场经济的进程中，要立足全局，统筹兼顾；要深化改革，创新机制体制；要更加注重质量，注重效益；要科学地指导社会主义与市场经济的有效结合，使二者优势互补、相得益彰。科学发展观在理论上升华了社会主义的本质要求，在实践上为不断完善社会主义市场经济体制提供了科学指导。

全面贯彻落实科学发展观，必须继续加强和改善宏观调控，着力调整经济结构和转变经济发展方式，着力加强资源节约和环境保护，着力推进改革开放和自主创新，着力促进社会发展和解决民生问题，推动经济社会发展切实转入科学发展的轨道。在推进经济发展的过程中，努力实现速度、质量、效益相协调，消费、投资、出口相协调，人口、资源、环境相协调，真正做到又好又快地发展。

---

① 《十六大以来重要文献选编》（上），北京：中央文献出版社 2005 年版，第 465 页。

同时，使社会各方面的发展都能得到兼顾，从而促进经济社会各要素发展的内在协调和良性互动。这样，就把以经济建设为中心与全面协调可持续发展统一起来了，集中体现了马克思主义政治经济学基本原理在中国的运用与发展。

第三，丰富和发展了科学社会主义基本理论。我们党正确判断国际形势，正确认识世界和平与发展的时代主题。在这个开放的时代和开放的世界里，我们深切地关注并尊重各国人民所选择的不同发展理论、发展道路、发展模式和发展实践，客观地分析它们给我国的发展所带来的影响，以借鉴其经验教训。"什么是社会主义、怎样建设社会主义"，这是在社会主义发展进程中必须回答的基本理论问题。邓小平理论就是围绕着这一主题逐步展开的，并初步科学地回答了这一问题。随着中国特色社会主义实践的发展，这一基本问题深化为"什么是社会主义市场经济、怎样在市场经济条件下建设社会主义"。"三个代表"重要思想主要从执政党建设的角度，提出"建设什么样的党、怎样建设党"的问题，并对这个基本问题进行了比较全面的回答。而科学发展观则从发展的角度，进一步回答了中国特色社会主义建设中"什么是发展""为什么发展""靠谁发展""怎样发展"等一系列重大理论与实践问题，从而进一步深化了对这个基本问题的认识。科学发展观指明了中国特色社会主义的发展方向，对内提出社会主义经济、政治、文化和社会建设四位一体、全面发展的战略布局，提出用发展的办法解决前进中的问题，突出强调构建社会主义和谐社会：把社会主义核心价值体系作为和谐文化建设的根本，把建设公平正义的制度体系作为社会建设的重要内容，把民主政治建设与服务型政府建设作为政治文明建设的新内涵。对外高举和平、发展、合作的旗帜，坚定不移地走和平发展的道路，倡导建设持久和平、共同繁荣的和谐世界：坚持民主平等、和睦互信、公正互利、包容开放，以实现文明对话、协调合作、共同安全、共同发展。在占世界人口 1/5 的中国这个最大的发展中国家，以科学发展观为指导，通过和平发展，实现建设富强民主文明和谐的社会主义现代化国家的目标，实现中华民族的伟大复兴，这是中国共产党人的历史责任，也是中国人民的共同心愿。这一宏伟目标的实现，其本身就是对社会主义发展模式多样性、人类文明发展丰富性的卓越贡献，就是对科学社会主义理论与实践的新丰富、新发展。

2. 创新了社会主义发展观①

发展观是由基于对发展重大问题反思和回答的一系列根本观点构成的理论体系，其主要内容包括发展内涵、发展目的、发展主体、发展道路、发展机制和发展标准等基本内容。科学发展观把马克思主义基本原理同当今中国的具体实际结合起来，继承我们党关于发展问题的一系列重要思想，着眼于丰富发展内涵、创新发展观念、开拓发展思路、破解发展难题，提出了一系列新的思想观点，深化了对发展问题的认识，创新了社会主义发展观。

（1）发展内涵的新揭示

全面、协调、可持续的发展观念，过去在党和国家的有关文件中曾经出现过，在经济社会生活中也使用过，但都是在局部、某个领域、一定层次上分别使用，从未将三者联系起来作为一个完整的整体加以表述和在党的指导思想的高度运用。将三者联系起来，并将其在坚持"以人为本"的基础上有机地统一起来，概括为新的科学发展观，赋予新的时代内涵，使之成为我国未来社会经济、政治、文化发展的具有指导意义的思想观念，这是我们党在发展观上的一大创新。

科学发展观赋予发展新的更加丰富的内涵。它突破了过去把发展简单理解为经济增长的局限，纠正了简单、片面的思维定式，立足于社会主义社会的生产目的，顺应经济增长和社会进步的发展趋势，从满足人们日益增长的物质文化需要出发，更加重视经济、政治和文化的全面发展，各个领域的统筹发展，重视人与自然的和谐发展，是经济增长、社会进步、生态和谐与人的全面发展的有机统一，是崭新的发展理念。全面，是指各方面都要发展，是经济、社会和人的综合发展，是经济、政治、文化的全面发展，是物质文明、政治文明、精神文明的全

---

① 金伟：《试论当代中国共产党人发展观的创新和发展》，《毛泽东邓小平理论研究》2005 年第 5 期。

面提升。人的全面发展则包括城乡在内的东中西部的广大人民的全面发展。协调，是指协调好改革进程中的各种利益关系，包括在经济社会的发展变迁中，社会形态内部的协调、经济结构的协调、社会结构的协调，等等。统筹推进各项改革，重点是努力实现宏观经济改革和微观经济改革相协调，经济领域改革和社会领域改革相协调，城市改革和农村改革相协调，经济体制改革和政治体制改革相协调。可持续发展，是指发展进程的持久性、连续性和可再生性，充分考虑人口、资源和生态的承受力和持久支持力，统筹规划，保证发展与人口、资源和生态环境相适应，并形成良性互动。

全面、协调和可持续发展作为科学发展观的基本内容，是有紧密内在联系的整体。"全面"是讲发展的内容，是从广度上观察。"协调"是讲发展的各部分内容的关系，是从动态着眼的，在运动中实现平衡，进而保证全面发展。而"可持续发展"则是要求和保证全面发展的各部分发展的持久性、连续性，没有可持续，发展就将中断；同时，它本身也是一种协调，即如何协调眼前和长远的关系。这样，就揭示了如下的发展运动过程：发展是经济、社会和人的全面发展，这一发展的各部分在运动中不断协调，达到新的平衡，通过可持续保证全面协调时间上的连续性和往复性，并不断走向新的更高的阶段。可见，科学发展观的确立，使发展的内涵更加清晰，发展途径更加明确，发展眼光更加深远，发展思维更加辩证。从理论层面上看是我们在发展观念上的一个重大突破和转变。从实践层面上看将会引起发展方式、发展途径等一系列重大革命。

（2）发展主体的新变化

人民作为现实发展的主体，在社会主义社会中有着至高无上的地位和作用，无论是生产力的发展，还是体制的创新，无论是物质文明、政治文明建设，还是精神文明建设，归根结底离不开人民的创造力，离不开人的自身发展。发展生产力，搞经济建设，实现现代化，其实质是如何发挥人的现实能力、调动内在潜力，提高人的各方面素质。

我国当代社会发展的主体当然是全国各族人民。我们党今天所处的社会地位和环境、所面临的历史任务、党的自身状况都发生了新的重大变化。这种变化，决定了我们党的执政内容和历史任务也会发生变化。这就必然要求我们重新认识中国特色社会主义建设者。我们应该紧紧把握住社会生活和社会阶层结构的新变化，对新的历史条件下我国社会发展的主体作出新的科学判断，即包括知识分子在内的工人阶级、广大农民是推动我国先进生产力发展和社会全面进步的根本力量，在社会变革中出现的新的社会阶层是中国特色社会主义事业的建设者。也就是说，包括知识分子在内的工人阶级、广大农民以及新的社会阶层，都是我国当代社会的发展主体。

我国从传统农业社会向现代工业社会转型、所有制结构的变化和产业结构的调整，必然带来我国工人阶级结构的新变化。正是这种变化，更加使得工人阶级成为我国当代社会发展的主体力量，成为我国先进生产力的重要载体。作为我国先进生产力承担者的工人阶级，主要包括掌握先进技术的生产者、掌握先进知识的管理者和掌握先进科学技术的知识分子。这是我国工人阶级的主体，是先进生产力的创造者，也是社会发展的主体力量。就整体说，工人阶级的整体素质得到了普遍的提高，产业结构的调整使工人阶级的结构不断得到优化，工人阶级的先进性得到进一步增强。工人阶级为适应科学技术的进步、现代化生产力的发展所作的内部结构的调整，有利于整体素质、特别是科学文化素质的提高，有利于更好地发挥工人阶级的整体优势和历史作用。总之，包括知识分子在内的工人阶级、广大农民，始终是我国先进生产力发展和社会全面进步的根本力量。

随着社会主义市场经济的发展和所有制结构和产业结构的调整，逐渐形成了大量的民营企业家和从业人员、受聘于外资企业的管理技术人员、个体户、私营企业主、中介组织的从业人员、自由职业者等新的社会阶层。这一新的社会阶层，作为非公有制经济的人员，他们是生产要素的所有者，是社会财富的创造者，是体制创新的推动者，也是社会就业机会的创造者。新社会阶层的来源和构成既有个体私营者，也有科技企业家；既有下岗再就业的普通劳动者，也有技术和专业人员；既有家族经营的小公司，也有大的跨国公司；既有知识密集型经济，也有劳动密集型经济。这种社会阶层的复杂性，决定了这个社会群体的两重性。但我们并不能因此而否认他们在我国社会发展中的进步作用。就总体而言，新的社会阶层对我国的社会发展已经做出，而且将继续做出重要贡献。因此，他们都是中国特色社会主义事业的建设者，也是我国当代社会发展的重要力量。

（3）发展动力的新概括

马克思主义一向认为，社会基本矛盾、一定历史时期的阶级斗争和人民群众是人类社会发展的根本动力。毛泽东根据这个基本理论分析中国社会主义建设初期的国情，并以斯大林对社会主义发展动力的错误认识和实践为鉴，明确提出了社会主义社会是在社会矛盾中发展的、其基本矛盾是社会主义发展动力的思想。邓小平在坚持社会基本矛盾和人民群众是社会发展动力思想的同时，根据时代特征和中国实际，提出了生产力发展是社会发展的原动力，而科学技术是第一位的生产力，在社会发展中起着举足轻重的作用，改革则是推动社会主义社会发展的直接动力。江泽民坚持了社会基本矛盾、人民群众、科学技术和改革是社会主义发展动力的基本理论，并且结合时代特征和中国实际，进一步提出了创新动力的新观点，创造性地丰富和发展了社会主义社会发展动力论。

与此同时，科学发展观在继承了马克思主义发展动力观的基础上，根据我国现阶段的特点，寻找到了新时期社会主义发展动力建设的重点，确立了新时期"依靠体制创新求发展"的发展动力观。《中共中央关于完善社会主义市场经济体制若干问题的决定》中指出：我国经济体制改革在理论和实践上取得重大进展，极大地促进了社会生产力、综合国力和人民生活水平的提高。同时也存在经济结构不合理、分配关系尚未理顺、农民收入增长缓慢、就业矛盾突出、资源环境压力加大、经济整体竞争力不强等问题，其重要原因是我国处于社会主义初级阶段，经济体制还不完善，生产力发展仍面临诸多体制性障碍。为适应经济全球化和科技进步加快的国际环境，适应全面建设小康社会的新形势，必须加快推进改革，通过体制创新为经济发展和社会全面进步注入强大动力。当然，依靠体制创新求发展，并不是忽视物质资本投入和科学技术进步在经济社会发展中的作用。

社会发展需要一个有机联系的动力系统。在新的发展阶段，体制性障碍成为制约生产力发展的主要因素。只有通过体制创新，才能解除先进生产力发展的制度性障碍，为先进生产力的发展提供制度保障。因此，应该真正使制度创新成为经济社会发展的新"发动机"。在此基础上，《决定》系统论述了新时期体制建设的主要内容，提出了一系列创新性的观点。这些创新性的观点，具有很强的时代性、针对性和可操作性，是新时期我国深化改革的纲领，加快发展的动力，全面进步的体制保障。关于"依靠体制创新求发展"的发展动力观是对社会主义发展动力理论的进一步丰富和发展。

（4）发展关系的新拓展

科学发展观是在邓小平理论和"三个代表"重要思想的指导下，在全面建设小康社会的实践中逐步形成的，并且随着科学发展观与全面建设小康社会实践的结合，逐步衍生出新时期正确的政绩观、人才观和群众观，即办实事、务实效、求实绩的政绩观，人才资源是第一资源、人人皆可成才、人才存在于人民群众之中的人才观，权为民所用、情为民所系、利为民所谋的群众观。新时期正确的政绩观、人才观和群众观，将发展的关系拓展到了新的领域，是科学发展观在不同领域的具体体现。

首先，政绩观与发展观紧密相关。发展观引导着政绩观，政绩观体现着发展观。科学的发展观引导着正确的政绩观，错误的发展观则引导着片面的政绩观，正确的政绩观实践着科学的发展观。发展观上出现盲区，肯定会在政绩观上沦入误区，缺乏正确的政绩观，往往会在实践中偏离科学的发展观。只有在全面、协调、可持续发展观的指导下为民求政绩，在办实事、务实效、求实绩的正确政绩观的支配下谋发展，我们的改革开放和现代化建设才能在新世纪开创崭新局面。

其次，人才观和发展观、政绩观有着十分紧密的内在联系。国以才立，政以才治，业以才兴，党以才强，发展依靠人才支撑，政绩靠人才创造。科学的人才观与科学的发展观是相辅相成的，科学发展观所蕴含的发展目标是人与社会的全面发展，而人的全面发展则是发展目标的核心内容，也就是说，所有的发展，最终都要落脚到人的发展上来。而科学发展观同样贯穿着以人为本的理念，即开发人才资源的主旨，既为了组织人才队伍推动社会发展，更是为了更大限度地开发人的潜能，促进人的全面发展。因此，科学的发展观与人才观在发展目标上达成了统一和融合。

最后，加快发展，创造政绩，人才强国都是为了人民群众，也要依靠人民群众。科学的发展观与正确的政绩观、科学的人才观、正确的群众观之间的关系是辩证的，它们之间相互联系、相互渗透。它们紧紧围绕着全面建设小康社会这一目标，又充分展现着提高党的领导水平和执政能力的指向；始终贯穿以人为本这个基本的首要问题，又深刻体现着"三个代表"重要思想的新要求、新发展。其中科学的发展观是核心，只有科学全面的发展，人民群众的生活水平才能得到提高，才能为人的全面发展创造良好的物质条件。群众观是发展观、政绩观和人才观的出发点和落脚点。领导干部创造政绩是为了满足人民群众不断增长的物质文化需要，政绩的终极目的是让人民群众得到实惠。因此，党员干部创造的政绩必须通过人民群众这一关，让人民群众满意的政绩才是好政绩，否则就是劣绩。人才是社会经济全面发展的动力，包括创造辉煌政绩的人才，也都是从人民群众中产生的，努力开发人才资源，就是让人才为人民创造更好的政绩，也是为了更多的人民群众获得全面发展、成为人才；而有了正确的群众观，就能调动广大人民的积极性谋发展，就会真心实意创政绩，就会源源不断出人才。因此，可以把科学的发展观视为灵魂，把正确的政绩观、科学的人才观、正确的群众观视为躯体。没有灵魂，躯体也就死亡，有了灵魂，各项事业就会蓬勃发展。总之，正确处理科学的发展观与正确的政绩观、人才观、群众观之间的关系，是对社会主义事业发展关系的新拓展。

（5）发展价值的新取向

十六届三中全会的《决定》在提出全面、协调、可持续的发展观的同时，鲜明地提出"坚持以人为本""促进经济社会和人的全面发展"。温家宝明确指出：

"坚持以人为本是科学发展观的本质和核心。"曾庆红也指出："以人为本是发展的目的，以经济建设为中心是达到这个目的的手段。"这表明科学发展观的提出，使"以人为本"成为我们全面建设小康社会、推进社会主义现代化建设的根本价值取向。

以人为本就是以人为价值的核心和社会的本位，把人的生存和发展作为最高的价值目标，一切为了人，一切服务于人，也就是把人民的利益作为一切工作的出发点和落脚点。其核心内容是尊重人的特性和本质，把人作为手段和目的的统一体。以人为本作为科学发展观的本质和核心，表明发展作为党执政兴国的第一要务，不只是经济的量的增长，还包括经济结构的优化、科技水平的提高，更包括人民生活的改善，社会的全面进步。一句话，归根结底是为了社会与人的全面发展。

以人为本作为科学发展观的本质和核心，是在新的历史条件下对马克思主义的继承和创新。马克思主义创始人把人的全面发展确立为社会发展的终极价值和目标，提出未来的社会主义和共产主义社会是一个自由人的联合体，在那里每个人的自由发展是一切人自由发展的条件。我们党把马克思主义的科学预言与中国特色社会主义实践紧密结合，坚持以人为本的原则，促进人的全面发展，体现了马克思主义的本质要求。在我国社会主义条件下，一切发展都是为了满足人的生存和发展的需要，离开了人的生存发展的需要，离开了最广大人民的根本利益，所谓的发展就失去了任何意义。坚持科学发展观，就要坚持以人为本，始终以促进人的全面发展为宗旨，始终紧紧抓住发展这个党执政兴国的第一要务，始终紧紧抓住立党为公、执政为民这一根本要求，紧密围绕促进人的全面发展搞建设、谋发展，在经济社会发展的基础上促进人的全面发展，更好地实现人民的愿望、满足人民的需要、维护人民的利益。把以人为本看作科学发展观的本质和核心，就意味着科学发展观的全部内容都应以它为统率，为指导，为要求。全面发展、协调发展和可持续发展，五个统筹和具体的发展战略，等等，都必须始终围绕着以人为本的根本理念来进行，都必须始终紧密结合以人为本的具体内涵来展开，都必须牢牢把握以人为本的价值向度，切实把它作为贯穿在整个发展观中的具有目标性、方向性和价值评价性的根本指针。

（6）发展目标的新要求

党的十六大报告指出："全面建设小康社会的目标，是中国特色社会主义经济、政治、文化全面发展的目标。"十六届四中全会首次提出建设"和谐社会"的执政理念，这是我们党第一次把和谐社会建设放到同经济建设、政治建设、文化建设并列的突出位置，使中国特色社会主义事业的总体布局，由经济、政治、文化三位一体，扩展为经济、政治、文化、社会四位一体。随后公布的《二〇〇五年社会蓝皮书》，则提出了正确处理新形势下的各种社会矛盾，建立一个更加幸福、公正、和谐、节约和充满活力的这一构建和谐社会的发展目标，它完全符合人类历史发展规律的要求，是我们党在新时期推进伟大事业的又一个重大理论创新。

人类社会是一个不断从低级向高级发展的历史过程。建立平等、互助、协调的和谐社会，一直是人类的美好追求，也是包括中国共产党在内的马克思主义政党不懈追求的一个社会理想。中国和西方的古代哲人都有"大同世界"和"理想社会"的构想，中国文化自古"贵和"。西方近代最早提出"和谐社会"概念的是世纪初法国的空想社会主义者傅立叶，他认为，在自然体系内存在和谐的秩序，那么在社会体系内也同样应当有和谐的秩序，必须彻底消除资本主义的残酷和不公，构建工业与农业、家务与教育、生产与消费的联合体，在社会利益与个人利益一致的基础上，建立起社会各阶级的融合。马克思批判地吸收了空想社会主义理论中的有益思想，设想了"自由人联合体"的未来和谐社会模式。《共产党宣言》明确指出："代替那存在着阶级和阶级对立的资产阶级旧社会的，将是这样一个联合体，在那里，每个人的自由发展是一切人的自由发展的条件。"马克思关于"自由人联合体"或者"人的全面自由发展的社会"的表述，无疑是指高级和谐的社会。

十六大以来，以胡锦涛同志为总书记的党中央，在提出科学发展观后，根据我国发展的具体国情，进一步提出构建社会主义和谐社会，把马克思的科学论述逐步变成现实，深化了我们对什么是社会主义、怎样建设社会主义的认识。构建社会主义和谐社会是我国处于体制转轨、社会转型这一特殊历史时期，经济社会发展的必然要求，是满足人民群众不断增长的物质文化需要的必然要求，是巩固党执政的社会基础，实现党执政的历史任务的必然要求，是全面落实科学发展观，实现全面建设小康社会奋斗目标的必然要求。

社会主义和谐社会是我们党在总结历史经验的基础上，从中国社会主义初级阶段的实际出发，反映社会主义本质的内在要求，与社会主义市场经济、民主政治和先进文化相适应，以全面建设小康社会为目标和以追求更高和谐状态为理想的新型的和谐社会。因而，社会主义和谐社会具有民主法治、公平正义、诚信友爱、充满活力、安定有序、人与自然和谐相处这么几个显著特征。民主法治，就是社会主义民主得到充分发扬，依法治国基本方略得到切实落实，各方面积极因素得到广泛调动；公平正义，就是社会各方面的利益关系得到妥善协调，人民内部矛盾和其他社会矛盾得到正确处理，社会公平和正义得到切实维护和实现；诚信友爱，就是全社会互帮互助、诚实守信，全体人民平等友爱、融洽相处；充满活力，就是能够使一切有利于社会进步的创造愿望得到尊重，创造活动得到支持，创造才能得到发挥，创造成果得到肯定；安定有序，就是社会组织机制健全，社会管理完善，社会秩序良好，人民群众安居乐业，社会保持安定团结；人与自然和谐相处，就是生产发展，生活富裕，生态良好。这六个方面，既是需要统筹协调矛盾的范围，也是和谐社会的基本特征。只有通过统筹协调这些矛盾关系，调动一切积极因素，实现和谐社会这些基本特征，全体人民才能不分阶层职业、民族区域、男女老少，共享社会进步的物质文明、政治文明、精神文明成果。

在总结全面建设小康社会实践经验尤其是新世纪新阶段以来改革发展稳定实践经验的基础上，我们党清醒地看到了我国经济社会发展进入了关键时期，即经济社会体制整体转型与经济社会进入关键发展阶段和全方位对外开放的重叠期。

对此，为适应我国社会发生的重大变化，为巩固党执政的基础，为实现全面建设小康社会的目标从而不断推进建设中国特色社会主义的历史进程，必须构建社会主义和谐社会。正如胡锦涛指出的，十六届四中全会提出建设社会主义和谐社会，是我们从全面建设小康社会全局出发而确定的一项重大战略任务。因此，全面建设小康社会与构建社会主义和谐社会的关系，是我们为实现建设全面惠及十几亿人口的更高水平的小康社会的目标与实现这个美好目标要完成的重要的战略任务之间的关系，只有构建社会主义和谐社会才有利于实现全面建设小康社会的宏伟目标，构建社会主义和谐社会是我们党带领人民全面建设小康社会、实现工业化和现代化并最终实现中华民族伟大复兴的必由之路。当然，我们也要看到我国仍处于并将长期处于社会主义初级阶段，生产力发展水平、教育科技文化水平还不高，建成社会主义和谐社会任重道远。因此，构建社会主义和谐社会也是一个需要随着经济、政治、文化的发展而不断推进的很长历史过程。千里之行，始于足下。我们要紧紧抓住重要的战略机遇期，扎扎实实地推进社会主义和谐社会的建设。

总之，科学发展观解决了以往发展观所不能解决或不能很好解决的问题，开辟了发展研究的新领域，扩大和深化了发展研究。科学发展观继承了邓小平的发展范式和江泽民的发展范式，是对发展观的完善和创新，代表着中国特色社会主义发展观的成熟范式，是社会主义发展观的最新成果。

3. 丰富和发展了中国特色社会主义理论体系

中国特色社会主义理论体系是我们党领导的改革开放和社会主义现代化建设伟大实践的重要理论结晶。以邓小平同志为核心的党的第二代中央领导集体，坚持解放思想、实事求是，科学评价毛泽东同志和毛泽东思想，彻底否定"以阶级斗争为纲"的错误理论和实践，带领全党全国各族人民开启了全面改革开放的伟大历史进程，第一次提出了"建设有中国特色的社会主义"的重大命题，创立了邓小平理论。邓小平理论是中国特色社会主义理论体系的开创之作，是最基础的重要组成部分。以江泽民同志为核心的党的第三代中央领导集体，坚持改革开放、与时俱进，带领全党全国各族人民经受住国内外政治风波和经济风险等种种严峻考验，在深刻认识和准确把握世情、国情、党情发展变化的基础上，创立了"三个代表"重要思想。"三个代表"重要思想是中国特色社会主义理论体系承上启下的极为重要的组成部分。以胡锦涛同志为总书记的党中央，坚持以邓小平理论和"三个代表"重要思想为指导，顺应国内外形势发展变化，发扬求真务实、开拓进取精神，继续推进理论创新和实践创新，提出了科学发展观等重大战略思想。科学发展观等重大战略思想是中国特色社会主义理论体系的重要创新成果。邓小平理论、"三个代表"重要思想以及科学发展观等重大战略思想之间既一脉相承又与时俱进。其一脉相承性表现在：一是在理论渊源上一脉相承，都坚持以马克思列宁主义、毛泽东思想为指导；二是在理论主题上一脉相承，都坚持为建设和发展中国特色社会主义、实现中华民族伟大复兴而奋斗；三是在理论品质上一脉相承，都坚持解放思想、实事求是、与时俱进；四是在理论基点上一脉相承，都以社会主义初级阶段这一基本国情为立论基础；五在理论目标上一脉相承，都坚持以人为本，把实现好、维护好、发展好最广大人民的根本利益作为全部理论的出发点和落脚点。其与时俱进表现在：邓小平理论、"三个代表"重要思想以及科学发展观等重大战略思想，都坚持从实际出发，注重总结改革开放不同时期、不同阶段的新鲜经验，注重探索和回答不同时期、不同阶段遇到的新矛盾、新问题，在理论创新和理论发展上都作出了各自的独特贡献。它们既相互贯通又层层递进，体现了新时期以来我们党理论创新成果的科学性体系、阶段性成果和发展性要求的内在统一。

中国特色社会主义理论体系是有着丰富科学内容的思想体系，对其基本内容，学术界众说纷纭，不同学者概括的内容都不同。本书归纳总结了科学发展观对中国特色社会主义理论体系的理论贡献，其依据是中央对中国特色社会主义理论体系基本内容概括的精神。2008年3月1日，习近平在中央党校的讲话中指出，这个理论体系在建设中国特色社会主义的思想路线、发展道路、发展阶段、发展战略、根本任务、发展动力、依靠力量、国际战略、领导力量和根本目的等问题上，形成了一系列独创性的重大理论观点，系统回答了在中国这样一个十几亿人口的发展中大国如何摆脱贫困、加快实现现代化、巩固和发展社会主义的一系列重大问题。科学发展观以新的思想、新的观点、新的论断为中国特色社会主义理论体系增添了新的内容，为中国特色社会主义理论的丰富和发展，做出了新的重大贡献。

（1）突出"发展"理论的主题，深化对中国特色社会主义理论的认识

马克思主义的理论就是关于发展的科学理论，特别是它的唯物史观、政治经济学和社会主义学说，集中阐述了人类社会的发展规律、发展前途、发展道路等问题，提出了关于发展问题的根本立场、观点、方法，构成了马克思主义的发展观。马克思主义中国化的理论成果——毛泽东思想、邓小平理论和"三个代表"重要思想，都是以实现中国的发展作为主题，围绕着发展这一主题而展开和演进的。邓小平敏锐地抓住时代特点的变化，作出了关于和平与发展是新时代的主题的科学判断，坚定地把发展作为当代中国的主题。从邓小平理论到"三个代表"重要思想，马克思主义中国化的当代进程尤其突出了发展这一主题。马克思主义中国化的当代进程，也就是发展观的演进过程。邓小平为促进中国发展，围绕"什么是社会主义、怎样建设社会主义"的问题，解放思想，与时俱进，创立了中国特色社会主义理论的初步框架。江泽民在推进中国特色社会主义理论的过程中，提出"三个代表"重要思想，集中回答"建设一个什么样的党、怎样建设党"的问题，进一步解决新时代中国发展的领导力量问题。关于社会主义，关于党的问题，归根到底也是一个发展的问题。胡锦涛以科学发展观为总题目，从中国特色社会主义事业的全局上，从世界观、价值观的统一上，集中地提出和解决"实现什么样的发展、怎样发展"的问题。科学发展观牢牢抓住"发展"这一马克思主义的主题、马克思主义中国化的主题、中国特色社会主义的主题，强调聚精会神搞建设，一心一意谋发展，顺应了新时代的主流和新时期中国实践的根本要求，围绕发展这一主题不断深化对中国特色社会主义的认识，鲜明地体现了马克思主

义中国化的当代进程的基本方向。科学发展观强化和凸显了发展的主题地位，把促进发展作为当代中国共产党人全部实践活动和理论活动的第一要义，对什么是发展、为什么发展、依靠谁发展、怎样促进发展、用什么标准衡量发展这些根本性、关键性问题，从世界观、价值观的高度，从立场、观点、方法的高度，作出了全面系统的概括和阐述。中国特色社会主义理论被提升到了一个新的高度，马克思主义的发展观在当代中国获得了新的表现形态，马克思主义中国化的当代进程从此进入一个新的阶段。

（2）丰富和发展了建设中国特色社会主义的思想路线

在马克思主义发展史上，占有重要地位的理论都是建立在正确的思想路线基础之上的科学理论，新的党的思想路线是我们党认识世界和改造世界的根本观点和根本方法。能否把社会主义建设好，首先要解决好党的思想路线问题，党的思想路线直接关系到社会主义的兴衰成败。马克思主义中国化不断深入的过程，就是党的思想路线不断丰富和发展的过程。历史经验一再证明，党的重大的理论创新和发展都是与党的思想路线的形成发展紧密相连、不可分割的。"解放思想、实事求是、与时俱进"思想路线的形成与发展过程，就是毛泽东思想、邓小平理论和"三个代表"重要思想形成与发展的过程。在新世纪新阶段，我们面临的新形势、新任务和新情况，对我们坚持党的思想路线提出了新的要求，同时也要求党的思想路线有新的发展。科学发展观就是在新的历史条件下，我们党在继续推进中国特色社会主义建设的实践上坚持求真务实精神所取得的重大理论创新成果。

"求真务实"在理论上进一步丰富和发展了马克思主义思想路线的内涵，是科学发展观产生的重要思想基础。"求真"就是坚持一切从实际出发，不断深化对事物本质的认识，把握事物发展的规律。"务实"就是用科学理论指导实践并在实践中检验真理和发展真理。"求真"与"务实"，一个体现科学精神，一个体现实践品格，二者紧密相连，相互作用。只有"求真"，才能更好地"务实"；只有"务实"，才能达到"求真"的目的。"求真"和"务实"紧密结合在一起，体现了认识世界和改造世界、理论和实践、知和行、愿望和效果的有机统一，"求真务实"强调了马克思主义政党是有实践精神的政党，强调了中国特色社会主义发展理论是在实践的基础上不断创新的理论，进一步深化了党的思想路线的实践内涵，使党的思想路线的实践意义更加凸显和明确。"求真务实"是党的思想路线与时俱进的新成果，是继"与时俱进"之后的又一个重大的理论创新。就落实科学发展观与"求真务实"之间的关系，胡锦涛指出："树立和落实科学发展观，与大兴求真务实之风是内在统一的。""树立和落实科学发展观要以求真务实为着力点，用求真务实的作风落实科学发展观。"这说明科学发展观是和求真务实精神紧密结合在一起的，求真务实的思想路线是贯彻落实科学发展观的根本思想保障和作风保障。

（3）丰富和发展了中国特色社会主义发展道路的理论

发展道路问题，实际上就是怎样进行国家建设、推动社会主义现代化建设的问题。20世纪50年代，为了促进国家的发展，加快实现社会主义现代化，以毛泽东为核心的党的第一代中央领导集体总结苏联建设社会主义的经验教训，提出要走"农、轻、重"的发展道路，正确处理经济发展中的重大关系，并提出"多、快、好、省"的方针等。党的十一届三中全会后，以邓小平为核心的党的第二代中央领导集体总结历史的经验教训，领导全国人民开创出了一条建设中国特色社会主义的发展道路，提出了实行改革开放、物质文明和精神文明共同进步、分"三步走"全面实现现代化建设的战略思想，实现了对我国发展道路认识的一次重大飞跃。党的十三届四中全会后，以江泽民为核心的党的第三代领导集体继承和发展了关于中国特色社会主义发展道路的思想，提出了"三个代表"重要思想，并提出了发展社会主义市场经济、社会主义民主政治、社会主义先进文化等一系列新的战略思想，对经济社会发展做出一系列重大的部署，进一步丰富了中国特色社会主义建设的理论和实践。

党的十六大以来，以胡锦涛同志为总书记的党中央站在历史和时代的高度，认真总结国内外在发展问题上的经验和教训，提出了科学发展观，使我们党对中国特色社会主义发展道路有了新的认识，为我国社会主义现代化建设道路理论增添了新的内容。科学发展观以全面协调可持续作为其基本要求，坚持把经济增长指标同人文、资源、环境和社会发展指标有机结合起来，从而找到了一条又好又快可持续的正确发展道路。科学发展观强调，发展中国特色社会主义，必须走中国特色自主创新道路、中国特色新型工业化道路、中国特色农业现代化道路、中国特色城镇化道路、中国特色政治发展道路。

（4）丰富和发展了社会主义发展阶段的理论

邓小平理论提出和论述了中国社会主义所处阶段问题，认为中国目前还处在社会主义初级阶段，并对社会主义初级阶段给予了科学的界定。以江泽民为核心的党的第三代领导集体在实践中不断地完善社会主义初级阶段理论。在党的第十四次代表大会上，社会主义初级阶段的重要内容被增写进《中国共产党章程》总纲中，增写后的党纲为："我们正处在社会主义初级阶段，这是在经济文化落后的中国建设社会主义现代化建设不可逾越的历史阶段，需要上百年的时间。我国的社会主义建设，必须从我国的国情出发，走有中国特色的社会主义道路。"后来，1993年3月29日第八届全国人大一次会议通过的《中华人民共和国宪法修正案》，也对此作了相应的修正，内容为"我国正处在社会主义初级阶段。国家的根本任务是，根据建设有中国特色社会主义的理论，集中力量进行社会主义现代化建设"。至此，"社会主义初级阶段"的概念和理论以党和国家两个根本大法的形式确定下来。

十六大以来，以胡锦涛为总书记的中央领导集体对于社会主义初级阶段理论继续进行完善。党的十七大报告论述了当前我国发展的阶段性特征的具体内容，这些阶段性特征是社会主义初级阶段基本国情在新世纪新阶段的具体表现。胡锦涛在庆祝建党90周年的重要讲话中指出："我们已经取得了举世瞩目的伟大成就，但我国仍处于并将长期处于社会主义初级阶段的基本国情没有变，人民日益增长的物质文化需要同落后的社会生产之间的矛盾这一社会主要矛盾没有变，我国是世界上最大的发展中国家的国际地位没有变。"三个"没有变"，这是对中国国情的清醒定位，对发展方位的科学判断。

（5）丰富和发展了中国特色社会主义发展战略的理论

邓小平提出了三步走的社会发展战略，即"我国经济发展分三步走，本世纪走两步，达到温饱和小康，下世纪用三十到五十年时间再走一步，达到中等发达国家的水平"。党的十五大初步地把第三步战略部署具体化，提出2010年比2000年翻一番，使人民的小康生活更加宽裕，形成比较完善的社会主义市场经济体制；再经过十年的努力，到建党一百年时，使国民经济更加发展，各项制度更加完善；到世纪中叶建国一百年时，基本实现现代化，建成富强民主文明的社会主义国家。这可以说是实现第三步战略部署的新的"三步走"发展战略。党的十六大明确提出，要在21世纪头20年，集中力量，全面建设惠及十几亿人口的更高水平的小康社会，并且制定了全面建设小康社会的宏伟纲领。党的十七大明确提出到二〇二〇年实现全面建成小康社会的奋斗目标。在如何实现发展的问题上，党的十七大报告突出强调实施三大战略，即"更好地实施科教兴国战略、人才强国战略、可持续发展战略"，并强调了"着力把握发展规律、创新发展理念、转变发展方式、破解发展难题，提高发展的质量和效益，实现又好又快的发展"。这些重要规定都为我国健康顺利地发展指明了根本方向。

（6）丰富和发展了中国特色社会主义发展动力的理论

改革开放是发展中国特色社会主义的强大动力。邓小平理论强调指出：改革开放是决定中国命运的一招。党的十四大报告明确指出：新时期最鲜明的特点是改革开放。党的十七大报告进一步扩展了这一观点，提出：从农村到城市、从经济领域到其他各个领域，全面改革的进程势不可当地展开了；从沿海到沿江沿边，从东部到中西部，对外开放的大门毅然决然地打开了。这场历史上从未有过的大改革大开放，极大地调动了亿万人民的积极性，使我国成功实现了从高度集中的计划经济体制到充满活力的社会主义市场经济体制、从封闭半封闭到全方位开放的伟大历史转折。并指出改革开放是决定当代中国命运的关键抉择，是发展中国特色社会主义、实现中华民族伟大复兴的必由之路；只有社会主义才能救中国，只有改革开放才能发展中国、发展社会主义、发展马克思主义。

(7)丰富和发展了中国特色社会主义建设根本目的和依靠力量的理论

发展目的是科学发展观的首要问题，不同的社会制度决定着不同的发展目的，不同的发展目的又体现了不同的社会制度。依靠力量是实现社会主义发展目标的力量保证。科学发展观的核心是以人为本，以人为本揭示了发展的目的，蕴涵着社会主义发展主体和依靠力量的深刻含义。以人为本，就是要以实现人的全面发展为目标，从人民群众的根本利益出发谋发展、促发展，不断满足人民群众日益增长的物质文化需要，切实保障人民群众的经济、政治和文化权益，让发展的成果惠及全体人民。这就清楚表达了发展为了人民，发展依靠人民，发展的成果人民共享的深刻思想，回答了"为谁发展、靠谁发展"的重大原则问题。这样鲜明地强调人民群众在社会主义事业中的主体地位，把人民群众作为推进中国特色社会主义事业发展的伟大力量，把实现人民群众的根本利益作为经济社会发展的根本目的，坚持和发展了我们党历来强调的社会主义生产目的的思想和一切为了人民群众、一切依靠人民群众的思想。可以说，以人为本的科学发展观，体现了我们党"立党为公，执政为民"的执政观与历史唯物主义群众观的有机统一，体现了我们的发展观与"共同富裕"的社会主义本质的有机统一，体现了促进当前经济社会发展与实现每个人自由而全面发展的共产主义社会理想的有机统一。

(8)丰富和发展了建设中国特色社会主义国际战略的理论

邓小平理论提出：有中国特色的社会主义是不断发展社会生产力的社会主义，是主张和平的社会主义。"三个代表"重要思想认为：进入新世纪，中国人民坚持以经济建设为中心，抓住一切发展机遇，不断推进中国特色社会主义事业，为建设一个争取对人类进步作出更大贡献的富强民主文明的现代化国家而不懈奋斗。科学发展观继续坚持走和平发展道路，提出中国特色社会主义现代化建设道路是一条和平发展的道路。这条道路，就是利用世界和平的有利时机实现自身发展，又以自身的发展更好地维护和促进世界和平；就是在积极参与经济全球化和区域合作的同时，主要依靠自己的力量和改革创新来实现发展；就是坚持对外开放，在平等互利的基础上，积极发展同世界各国的合作；就是聚精会神搞建设，一心一意谋发展，长期维护和平的国际环境和良好的周边环境；就是永远不称霸，永远做维护世界和平和促进共同发展的坚定力量。

（9）丰富和发展了中国特色社会主义的执政党建设理论

党的建设理论是中国特色社会主义理论的重要组成部分。我们党一贯高度重视党的建设，这也是我们的革命、建设和改革取得胜利的基本经验和重要法宝。毛泽东同志曾把党的建设称为"伟大工程"。邓小平同志曾明确要求，"要聚精会神地抓党的建设"，"把我们党建设成为有战斗力的马克思主义政党，成为领导全国各族人民进行社会主义物质文明和精神文明建设的坚强核心"。江泽民同志曾指出，执政党的建设和管理，比没有执政的政党要艰难得多，越是执政时间长了，越要抓紧党的自身建设。科学发展观的提出，同时也向党的建设提出了新的更高要求。

十六大以来，以胡锦涛同志为总书记的党中央，适应形势发展的需要，进一步明确了党建工作的新思路，这就是，把党的执政能力建设和先进性建设作为主线，坚持党要管党、从严治党，贯彻为民、务实、清廉的要求，以坚定理想信念为重点加强思想建设，以造就高素质党员、干部队伍为重点加强组织建设，以保持党同人民群众的血肉联系为重点加强作风建设，以健全民主集中制为重点加强制度建设，以完善惩治和预防腐败体系为重点加强反腐倡廉建设，以改革创新精神全面推进党的建设新的伟大工程，使党始终成为立党为公、执政为民，求真务实、改革创新，艰苦奋斗、清正廉洁，富有活力、团结和谐的马克思主义执政党。科学发展观要求提高党的执政能力，首先要提高党领导发展的能力，包括贯彻科学发展观的能力、驾驭全局的能力、处理利益关系的能力和务实创新的能力。把提高领导发展的能力与党的建设结合起来，以提高能力促发展，以推动发展促进提高能力，既明确了党的建设的目标，又保证了经济社会发展的正确方向。科学发展观要求把保持和发展党的先进性，体现在善于治国理政上，体现在不断发展先进生产力、发展民主政治、发展先进文化、构建和谐社会、实现最广大人民的根本利益上，以党的先进性建设推动科学发展观的落实，使我们党始终走在时代前列、始终保持旺盛的生机和活力。这些新思想、新论断、新观点丰富和发展了中国特色社会主义执政党建设理论，深化了对中国共产党执政规律的认识。新的要求和思想，为我们执政党的建设增添了新内容。

科学发展观作为指导发展的科学思想，涵盖自然科学、社会科学、人文科学广泛领域，涉及改革发展稳定、治党治国治军、内政外交国防的各个方面，贯通党的建设的伟大工程和中国特色社会主义伟大事业，以丰富的思想内涵和严密的逻辑结构形成了一个完整而又开放的理论体系，它是我国经济社会发展的重要指导方针，是发展中国特色社会主义必须坚持和贯彻的重大战略思想。

第五章

新时代中国共产党对社会发展理论的认识

一、习近平社会发展理论形成的时代背景

准确把握理论产生的时代背景，是正确认识理论的前提。马克思主义理论的科学性正是体现在它以变化和发展的眼光看待世界，马克思主义承认一切理论都是来源于社会实践，也作用于社会实践。习近平社会发展理论，在分析、观察当代社会发展的趋势和特征的基础上，回答了一系列中国社会发展的重大理论问题，致力于引领当代中国特色社会主义社会的发展，为世界发展提供中国智慧和中国方案。科学把握习近平社会发展理论的时代背景，是准确理解习近平社会发展理论的客观基础。从世界发展形势来看，世界正处于大发展大变革大调整时期；从国内来看，"实现中华民族伟大复兴进入了不可逆转的历史进程"①，新时代是历史上最接近实现中华民族伟大复兴的发展时期，是发展转型与升级的关键时期。但是同时也应该注意到，中国社会发展面临着变化的内外环境，从国际上来看，经济全球化遭遇波折，全球治理体系深刻变革，生态环境面临严峻挑战，西方意识形态渗透对意识形态也造成了影响。从国内来看，经济发展进入新常态，党内突出问题对于长期执政与领导中国特色社会主义发展提出了考验，社会发展不平衡对于公平公正的影响更加突出，生态环境破坏的不良影响直接影响了社会的发展。这些因素，是以习近平同志为核心的党中央面临的重大发展难题，是在发展过程中必须解决的问题。正是在思考分析和解决这些重大实践问题的基础上，习近平社会发展理论才得以产生和发展。

———————————

① 习近平：《高举中国特色社会主义伟大旗帜 为全面建设社会主义现代化国家而团结奋斗——在中国共产党第二十次全国代表大会上的报告》，北京：人民出版社 2022 年版，第 16 页。

（一）习近平社会发展理论形成的国际背景

1. 经济全球化的发展及变化

21 世纪是全球化深入发展的时期，全球化形势不可逆转并进一步加深。全球化浪潮虽然势不可挡，但是逆全球化思潮和态势进一步扩散。具体表现在：国际经济局势不断调整、国际金融市场持续动荡，国际贸易保护主义抬头。2008年从美国率先爆发的金融危机打破了华尔街对于金融衍生产品的过度信心。美国金融危机的爆发所产生的影响迅速波及全球，当时普遍认为，这种经济下滑是暂时的，是周期性的金融危机产生的影响，这种经济下滑所持续的时间应该不会太长，国际经济有望回到"黄金时期"。因此，美国金融危机爆发后，许多资本主义国家为了应对这种消极影响而改变了国家经济发展策略，宏观经济调控一时间成为许多国家刺激经济发展的重要手段。在多种手段、多种措施的刺激下，经济发展虽然有所缓和，但是从实际情况来看，经济发展的动力仍然不足，许多国家经济发展处于低迷状态。世界经济格局正在发生复杂变化，金融安全已经成为全球关注的重点领域，逆全球化思潮的影响下，贸易保护主义持续升温。2020 年，新冠疫情的全球蔓延，许多国家生产停滞，消费无力，世界经济秩序受到了全方位的影响。正是在这样的国际经济背景下，以习近平同志为核心的党中央面对日益激烈的国际竞争，从辩证法分析当前国际经济局势发展的利与弊，提出了必须摒弃零和思维，顺应经济全球化的历史潮流，适应和引导全球化这一历史潮流。正如习近平指出："人类社会发展的历史证明，无论会遇到什么样的曲折，历史都总是按照自己的规律向前发展，没有任何力量能够阻挡历史前进的车轮。"[①]

新一轮科技革命来临加速了经济全球化的变革。科技革命是人类社会发生重要变革的关键因素。历史上的每一次科技革命都带来了生产力与生产关系的重要

[①] 《十八大以来重要文献选编（上）》，北京：中央文献出版社 2014 年版，第 259 页。

变革，实现了人类社会发展的飞跃。第一次科技革命，使人类开始进入工业社会，极大地提高了社会生产力；资本主义生产方式开始逐步确立，资本主义制度相继在西方国家确立；人类社会日益分化为两大对立的阶级，即无产阶级和资产阶级；城市化开始出现；东方从属于西方的世界格局开始形成。第二次科技革命，实现了科技与生产的紧密结合，资本主义生产方式进一步扩大，世界市场正在形成，自由资本主义向帝国主义过渡；新的交通工具、通信工具的产生极大改变了人们的生产生活方式。第三次科技革命使人类跨入信息时代，不仅带来了生产力的极大提升，也带来了人们交往方式的深刻变革；科技逐渐成为核心竞争因素。由此可见，科技创新是人类社会发生变革的前奏，它总对人类社会向前发展产生强大的推动力。习近平指出："我们迎来了世界新一轮科技革命和产业变革同我国转变发展方式的历史性交汇期，既面临着千载难逢的历史机遇，又面临着差距拉大的严峻挑战。"[①]

面对世界经济全球化的发展及变化，我们的发展必须适应全球化发展的新形势、新特征，主动全球化变革，促进全球化向好发展，为我国经济发展提供良好的国际环境，开创互利共赢的发展局面。既看到经济全球化发展这一历史潮流不可逆转，也要看到经济危机、新冠疫情影响下持续升温的逆全球化思潮带来的冲击。在变化与动荡中寻找合作的切入点，在开放发展中积极应对新的挑战。

2. 全球治理体系深刻变革

进入新世纪以来，世界正发生重大改变：金融危机影响更深更广；全球普遍的问题，如能源危机、粮食危机、气候变化；全球非传统安全因素的威胁增长；局部地区热点事件不断爆发；这些公共问题暴露了全球治理机制应对新挑战的乏力。旧的世界治理体系受到众多怀疑：治理理念陈旧不足以应对突如其来、内容丰富的新情况，治理机制滞后不足以应对矛盾突出、层出不穷的新问题；治理主

---

① 习近平：《在中国科学院第十九次院士大会、中国工程院第十四次院士大会上的讲话》，北京：人民出版社 2018 年版，第 8 页。

体简单不足以应对涉及广泛、内容专业的新挑战。今天，众多发展中国家、国际组织等新的国际势力越来越希望参与全球治理，越来越渴望在国际事务中得到公平公正的待遇。习近平指出："国际社会普遍认为，全球治理体制变革正处在历史转折点上。"①主要表现在三个方面，一是更加追求治理理念与时俱进、灵活科学；二是更加追求治理机制程序规范、公平正义；三是更加追求治理主体多元参与、共谋发展。

第一，更加追求治理理念与时俱进、灵活科学。治理理念的转变，深刻说明了旧的治理理念、原则和方式已经不能适应新全球化带来的一系列的新情况，由西方发达国家所主导制定的旧的全球治理理念是东方服从西方、实现本国利益最大化。"二战"后，世界治理体系基本定型，以美苏为首的超级大国和西方发达国家是世界治理体系和治理规则的直接受益者，西方主导建构了主要的世界治理组织机构，并在这些组织机构的人员安排、职能目标设置上按照西方的目标意愿设置，发展中国家在国际组织中的话语权明显不如西方国家。随着发展中国家的崛起，越来越多的国家要求改变现行的全球治理体系，要求平等的待遇，实现共赢和共同利益。习近平指出："要推动全球治理理念创新发展，积极发掘中华文化中积极的处世之道和治理理念同当今时代的共鸣点，继续丰富打造人类命运共同体等主张，弘扬共商共建共享的全球治理理念。"②共商共建共享反映了全球治理理念的与时俱进、灵活科学，体现了对新型全球化的深刻把握。全球化发展至今，世界已经成为一个福祸相依的共同体，全球政治、经济、文化深度交融，没有一个国家能够封闭独立地实现发展，利益的紧密结合使得共商共建共享的理念成为每个国际事务参与者的追求，这一发展理念体现了对新型全球化现实的回应，对不同发展个体的尊重，是发展理念与时代相契合的表现，与现实相呼应的反映，是科学性原则的展示。共商共建共享的全球治理理念是对将全球治理视为实现某个国家利益最大化的手段的反驳，是破除全球治理过程中虚假民主的进步

① 《治国理政现代化》，北京：人民出版社 2017 年版，第 238 页。
② 慎海雄：《习近平改革开放思想研究》，北京：人民出版社 2018 年版，第 334 页。

表现。

第二，更加追求治理机制适应需求、公平正义。机制是全球治理的核心要素，治理按照一定的程序和机制发生作用，程序规范、公平正义的治理机制是全球治理的追求目标。目前，全球治理机制的变革主要集中在两方面：变革全球治理机制的供应能力不足的状况，弥补全球治理在应对新挑战方面的空白；变革滞后的治理机制，提高全球治理机制在应对新挑战方面的效能。供应能力不足，一是缺乏对新问题、新挑战的敏感，治理规则、治理机制的完善与更新不能与现实贴合，如 2020 年突如其来的新冠疫情，暴露了全球公共卫生治理的脆弱性，部分发展中国家面对来势汹汹的新冠疫情束手无策，生产停滞、人口死亡、救治困难等局面说明了全球治理机制的乏力。二是保守主义、单边主义的高涨严重影响了全球治理机制的实施。在治理机制的变革与出新上，各个国家意见不同，以美国为首的西方国家甚至通过"退群"的方式来逃避全球治理的责任。新冠疫情暴发后，美国政府对待以世界卫生组织为核心的全球公共卫生治理体系表现出了傲慢与偏见，不但不配合疫情防控工作，反而借机制造新的争端，挑起民族对立，其结果是造成了美国和世界多个国家的疫情防控工作艰难，美国大量人口死亡、经济损失严重。新时期，提高治理机制的供应能力，就是要提高治理机制的供应能力，不断健全全球治理机制，明确治理规范，充分保障全球治理主体的权利与义务，积极贯彻共商共建共享的治理理念，实现全球治理的效益最大化。治理机制滞后，源于治理规范的滞后性。随着时代的发展，全球治理议题不断扩展，如全球贸易公平问题、核扩散、气候与能源危机、全球大流行的新冠疫情等不断挑战旧的治理规范，旧的治理规范受到了质疑，因此不能获得广泛的认同，从而导致治理效果下降。变革这种滞后的治理机制，不仅需要不断创新治理规范，也需要改变旧的治理规范中"非中性"的特点，即去除同一治理规范对不同的治理主体的内容不同这一特点；促进新旧治理制度和治理规范的融合，改善全球治理的碎片化现状，提升全球治理的有效性。

第三，更加追求治理主体多元参与、共谋发展。随着世界多极化的发展，国际社会力量也发生了变化，新崛起的发展中国家也要求在国际社会中拥有一定的话语权，全球治理正在发生深刻变革。"二战"结束后，西方资本主义国家确定了国际秩序与全球治理的基本内容、方式、规则。这种体制延续至今，已经展示出它的滞后性，越来越多的发展中国家要求平等的权利与义务。从整体上来看，治理主体的变化主要表现在两个方面：一是国际组织在全球治理中发挥越来越重要的作用。区别于国家之间的直接来往，国际组织往往通过共同的协议，来形成统一的规范，从而约束国家的行为。二是广大新兴国家也渴望成为国际治理的主体。"一超多强"的态势必然随着经济全球化和广大发展中国家的崛起而瓦解，这种治理格局的变化是必然的。但是，目前的全球治理依然是发达国家主导，在权利与义务方面，发达国家依照相对于自己有利的一面来主导，因此这种治理体系的变革之路也不是一帆风顺的。

3. 全球文化格局迎来解构与重塑

全球文化格局是全球经济、政治格局的反映，随着经济全球化、全球治理体系的变革，全球文化格局也在发生深刻的变革。人类历史上发生过两次重大的文化格局变革，第一次是从以东方文明为主导转移到以欧洲工业文明为主导。15—16世纪，世界历史格局发生重要变化，作为当时的世界文明中心国家，中国由于闭关自守与重农抑商的举措，导致中国错失了近代工业革命的浪潮，综合国力下降，世界开始形成以西方欧洲国家为主导的格局。第二次是在"二战"期间，西欧资本主义国家卷入战争，经济发展受到影响，加上第二次工业革命率先从美国开始，美国实现了经济发展的超越，全球文化格局从欧洲转向美洲。全球文化格局的变化是对全球经济、政治格局变化的反映。当今世界正处于百年未有之大变局中，这种变化是全方位的，全球文化格局正处于深刻的变化和调整之中。

第一，西方文化的吸引力降低。文化吸引力的根源在于它的先进性。文化是政治、经济的反映，文化繁荣的支撑就是先进的经济和政治。在世界经济和政治格局变化发展的今天，西方文化的吸引力有所降低，其根源就在于经济的下滑、政治霸权的削弱，具体表现在人们对于西方文化的认识更加理性和从容，对于西方价值观持更加谨慎的态度。

从经济来看，受金融危机与持续性的低经济增长影响，西方社会经济繁荣的现象已经不再。人们对于过去取得非常好的发展成就的西方发展模式开始有了怀疑，西方社会能不能走出低经济增长的阴霾，在应对过程中，人们并未看到西方的从容、自信与坦然，也没有看到西方社会为解决这一问题推出具有实效性的举措，反而是在应对金融危机的过程中，进行贸易保护主义，制造经济纠纷。以美国为首的西方资本主义国家为了转嫁本国发展矛盾而制造贸易保护主义，掀起经济摩擦。这些表现让人们对西方资本主义文明产生了怀疑，西方文化真的是所谓的"普世价值"吗，真的像他们所宣传的那样具有无可比拟的优越性吗？真的可以将资本主义称为"历史的终结"吗？

从政治来看，西方的"金钱民主"与较低的治理能力与治理水平越来越暴露出其政治文化、政治文明的短板。以美国为首的西方资本主义国家，一向都将美国标榜为民主的灯塔，认为美国自由与民主。实际上，美国民主已经成为金钱的民主，从选举到政治实践，金钱充斥在美国政治生活的全部过程中，美国的两党制度成为不同利益集团争权夺利的工具。这种资本主义的两党制必然导致行政效率低下，互相推诿。在新冠疫情暴发后，美国消极应对，造成了大量的人口死亡，渲染民族仇恨、民族对立，极大地暴露其在公共事件应对能力上的不足。同时，美国枪击事件数量居于世界前列，人民生活不安全、不稳定，这些事件都不能说明资本主义制度的优越性，而为资本主义辩护的资产阶级学者的著作、资产阶级的文化自然也就不再那么吸引人了。

从文化来看，西方所宣扬的"普世价值"、文化全球化都暴露了其虚假性。2020 年，美国明尼苏达州爆发的一起暴力执法导致一名非裔男子死亡的事件引起全世界震惊，在此之前，美国一直认为它是充分尊重人权的国家，认为"自由、平等、博爱"不仅仅是美国价值，而且是"普世价值"，但是美国的种种行为证明了这种价值的虚假性。首先，从"二战"结束后，美国一直在世界热点地区制造矛盾，挑起战争，造成了多个国家民族损失惨重，人口死亡，战乱、动荡一直都在，所谓的平等、自由、博爱在战争的事实面前毫无说服力。其次，西方所谓的文化全球化也是一个虚假的、经不起推敲的命题。在经济全球化的过程中，文明不断交流借鉴，但是因为各个民族有不同的历史、不同的文化传统，这种基于民族自身发展而形成的民族文化是民族的精神归宿，是民族存在和发展的根据，文化多样化并不是要求文化同质化，而是要在保留文化多样性的基础上，促进文化交流借鉴和繁荣。文化全球化的实质就是西方对于资本主义文化的宣传，就是向全世界兜售资本主义文化，他借助经济、科技的流通，以隐晦的方式传播扩散，影响其他国家的政治安全。苏联亡党亡国的教训并不久远，人们对于西方文化已经有了警惕性。对于西方的价值观念已经开始了批判分析，西方文化中的弱点已经开始被人们承认。西方文化的吸引力自然也就下降了。

第二，发展中国家的文化影响力正在逐步上升。随着发展中国家的崛起，尤其是中国的崛起，发展中国家的文化在世界也具有了较大的影响力。中国已经成为世界第二大经济体，中国的发展速度和现代化过程引起了全世界的关注。强调文化多样并存，各美其美，美美与共，促进世界文化的发展、交流、繁荣。在新冠疫情期间，中国的举动受到了世界多个国家的赞叹，赢得了国际社会的支持与肯定，中国力量和中国优秀文化、中国精神感动了许多有识之士。

需要注意的是，世界文化格局的调整从来不是一帆风顺的，而是充满了新的斗争与挑战，以美国为首的西方资本主义绝不甘心中国的崛起，也不想让社会主义在世界发展的过程中大放光彩，因而必然会对中国进行打压。实现中华民族伟大复兴，弘扬社会主义先进文化的道路上，充满挑战却又前途光明。

4. 全球生态环境面临严峻挑战

生态环境是人类赖以生存的基础。近代以来，工业化率先从西方社会开始，伴随追求经济的高速增长，人们付出了巨大的生态代价，这些代价直接影响到了人类的存续问题，成为世界各国关注的发展焦点。

一切生产活动都必须依靠一定的物质基础、劳动资料，人不能没有劳动资料而创造价值与使用价值，从这种意义上来看，生态环境是人类生存和发展的基础。人们改造世界的活动又对生态环境产生了影响，改变了人类的生存和发展环境。良好的生态环境是人类高质量生存和发展的必然要求。当前，在现代化的过程中，由于长期强调经济增长的目标，造成忽视生态环境保护甚至破坏生态环境，造成了不可挽回的损失。生态环境污染已经成为全球普遍现象，生态环境保护迫在眉睫。生态环境问题不仅仅是发展中国家的问题，而且是在现代化过程中发达国家和发展中国家都出现的问题，是普遍性的问题，也是具有广泛性影响的问题。

第一，全球天气环境的主要问题和自然灾害。目前，全球生态环境中存在的主要问题有：一是资源破坏，造成了资源紧缺；二是生态破坏。由于人类的过度开发，全球生态破坏严重，土地荒漠化，森林覆盖率降低。对人类的生存环境造成了巨大影响。由生态环境破坏而引起的环境污染和自然灾害有：一是水土流失；二是生活环境恶化，造成了很多灾害事件；三是全球变暖，全球气候变暖虽然也有自然因素，但是人们在生产和生活中大量排放二氧化碳等温室气体，从而导致地球温度升高，环境受到影响。除此以外，如太空垃圾、臭氧层破坏、酸雨、海洋污染、水污染等，这些自然灾害已经成为影响全球发展的普遍环境问题。

第二，全球治理格局的困境。一直以来，国际社会都在号召人们保护环境，促进可持续发展。越来越多的国家注意到生态环境保护的重要性，生态环境问题是全球的，是人类必须联合起来应对的问题。人们虽然有所改变，但是这种改变是部分的，生态环境的恶化依然在加速，部分国家在发展的过程中依然没有环境保护意识。不同国家在生态环境治理上有不同的诉求，在全球治理合作上，很难形成一致的机制与原则，全球生态环境治理面临多方困境。

全球生态环境面临的挑战，归根结底是绿色发展理念的缺失，是人们关于发展认识不充分的体现。全球生态治理之路任重而道远，中国如何应对共同的生态环境问题，如何在新时代实现发展与自然环境保护的统一，是习近平社会发展理论关注的重要问题之一。

(二) 习近平社会发展理论形成的国内背景

如何推动中国特色社会主义的发展，围绕这一发展主题，习近平立足于中国发展的客观实际，全面把握新时代中国社会发展的新特征，在此基础上形成了习近平社会发展理论的基础。从全局来看，我国的发展仍处于重要战略机遇期，经济发展进入新常态，面临经济结构转型升级；党内存在的突出问题对党的长期执政提出了考验；发展不平衡对于社会公平公正的影响；粗放的发展方式对于生态环境的破坏。这些问题对于新时期发展什么、如何发展提出了挑战。正是在把握这些问题的基础上，习近平运用马克思主义基本原理提出了解决这些问题的思路方略，实现了社会发展理论的创新。

1. 经济发展进入新常态

改革开放以来，中国经济经历了 30 多年连续高速增长，一跃成为世界经济总量第二的大国。尽管中国经济发展取得了很大成就，但是经济发展中不协调、不平衡的问题日益突出，严重影响了新时期我国经济发展的转型升级和应对世界金融体系波动的能力。

第一，经济发展迫切需要转换动力。目前，中国经济发展过程中出现了结构性的矛盾，对于发展的持续性产生了重要影响，这一因素迫使当前中国经济必须进行转型发展。经济学认为，市场可以分为需求端和供给端，二者通过消费这一动态过程达到平衡。目前，从需求端来看，出现结构性的不平衡；从供给端来看，主要存在的问题是产品吸引力、竞争力不强，创新动力不足。

首先，从需求侧来看，中国经济出现了需求侧结构性的失衡。从产业发展来看，目前中国在部分行业存在着产能过剩，如有色金属、建材、纺织、造船等传统工业，而在高科技领域，如发动机、芯片等则出现了严重短缺。这种产能过剩与供给不足同时存在，这种情况制约了经济的发展。从内外市场的消费需求来看，受国际市场影响，世界贸易整体萎缩，中国出口量有所下滑，出口产品不可能在短时间内被消化，内需成为消化这些出口产品的必然途径；从国内市场来看，国内需求结构也在发生重要的转变，消费需求向更高层次、更高水平、更加多元的方向发展。需求结构整体的变化，导致现在的产品无法满足需求，因而出现产品滞销、产能过剩。因此，要解决当前需求侧出现的需求与供给不匹配的问题，就是要重塑经济增长的动力。

其次，从供给侧来看，在产品供应上，出现了产品供应水平不高的问题，反映了创新能力不足的问题。供给侧结构性改革是新时代我国经济发展的重要手段。推进供给侧结构性改革的原因就在于经济下行的原因是结构性的。当前，在供给端存在着无效、低端供给，供给能力不足与不断增长的多样化的需求，因此推动供给端的改革就在于提高和扩大有效、高端的供给，就是要在发展的过程中形成竞争优势，开发具有竞争力的产品，增强供给结构适应变化的需求的能力，提高经济发展的灵活性。

第二，经济发展迫切需要体制机制改革。马克思主义认为，上层建筑对于经济基础具有反作用。改革开放以来，将社会主义制度与市场经济相结合，改革为促进经济发展提供了巨大的活力和动力，我国经济发展取得了巨大的进步，中国经济实现了飞跃发展。目前，我国经济体制改革已经进入了深水区与攻坚期，改革已经成为促进经济发展的必然要求。目前，还有许多难啃的骨头，改革必须要触及根本问题。在经济体制改革中，必须促进形成有序的市场环境，促进自由竞争，全面调动市场主体的积极性，促进市场体制机制运行有效，打破行业垄断，加强市场秩序监管，破除一切阻碍经济发展的体制机制，发挥政府在宏观调控中的重要作用。要对面临的改革困难有充分的预计，改革越来越深入，难度也会越来越大，任何改革都意味着利益结构的调整，意味着部分人失去部分人获得，因而极其容易产生矛盾与纠纷。在改革的过程中要注重化解纠纷，解决好人民关心的问题，保护好人民的根本利益。

第三，经济发展要素资源约束增强。著名经济学家威廉·阿瑟·刘易斯在《劳动无限供给条件下的经济发展》一文中阐述了一个重要理论，他认为，经济发展是传统农业逐渐缩小的过程，是工业不断发展的过程，二者统一与经济发展的过程中，在从事行业的表现上，就是劳动力从农业转移到了工业，这一过程会一直持续直到实现劳动力的全部转移或者出现下一个二元经济。刘易斯认为，"二元经济"有两个阶段：第一个阶段，就是劳动力过剩的阶段，这一时期，由于人口基数大，劳动市场竞争激烈，劳动者工资维持在一个较低的水平；第二个阶段，就是当劳动力完全转移后，劳动者工资上涨，低价劳动力竞争因素不再。从第一阶段迈入第二阶段的交点就是刘易斯拐点。后来，刘易斯对此进行了更加深入的研究，他认为，当劳动力开始出现短缺时，即在第一发展阶段，劳动力已经从充足且有剩余变成了短缺，这就是第一个拐点；当发展进入第二阶段后，无论从事的第一产业还是第二产业，工人的工资已经没有什么区别，劳动力已经完全商品化，成为一元经济状态。改革开放后我国凭借廉价的劳动力，成为全球加工贸易的大国，迅速融入了世界市场，促进了我国经济的飞速发展。可以发现，如今我国已经成为老龄化大国，劳动力成本在不断增加，我国已经进入了人口红利的拐点，"刘易斯拐点"将会加速形成，一旦丧失廉价劳动力这一重要因素，我国经济发展的竞争力将从何而来？如何创造新的人口红利，从人口大国走向人力资源大国将是未来我国发展的重要方向。

第四，中等收入陷阱会不会来临？传统的现代化理论认为，经济增长就是社会发展，将 GDP 作为衡量社会发展的唯一标准，陷入经济决定论。在这种发展理念的指引下，在工业化的过程中，凭借某种优势，如资源，经济虽然获得了高速增长，但是社会中却出现了很多问题，如道德败坏、贫富分化、财富高度集中、腐败问题，达到一定水平后，经济增长乏力，国内市场低迷、产业结构低端，容易被淘汰等，这种状态就是中等收入陷阱，近代拉美国家就是这一问题的典型代表。中国如何跨越中等收入陷阱，实现发展的飞跃，是当前我国经济发展必须面临的问题，如何保持长久的较快经济增长速度是一个巨大的挑战。只有少数国家，如日本、以色列等跨过了这个门槛，顺利实现了发展的飞跃，成为发达国家，而很多国家在经济发展到一定水平后，出现了下滑、倒退，没有跨越这个门槛，一直处于中等收入阶段。必须要清楚认识到跨越整个门槛的严峻挑战，以及促进经济发展转型升级，构建完善的经济体制，应对国际、国内多样的经济发展挑战。

2. 党内突出问题对于长期执政的考验

中国共产党自 1921 年成立，至今已过百年。近代以来，中国共产党带领中国人民实现了社会发展的飞跃。中国共产党是中国特色社会主义事业的领导核心。党的先进性、纯洁性直接关系到社会发展全局，党只有坚持以人民为中心，践行群众路线，保持同人民的血肉联系，社会发展才能有主体动力，才能有人支持；党只有坚持社会发展的正确方向，始终坚持实事求是地制定发展目标、推进发展战略和政策，社会发展才能沿着正确的方向稳步前进。党在全面掌握国家政权后，面临一系列新问题、新挑战，"为谁执政、如何执政"是党面对不断变化的发展环境必须常常思考的问题。面对世情、国情和党情的变化，如何领导中华民族推进中国特色社会主义事业，如何增强人民福祉，如何带领中国人民实现社会主义现代化和中华民族伟大复兴是我们现阶段的社会发展目标，这对新时代党的建设提出了更高要求。目前，我们存在着不少问题，面临多种考验，这些问题主要表现在四个方面：

第一，精神懈怠，理想信念不坚定。目前，中国共产党党员总数已经超过了9000 万，党的基层组织力量继续扩大，党的组织体系更加健全。这意味着党的执政根基的扩大。但是也要注意到市场急促的持续发展，不仅带来了经济的快速增长，人民生活水平的迅速提高，也滋生了许多不良因素。可以看到部分党员在理想信念方面存在一些问题。有些干部面对诱惑忘记了理想信念，忘记了自己的初心和使命，忘记了自己的责任与任务，忘记了党与人民对自己的信任。理想信念作为一种精神动力，深刻地影响人的行为活动，中国共产党人的理想信念就是坚定马克思主义的科学思想，坚定共产主义远大理想。马克思主义从唯物史观的角度出发，将社会主义从空想变为现实，指明了未来社会的发展方向，坚定共产主义理想信念，就是对正确发展方向的坚持，也是党员干部立身的根本，是鼓励党员干部奋斗的持久的精神力量。当前，一些党员干部理想信念缺失，政治意识淡薄、浑水摸鱼、得过且过、欺上瞒下、求神拜佛、是非不分等，对党内政治生态产生了消极影响，对于党领导人民推动中国特色社会主义发展产生了消极影响。

第二，疏于学习，能力不足。学习是一个领导干部增强自身能力的必然要求。习近平总书记指出："一个政党要走在时代前列，一刻也离不开理论指导；一个领导干部要做好本职工作，一刻也离不开理论学习。"①干部的学习态度、学习能力、学习水平直接关系到党治国理政的水平，影响党的威信。新时代，世情、国情、党情发生了重要变化，面对世界发展进入动荡变革期、全面深化改革进入攻坚期、党的建设进入科学时代，我们应抓住中国发展内外部环境的变化，进行新的"斗争"。今天，改革面临的问题更多、矛盾更为复杂，改革的阻力更大，斗争更加尖锐，必须推进改革持续向前，敢于涉险滩，坚定信念，一往无前，向难啃的骨头和顽瘴痼疾开刀，必须要居安思危，提高斗争本领，保卫政治安全，维护广大人民的利益，推动治理水平现代化。这些挑战与任务要求党必须增强学习能力，将学习制度化、常态化，不断增强党的执政能力和领导水平。

第三，部分干部官气十足，脱离群众。马克思主义认为，人民是社会历史的创造者，人民群众是社会实践的主体。中国共产党始终同人民保持血肉联系，始终代表人民群众的根本利益，始终坚持人民立场，全心全意为人民服务；始终坚持群众路线，在实践中积极践行群众路线，实现好、维护好、发展好人民群众的根本利益。始终保持与人民群众的血肉联系，是中国共产党带领中国人民实现民族解放、国家独立、社会主义革命与改革开放一切成就的根基，是战胜前进道路上一切艰难困苦的根本保证。总体来看，党与人民的关系是好的，但是部分党员

---

① 习近平：《领导干部要认认真真学习 老老实实做人干干净净干事》，《学习时报》2008 年 5 月 26 日。

干部在实践中逐渐脱离了人民群众。在改革开放几十年的发展过程中，部分干部忘记了初心，忘记了使命，开始当起了"官老爷"，搞起了"家长制""一言堂"，开始有了官本位的思想，在工作中具体表现在四个方面：一是精英意识作祟，看不起群众，不能认识到群众的力量与智慧；二是与群众保持距离，不能深入群众，了解群众问题，在实际工作中自然也没有站在人民的立场，解决人民最想解决的问题；三是夜郎自大，不善于听取群众意见，对群众意见、群众呼声漠视；四是拖延问题，互相推诿，认识不到群众的问题是大问题，不能有效解决群众困难，弄虚作假、欺上瞒下。这些行为对党的威信造成了损伤，不利于党带领人民推进社会发展。

第四，贪图享乐，消极腐败。腐败问题，自古以来是执政党都想解决的问题，是影响执政党威信、损害执政党利益的毒瘤。人们往往将腐败问题认为是经济问题、政治问题，是权钱交易，也是权权互助。但是从根本上来看，腐败问题是政治问题，"权"是腐败产生的根基。从古至今，多少腐败问题导致了权力体系的崩塌，执政基础的丧失，严重的腐败问题甚至会影响党和国家的存亡。新中国成立以来，党就非常重视这一问题，在实践中积累了反腐败斗争的一些经验。但是，随着改革开放的发展，部分党员干部在违法违纪的边缘游走，或者已经走上了违法违纪的深渊。一些干部公私不分、以权谋私、权财交易、权色交易、思想腐化、贪图享乐、相互勾结、拉帮结派，在工作中刁难群众等。这些行为损害了群众利益，不利于党的团结统一，更不利于人民对党的信任。

3. 社会发展不平衡的问题突出

改革开放以来，在现代化建设的过程中，中国发展速度快、效率高，但是在发展的过程中出现了不平衡的问题，这种问题表现是多方面的，不仅体现在地区之间，也体现在城乡之间等，这种不平衡影响了社会发展活力及全面现代化进程，因此，在社会发展中需要关注区域发展不平衡、城乡发展不平衡、社会发展水平落后、社会持续发展动力不足等情况。

第一，经济发展与社会建设的不平衡。目前，我国已经成为世界第二大经济体，经济总量已经突破100万亿元；贸易总额突破32万亿元，成为世界第一大贸易国；经济增长一直保持较快速度，成为推动世界经济发展的重要主体，已经迈入中等收入偏上的国家行列。经济发展从一穷二白直至现在的繁荣昌盛，中国人民切切实实地感受到了经济的腾飞，人民普遍解决了温饱问题，消费结构开始转型升级，人们生活有余，开始追求更高层次的需求。但是与经济发展不相匹配的是我国社会发展过程中的社会建设问题。与我国在经济发展上的成就相比较，社会建设的水平与经济发展水平并不平衡，我国在社会建设方面还存在很大的改进空间。一是公共产品供给不足。随着经济水平的提高，人们在解决温饱之后，有了更高层次的需求，尤其是在公共服务方面，人们渴望更加完善、更加健全的公共服务。目前我国公共产品中提供上存在着地区差异、城乡差异。总体来看，东部好于西部，城市好于乡村。二是就业难的问题。目前，我国人口老龄化问题突出，人口红利逐年减弱，但是随着经济发展转型升级，对劳动者素质提出了更高要求。未来，不仅需要高科技人才在高精尖领域创新创造，攻破发展的尖端技术，掌握发展的主动权，促进经济结构升级也需要技术型人才，从事专业的技术领域工作。三是社会保障体系建设有待改进。经过几十年的发展，我国社会保障体系的基本框架已经构建完成，但是在普惠性与公平性上仍然有很大进步空间，尤其是在养老问题上，有很多改进之处。四是教育公平有待提高。目前教育资源存在着配置不合理的情况。我国在基础教育、大学教育上，都有较为完整的部署与安排，但是在职业教育上，还存在很大改进空间，教育质量有待提高。五是在医疗卫生体制上，目前我国城市医疗体制比较完善，但是在乡村，配套医疗设施有很大改进空间，社会医疗、乡村医疗等基层，医疗体制建设还处于较低水平。

第二，区域之间的不平衡。目前，我国在区域发展上存在着不平衡的问题，这个不解决，就会影响发展的公平性，影响现代化进程。需要注意的是，区域经济发展不平衡并不是我国现代化过程中的独有现象，而是世界发展过程中的普遍规律。究其原因，是发展需要因地制宜，需要充分把握当地的优势，制定合理的发展战略。因而,在发展过程中,要正确看待发展过程中出现的区域发展的不平衡性。中国共产党始终重视区域发展的平衡性问题,既考虑因地制宜发展,又考虑对口帮扶,促进全面发展,在改革开放以前,为了建立起基本的工业体系,发展以内陆建设为重点;改革开放后,东部沿海地区借助政策,在对外开放的过程中迅速发展起来;党迅速意识到发展的不平衡性,开始了区域发展调整战略。经过区域发展战略的调整,目前中国区域发展差距正在缩小。可以看到中央在区域发展调整战略上,促进了地区合作机制构建。尽管相对于以前,区域发展差距有所减小,但是其中仍然存在不少问题:首先,各个区域之间的协同发展有待加强,各个区域之间的发展目标不同、发展侧重点不同、发展的速度也不同,因此,区域协调发展战略很难实现内部要素的有机衔接。其次,区域产业同质化现象严重,缺乏特色,使吸引力下降。归根结底,就是在发展上,创新能力不足,对于发展特色把握不充分。再次,区域发展的绝对差距依然在扩大。以 2019 年为例,从地区生产总值来看,东部地区生产总值 511161 亿元,中部地区生产总值 218738 亿元,西部地区生产总值 205185 亿元,东部地区遥遥领先;从增长比例来看,东部地区比上年增长 6.1%,中部地区增长 7.3%,西部地区增长 6.7%。可以看出,虽然中西部地区发展速度有所提高,但是在发展的绝对差异上,数值依然在扩大。最后,区域发展一体化进程有待加强。目前存在的问题是区域一体化发展缓慢,发展的重叠性较多,现代性基础社会网络构建较慢。

第三,城乡之间的不平衡。改革开放后,随着城市经济体制改革的不断发展,我国出现了城乡二元结构,这种二元结构使城乡发展差距不断扩大,具体表现在三个方面:一是城乡居民收入差距不断拉大。1978 年,我国城乡居民收入差距之比为 2.57:1,通过改革开放后一段时间的发展,尤其是农村的经济改革与城市的经济改革双管齐下,我国城乡居民收入差距并没有随着改革开放的进行而出现很大的差距,相反有所减小,1985 年,我国城乡居民收入差距之比仅仅为 1.8:1。[①] 但是随

---

① 韩庆祥:《五大发展理念——创新 协调 绿色 开放 共享》,北京:中共中央党校出版社 2016 年版,第 142 页。

着改革开放的深入发展，城市经济体制改革纵深发展，城乡发展差距并没有继续缩小，而是开始增大，并且速度极快。随着市场经济体制改革重心的转移，居民收入差距越来越大。2010 年我国城乡居民收入之比为 3.23∶1，2019 年我国城乡人均可支配收入之差已经超过了 26000 元，这种数值上绝对差的增大，严重影响了社会公平，影响了经济发展的持续性增长，是防止"中等收入陷阱"必须关注的重点。二是城乡居民消费水平的差距也在不断扩大。受收入水平影响，城乡居民在消费能力、消费结构、消费水平上还有较大差距，且这种差距会随着收入差距的增大而增大。城乡恩格尔系数虽然都大幅降低，但是农村人民的恩格尔系数还是高于城市居民的恩格尔系数。三是城乡发展不平衡还体现在公共产品与公共服务供给的不平衡。受到城乡二元结构的影响，城市与农村在发展上存在较大差距，农村基础设施建设，如交通、通信、水利、供电等远不如城市，在公共服务上，如医疗、养老院、教育等方面，农村发展滞后。虽然我国已经在发展过程中注意到了这一问题，并在持续性解决整个问题，但是这一问题不是一朝一夕可以解决的。目前，我国已经开始实施乡村振兴战略，加大对于乡村发展的关注与投资，促进乡村发展。

4. 粗放的发展方式对于生态环境的破坏

新中国成立以来，党在带领人民进行现代化探索的过程中，经济社会快速发展，但是在发展过程中，由于发展理念落后以及长期存在的粗放的发展方式，导致了生态环境的破坏。目前，我国生态环境破坏造成的问题主要集中在耕地减少、土地沙漠化、环境污染等，这些生态环境问题已经影响了发展的速度，甚至制约了发展水平，影响到了人民的美好生活。因此环境问题急需解决。习近平社会发展理论聚焦在这一问题，探索了人类社会发展与生态环境保护之间的辩证统一关系，认为二者是相互促进、相互协调的，是统一的。

第一，发展观念落后。造成生态环境问题，从主体来看，在于长期存在的发展观念落后，人们在发展的过程中一味追求发展速度，没有意识到或者说不重视生态环境保护的重要性，导致长期存在粗放的发展方式、对自然资源的浪费和掠夺式开发，缺乏环境保护的理念，在实践中不能主动保护生态环境，从而使我国发展面临严重的生态环境问题。受到传统现代化发展道路的影响，一直以来，我国都存在着"先污染、后治理"的传统发展理念，即先以牺牲生态环境为代价，保证发展速度与发展效率，等经济社会发展到一定的水平，再对环境进行治理。目前，已经实现现代化的西方资本主义国家几乎无一例外都是走的这种现代化发展之路。这种发展理念注重经济的高速发展，将经济发展看作社会发展过程中最重要的指标，或者将社会发展与经济发展画等号，从而忽视其他方面尤其是生态领域的发展。在这种发展理念的影响下，我国发展中多元主体并没有意识到环保的重要性，绿色的发展理念淡薄。

第二，发展方式粗放。新中国成立以来，由于追求发展速度和生产技术水平的制约，很长一段时间，我国存在着发展方式粗放的问题。发展方式粗放，就是在发展过程中，过度依赖资源的投入，尤其是自然资源，依托自然资源形成发展优势，同时由于技术水平的限制，存在着资源浪费、资源利用效率不高的情况，这种粗放的经济发展方式虽然在短期内可以使经济获得飞速的发展，但是随之而来的就是资源衰竭、资源短缺、核心竞争力不再，从而导致经济增长缓慢，经济发展受到制约。此外，高投入、高消耗的发展模式，还造成了对生态环境的破坏，影响到人民生活水平的提高。虽然我国已经在一些领域取得了尖端技术与举世瞩目的成果，但是与发达国家相比，依然有进步空间，在核心设备制造等关键领域还需要继续加强。

第三，资源短缺，环境问题严重。目前，我国存在的环境问题不少，主要集中在两个方面：一是资源短缺，尤其是土地资源与水资源。由于开发过程规划不足和乱砍滥伐，土地沙漠化严重；耕地被侵占，耕地面积减少。根据数据统计显示，我国人均土地资源占有本就很少，沙漠、高山等占地面积广阔，因此无节制地开发导致了土地资源短缺。由于废水排放把控不严，存在着乱排放等问题，水资源尤其紧张，目前我国已经成为世界上最大的能源消费国，这固然与我国的人口规模相关，但是资源浪费的问题也不容忽视。其次，环境污染。现代工业化在追求经济发展的同时，往往忽略了工业废弃物的排放问题，这种乱排放造成了环境污染大大增加。如过度的二氧化碳排放使全球变暖，大量的太空垃圾使得臭氧层被破坏，工业用水未加工处理肆意排放、人们环保观念淡薄随意丢弃垃圾等都会对环境造成污染。

二、习近平社会发展理论的主要内容

新时代以来，国内外的形势新变化和实践新要求，迫切需要从理论和实践的结合上深入回答关系党和国家事业发展的一系列重大时代课题。中国共产党勇于进行理论探索和创新，深化对社会主义建设规律的认识，取得重大理论创新成果，主要体现为习近平社会发展理论。习近平社会发展理论内容丰富，包含了发展主体、阶段、目标、道路、理念、布局、动力、代价等多个方面。从历史观的角度来研究社会发展理论，即从唯物史观的基本原则出发，考察社会发展的整体过程，包括社会发展主客体、目标、形态、道路等，从而形成的关于社会发展的整体观点。从方法论的角度来研究习近平社会发展理论，聚焦于社会发展的当下状态，如发展理念、发展布局、发展代价、发展动力等，回答了如何推动社会发展的重大问题，是发展的方法论的汇总。从"人"这一基础出发，阐述了"人"对于社会发展的突出作用，强调了"人"是社会发展的逻辑起点和价值归宿，这是历史唯物主义的基本观点，也是习近平社会发展理论的主线。习近平科学把握了当代中国的历史方位、发展目标、根本道路，明确了发展所处的阶段，设定了明确的发展目标，抓住了发展的根本道路，形成了关于当代社会主义发展的正确认识。

(一)社会发展主体论

马克思主义认为，人是社会发展的主体。从"现实的人"出发，马克思指明了人类社会历史发展最终要服务于人。马克思主义社会发展理论始终坚持人民立场，看到了人民在社会发展中的重要作用，始终坚持保护人民的利益。"人民性是马克思主义的本质属性，党的理论是来自人民、为了人民、造福人民的理论，人民的创造性实践是理论创新的不竭源泉。一切脱离人民的理论都是苍白无力的，一切不为人民造福的理论都是没有生命力的。"①习近平在继承马克思主义主体理论的同时，提出了"以人民为中心"的思想，这一思想是对马克思主义主体理论的深化，不仅回答了发展"为了谁、依靠谁、成果由谁享有"的重大理论问题，而且深化了对于人类社会发展规律的认识。以人民为中心的发展思想贯穿于习近平社会发展理论各个方面，是习近平社会发展理论的主线。在充分把握人民的基本内涵的基础上，习近平提出了"以人民为中心"的发展中心论，是对社会发展主体理论的深化。

1. 人民中心的时代内涵

马克思认为人是历史发展的主体，人是社会发展的主体，但是马克思也指出，并非所有人都是社会历史发展的主体。马克思所认为的社会发展主体"主要指占人口大多数、代表历史进步方向的人民群众"。② 人类社会发展过程中，始终存在着推动社会历史发展的主体，也存在阻碍社会历史发展的主体，这种阻碍社会历史发展的主体就是反主体。马克思主义认为，事物的发展趋势是前进的、上升的，而发展过程是曲折的。人类社会发展也遵循这一规律。在人类社会发展过程中，始终存在支持发展趋势的、代表先进生产力的主体，也有维护旧制度、旧阶级利益的主体，在二者的矛盾斗争中，在新事物战胜旧事物，新阶层新阶级战胜旧制度、旧阶级时，社会得以发展。从阶级社会发展的过程来看：在奴隶社会末期，奴隶主就是阻碍社会发展的反主体。在分析人是发展的主体还是反主体

---

① 习近平：《高举中国特色社会主义伟大旗帜 为全面建设社会主义现代化国家而团结奋斗——在中国共产党第二十次全国代表大会上的报告》，北京：人民出版社 2022 年版，第 19 页。
② 侯衍社：《马克思的社会发展理论及其当代价值》，北京：中国社会科学出版社 2004 年版，第 36 页。

时，必须结合具体的发展时代和发展潮流，简单地认为某一部分现实的人是反主体是不正确的。简而言之，马克思所认为的社会发展主体是推动社会历史发展的人。不仅如此，马克思对社会发展主体的类型也做了区别。马克思主义认为，社会历史发展主体按照人数的多少，可以分为：个体主体、群体主体、类主体。个体主体是指单个的人，群体主体则是部分，类主体指的是所有的人。

马克思关于社会发展主体的内涵的论述，为习近平社会发展主体论奠定了基础。习近平通过对人与人、人与自然、人与社会的关系中把握了社会发展主体的内涵。

第一，人民中心的内涵。马克思主义历来强调人民群众的主体作用。人民群众不但是实践的主体，是生产力的创造者，是社会历史发展的推动者；也是认识的主体，是认识活动理性开展的主体，是正确认识事物发展的一般规律的主体；也是社会发展评价的主体，马克思非常重视人民群众在社会历史活动中的作用，他指出，"历史活动是群众的事业，随着历史活动的深入，必将是群众队伍的扩大"。① 马克思认为无产阶级作为冉冉升起的新的社会阶级，是先进生产力的代表，是新社会制度的创立者，具有新事物所具备的优势与光明未来，无产阶级将在解放全人类的过程中解放自己。

不同时期，人民的内涵和外延也不相同。从内涵来看，按照马克思主义的观点，可以认为人民是关系共同体中的主体。即人是处于一定关系中的主体：主体、关系、共同体构成了"现实的人"。从关系与主体的角度来看，人是处于一定的关系连接中。如人与人、人与自然、人与社会，都是通过实践活动联系起来，人处于多样的关系连接中。因此人、实践、关系共同存在，这种存在是为了实现主体的愿望与意志：如生产实践是为了满足人的主体需要，包括生存需要、发展需要等。换言之，关系的存在是为了服务于主体，是为了追求实现美好生活的主体。从关系与共同体的角度而言，主体总是处于生命共同体、生活共同体和

① 《习近平关于社会主义政治建设论述摘编》，北京：中央文献出版社 2017 年版，第 187 页。

利益共同体的连接中；从主体与共同体的关系而言，主体通过一定的关系，形成了共同体，即共同体以"现实的人"为主体，为"现实的人"所有。

从人民的外延来看，我们所讲的人民往往是与"敌人"相对的。根据马克思主义观点，专政是针对敌对分子的，这里的敌对分子往往是"犯罪分子"等自主选择与中国社会主义发展背道而驰的"敌人"。简单来说，在当代中国，人民就是指全体社会主义劳动者。因此，习近平总书记关于"人民"主体的论述，都要围绕这一内涵和外延来展开，不能正确把握人民的内涵与外延，也就不能正确理解习近平总书记关于社会发展主体的论述。

第二，人民中心的主体维度。马克思主义认为人是处于一定社会关系中的个体。人不是孤立存在的，社会关系伴随人的终生活动。习近平从生命共同体、生活共同体、利益共同体的角度论述了社会主体的作用。

首先，习近平认为人是生命共同体中的主体。在论述人与自然的关系过程中，习近平指出："山水林田湖草是生命共同体。生态是统一的自然系统，是相互依存、紧密联系的有机链条。人的命脉在田，田的命脉在水，水的命脉在山，山的命脉在土，土的命脉在林和草。"[1]从自然环境的角度来说，山、水、林、田、湖，它们彼此依存，形成了有机的整体，它们是相互联系的自然共同体；从人类生产实践的角度来说，人需要借助自然资源来保障生存需要，实现生产发展，提高生活品质。因此，自然资源的存在就是人类生产和发展的基础，从这一意义上来讲，人与自然构成了生命共同体。生命共同体体现了主观与客观的统一，即主体与发展客体的统一，其中人是生命共同体的主体，"人"作为一种类主体，与自然之间的统一，就是人民希望达到的人与自然和谐共生。

其次，习近平认为人是生活共同体中的主体。基于社会延续和发展的角度，人类应该是生活共同体的主体。在生产发展的过程中，人类结成了生产关系，创造丰富的物质资料并不是生活的最终目的，而是为美好生活奠定基础。从这一点

---

① 习近平：《习近平谈治国理政》（第 3 卷），北京：外文出版社 2020 年版，第 363 页。

来说，人类社会在追求经济发展、政治民主、文化繁荣、社会和谐、生态良好的价值目标，最终都是为了实现人的自我发展，因此，在生活共同体中，人依然是发展的主体。正是在这种意义上，习近平提出了"人民对美好生活的向往，就是我们的奋斗目标"。

最后，习近平认为人是利益共同体中的主体。习近平指出："使人民获得感、幸福感、安全感更加充实、更有保障、更可持续。"[①]在发展过程中，突出人的主体获得感、幸福感、安全感，就是强调在发展过程中突出人的评价，也就是说发展得好不好、有没有效果、质量如何需要以人的直观感受来评价。每个主体对于发展的评价标准不同，但是人处于一定的精神连接中，精神生活强调的是主体自身感性的或者理性的思维，是个体的评价，精神生活在本质上是人与自身的交流，因此利益共同体是建立在一定的感官与评价基础上的，评价是一种自我生成。

习近平总书记关于社会主体的三个维度，从哲学的角度来考量，突出了人的主体地位，即人不仅是发展主体，也是评价主体、生活主体、享有主体、目标主体，这种主体意识贯穿于一切发展活动中，是习近平社会发展理论的逻辑起点。

2. 人民中心的突出地位

人民是发展的主体。习近平强调了人民中心的突出地位。人民中心的突出地位就体现在强调人民是认识发展过程的主体、是发展成果享有的主体，更是发展评价的主体。

第一，人民是发展过程的主体，即在发展过程中突出人民群众的主体地位。在发展路径上要坚持"依靠人民创造历史伟业"的动力机制，突出了人民在社会发展中的决定性作用。这一论述体现了唯物史观的基本原理。习近平强调，"人民是创造历史的动力，我们共产党人任何时候都不要忘记这个历史唯物主义最基

---

① 习近平：《决胜全面建成小康社会，夺取新时代中国特色社会主义伟大胜利——在中国共产党第十九次全国代表大会上的报告》，北京：人民出版社2017年版，第45页。

本的道理"①。在发展路径上坚持"依靠"人民，是对人民主体地位的尊重。"英雄"在历史发展过程中产生过巨大作用，甚至在某一时间段内，英雄改变了一个国家乃至全人类的历史进程。但是从根本上来看，人类社会历史始终是生产力推动发展的，随着生产力发展，人类社会变革是必然的。"忘记了人民，脱离了人民，我们就会成为无源之水、无本之木，就会一事无成。"中国共产党始终坚持发展依靠人民。正是在人民的支持下，中国实现了一次次发展飞跃。在发展过程中，学习人民群众的智慧，发挥群众的创造力。习近平指出："今天中国人民所拥有的一切，凝聚着中国人的聪明才智。"②党的十一届三中全会后，改革的帷幕首先从农村开始，从农村改革扩展到城市改革，从计划经济到市场经济，是人民群众的智慧结晶。

人民是权力的主体。习近平指出："马克思主义权力观概括起来是两句话：权为民所赋，权为民所用。"③在我国，人民是国家的主人，一切权力来自人民群众，一切政治权力的制度设计都要体现人民当家做主，坚持人民当家做主的人民代表大会制度。领导干部在行政事务中，必须坚持正确的权力观念，肩负起应有的责任，与人民同甘共苦，为人民服务。要充分发挥人民群众在社会治理中的积极作用，让人民的事情人民说了算。

人民是改革的主体。习近平指出，"把加强顶层设计和坚持问计于民统一起来"④。人民群众是有大智慧的，在全面深化改革的过程中，必须尊重人民群众的主体地位，发挥人民群众的首创精神，充分调动人民参与改革的积极性和创造性，使全面深化改革决策更加贴近群众，提高决策的科学性与针对性，推进全面深化改革迈向更深层次。

---

① 《习近平总书记系列重要讲话读本》，北京：人民出版社 2016 年版，第 128 页。

② 习近平：《在第十三届全国人民代表大会第一次会议上的讲话》，《人民日报》2018 年 3 月 21 日。

③ 习近平：《领导干部要树立正确的世界观权力观事业观》，中国新闻网，https://www.chinanews.com/gn/2010/09-01/2506148.shtml，2023-01-02.

④ 习近平：《把加强顶层设计和坚持问计于民统一起来 推动"十四五"规划编制符合人民所思所盼》，新华网，http://www.xinhuanet.com/politics/leaders/2020-09/19/c_1126515076_2.htm，2023-01-02.

第二，人民是发展成果的享有主体。在发展结果上突出"共同富裕"的社会主义本质要求，突出了人民的主体利益。习近平指出："我们追求的发展是造福人民的发展，我们追求的富裕是全体人民共同富裕。"[1]共同富裕是中国共产党人的发展使命。首先，实现共同富裕，必须坚持公有制的主体地位。习近平指出，坚持公有制主体地位不动摇，是保证人民共享发展成果的制度基础。共同富裕不是平均主义，不是绝对平均，不是同时富裕，科学社会主义所讲的共同富裕以社会主义公有制为基础，以按劳分配为原则，推动生产力的发展，促进社会物质产品的极大丰富，这是实现共同富裕的根本保证。其次，实现共同富裕，就是要把"蛋糕"做大分好。把"蛋糕"做大是提高分配效率和分配满足感的基础，把"蛋糕"分好是把它做大的动力因素。在实践过程中，就是要既注重物质财富创造，又注重分配公平。改革开放以来，社会主义经济建设取得显著成就，蛋糕已经开始做大，但是存在着分配不公、发展不平衡的问题，健全以按劳分配为主体，多种分配方式并存的分配模式，增加中等收入，缩小贫富差距，使发展成果更好地惠及人民，是实现共同富裕的基础。

第三，人民是发展评价的主体。要求在发展过程中坚持"把是否促进经济社会发展、是否给人民群众带来实实在在的获得感，作为改革成效的评价标准"的两个是否的标准，在发展实践中贯彻"与民同心、心中有民"的工作理念。"两个是否"是对"三个有利于"的发展。"两个是否"是适应新时代中国特色社会主义发展过程中出现的新情况而提出的，是对于社会发展评价的新认识，突出了人民主体的重要地位。只有坚持人民的主体地位，发展才能更好地满足人民的需要，改革才能坚持正确的方向。"两个是否"的评价标准体现了发展的侧重点，体现了发展何去何从的价值取向，掌握好这个标准，改革才能实现目标。

3. 人民中心的发展导向

以人民为中心的发展理念是习近平社会发展理论的主线，贯穿在习近平总书

---

[1] 《习近平关于社会主义社会建设论述摘编》，北京：中央文献出版社 2017 年版，第 35 页。

记关于社会发展的全部内容之中，回答了发展"依靠谁、为了谁、成果由谁享有"的重大理论问题。以人民为中心的发展思想贯穿于习近平社会发展理论各个方面，是习近平社会发展理论的灵魂。以人民为中心的发展导向，就是强调，在发展价值取向上坚持"人民至上"的基本原则，在发展目标上坚持"人民对美好生活的向往"的奋斗方向，在发展路径上坚持"依靠人民创造历史伟业"的动力机制，在发展的过程中贯彻"与民同心、心中有民"的工作理念。

第一，在发展价值取向上，突出"人民至上"的基本原则，突出了人民的主体地位。习近平指出，我们"必须始终把人民利益摆在至高无上的地位，让改革发展成果更多更公平惠及全体人民，朝着实现全体人民共同富裕不断迈进"①。始终坚持人民至上，是我们党一直以来坚持的基本原则。中国共产党是中国工人阶级的政党，没有任何特殊利益，始终坚持将保护和实现人民利益作为一切工作的出发点和落脚点。党始终坚持人民至上的价值取向。在全面深化改革的过程中，强调"人民有所呼、改革有所应"，② 坚持解决人民群众最关心的问题；在经济发展的过程中，强调不让一个人掉队，实施精准扶贫战略，为广大群众提供发家致富的良策；在腐败斗争的过程中，提出"向群众身边不正之风和腐败问题亮剑，③"为社会营造良好的发展环境；在生态建设过程中，提出"给子孙后代留下天蓝、地绿、水净的美好家园"，为人民群众创造生态美好的舒适环境；在面对新冠疫情的过程中，强调"人的生命只有一次，必须把它保住，我们办事情一切都从这个原则出发"，为保护人民的基本人权尽心尽力。在发展过程中，党始终坚持为人民造福的政绩观。在发展评价上，始终满足人民的获得感，增强人民的幸福感，使人民拥有成就感。把为民造福作为最重要的政绩，突出了人民的利益高于一切，体现了中国共产党的初心和使命，体现了党的根本宗旨。

第二，在发展目标上要坚持"人民对美好生活的向往"的奋斗方向，突出了

① 习近平：《习近平谈治国理政》（第 3 卷），北京：外文出版社 2020 年版，第 35 页。
② 习近平：《习近平谈治国理政》（第 2 卷），北京：外文出版社 2017 年版，第 103 页。
③ 习近平：《取得全面从严治党更大战略性成果 巩固发展反腐败斗争压倒性胜利》，《人民日报》2019 年 1 月 12 日。

人民性的价值取向。党的十九大报告指出，"带领人民创造美好生活，是我们党始终不渝的奋斗目标"。① 马克思主义社会发展理论认为，全部人类社会生活的实践活动归根结底就是为了满足人的发展需要。中国社会发展，就是要朝着"人民对于美好生活的向往"这个奋斗目标，坚持在发展过程中创造物质财富，为人民的生活提供物质保障。党在发展实践中，强调以经济发展为改善民生提供保障，让改革成果真真切切为群众所感受到。从脱贫攻坚到深化医疗卫生、住房、养老改革等与群众关切的生活问题着手，为人民创造美好生活尽心尽力。在发展的过程中注重精神文明建设，也注重满足人民的精神文化需求。习近平多次在哲学社会科学、文艺作品等与群众生活相关的文化领域发表重要讲话，指出要推进马克思主义理论大众化，让人民群众理解中国特色社会主义理论，打造精品文化，满足人民的精神文化需求。此外，还要满足人民对于政治民主、社会和谐、生态美丽等多重发展的要求，在生产发展过程中，推动社会各方面全面发展，打造生态良好、生活充实的社会环境。

第三，始终贯彻人民中心的工作理念。习近平总书记强调"我们党来自人民、根植人民、服务人民，一旦脱离群众，就会失去生命力"。② 中国共产党是在人民群众的支持下成长和发展起来的，党的根基在人民，只有扎根于人民，党才能获取源源不断的支持，人民是中国共产党执政的阶级基础和群众基础。始终坚持群众路线，保持与人民群众的血肉联系，与人民群众同呼吸、共命运，始终坚持"与民同心、心中有民"的工作理念。首先，在发展实践中贯彻"与民同心、心中有民"的工作理念，要求广大党员干部要在工作中树立群众意识。政策只有得到群众的支持和拥护，才能顺畅执行，才能在群众中留下口碑，才能在实践中发挥作用，才能解决实际问题。遵循人民的方向干事创业，深入群众中间，倾听人民的意见和呼声，解决人民想解决的发展难题。其次，在发展实践中贯彻"与民同心、心中有民"的工作理念，要求广大党员干部要树立群众意识，全力为群众谋

① 习近平：《习近平谈治国理政》（第3卷），北京：外文出版社2020年版，第35页。
② 习近平：《习近平谈治国理政》（第3卷），北京：外文出版社2020年版，第135页。

求发展。发展是解决问题的关键，在中国特色社会主义伟大实践过程中，要始终将发展放在首位，树立抓住机遇、加快发展的思想，不断发展是硬道理，是解决所有问题的关键，不断推动物质与精神双重发展，提高人民生活水平，是广大人民的根本利益所在。最后，在发展实践中贯彻"与民同心、心中有民"的工作理念，要求广大党员干部正确对待群众的意见，虚心听取群众的批评，这是中国共产党不断取得胜利的优良传统。要认真看待问题，以求真务实的态度开展工作，多做实事，才能赢得群众的支持和拥护。

（二）社会发展阶段论

"不审天下之势，难应天下之物。"科学判定社会所处的历史方位，是一切路线、政策的出发点。中国共产党历来始终注重把握社会发展的阶段，善于把握时代发展脉搏，顺应时代发展潮流，积极应对时代发展变化。党的十八大以来，中国社会发生了重要变化，深刻把握我国发展的阶段性特征，科学判断中国特色社会主义发展的历史阶段，是习近平社会发展理论的基础。以习近平同志为核心的党中央对当代中国所处的历史方位做了科学的评估，如"我国是一个发展中大国，仍处于社会主义初级阶段"[1]"中国特色社会主义进入新时代"[2]等。这些判断，不是简单机械地重复，而是以不同的参考标准把握当代中国所处的历史方位，从多个角度说明了当代中国所处的历史方位。

1. 新时代判断的基本依据

马克思主义在唯物史观的基础上，揭示了时代变化的根本原因与发展规律，第一次阐明社会发展阶段的基本内涵。判断社会发展所处的基本方位是什么是马克思主义社会发展理论的基础问题，认清社会发展所处的历史方位是一切政策的

---

① 习近平：《高举中国特色社会主义伟大旗帜 为全面建设社会主义现代化国家而团结奋斗——在中国共产党第二十次全国代表大会上的报告》，北京：人民出版社 2022 年版，第 20 页。

② 习近平：《高举中国特色社会主义伟大旗帜 为全面建设社会主义现代化国家而团结奋斗——在中国共产党第二十次全国代表大会上的报告》，北京：人民出版社 2022 年版，第 4 页。

出发点。习近平指出，"马克思主义是科学的理论，创造性地揭示了人类社会发展规律"。① 为习近平总书记关于社会发展阶段认识的深化奠定了基础。如何判断社会发展的基本依据就在于坚持唯物史观的基本观点。

第一，判断所处的社会发展阶段在于了解社会发展所处的历史时代。在马克思主义经典作家的论述里，指的是一定的社会历史时期。马克思主义经典作家曾经多次使用过"时代"这一表述，如"革命时代""资产阶级时代""帝国主义战争时代"等，"时代"在这些表述里，有不同的内涵。虽然学术界对于马克思所指明的社会发展规律基本持肯定态度，但是在社会发展的时代交替的问题上出现了分歧。第一种观点是"两阶段论"，即按照是否达到共产主义将社会分为"必然王国"与"自由王国"，这一观点虽然也强调了发展的主体，但是却是从认识论的角度出发阐述人对于社会发展的理解，必然王国指的是人不能客观、准确、完全把握社会发展的基本规律，是认识不能与客观达到高度统一、认识不能自觉支配主观活动符合客观现实的状态；自由王国则强调人对于社会发展规律的正确把握，是一种自觉活动的状态，实现了认识与客观的统一。第二种观点是时代发展的"三形态论"：持这种观点的认为，社会发展时代按照"人"的主体本位可以划分为"人的依赖性"发展阶段、"人的独立性"发展阶段、"人的全面性"发展阶段，这种观点强调了发展对于主体的作用，是人不断摆脱发展的桎梏、实现自由的过程，突出了主体性的视角。第三种观点是"五形态论"，也是我们最常见的时代划分方法，以物质资料生产方式不同为依据，人类社会发展大体经历了"亚细亚的、古希腊罗马的、封建的和现代资产阶级的生产方式可以看做是经济的社会形态演进的几个时代"。② 以物质资料生产方式不同划分社会发展形态是目前大多数学者支持的观点。"五形态论"贯穿于马克思的一切代表性著作中，是系统研究社会发展形态更替的基础。后来的马克思主义经典作家、中国共产党关于社会发展时代的划分基本上是按照"五形态论"的标准进行。因此，把握中国特色社

---

① 习近平：《在纪念马克思诞辰 200 周年大会上的讲话》，北京：人民出版社 2018 年版，第 7 页。
② 《马克思恩格斯文集》（第 2 卷），北京：人民出版社 2009 年版，第 592 页。

会主义发展所处的时代，就在于分析当今时代人类社会物质资料生产方式以及由此产生的社会关系有没有变革、哪个阶级处于发展的中心。

列宁发展了马克思主义时代观，并在此基础上提出判断所处的时代也要科学把握时代本质、时代主题。在时代本质的认识上，就是要认清时代的根本性质，列宁认为"时代"是"大的历史时代"，时代展示的是人类社会的整体状况，必须从社会历史发展的整体状况来判明所处的时代，他认为划分时代的标准在于阶级，"哪一个阶级是这个或那个时代的中心，决定着时代的主要内容、时代发展的主要方向、时代的历史背景的主要特点等等"。① 在这一观点的基础上，列宁深刻剖析了垄断资本给资本主义国家带来的转变，清楚界定了各资本主义国家向帝国主义转变的本质。在时代主题的把握上，列宁提出了"是充满着激烈的阶级冲突的整整一个时代，是在一切战线上"，② 深刻分析了世界阶级力量对比与民族矛盾的具体情况，列宁认为无产阶级革命是这一时期的主题。列宁科学分析了资本主义时代的主要矛盾、发展趋势，指明了资本主义时代必然要随着阶级斗争而成为过去式，世界正处于两个时代交替的历史时期，"两个具有世界历史意义的时代，即资产阶级时代和社会主义时代，资本家议会制度时代和无产阶级苏维埃国家制度时代的世界性交替的开始"③。

第二，判断所处的社会发展阶段在于把握社会发展的未来趋势。习近平指出，马克思主义哲学"深刻揭示了客观世界特别是人类社会发展一般规律，被历史和实践证明是科学的理论，在当今时代依然有着强大生命力，依然是指导我们共产党人前进的强大思想武器"。④ 唯物史观的目的与价值在于研究历史规律，唯物史观不仅揭示了社会历史发展的基本规律，而且贯通了当下与未来。通过对劳动二重性的把握和剩余价值产生的原因的科学揭示，马克思指明了资本主义的剥削性质和资本积累过程中不可化解的基本矛盾，因此资产阶级与无产阶级的矛

① 《列宁全集》(第 26 卷)，北京：人民出版社 2017 年版，第 143 页。
② 《列宁全集》(第 27 卷)，北京：人民出版社 2017 年版，第 255 页。
③ 《列宁全集》(第 36 卷)，北京：人民出版社 2017 年版，第 208 页。
④ 《习近平关于社会主义文化建设论述摘编》，北京：中央文献出版社 2017 年版，第 62 页。

盾是不可调和的矛盾。正是在此基础上马克思揭示了如何认识现时代的基本方法，如何判断未来社会发展方向的方法。马克思恩格斯运用辩证唯物主义科学解释了人类社会发展的未来趋势。因此把握中国特色社会主义所处的历史方位，还应该判断中国发展是不是顺应了时代发展的潮流，是不是符合历史发展的一般趋势。

第三，科学判断所处的阶段在于了解本国的发展实际。判断一个国家发展所处的历史方位，首先在于明确这个国家的性质，即从阶级上分析这个国家的属性，判断这个国家或者民族的性质是否符合历史发展的一般趋势。在此基础上，判断这个国家发展所处的发展阶段。事物发展过程，必然是从低级到高级，由幼小到强大，从产生到消亡的过程，判断一个国家的发展阶段，按照不同的参照物和标准，将得到不同的结果。

总之，关于社会发展阶段的判断依据，其核心就是要坚持唯物史观的基本观点。判断中国特色社会主义所处的历史方位，不仅要把握所处的时代、时代主题、时代发展未来趋势，也要立足中国特色社会主义发展的实际，科学把握中国特色社会主义发展过程中出现的"质"变，形成关于中国社会发展所处历史方位的坐标系。

2. 新时代判断的坐标定位

习近平总书记关于社会发展阶段的判断，从不同角度、不同方位出发，运用唯物辩证法，科学阐释了中国特色社会主义所处的具体位置，形成了关于社会发展判断的坐标系。新时代的中国处于马克思所指明的大的历史时代，是中国特色社会主义产生重要变化的时代，包括了多个发展阶段。新时代是中国特色社会主义独有的发展阶段，是关于中国社会发展的坐标定位的科学把握。

第一，从时代的角度来看，习近平指明了我们依然处在马克思主义所指明的历史时代。习近平指出："尽管我们所处的时代同马克思所处的时代相比发生了巨大而深刻的变化，但从世界社会主义500年的大视野来看，我们依然处在马克思主义所指明的历史时代。"①这一判断基于深厚广阔的历史视野，深邃的哲学修养，敏锐的洞察力，为正确看待当今世界的变化和发展提供了基础。在此基础上，习近平科学把握了当代社会主义与资本主义发展的新特点，为中国特色社会主义的发展指明了方向。

根据马克思主义关于社会发展时代的划分，"我们依然处在马克思主义所指明的历史时代"指的是资本主义向社会主义过渡的时代。时至今日，世界依然处于资本主义向社会主义过渡的时代。自"二战"结束后，物质资料生产方式和生产关系并未从根本上发生变化；从阶级上来看，世界依然是资产阶级与无产阶级两大阶级竞争的时代；从全球经济发展状况来看，资本主义制度和资本主义生产方式在全球广泛确立，虽然经历了经济大危机，但是资本主义也进行了变革；社会主义制度在部分国家确立，虽然经历低谷，但仍然生机勃勃。习近平总书记关于所处时代的判断，体现了人类社会历史发展和社会主义的广阔视野和深厚的哲学底蕴。

这一判断不是否认当代资本主义的变化，而是在审慎思考的基础上得出的正确结论。习近平指出"资本主义固有的生产社会化和生产资料私人占有之间的矛盾依然存在，但表现形式、存在特点有所不同"。② 对当代资本主义新变化的根本原因与未来命运的把握，奠定了正确看待资本主义的基础，对促进社会主义发展具有重要意义，是对人类社会发展规律认识的深化。由资本主义基本矛盾导致的金融危机在西方国家爆发并迅速扩展全球，使整个西方资本主义遭受了巨大的打击，全球经济发展整体低迷；西方国家内部结构性矛盾突出，实体经济萎缩、发展不平衡、发展活力不足的问题进一步凸显；逆全球化思潮、民粹主义在部分地区抬头，贸易保护主义影响了经济全球化的发展；新冠疫情暴发后，西方消极对待，导致了人民生命安全受到威胁，中国与西方不同的疫情应对方式和应对结果形成了鲜明的对比，这些表现都让资本主义受到了怀疑。虽然近年来西方资本

---

① 习近平：《习近平谈治国理政》（第 2 卷），北京：外文出版社 2017 年版，第 66 页。
② 习近平：《在哲学社会科学工作座谈会上的讲话》，北京：人民出版社 2016 年版，第 14 页。

主义的变化出现了新的情况，但是资本主义社会的基本矛盾——生产资料私人占有和生产社会化的基本矛盾并未改变，反而随着垄断资本主义的发展进一步加剧，为了调和这些矛盾，西方资本主义社会做了多种尝试，但这些尝试都不能从根本上解决资本主义社会的基本矛盾，资本主义的衰败不是一时一刻的，应该看到，当代资本主义仍然具有良好的自我调节能力。深刻把握当代资本主义社会发展的新特点，不是否定或者认为我们所处的历史时代有所变化，而是在把握新发展特点的基础上，更加明确从资本主义向社会主义的过渡是一个复杂的、不断出现新情况过程。

这一历史时代不是短暂的，而是一个长期的过程，要"认真做好两种社会制度长期合作和斗争的各方面准备"。[①] 一方面，要看到马克思主义理论的科学性，看到社会主义的优越性和作为新生事物的幼小。从世界社会主义五百年的总体发展趋势来看，社会主义从空想到实践，有了巨大发展。改革开放以来，作为社会主义的中国不断发展壮大，社会制度和治理体系越来越完善，社会主义的优越性不断凸显，在国际上积极倡导建立新型国际关系，走和平发展之路，赢得了众多国家的赞许。另一方面，也要看到资本主义的暂时领先，看到资本主义发展过程中的优点和其必然命运。应该看到，目前，西方社会在众多关键行业仍处于领先地位，如 IT 行业、人工智能行业等高精尖领域，西方资本主义国家仍然具有很大优势。西方社会往往在经历重大变革后，会做出相应的调整、反映，不断健全社会制度，维护资本主义社会有序运行，这种良好的自我调节能力使资本主义在时代发展中仍然具有一定优势，但是资本主义社会的基本矛盾却是无法消除的，资本主义社会的基本矛盾决定了资本主义社会的其他矛盾，贯穿在资本主义产生、发展、消亡的整个过程，这一矛盾随着资本主义的社会发展不断加深。资本主义社会的命运必然因为其基本矛盾无法得到化解而走向灭亡，这是资本主义的宿命。习近平指出，"对待西方经济学、政治学等方面的理论著作和资本主义经

---

① 《习近平关于总体国家安全观论述摘编》，北京：中央文献出版社 2018 年版，第 22 页。

济发展的经验，要注意分析、研究并借鉴其中有益的成分，但决不能离开中国具体实际而盲目照搬照套"。① 作为一种新生事物，社会主义必然要经历从弱小到强大的过程，要注意学习先进的资本主义经验，保持发展的独立自主，坚持社会主义的发展方向。作为这个大过渡时代的重要部分，中国特色社会主义必然有光明的未来。

第二，从我国社会主义发展的历史来看，中国特色社会主义发展进入了新时代。党的十九大报告指出："经过长期努力，中国特色社会主义进入了新时代，这是我国发展新的历史方位。"②从中国特色社会主义发展的历程来看，中国发展进入了新的历史阶段。这一表述，是对当代中国特色社会主义发展新变化的敏锐捕捉，是对当代中国所处历史方位的新表述。

从"变与不变"的角度把握新时代的科学内涵。认识新时代，需要深刻领会"变与不变"的辩证法。中国特色社会主义进入新时代，其中不变的是我国仍处于并将长期处于社会主义初级阶段的基本国情没有变，我国仍然是世界最大的发展中国家的国际地位没有变。新时代，并不是发展方向改变了，也不是我国初级阶段结束了，它是社会主义初级阶段发展过程的一部分。习近平强调，"社会主义初级阶段是当代中国的最大国情、最大实际"。社会主义初级阶段专指我国社会主义发展阶段，是社会主义制度确立后从不发达的阶段向比较发达的社会主义发展的阶段。新时代与我国初级阶段并不矛盾。社会主义初级阶段是从整个社会主义发展的历程来把握，是从 1956 年社会主义制度确立开始一直到社会主义现代化基本实现的整个历史阶段。新时代是其中的一部分，二者并不相悖。

从变化的角度来看，社会主要矛盾发生了变化。社会主要矛盾转变是中国特色社会主义进入新时代这一判断的根本依据。"我国社会主要矛盾已经转化为人

---

① 习近平：《始终按实事求是的要求办事——在中央党校 2012 年春季学期第二批入学学员开学典礼上的讲话摘要》，《民主与科学》2012 年第 3 期，第 2-4 页。

② 习近平：《决胜全面建成小康社会，夺取新时代中国特色社会主义伟大胜利——在中国共产党第十九次全国代表大会上的报告》，北京：人民出版社 2017 年版，第 10 页。

民日益增长的美好生活需要和不平衡不充分的发展之间的矛盾。"①我国社会主要矛盾的转化作为一种现实依据，证明了中国特色社会主义进入了新时代，指明了未来推进中国特色社会主义建设的重点。改革开放以来，中国社会迅速发展，"落后的社会生产"这一状况从根本上得到解决，中国国民生产总值实现了大量增长，从根本上解决了人民的温饱问题，"人民日益增长的美好生活需要和不平衡不充分的发展之间的矛盾"。② 其中强调的重点就是不断满足人民美好生活的需要和发展不平衡、不充分的问题。改革开放以来，虽然中国经济发展迅速，保持了高速增长，整体上取得了骄人的成绩，但其中也存在着不少发展问题：贫富差距、可持续发展、环境保护等，这些问题不仅关系到广大人民群众的生活，也关系到实现全面小康和社会主义现代化的目标。习近平指出，过去中国主要是需要解决有没有的问题，即需要解决物质产品、精神产品的供给不足问题；而在新时代，在国民 GDP 和国家经济总量大幅增加的情况下，需要解决的是"好不好""均匀不均匀的问题"，即要解决发展质量问题、公平问题，因此，解决新时代的主要矛盾，不仅要处理好人与物的关系，也要处理好人与人的关系。

从新中国成立以来的发展历史来看，新时代是最接近实现伟大复兴的时代。1840 年鸦片战争以后，由于西方列强的入侵，中国开始沦为半殖民地半封建社会，自此中国人民开始了救亡图存的运动，民族独立这一目标已经实现，中国人民始终为了实现民族复兴而奋斗。当代中国，综合实力大幅上升，而且在国际舞台上发挥重要作用，充分显示了伟大中国梦正在一步步实现。从新中国成立后的发展历程来看，中国特色社会主义进入新时代意味着中华民族从站起来、富起来到强起来的伟大飞跃。建立新中国实现了主权独立，中华民族站起来了；改革开放以后，社会主义经济迅速发展，物质产品极大丰富，社会主义全方位发展，取得了全面的、骄人的成绩，中国特色社会主义进入由富到强的新的历史时代。中国特色社会主义进入新时代让世界看到了马克思主义理论的真理光辉，中国特色

---

① 习近平：《习近平谈治国理政》（第 3 卷），北京：外文出版社 2020 年版，第 9 页。
② 习近平：《习近平谈治国理政》（第 3 卷），北京：外文出版社 2020 年版，第 359 页。

社会主义进入新时代，是社会主义发展历程中的重要阶段，从人类社会发展历史看来，不仅证明了马克思主义的科学性，而且为人类社会发展提供了新的发展方案。现代化道路不只有资本主义道路，也有社会主义道路，有中国方案。

第三，从把握当下发展目标与发展任务的角度来看，党的十九届五中全会指出，"十四五"时期我国将进入"新发展阶段"。全面建成小康社会是党的发展目标，是以习近平同志为核心的党中央对全国人民的庄严承诺，是实现社会主义现代化的关键环节。党的十八大以来，全面建设小康社会取得巨大成就。习近平指出："我们既要全面建成小康社会、实现第一个百年奋斗目标，又要乘势而上开启全面建设社会主义现代化国家新征程，向第二个百年奋斗目标进军。"[①]可以预见，全面小康建成之时，我国将进入新发展阶段，习近平对新发展阶段的基本内涵、未来发展都做了预测。"十四五"时期我国将进入新发展阶段，这一判断着眼于社会主义现代化建设的整个历史进程，看到了新发展阶段是承上启下的关键阶段，是实现社会主义现代化的必然阶段。

习近平指明了新发展阶段的历史方位。习近平以辩证的发展的眼光看待社会主义初级阶段的发展，他认为，社会主义初级阶段在发展过程中不是一成不变的，不是静止的，而是充满变化的、动态的过程；不是自然而然、简单跨越的过程，而是需要主动发力、积极作为的过程；不是一个停滞不前或者直线前进的过程，而是一个不断发展进入、阶梯式前进的过程，这一过程始终有量的积累，在关键时刻将会产生质变。[②] 正是在这一思考问题的方法论原则指导下，习近平认为社会主义初级阶段也存在不同的发展阶段，新发展阶段是中国特色社会主义初级阶段中的一个阶段，是社会主义发展过程中的一个阶段。党的十九届五中全会明确新发展阶段这个发展的历史方位，深刻指明了中国特色社会主义发展"从哪里来，到哪里去"这一重大问题。新发展阶段之"新"的原因就在于其判断的基础

---

① 习近平：《习近平谈治国理政》（第 3 卷），北京：外文出版社 2020 年版，第 22 页。
② 习近平 2021 年 1 月 11 日在省部级主要领导干部学习贯彻党的十九届五中全会精神专题研讨班开班式上的讲话。

建立在已有的发展成就上，正处于重要的发展节点上。从现代化的历程来看，根据党对于现代化的部署，目前党已经解决了人民的温饱问题、实现了基本小康，完成了全面建成小康社会的伟大目标，正在开启社会主义现代化的新阶段。从完成现代化的过程来看，我国正处于"十三五"已经结束，开启了"十四五"的发展阶段。

新发展阶段之"新"在于基础之新。"十三五"过后，我国已经取得了很大的发展成就，综合国力显著提升，综合竞争力大幅增加，形成了以往不具有的竞争优势和发展基础。新发展阶段在于发展任务之新。党的十九届五中全会不仅指明了"十四五"时期的发展目标，也指明了 2035 年远景目标内容，实现了奋斗目标的有机衔接。新发展阶段在于理念之新。发展理念是行动的先导，对实践具有指导作用。以新发展理念引领新发展阶段，在于科学把握新发展理念的内涵，将新发展理念贯彻到经济社会发展全过程和各领域。新发展理念是党对于马克思主义发展观的重要创新，体现了党对于人类社会发展规律认识的深化。新发展阶段在于主题之新。党的十九届五中全会指出，新发展阶段要以高质量发展为主题。高质量发展，不仅要以满足人民群众的物质需求为目标，满足人民群众的多样化、个性化需求；也要以全面增强发展的竞争力为目标，增强国家经济实力的同时，提升创新能力和核心竞争力，实现环境保护与经济发展的协调。从"高增速"到"高质量"的经济发展重心转移，体现了党对于发展认识的深化。新发展阶段之新还在于发展环境之新。从国际社会看，世界进入动荡变革期，国际局势错综复杂，中国发展的外部环境充满了新的机遇与挑战，"今后一个时期，我们将面对更多逆风逆水的外部环境"；① 从国内来看，我国发展基础雄厚，发展韧性强大，发展环境优良，具有巨大的发展潜力和优势，但同时也面临不少挑战，特别是我国还面临结构性调整。新发展阶段之新，还在于构建了新的发展格局。"加快形成以国内大循环为主体、国内国际双循环相互促进的新发展格局，是党中央根据我国发展阶段、环境、条件变化作出的战略决策，是事关全局的系

---

① 习近平：《在经济社会领域专家座谈会上的讲话》，北京：人民出版社 2020 年版，第 3 页。

统性深层次变革。"①构建新发展格局不仅强调了扩大内需、对外贸易的重要性，也强调了二者的双向互动，提倡形成新的增长极，提升产业质量。新发展格局是新发展阶段的战略部署，是实现"十四五"发展目标的重要路径。

科学理解这些判断的关键首先在于把握好这些判断的时间轴。从 19 世纪初空想社会主义诞生，直至现在甚至未来很长一段时期，都是资本主义向社会主义过渡的时期，这是我们所处的大的历史时代，从党成立后直至现在 100 年之间，都处于这一历史时代；新时代不是社会主义初级阶段的结束，而是承前启后、继往开来的时代，是开启决胜全面建成小康社会的时代，是最接近实现中华民族伟大复兴的时代。党的十九届五中全会，指明了中国将迎来发展的新阶段，在已经完成"十三五"发展目标和全面建成小康社会的基础上，中国开启了"十四五"和现代化建设的新阶段。这些判断，构成了习近平总书记关于当代中国特色社会主义所处历史方位的多角度、完整的、全面的认识，是习近平社会发展理论的重要基础。

3. 新时代判断的科学方法

判断社会发展阶段必须坚持正确的方法。习近平指出："辩证唯物主义是中国共产党人的世界观和方法论。"正是通过对辩证法的成熟应用，习近平科学判断了中国所处的历史方位。

第一，习近平是用联系的观点看待这一问题。通过对人类社会历史发展的把握，正确判断了中国发展与世界历史发展大势的关系。世界历史浩浩荡荡，人类社会将走向何处？中国正处于什么样的历史时代？在这一历史时代中，中国应该走向何方？如何顺应世界历史发展潮流，把握历史发展机遇，推动中国现代化？习近平运用历史思维，站在人类历史发展的高度，运用唯物史观，科学把握当今人类社会发展的历史大势，回答了当今世界历史发展的大势，总结了当今世界历

---

① 《〈中共中央关于制定国民经济和社会发展第十四个五年规划和二○三五年远景目标的建议〉辅导读本》，北京：人民出版社 2020 年版，第 326 页。

史发展的基本特征，提出了未来中国顺应世界历史发展的方向。

习近平指出，世界历史大势就是不以人的主观意志为转移的人类历史发展规律。习近平指出，"人类可以认识、顺应、运用历史规律，但无法阻止历史规律发生作用。历史大势必将浩荡前行"。① 马克思恩格斯通过对生产力与生产关系、经济基础与上层建筑的矛盾运动分析，指出了人类社会历史发展是按照一定的规律前进，物质资料生产方式是人类社会发展的基础，人类社会发展不以人的主观意志为转移，在历史发展的潮流中，没有任何力量可以阻止历史向前发展的趋势。但是人作为历史活动的主体，"在其中不是完全消极被动的"。② 马克思主义不仅看到了历史发展的客观性，也看到人作为主体的主观意志对社会历史发展进程的影响。正是在这种唯物史观的基础上，习近平立足当下，着眼整个人类社会发展的潮流，指明了我们正处于马克思主义所指明的时代，全球化是当今时代发展的潮流，和平与发展依然是当今时代发展的主题。顺应历史发展的潮流，把握全球化带来的机遇，防范全球化带来的风险挑战，走和平发展之路，锐意进取，实现现代化和中华民族伟大复兴的目标必然在这一过程中实现。

习近平指出，要准确把握经济全球化、世界多极化的历史发展大势，推动构建人类命运共同体。虽然经济全球化与世界多极化是不可逆转的历史潮流，但是在这潮流下，依然有逆全球化和霸权主义、强权政治的存在阻碍历史潮流的发展，这些阻碍因素最终会在历史的车轮下覆灭。因此，既要做好顺应历史发展潮流、抓住发展机遇的准备，也要做好主动规避发展风险的准备。习近平指出，要深入分析世界处于转折变化时期历史发展的特点，顺应时代发展的历史潮流，因势利导，坚定不移地推动世界治理体系变革，从容应对世界转折时期的风险挑战，推动构建人类命运共同体。

第二，习近平以发展的眼光，深刻分析了社会发展阶段的"变与不变"。事物发展过程中，在认真分析事物发展的诸要素基础上，把握变与不变，掌握事物

---

① 习近平：《习近平谈治国理政》（第 3 卷），北京：外文出版社 2020 年版，第 200 页。
② 习近平：《在庆祝改革开放 40 周年大会上的讲话》，北京：人民出版社 2018 年版，第 3-4 页。

发展的性质。唯物辩证法认为，事物发展是变与不变的统一。在发展过程中，一直变化的是"量"，当"量"稳定在一定的区间，没有超过"度"时，事物的性质是稳定的，处于平衡的状态；当"量"积累到一定的程度，超过"度"的界限，事物就会发生根本变化。事物发展就是在这种相对稳定与偶尔质变的过程中实现飞跃。"变"与"不变"既相互对立，又相互依赖，并且在一定条件下可以转化。把握事物的发展，既要看到变的一面，也要看到不变的一面；在变中把握"不变"，在"不变"中把握"变"。

基于这一辩证思维，习近平从多个角度把握了中国特色社会主义发展中的变与不变。一是在社会发展阶段认识上。深刻把握党关于我国发展阶段的认识和判断，必须坚持变与不变相统一。在发展的阶段认识上坚持变与不变的统一，就是把握在社会主义初级阶段，中国特色社会主义进行到了哪一个步骤，就是看到了社会主义初级阶段在不断地变化发展，这种"量"的积累是实现社会主义向高级阶段发展的必要准备。新时代并没有超越社会主义初级阶段，仍然是生产力不够发达、生产水平不高的发展阶段，但是相对于党的十八大之前，却发生了重大的变化，这种量的积累引起了局部"质"变，但是却不是整体的"质"变，它依然属于社会主义初级阶段的范畴。二是从新时代的指导思想和发展主线上来看：中国特色社会主义进入了新时代，坚持马克思主义理论的指导思想没有变，坚持"以人民中心"的发展主线没有变；变的是党的指导思想有了新的飞跃，党的执政方略有了重大变化；理论的与时俱进，是对时代之问的回答，是新时期指导人们实践的思想指南；这种"变"与"不变"的把握，就是在坚持马克思主义指导下，坚持以人民为中心的发展理念，不断创新发展思路、发展理论，体现了稳定性与变动性的辩证统一。正是在辩证法的指导下，习近平清晰地阐明了新时代与社会主义初级阶段的关系，体现了习近平对辩证法的纯熟应用，是中国共产党运用马克思主义基本原理观察社会、分析社会的典范。

第三，习近平运用矛盾的观点分析中国社会发展。领导干部提高辩证思维能力，分析社会发展的阶段特征，必须坚持矛盾的观点。马克思主义认为，事物是矛盾的对立和统一，任何事物都处在这种对立统一的关系中。在社会发展过程中，基本矛盾运动贯穿于一切社会发展形态过程中，其他矛盾则受到基本矛盾的影响与支配。事物发展过程中，矛盾所处的地位不同，因而对事物发展所产生的影响也不同。主要矛盾对其他矛盾起决定和支配作用，着力解决主要矛盾，是特定历史条件下推动社会发展的关键点。在具体的矛盾中，不同的方面起着不同的作用，因此，主要矛盾的主要方面，决定了事物发展的性质。在社会发展过程中，主要矛盾随着社会基本矛盾的变化而不断变化。因此，在社会发展阶段的判断上，要根据社会发展的基本矛盾的运动情况来判断社会主要矛盾的变化，从而判断事物所处的社会发展阶段。在社会发展阶段的判断上，习近平坚持在马克思主义矛盾观点的指导下把握矛盾变化对于发展阶段的影响。习近平指明了社会主要矛盾的转变。社会主要矛盾的转变意味着基本矛盾运动的表现形式发生变化，从而引起社会全局的整体性变化。习近平总书记关于社会主要矛盾的变化的观点，遵从了马克思主义社会矛盾观，认为新时代的矛盾是非对抗性的矛盾，这种判断遵从了社会主义社会的基本性质，体现了新时代矛盾的转变是社会主义社会中期的必经之路。

(三) 社会发展目标论

作为社会历史主体的人是有意识的，人的主观能动性正是体现在为追求一定的发展目标而实现采取主观活动的阶段。为了创造美好生活，实现理想的生存状态，人类始终都在发展过程中设置目标，鼓励自己前行。社会发展目标，就是作为社会发展的主体，为实现一定的政治、经济、文化、社会、生态等状态设置的具体内容。社会发展目标体现了人对于未来社会的美好憧憬和追求美好生活的热情，既是动力也是目的。社会发展目标往往需要一定的社会发展战略的推进来实现。广义上的社会发展目标既包括目标的具体内容，也包括目标推进的战略步骤与战略措施。社会发展战略步骤是为了实现一定的发展目标而制定的，目标是根本与前提性的东西，战略步骤与战略措施则是处于从属地位，都要以目标为前提。习近平在社会发展目标的设置上，确保了发展目标环环相扣，内容紧凑，既立足现实，把握发展实际，不超越发展阶段设置发展目标，又突出着眼未来，突出目标的激励与引导作用。从时间轴来看，新时代党的发展目标是环环相扣、有机联系的整体，党的最终目标是要实现共产主义远大理想，在这个远大理想实现的过程中，党将这一目标分解，以阶段目标的实现促成最终目标的实现。"团结带领全国各族人民全面建成社会主义现代化强国、实现第二个百年奋斗目标，以中国式现代化全面推进中华民族伟大复兴"，① 是新时代新征程中国共产党的使命任务。在发展目标的推进上，习近平提出了"新两步走"的战略步骤，即"全面建成社会主义现代化强国，总的战略安排是分两步走：从二〇二〇年到二〇三五年基本实现社会主义现代化；从二〇三五年到本世纪中叶把我国建成富强民主文明和谐美丽的社会主义现代化强国"。② 在发展的目标实践策略上，"四个全面"战略布局是实现发展目标的战略举措。从战略目标、战略步骤到战略布局，习近平总书记关于社会发展目标的论述形成了一个完成的体系。

1. "中国梦"的设置原则

发展目标的设置不是随意的，而是人的理性的体现。社会主体在设置发展目标时，如果超越发展阶段与发展实际，就会陷入空想主义；如果畏缩不前，则会让目标失去引领力，失去目标的导向作用，目标形同虚设。社会发展目标关系全局，因此如何设置至关重要。

第一，确保社会发展目标设置的现实性。唯物史观是关于社会发展规律的科学，社会发展目标的设置必须遵循唯物史观的要求，确保其现实性与科学性，这是充分发挥社会发展目标指引社会进步有效性的前提。社会发展目标必须始终将经济建设作为中心。没有经济基础的发展，是空洞的。只有在发展的过程中，一

---

① 习近平：《高举中国特色社会主义伟大旗帜 为全面建设社会主义现代化国家而团结奋斗——在中国共产党第二十次全国代表大会上的报告》，北京：人民出版社 2022 年版，第 21 页。

② 习近平：《高举中国特色社会主义伟大旗帜 为全面建设社会主义现代化国家而团结奋斗——在中国共产党第二十次全国代表大会上的报告》，北京：人民出版社 2022 年版，第 24 页。

切问题才能够得到解决，只有把发展生产力作为社会发展的根本任务，才能始终保持先进性。

习近平指出："发展是基础，经济不发展，一切都无从谈起"①，"以经济建设为中心是兴国之要，发展是党执政兴国的第一要务，是解决我国一切问题的基础和关键。"②中国共产党始终重视经济发展目标的设定，从新中国成立起，党就注重经济建设目标的设定，"五年规划""小康"建设中对于经济指标的设定，工业现代化、经济现代化体系建设，都体现了中国共产党对于经济建设的重视。改革开放以后，党充分认识到了经济建设的重要性，在发展的基本路线上，提出了"一个中心，两个基本点"，构建社会主义市场经济制度，一系列经济发展目标的实现，使中国人民生活水平显著提高，人民的获得感和幸福感显著提升。这种实实在在的发展提升，为提高人民的生活质量提供了物质保障。党的十八大以来，受全球经济变化的影响及我国经济转型升级的影响，在经济建设中，不再设定具体的 GDP 数字指标，这一行为，不是对于经济增长目标上的放松，而是突出发展灵活性，是为了有效应对国际金融危机与外部环境变化带来的风险挑战，习近平认为"这样我们更能够把主要精力用在高质量发展方面"。注重以经济建设为中心，并不意味着对其他方面发展的忽视。抓发展，就是要抓关键。经济建设就是社会发展过程的关键，社会主义如果不能创造比资本主义更多的生产力，它的优越性体现就是不可靠的；但是光有经济的发展而不促进制度、文化等其他方面的发展也是不合理的。党越来越认识到发展的协调性，并在发展过程中不断促进各方面全面发展。

第二，以实现共产主义远大目标为引领。马克思主义指明，无产阶级政党最终要实现共产主义，这是共产党的最高纲领。马克思在共产党宣言中也指明了纲领的内容要随条件的变化而变化。后来，恩格斯又指出"纲领在细节上可以因环

① 《十八大以来重要文献选编》(中)，北京：中央文献出版社 2016 年版，第 828 页。
② 《十八大以来重要文献选编》(中)，北京：中央文献出版社 2016 年版，第 245 页。

境的改变和党本身的发展而改动",① 最高纲领应该与最低纲领相统一。中国共产党成立时期，就制定了最高纲领和最低纲领。近百年来，中国共产党始终坚持以实现共产主义作为远大目标，带领中国人民实现了民族解放、国家独立的最低目标。在最低目标的基础上，开启了社会主义建设。在此期间制定的一系列发展阶段目标都是为了实现共产主义的远大目标，它们在本质上创造共产主义社会所需要的经济、政治、文化、社会、生态等一系列条件。因此，设置发展目标必须坚持以实现共产主义为引领，设置阶段目标。必须明确共产主义远大目标的实现不是一个短暂的过程，因此阶段目标的设置必须坚持实事求是的思想路线，把握发展实际，紧紧抓住主要矛盾，及时变更社会发展阶段目标的内容与实现策略，推动阶段目标能够保质保量地完成，在一个个阶段目标的实现过程中，离实现共产主义越来越近。

习近平始终强调，"如果丢失了我们共产党人的远大目标，就会迷失方向",② 共产主义远大目标是中国人民前行的方向，是符合历史发展潮流的指向。任何时间、任何阶段的发展目标都不能与这个远大目标相背离。共产主义远大目标是中国共产党人的精神支柱。没有这一远大目标的激励，社会主义伟大的事业将失去方向，失去精神支柱与动力。共产主义远大理想，是马克思主义的最高理想，指明了中华民族伟大复兴的最高理想，体现了"人民主体"的价值立场与"党的目标"政治立场的统一，体现了共产党人无私奋斗的崇高精神。

第三，坚持发展目标设置的超越性与可实现性的统一。发展目标的超越性，是指发展目标必须具有努力的空间，发展目标不是轻而易举实现的，必须通过主体的奋斗才能实现。在社会发展过程中，人作为具有主观能动性的主体，可以通过理性思维、运用科学的办法解决事物发展过程中的难题。发展目标设置得太简单，就会让主体丧失努力和奋斗的动力，那么发展目标将形同虚设，毫无意义。发展目标的可实现性，就是发展目标具有实现的可能，发展目标不是越高越好，

① 《马克思恩格斯选集》(第4卷)，北京：人民出版社1995年版，第389页。
② 《十八大以来重要文献选编》(上)，北京：中央文献出版社2014年版，第116页。

越美好越好，发展目标是具有引领作用的，因此发展目标必须根据发展实际来设置，超越发展实际，发展目标不可实现或者看不到实现可能，导致主体丧失信心和动力，发展目标无法完成就成了虚无。坚持发展目标设置的超越性与可实现性的统一，就是要求发展目标在制定的过程中坚持实事求是的思想路线，符合事物发展的客观规律和客观实际，就是在主体的能动性发挥与符合客观规律的统一中实现发展目标。

中国共产党历来重视发展目标的超越性与可实现性的统一。强调发展目标的层层推进，注重发展步骤的科学设计，使目标实现思路明确、步骤清晰；又强调实现发展目标"任重而道远"，必须充分调动一切积极因素，推动社会发展目标的实现。经过几十年的发展，我国取得了骄人的发展成就，实现了全方位的发展转变，从经济上看，我国已经成为全球第二大经济体，已经实现了站起来、富起来的伟大目标，开启了强起来的发展阶段；从政治上看，人民当家做主的权力体制机制不断优化，制度优势日益显现；从文化上看，中国文化受到越来越多的喜爱，在国际上赢得了好评；科技实力显著增强，文化软实力显著增强；从社会治理来看，和谐社会建设取得了较大成就，基层社会治理成果丰富；从生态上来看，环境保护政策、发展模式转型升级推进较快，这些变化，奠定了实现中华民族伟大复兴的基础。但是实现中华民族伟大复兴的目标不是自然而然的，这个目标并不是容易实现的，需要全体的中华儿女勠力同心，共同努力，为实现这一目标而不懈奋斗。

第四，始终坚持"人民立场"来设置发展目标。社会发展的主体是人，人是社会发展的逻辑起点和最终归宿，坚持"人民立场"来设置发展目标，就是要求人民是发展的动力主体、目标主体、享有主体。社会发展目标追求的动力性，就在于发挥人民的首创精神，为社会发展提供动力支持。社会发展的目标设置应该坚持这一导向，始终将人民放在心中最高的位置，不能主客体颠倒，实现社会发展与人的自由全面发展的和谐统一。社会发展得越好，人的自由全面发展就越有保障，人越全面自由发展，社会发展就更容易进步。

新时代，在发展目标内容上，突出了"人"的主体性，在促进社会发展的过程中，坚持满足人的多样需求，促进人的全面发展，实现人的发展与社会发展相统一。一是在把握社会主要矛盾时，提出了"人民美好生活的需要"，在发展目标上侧重于满足人民多样化、高水平的需求，注重提高人民的物质生活水平，注重保障人民当家做主的权利，注重为人民提供多样化的文化产品，注重为人民构建更加和谐的社会环境，注重为人民创设更美好的生活环境，始终将人的需求与社会发展结合起来。二是在发展过程中，在发展目标的推进过程中，强调尊重人民的首创精神，如：促进社会治理主体多元化，发挥人民群众在全面深化改革中的主体作用，发挥人民群众在法治国家建设过程中的主体作用等。

2. "中国梦"的基本内涵

自中国共产党成立以来，就注重科学设置发展目标，根据实际发展状况和人民的发展要求，设置鼓舞人心的发展目标。科学的发展目标能极大激发社会成员的热情，为社会成员奋斗指明了方向，提供了精神力量。党始终将实现共产主义和人的自由全面发展作为发展的最终目标，始终根据发展的阶段性情况，分解发展目标，逐步完成最终发展目标。习近平在发展目标设置上，既立足当下，又预见未来，将社会发展目标有机关联，形成了一个有机的发展目标体系。习近平指出，"我们要全面掌握辩证唯物主义和历史唯物主义的世界观和方法论，深刻认识实现共产主义是由一个一个阶段性目标逐步达成的历史过程，把共产主义远大理想同中国特色社会主义共同理想统一起来、同我们正在做的事情统一起来"。[①]从时间轴来看，新时代党的发展目标是环环相扣、有机联系的整体，党的最终目标是要实现共产主义远大理想，在这个远大理想实现的过程中，党将这一目标分解，以阶段目标的实现促成最终目标的实现。

第一，要实现"全面建成小康社会"的中国梦。"小康"一词来源于中国人民

---

① 习近平：《在纪念马克思诞辰 200 周年大会上的讲话》，北京：人民出版社 2018 年版，第 16-17 页。

对美好生活的期盼，是理想的社会状态。1979 年，邓小平指出："我们要实现的四个现代化，是中国式的四个现代化。我们的四个现代化的概念，不是像你们那样的现代化的概念，而是'小康之家'。"①改革开放后，邓小平率先提出了"三步走"战略，为中国特色社会主义建设勾勒初步的蓝图。他提出了从解决人民温饱问题、达到总体小康水平再到实现社会主义现代化，经过多个发展时间段，设置多个具体的发展数字目标，分期实现这些发展目标。事实上，这些部署都已超额实现。1997 年，在完成邓小平提出的第一步和第二步的基础上，党的十五大对新世纪的发展目标做了分解：在本世纪第一个十年之际，实现国民生产总值翻一番；到本世纪第二个十年，即建党一百年之际，实现国民经济更加发展等，到本世纪中叶，基本实现现代化。这一部署，为新世纪以来中国坚定以经济发展为中心，提高生产力发展水平提供了动力。这一部署在实践中推进顺利，第一步发展目标顺利实现。党的十八大根据发展的实际情况，提出了新的发展目标："两个一百年。"

　　全面建成小康社会，其核心是"全面"。在党的十九大报告中，以"七个更"描绘了全面建成小康社会后的社会状态。从全面建设到全面建成体现了党对发展目标调整的及时和迅速，是对社会发展水平充分估计的结果。全面建成小康社会，其核心是"全面"，即强调发展的方向是全方位、多领域的。② 全面建成小康社会具有多重含义。一是指覆盖全面。不是少数人或者一部分，而是覆盖"全体"的广泛社会状态。习近平指出，全面建成小康社会的重点和难点在农村，全面小康必须关注广大农村地区的情况，农村的小康达不到，就不是全面小康。③二是指地区全面。全面小康不是个别地区的发展，也不是去强调个别地区优先发展，而是通过协调，促进落后区域发展，缩小区域发展差距，实现共同发展。三是内容全面。全面建成小康社会不仅强调经济、政治的发展，也强调生态、人民

---

① 《邓小平文选》(第 2 卷)，北京：人民出版社 1994 年版，第 237 页。
② 习近平：《习近平谈治国理政》(第 2 卷)，北京：外文出版社 2017 年版，第 78 页。
③ 习近平：《习近平谈治国理政》，北京：外文出版社 2014 年版，第 189 页。

健康等全方位的发展，体现了全面建成小康社会内容的广泛性。强调全面，不是指平均。习近平指出，"全面小康不是平均主义"。全面小康是社会发展的整体目标，这一目标不是指全国各地每个人都要达到"翻一番"的标准，不是所有地区、所有人达到全国的平均水平。全面小康承认发展差异和发展差距。全面小康是我国发展过程中的一个阶段目标，是时代化过程中的一个目标，完成这个目标后，我国将开启新的发展目标，因而理解全面小康这一发展目标要将其置于社会主义现代化、中华民族伟大复兴的发展历程中。

习近平对全面建成小康社会做出了具体部署。习近平指出"全面建成小康社会……最根本最紧迫的任务还是进一步解放和发展社会生产力"。首先，始终将经济发展放在核心位置，符合唯物史观的基本要求，符合社会主义社会发展的本质要求，符合完成全面建成小康社会关于经济发展目标，即 2020 年比 2010 年的国内生产总值和城乡居民人均收入翻一番的要求，符合当前解决我国社会主要矛盾的要求。其次，全面建成小康社会需要整体发力，多维并举。党的十八大以后，党提出了构建"五位一体"总体布局和"四个全面"战略布局，阐明了全面建成小康社会的战略地位。

第二，中国梦是基本实现现代化的中国梦。根据党的十九大的科学部署，在全面建成小康社会完成之时，我国将开启新的发展阶段。党的十九大报告指出，我国分两步实现第二个百年奋斗目标：到 2035 年，基本实现现代化；到本世纪中叶，实现第二个百年奋斗目标。与过去相比，这一部署将基本实现现代化提前了 15 年，是新时期习近平总书记关于社会发展目标理论的重要创新。2035 年远景目标立足于全面建成小康社会，展望社会主义现代化，将实现社会主义现代化的目标时间和内容做了新的、详细的部署，是"十四五"时期的奋斗方向，为实现第二个百年奋斗目标奠定了基础。

党的十九届五中全会指出，2035 年，我国综合实力将大幅跃升：从经济方面看，将建成现代化的经济体系，经济总量将迈上新台阶；从政治方面看，将基本实现国家治理体系和治理效能现代化，法治国家基本建成；从文化方面看，人民素质将达到新的高度，科技实力整体提升，文化软实力显著增强；从民生方面看，人民生活更加美好、共同富裕的奋斗目标取得更大进展，提出了健康中国建设；在生态方面，指出美丽中国建设的目标基本实现，习近平还从对外开放、军事等九个方面对此做了说明。目标指引方向，目前党已经开启了"十四五"发展的阶段，"十四五"是实现2035远景目标的开端，积极促进"十四五"时期经济社会发展，为实现基本现代化开好局。

第三，中国梦是实现现代化强国的中国梦。与过去的论述相比，党将基本实现现代化提前了15年，在本世纪中叶，要实现全面建成社会主义现代化强国。这一目标面向未来，是实现伟大中国梦的必然过程。习近平总书记关于第二个百年的论述，体现了新时期党关于现代化的认真思考，是对现代化理论的创新。

习近平指明了全面建成社会主义现代化强国的五个维度。现代化是人类社会迈入更高生产方式，是人类社会由农业社会转向工业社会的过程，是社会全方位、多领域的深层次变革，是人类历史发展的必然。习近平指出，社会主义现代化强国的现代化包括多个方面。社会主义现代化强国必须拥有领先的经济水平、发达的生产力，这是现代化的根本，没有经济实力做保障，现代化将无从谈起。民主，就是指政治民主，这是现代化在政治上的体现，政治民主就体现在人民当家做主的权利得到充分保障，社会有序运行，国家治理水平处于世界领先地位。文明，就是要让中华文化绽放光华，文明是现代化的灵魂，光有物质的高度发展而没有精神文明的辉煌，不是全面的发展。和谐，是社会主义现代化的必然条件，也是其必然要达到的社会状态。美丽，是以习近平同志为核心的党中央总结国内外现代化经验教训提出的一个目标，环境污染的现代化不是社会主义想要的现代化，美丽是现代化的基础。

正是这些发展目标的设置，让人们看清了未来的奋斗发展方向。在充分把握历史发展方位的基础上，层层推进，不断勾勒详细的发展目标，党清晰刻画未来全面建成社会主义现代化强国的实践线。我国社会主义现代化之路任重而道远，只有深刻把握党的发展路线，贯彻新发展理念，提高发展质量，保持战略的前瞻性和连贯性，一步一步，稳扎稳打，不断在量变的基础上促成发展的飞跃，社会主义现代化和中华民族伟大复兴就一定能够实现。

3. "中国梦"的推进战略

围绕实现中华民族伟大复兴这一发展目标，以习近平同志为核心的党中央提出了"四个全面"战略布局，展示了新时代党治国理政的总体方略。习近平指出，"我们立足中国发展实际，坚持问题导向，逐步形成并积极推进全面建成小康社会、全面深化改革、全面依法治国、全面从严治党的战略布局。这是中国在新的历史条件下治国理政方略，也是实现中华民族伟大复兴中国梦的重要保障"。[①]后来，党又提出了"全面建设社会主义现代化"，形成了新的"四个全面"表述，"四个全面"战略布局是推动实现中国梦的根本战略。

党的十九大以来，"四个全面"战略布局进一步发展，党的十九届三中全会上，对国家机构改革做出了详细规划，指出深化国家机构改革是实现发展目标的必然要求，有利于释放发展活力，促进生产发展，消解社会矛盾，彰显制度优势。党的十九届四中全会上，指出了中国特色社会主义制度是一个科学的体系，提出了制度建设的总目标和实现步骤。党的十九届五中全会立足发展的阶段性成就，提出了新的"四个全面"，即：将全面建成社会主义改为全面建设社会主义现代化，对全面建设社会主义现代化的实现步骤、阶段目标做了详细表述。无论是新"四个全面"，还是过去的四个全面，都是党在立足发展实际的基础上，提出的实现中华民族伟大复兴的重要抓手。

"四个全面"之间是相互联系、相互影响的有机统一整体，实现中华民族伟大复兴，推动中国特色社会主义发展进入更高阶段，离不开协调推进"四个全面"战略布局，把握好其内在的逻辑联系，形成更大的发展优势，使中国特色社会主义发展乘风破浪，稳步前进。

---

① 习近平：《习近平谈治国理政》(第2卷)，北京：外文出版社2017年版，第25页。

全面建成小康社会（社会主义现代化）是实现伟大复兴的现实基础，虽然现阶段距离实现这一伟大目标很接近，但是并不意味着一朝一夕就可以完成，如果没有完成这些小目标的基础支撑，伟大复兴就如同空中楼阁。全面深化改革是伟大复兴的动力方法。改革是社会主义的自我完善。改革开放 40 多年来，在制度完善与建设上已经取得了很大的成果，简单的、容易的改革几乎完成，目前改革进入了攻坚期，在各种矛盾叠加的、利益固化的深水区更需要改革，全面深化改革就是要敢于啃硬骨头，推动生产关系的变革，使上层建筑对经济发展起推动作用，进而解放和发展生产力。全面深化改革为全面建成小康社会提供动力，推动社会主义法治体制建设，促进人民当家做主的制度完善。全面依法治国是实现中华民族伟大复兴的坚实保障。法治是社会发展进步过程中的必然选择。全面依法治国是国家治理现代化的必然过程，是全方位的变革。全面依法治国为推进其他"三个全面"提供了法律保障，是推动社会发展、化解社会矛盾、促进生产发展有序进行的法律保障。全面从严治党是实现中华民族伟大复兴的关键所在。只有坚持党的领导，伟大复兴才能沿着正确的道路前进，才能应对发展过程中的艰难险阻，才能拥有长久的生命力。新时代面临巨大的发展任务，必须毫不动摇地坚持党的领导，加强党的执政能力建设，增强党抵御风险与考验的能力，增强"四个自信"，为开拓中华民族伟大复兴的新境界奠定基础。

"四个全面"战略布局，内容丰富，是实现中华民族伟大复兴的战略指引。习近平指出，要协调推进"四个全面"战略布局，"切实解决改革发展中的突出矛盾和问题，努力实现经济社会持续健康发展"。① 习近平总书记关于如何推进这一布局的论述，对指引新时代中国特色社会主义发展具有重要意义。

一是以战略眼光瞄准实现中华民族伟大复兴这一根本目标。习近平指出，"必须从贯彻落实'四个全面'战略布局的高度，深刻把握全面深化改革的关键地

---

① 《习近平关于协调推进"四个全面"战略布局论述摘编》，北京：中央文献出版社 2015 年版，第 165 页。

位和重要作用，拿出勇气和魄力，自觉运用改革思维谋划和推动工作。"①目标指引方向，目标鼓舞斗志，"四个全面"战略布局清晰描绘了中国梦的实现步骤、实现任务、实现动力、实现保障，是战略目标、发展重点、实效举措的统一，是实现中华民族伟大复兴的关键。二是要坚持系统思维这一根本方法。唯物辩证法认为，事物发展是相互联系的，人类社会是一个有机体，社会各个部分不是随意的、无规律的，组成社会的各个要素相互联系、相互作用，推动着社会有机体的发展。习近平指出，要"增强辩证思维、战略思维能力，把各项工作做得更好"。从时间、空间多个维度把握"四个全面"战略布局的贯通性，既要"注重总体谋划，又要注重牵住'牛鼻子'"，推动"四个全面"战略布局整体推进。三是要具有问题意识这一根本精神。问题是矛盾的体现，社会实践正是在解决问题的过程中推进的。习近平指出，"推进党和国家各项工作，必须坚持问题导向，倾听人民呼声"。② 坚持问题导向，就是要求在实践的过程中，将理论与实践相结合，坚持实事求是的思想路线，以实事求是的方法认识"四个全面"推进过程中的问题，坚持实事求是的工作方法，运用马克思主义基本原理解决问题，从而实现问题与主义的统一。协调推进"四个全面"的一切工作都要始终坚持理论联系实际，在准确把握内外部环境要素变化的基础上，分析问题、解决问题，不断推动实践创新，以实践创新推动理论创新。

(四)社会发展道路论

马克思主义关于社会发展道路有着深刻的理解：不存在一条放之四海而皆准的发展道路，社会发展道路应该因国家因地区因社会历史而慎重选择。根据中国发展的实际，在借鉴其他国家发展道路的经验教训上，中国共产党带领中国人民走出了一条自己的道路。中国"坚持道不变、志不改，既不走封闭僵化的老路，

---

① 习近平：《习近平谈治国理政》(第2卷)，北京：外文出版社2017年版，第102页。
② 《习近平关于协调推进"四个全面"战略布局论述摘编》，北京：中央文献出版社2015年版，第157页。

也不走改旗易帜的邪路，坚持把国家和民族发展放在自己力量的基点上，坚持把中国发展进步的命运牢牢掌握在自己手中"，① 走出了中国特色社会主义道路。中国特色社会主义有着深厚的历史底蕴，必须坚定道路自信，推动中国道路创新发展。

1. 中国道路的基本内容

发展道路是一个国家如何实现发展目标的关键。近代以来，中国人民就在探索如何实现民族解放与独立、国家繁荣与富强的路径。在这一过程中，党将马克思主义基本原理与中国实际相结合开辟了一条中国道路，沿着这条道路，中国取得了巨大成就。

第一，当代中国道路就是改革开放以来开辟的中国特色社会主义道路。"道路问题是关系党的事业兴衰成败第一位的问题，道路就是党的生命。"②马克思指出，道路的选择具有特殊性。受到生产力发展水平、历史文化条件、人民的信仰等问题影响，社会发展道路具有特殊性。人类社会发展的过程中，这种道路选择的特殊性表现在两个方面：一是表现在人类从"必然王国"走向"自由王国"的过程中，可以实现社会形态的跨越；这一跨越如何实现，路径如何，要根据不同的历史条件选择合适的道路。以中国和苏联为例，为了实现向社会主义社会的过渡而跨越资产阶级专政，在方式上，二者截然不同。苏联实行了新经济政策，而中国采取了"一化三改"。二是表现在同一社会形态下不同的发展方式。如：英美虽然都是资本主义国家，但是二者在社会发展的重点、方向、目标上也各有不同；在社会主义国家，中国率先采取了改革开放的政策，促进了生产力的发展，而其他社会主义国家有的改旗易帜，走上了资本主义道路，有的则继续坚持计划经济，改革缓慢。党始终坚持实事求是的思想路线，在实践中开辟了中国道路。

---

① 习近平：《高举中国特色社会主义伟大旗帜 为全面建设社会主义现代化国家而团结奋斗——在中国共产党第二十次全国代表大会上的报告》，北京：人民出版社 2022 年版，第 27 页。

② 习近平：《习近平谈治国理政》，北京：外文出版社 2014 年版，第 21 页。

"方向决定道路，道路决定命运。"①中国道路，是社会主义发展的道路，而不是别的道路。中国道路符合人类历史发展的总趋势。"实现中国梦必须走中国道路。这就是中国特色社会主义道路。"②这条道路来之不易，有着深厚的历史底蕴和现实基础，它是根植于中国大地，体现了中国人民对于美好生活的诉求和渴望，符合中国人民价值意愿，始终将人民利益放在首位，是被实践证明了的正确道路。

第二，中国道路是和平发展之路。始终坚持走和平发展之路，是中国人民的愿望，符合中国人民的根本利益。面对当今世界百年未有之大变局，继续坚定走和平发展之路，对于中国继续发展具有重要意义。习近平指明了坚持和平发展符合历史发展潮流；指出了构建以合作共赢为核心的新型国际关系，为处理全球关系提供了思想基础；提出了"人类命运共同体"的理念，为引领全球治理体系的变革提供了方案；提出了"一带一路"倡议，为实现和平发展提供了路径选择。习近平总书记关于和平发展道路的新理念，是在继承中国特色和平发展道路的基础上，在把握新时期世界发展新特征的基础上提出的，开辟了和平发展之路的新境界，为抓住历史发展机遇、创造有利的发展环境提供了思想指南，对推动实现中华民族伟大复兴具有重要意义。"和平发展是人间正道。"③和平发展是符合历史发展潮流的选择，当今世界正处于大发展大变革大调整的时期，但"和平与发展"仍是世界的主题。和平发展是全世界人民的共同愿望。当今世界存在不同的民族、不同的政治制度、不同的文化背景、不同的发展理念，但是各个国家的人民都有共同的愿望：和平与发展。中国始终坚持走和平发展的道路，既不搞仗势欺人、恃强凌弱，也不搞畏畏缩缩、拱手而降，始终在保持主权独立的基础上，坚持人不犯我我不犯人，充分尊重其他国家的主权，不干涉他国内政，倡导和平、合作、共赢。历史已经证明，谁站在时代的对立面，谁逆世界发展的潮流而行，谁就会被历史遗弃。零和思维、冷战思维、搞意识形态对立，不仅对本国发

---

① 习近平：《习近平谈治国理政》（第2卷），北京：外文出版社2017年版，第36页。

② 习近平：《在第十二届全国人民代表大会第一次会议上的讲话》，《人民日报》2013年3月18日。

③ 习近平：《习近平在对美国进行国事访问时的讲话》，北京：人民出版社2015年版，第17页。

展毫无益处，也会伤害民族感情，破坏发展环境，既解决不了本国问题，更解决不了人类发展的难题。

第三，坚持中国道路的核心就在于坚持中国共产党的领导。"党政军民学，东西南北中，党是领导一切的"，"办好中国的事情，关键在党"。① 从党的性质来看，中国共产党是工人阶级的政党，始终代表中国人民的根本利益。坚持党的领导，是走好中国道路的保证。从中国道路的探索历程来看，党自成立后，就坚定了只有社会主义才能救中国，在开辟"农村包围城市、武装夺取政权"的道路中，中国共产党认识到不仅要防范"左"的错误，反对"本本主义"，照搬照抄他国革命道路；也要防范"右"的错误，坚持党对军队的领导，始终掌握党对军队的领导权。新中国成立后，党在探索向社会主义过渡的时候，采用了和平的方式，成功向社会主义过渡，在这一过程中，党认识到正确分析经济基础对于探索适合的发展道路具有重要作用。社会主义改造后，党开始带领中国人民进行社会主义建设，在这一过程中，党取得了巨大的成就，显示了社会主义制度的巨大优势，但同时，也存在不少问题，如照搬照抄苏联模式等。改革开放以来，回击了"历史终结论""社会主义崩溃论"等风靡一时的观点，使科学社会主义大放光彩。

第四，道路自信源于理论自信。习近平指出，中国特色社会主义理论体系是科学的，是中国人民团结奋斗的思想指南，是实现中华民族伟大复兴的正确理论。② 坚定道路自信，其深层次的根源就在于理论自信，就在于对马克思主义科学性的自信。坚持道路自信与理论自信相统一，就是要讲清楚中国道路为什么好，好在哪里？就是要重视从理论层面对中国道路进行阐释，讲清楚中国道路为什么行，中国道路的光明前途是必然的；提高理论的适应性，不断进行理论创新，回答疑惑，回应质疑，回击污蔑。

习近平总书记关于社会发展道路的创新，既关注到了内部的社会主义发展之路，也关注到了外部的和平发展之路，是对新时期发展的全方位把握，体现了广

---

① 习近平：《习近平谈治国理政》（第2卷），北京：外文出版社2017年版，第21、43页。
② 2016年7月1日，习近平在庆祝中国共产党成立95周年大会上的讲话。

阔的发展视野，这种内外相成的发展道路不是孤立的，而是相互依靠、相互影响的。中国的发展需要和平稳定的外部环境，走好和平之路也需要自身的强大，防范外部风险。习近平总书记关于社会发展道路的论述，是新时期走好中国道路、坚定道路自信、实现伟大复兴的思想指南。

2. 中国道路的深厚底蕴

历史唯物主义认为，事物发展必然经历一个循序渐进的过程。中国道路的形成也一样，这条道路来之不易，是中国人民经历种种磨难，在艰辛探索中才形成的康庄大道。正是由于走这条道路，中国才取得巨大成就。它根植于中国大地，有着深厚的历史底蕴。习近平指出："这条道路来之不易，它是在改革开放 30 多年的伟大实践中走出来的，是在中华人民共和国成立 60 多年的持续探索中走出来的，是在对近代以来 170 多年中华民族发展历程的深刻总结中走出来的，是在对中华民族 5000 多年悠久文明的传承中走出来的，具有深厚的历史渊源和广泛的现实基础。"①"四个走出来"深刻阐明了中国道路的深厚底蕴，是我们坚定道路自信的重要基础。

第一，中国道路具有深厚的文化滋养。五千年的中华文明发展过程中，产生了许多优秀的成果，这些成果是滋养中国道路形成和发展的重要基础。中华文化是中华民族的精神家园，中国人民在此基础上，形成了共同的历史文化背景，共同的话语体系，共同的人文性格，共同的价值观念，它以伟大的民族精神、共同的历史文化将 14 亿中华儿女紧密地连接在一起，中华优秀传统文化，是中国人追求精神文明和创造物质文明过程中创造的成果，是中国人自信的根基，能"增强做中国人的骨气和底气"。中华优秀传统文化体现了中华民族的思维特征、价值观念、理想追求，是符合中华民族的文化成果，这种文化成果塑造了中国人民的个性，潜移默化地影响了中华民族的处世之道。中国道路的形成和发展都体现

---

① 习近平：《习近平谈治国理政》，北京：外文出版社 2014 年版，第 39-40 页。

了中华优秀传统文化的影响。如有"民为邦本""大道之行也，天下为公""天下兴亡，匹夫有责""君子喻于义""仁者爱人""君子坦荡荡""和而不同""己所不欲，勿施于人""挽狂澜于既倒，扶大厦之将倾"的伟大精神，有"协和万邦"、"丝绸之路"、睦邻友好的历史传统，这些思想深深地刻在每一个中华儿女的基因中，成为中国道路体现民族特征的重要思想源泉。这些理念在中国道路形成的过程中，有利于在社会文化激荡中坚定信仰。民族的文化、民族的历史增添了中国道路的厚重感，是其成长的土壤，正是在这种文化的滋养下，中国道路才能体现民族特征，展示出民族特色，才能在发展过程中保持个性。

第二，中国道路有着深厚的实践基础。回溯历史，中国道路来之不易。中国道路是历史和人民的选择，是近代以来先进的中国人探索救国道路的必然选择；是中国人民摆脱压迫与剥削，建立社会主义制度的必然选择；是实现中华民族伟大复兴的必然选择。在这条道路的探索过程中，中国共产党经历种种磨难，这条道路是中国共产党继承中华民族优秀发展思想，总结党成立 100 年以来经验教训的基础上选择的科学之路。

鸦片战争后，中国开始沦为半殖民地半封建社会，主权沦丧，家国不稳，中国人民开始探索民族解放、国家独立的革命道路。在地主阶级、资产阶级的探索失败后，中国人民开始寻求马克思主义。十月革命让先进的中国人看到了社会主义的力量。马克思主义科学揭示了人类社会发展的基本规律，是革命性与科学性的统一。马克思主义传入中国，为中国人民送来了社会发展的理论。1921 年，中国共产党的成立，给中国人民带来了希望，中国开始了新的探索之路。在革命发展的过程中，中国共产党破除了"左"的错误，指明了本本主义、教条主义的危害，在结合实际的过程中探索出了一条适合中国实际的"农村包围城市、武装夺取政权"的革命道路，正是在这条道路的指导下，革命的力量迅速扩大，使党和人民保持了血肉联系，实现了民族解放和独立。新中国成立后，中国人民开始了探索向社会主义过渡的道路，1956 年，在中共八大上，党对我国社会的主要矛盾做出了判断，明确了经济建设的核心地位，在 1956 年到 1966 年的十年中，我国社会主义建设虽然有坎坷，但是总体上来说，取得了不错的成绩。社会主义建设的宝贵经验，为后来的改革开放奠定了基础。习近平指出要正确看待改革开放前后两个三十年，不能搞对立，他指出，这两个时期"本质上都是我们党领导人民进行社会主义建设的实践探索"。① 以党的十一届三中全会为标志，中国社会主义建设分为了两个阶段。社会主义建设时期的发展经验、发展教训为改革开放奠定了思想基础和物质基础；改革开放后的社会主义实践探索又是对社会主义建设时期社会建设的延续。二者是连续的发展过程，不是相互否定、对立的两个阶段。这一论述对于坚定道路自信具有重要意义。

第三，改革开放开辟了中国道路的新航程。在改革开放的过程中，从我国的国情出发，走出了一条具有中国特色的发展之路。"这一道路是社会主义的，这一根本的性质没有发生改变；这一道路也不是封闭僵化的，在开放的过程中，中国学习了外国的先进管理经验、引进了先进技术、促进了对外交流，实现了发展的飞跃。新世纪新阶段，中国共产党在国际社会主义变动的情况下，看到了苏联解体的经验，强调在发展的过程中必须警惕西方的颜色革命，坚定发展的社会主义道路。"江泽民提出了"三个代表"重要思想，指引了中国道路的继续前进。胡锦涛强调，"道路关乎党的命脉，关乎国家前途、民族命运、人民幸福"。② 必须坚持党对于社会主义初级阶段这个国情的把握，在此基础上走坚持社会主义的发展方向。以习近平同志为核心的党中央，在带领中国人民实现中华民族伟大复兴的过程中，发展了中国道路的内容，体现了时代特征。习近平指出，中国特色社会主义道路"是由我们党的几代中央领导集体团结带领全党全国人民历经千辛万苦、付出各种代价、接力探索取得的"。③

3. 中国道路的反思超越

中国道路自信从何而来，这种自信是从"回看走过的路、比较别人的路、远

① 《十八大以来重要文献选编》（上），北京：中央文献出版社 2014 年版，第 112 页。
② 胡锦涛：《胡锦涛文选》（第 3 卷），北京：人民出版社 2016 年版，第 620 页。
③ 习近平：《习近平谈治国理政》，北京：外文出版社 2014 年版，第 7 页。

眺前行的路"①的过程中出来的。回看走过的路，中国道路是历史和人民的选择，是近代以来先进的中国人探索救国道路的必然选择，是中国人民摆脱压迫与剥削，建立社会主义制度的必然选择；是实现伟大复兴的必然选择。党经历种种磨难才走出了这样一条道路，这条道路来之不易，是中国共产党继承中华民族优秀发展思想，总结党成立 100 年以来经验教训的基础上选择的科学之路。比较别人的路，中国道路展示了不同的发展方向、发展目标、发展结果。习近平指出，中国没有如西方预期的那样崩溃，反而在发展中综合国力大幅提升，发展水平和发展质量不断提高，人民生活水平稳步提升，对照东西方发展状况，反而展示出了"风景这边独好"。中国走了一条与西方国家完全不同的道路，这条道路显示出了自身的优越性。西方资本主义社会存在的周期性经济危机、新冠疫情暴发后的乏力，暴露了资本主义社会发展道路的困境。远眺前行的路，中国道路是对社会主义建设规律的深刻把握，始终坚持将人民作为发展的归宿，将经济作为发展的核心，科学安排发展布局，减少发展代价，体现了对社会主义建设规律的深刻把握。中国道路是对中国传统社会发展道路、马克思主义道路、对世界其他国家社会主义发展道路和西方现代化之路的超越与反思。

第一，中国道路是对中国传统社会发展之路的反思与超越。近代中华民族的历史，就是一部中国仁人志士前赴后继，探索实现人民解放、民族独立的历史。在这一过程中，中国人民先后尝试了多种革命道路，无数仁人志士前赴后继，进行了救国救民的探索。"太平天国运动""义和团运动"是农民阶级的探索，但是由于农民阶级的阶级局限性和清政府、帝国主义的联合绞杀，最终都走向了失败。"洋务运动"是地主阶级的自救运动，但是由于这种学习并不触及封建社会的根本，加上主事者见识不足、守旧派的反对以及地主阶级的局限性，最终也走上了失败。资产阶级改良派进行了"百日维新"，这种维新运动脱离群众，且资产阶级自身弱小，在运动中依靠无实权的光绪帝等，这场运动最终也走向了失

①　习近平：《习近平谈治国理政》（第 3 卷），北京：外文出版社 2020 年版，第 70 页。

败。资产阶级革命派试图照搬照抄西方的革命之路，最终也走上了失败。这些实践足以证明，过去的一切发展道路，无论是封建社会的发展道路还是资本主义的发展道路，都不是实现人民解放、民族独立的科学之路。中国道路正是对这些传统发展道路的超越。

马克思主义是科学性和革命性的统一。"马克思列宁主义来到中国之所以发生这样大的作用，是因为中国的社会条件有了这种需要，是因为同中国人民革命的实践发生了联系，是因为被中国人民所掌握了。"①正是在运用马克思主义解决中国实际问题的过程中，探索出了适合中国国情的发展道路。首先，马克思主义与中国工人运动相结合，实现了人民解放和民族独立，中华民族从此站起来了；其次，马克思主义与中国改革开放相结合，保持了高发展速度，实现了物质财富的增加，中华民族富起来了。在当代，马克思主义与新时代发展相结合，正在实现强起来的伟大飞跃。这条道路，使中国的综合国力显著增强，发展水平不断提高，是对传统发展道路的反思与超越。

第二，中国道路是对马克思主义设想发展之路的反思与超越。马克思主义认为，不同国家和地区，根据本民族的历史传统、发展条件不同，可以选择不同的发展之路。中国共产党在马克思主义的指导下，开辟了一条"农村包围城市、武装夺取政权"的革命道路，完成了民主革命的任务，探索出了一条符合中国国情的社会主义道路。

首先，按照马克思恩格斯的设想，无产阶级在夺取政权后，要废除私有制，建立公有制。资本主义生产的目的不是为了满足人的需要，而是为了实现剩余价值和资本积累。中国道路就是对此的创新。新中国成立后，中国共产党创造性地提出了"一化三改"的过渡方式，实现了生产资料所有制与生产关系的转化，实现了人民对于生产资料的支配，体现了社会主义的发展目的。其次，按照马克思恩格斯的设想，社会主义社会要实行按劳分配。在实现生产资料公有制后，为了

---

① 《毛泽东选集》(第4卷)，北京：人民出版社1991年版，第1515页。

避免出现市场的无序状态：盲目生产和竞争，必然要实行有计划的指导和分配。立足于社会主义初级阶段的基本国情，确立了"一个中心、两个基本点"的基本路线，探索出了中国特色社会主义市场经济体制及符合实际的分配方式，凸显了公平正义与发展实际相结合。最后，按照马克思恩格斯的设想，社会主义优越性将体现在各个方面。邓小平提出了解放和发展生产力的社会主义本质论，既提倡发展生产力，又主张实现共同富裕。"中国特色社会主义道路既坚持科学社会主义基本原则，又具有鲜明的中国特色，标志着我们党初步破解了社会主义发展史上的一个'历史难题'"，① 表明了中国道路是发展过程中独立思考、独立探索的成果。

第三，中国道路是对世界其他国家社会主义发展道路的反思与超越。社会主义从空想到实践，不同的国家有不同的发展道路。中国道路不是苏联模式的照搬照抄，与越南、古巴和朝鲜等社会主义国家发展道路不同。在发展过程中，中国道路博采各家之长，反思了各家之短，结合中国的实际情况，开辟了一条新的社会主义发展之路。苏联是世界上第一个社会主义国家，苏联的探索虽然取得了很多成果，但是最终却走向了失败。苏联模式在 20 世纪 50—70 年代成为许多国家的参考，中国道路的形成正是在反思苏联模式的弊端中开启的，在实事求是思想路线的指引下，中国比越南、古巴等社会主义国家更早开始了探索适合自己国情的发展之路。

首先，通过对高度集中的苏联"城市包围"论的革命道路的反思，中国探索出了"农村包围城市"的革命道路；在新中国建构过程中，中国形成了"毛泽东思想"并以此作为自己的思想指南。中国共产党形成了具有中国特色的理论、制度体系，并在建设过程中最早注意到了高度集中的苏联模式的弊端，在行动上自主开启了探索马克思主义中国化之路。其次，在改革的过程中，中国把握先机，坚定社会主义发展道路，以坚定四项基本原则为保障，成功地进行了改革开放。反

---

① 秦宣：《中国特色社会主义的世界意义》，《当代世界与社会主义》2017 年第 5 期，第 23-30 页。

观其他国家，苏联的改革最终走向了失败，苏联解体、东欧剧变，一个庞然大国顷刻崩塌，为社会主义发展提供了经验教训。古巴、越南等国家的社会主义"革新"路线则都晚于中国的改革实践。1986年越南开始了改革的进程，1993年古巴开启了改革的进程，而朝鲜则是在苏联解体后才开始改革。从改革的内容来看，中国实行了全面改革，这种改革包括经济、政治、文化等一切领域，从表层到深层，从局部到全面，改革全面影响了人们的生活。从其他社会主义国家的改革内容来看，它们的改革并不是全面的，成制度、成体系的改革，而是迫于内外压力下进行的改革，这种改革是对中国改革开放模式的参考，但是在改革的领域、路径上比较保守。中国道路是原创性的道路，是独立自主的探索之路，是马克思主义与中国具体实践的结合。

第四，中国道路是对西方现代化之路的反思与超越。现代化是全球人民的发展方向。中国道路在发展过程中也是以实现现代化为目标。中国的现代化之路不同于西方社会的现代化之路。习近平指出，"近些年来，国内外有些舆论提出中国现在搞的究竟还是不是社会主义的疑问，有人说是'资本社会主义'，还有人干脆说是'国家资本主义'、'新官僚资本主义'。这些都是完全错误的。"①中国的现代化之路是社会主义的现代化之路，不是"西方现代化"之路的翻版。在现代化的探索中，中国表现出了与西方不同的特质。

恩格斯认为："所谓'社会主义社会'不是一种一成不变的东西，而应当和任何其他社会制度一样，把它看成是经常变化和改革的社会。"②中国的社会主义建设最开始是向苏联学习的，但是很早的时候，党就注意到了苏联模式的弊端，并且很快走上了独立探索的道路。苏联的道路在改革开放过程中被摒弃，中国在马克思主义的指引下开启的独立自主的探索之路是全新的发展道路，是苏联不曾有的发展之路。因此把中国道路认为是苏联模式的再版是不正确的。在改革的过程中，中国总结发展的经验教训，开辟了中国的现代化之路。那些认为中国现代

① 《十八大以来重要文献选编》（上），北京：中央文献出版社2014年版，第110页。
② 《马克思恩格斯文集》（第10卷），北京：人民出版社2009年版，第588页。

化是西方翻版的言论其实就是否定改革开放以来中国共产党带领中国人民取得的成就。中国的改革开放始终坚持党的领导，始终坚持马克思主义的指导，旗帜未变、方向也不曾改变，主张实现人的共同富裕，这是中国现代化发展之路与西方现代化的根本区别。习近平指出："我们要把命运掌握在自己手中，就要有志不改、道不变的坚定。改革开放四十年来，我们党全部理论和实践的主题是坚持和发展中国特色社会主义。"①现代化不是西方的专属，也不是只有资本主义一条道路，中国道路拓宽了现代化发展之路，为人类社会发展进步贡献了中国智慧。

"社会主义从来都是在开拓中前进的。"②中国道路是一种新的现代化建构，这条道路是对中国和世界一切优秀传统文化的理性汲取，是对一切发展经验和教训的吸收和借鉴，体现了中国共产党守正创新、奋勇向前的使命担当。

从历史观的角度来看，中国道路主要包括发展主体、发展阶段、发展目标、发展道路。其中发展主体是发展的逻辑起点和价值归宿；发展阶段是发展目标和发展道路的基础；发展目标需要依据发展阶段来设定，借助发展道路来实现；发展道路是对发展阶段的反映，是实现发展目标的根本路径。在发展主体上，习近平认为人民是实践的主体、享有的主体、评价的主体，因此必须始终贯彻"以人民为中心"的发展理念；在发展阶段上，习近平在辩证分析中国特色社会主义发展过程中"变"与"不变"的基础上，认为新时代是关于社会发展阶段的判断的创新；在发展目标上，习近平提出了以"中国梦"为统领的发展目标体系，认为这一目标体现了现实性与超越性的统一；在发展道路上，习近平论述了中国道路的深刻底蕴与优越性，指出要坚定道路自信，推动中国特色社会主义发展。

(五)社会发展理念论

人是具有理性思维能力的人，在发展的过程中，为了更好地认识世界和改造

---

① 《十九大以来重要文献选编(上)》，北京：中央文献出版社 2019 年版，第 732 页。
② 习近平：《习近平谈治国理政》，北京：外文出版社 2014 年版，第 23 页。

世界，人们通过理性思维，抽象概括发展应该遵循的原则、方法等，这种理性认识就是发展理念。发展理念随着人类社会的发展而不断变化。物质决定意识，人的发展理念源于人类的生产实践活动；意识对物质具有反作用，意识能够能动地反映物质，因此人的发展理念是对实践的能动反映，是对发展规律、发展理想状态的追求。十年来，中国共产党"提出并贯彻新发展理念，着力推进高质量发展，推动构建新发展格局，实施供给侧结构性改革，制定一系列具有全局性意义的区域重大战略，我国经济实力实现历史性跃升"。① 新发展理念是党的发展理念的与时俱进，是新时期引领新常态、促进高质量发展的根本遵循，"贯彻新发展理念是新时代我国发展壮大的必由之路"。② "没有坚实的物质技术基础，就不可能全面建成社会主义现代化强国。"③完成全面建设社会主义现代化国家的首要任务，即高质量发展，必须完整、准确、全面贯彻新发展理念。

1. 新发展理念的基本内涵

理念是行动的先导。面对负责的国际环境和艰巨的发展任务，以习近平同志为核心的党中央提出"发展是解决我国一切问题的基础和关键，发展必须是科学发展，必须坚定不移贯彻创新、协调、绿色、开放、共享的发展理念"④。新发展理念是新时代面对发展难题、实现发展目标的思想指引，是新的历史条件下引领高质量发展，推动社会主义现代化的重要理论指导，体现了深化发展认识，提出了新的理论，是对社会主义建设规律认识的深化，是社会发展理念的一次重大创新。新发展理念是一个系统的、有机的整体，习近平指出，"新发展理念是一

---

① 习近平：《高举中国特色社会主义伟大旗帜 为全面建设社会主义现代化国家而团结奋斗——在中国共产党第二十次全国代表大会上的报告》，北京：人民出版社 2022 年版，第 8 页。

② 习近平：《高举中国特色社会主义伟大旗帜 为全面建设社会主义现代化国家而团结奋斗——在中国共产党第二十次全国代表大会上的报告》，北京：人民出版社 2022 年版，第 70 页。

③ 习近平：《高举中国特色社会主义伟大旗帜 为全面建设社会主义现代化国家而团结奋斗——在中国共产党第二十次全国代表大会上的报告》，北京：人民出版社 2022 年版，第 28 页。

④ 习近平：《决胜全面建成小康社会，夺取新时代中国特色社会主义伟大胜利——在中国共产党第十九次全国代表大会上的报告》，北京：人民出版社 2017 年版，第 21 页。

个整体，坚持创新发展、协调发展、绿色发展、开放发展、共享发展，全党全国要统一思想、协调行动、开拓前进"。习近平阐明了新发展理念的基本内涵、战略部署、落实方法，形成了系统的整体。

第一，新发展理念的基本内容。新发展理念是对五大发展理念的概括。"十三五"的规划中，党提出了五大发展理念，分别是创新、协调、绿色、开放、共享。后来在中共中央召开的政治局第三十次集体学习上，党在此基础上，提出了新发展理念。新发展理念与五大发展理念在内容上既有联系又有区别。五大发展理念强调的是作为"部分"的发展理念，是新发展理念的具体内容；新发展理念则强调作为整体的"五大发展理念"，即从宏观的角度看待五大发展理念。新发展理念的概括超越了五大发展理念，具有更强的系统性。新发展理念是对发展理念的创新，是面对当代发展问题，从战略的高度提出的引领发展的思想，是在强烈的问题意识和大局观念下的思考成果，围绕我国发展的主要矛盾和发展难题，是马克思主义发展理念与时俱进的最新成果。

第二，新发展理念是各个部分相互联系的整体。所谓整体性，就是强调事物的每一个组成部分合起来达到整体，整体达到最优，部分是整体的部分，部分缺一个或者受到影响，其整体性能都会受到影响。新发展理念中的每个部分都有其独特地位和作用，这五大发展理念在内容上相互补充、相互依存，构成了一个完整的整体。新发展理念的整体性就体现在它作为一个整体，具有部分不具备的功能，强调的是发展全面推进，不是单独推进哪一个，而且在发展的整个过程中，所有理念共同发力，达到综合效果，在所有方面整体推进。

新发展理念"是管全局、管根本、管长远的导向"[1]，其中的每一个部分也具有独特的作用。创新，是引领发展的第一动力，是解决社会发展过程中后劲不足、竞争力不强、科技对经济发展贡献不足的关键环节，在日趋激烈的国际竞争中，在新一轮科技革命的关键时期，必须抓住创新这个关键，促进高质量、高水

---

① 肖冬松：《治国理政现代化》，北京：人民出版社 2017 年版，第 120 页。

平发展。协调，是促进发展平衡的关键，是持续健康发展的内在要求。发展不平衡的问题存在于"五位一体"建设总体布局的方方面面，如经济结构、地区、城乡发展不平衡等，协调发展是解决当代发展矛盾的关键。绿色，是持续发展的条件。面对当前我国发展过程中的粗放模式，处理好经济发展与生态环境保护的关系是绿色发展的核心观点。开放，是进一步提高发展活力的重要因素，注重解决发展的内外联动。近代以来的中国发展历史表明：封闭没有出路。改革开放以来，中国就提出了构建开放的发展格局，党注重构建开放型经济体系，扩大开放格局，注重以开放包容的姿态走向世界。共享，是社会主义发展的本质要求，旨在体现发展的公平正义，体现社会主义的优越性。当前，面临收入分配不公平等问题，需要在分配上体现党的公平正义，贯彻共享的发展理念，保护广大劳动者的劳动成果与收入成正比，调动广大劳动者的生产积极性。

第三，新发展理念体现了党的为人民服务的宗旨。中国共产党是全心全意为人民服务的政党，人民是党的执政基础，是党的底气。中国共产党始终坚持想人民之所想，急人民之所急，始终把为人民谋幸福放在现代化建设的出发点和落脚点。新发展理念反映了党为人民服务的根本宗旨。新发展理念是党提出的与时俱进的发展理念，就是要求党在发展的过程中，将人民置于心中的最高位置，始终坚持心中有民。就是要在现代化的过程中始终站稳人民立场，在发展的过程中积极践行群众路线，不断推动经济社会的发展，不断满足人民对美好生活的需要。

人民是新发展理念的受益主体。从创新发展来看，创新将提高产品的供应水平和质量，为满足人民的需求提供更多可能，无论是理论创新还是实践创新，人民将在创新的过程中实现个人价值，创造社会价值，获得满足感。协调发展就是为人民提供更公平的发展，通过缩小城乡差异、区域差异、行业差异，为人民提供更加良好的服务。绿色发展，就是既要实现生产发展，又要实现生态良好，使人民在享受发展成果的同时，也享受高品质的绿色公共产品。开放发展就是顺应时代发展的潮流，在开放过程中交流互鉴，构建新型国际关系，共同创建人类命运共同体。共享发展就是体现发展成果由人民共享，这是发展的根本目的和归宿。新发展理念始终坚持了"人民"的主体地位，始终坚持保障人民的利益，蕴含了"共同富裕"的思想。党提出的新发展理念，认识到实现共同富裕不仅是经济的问题，也是重大的政治问题。"民心"是最大的政治，必须在发展中保障人民群众的利益，更加注重解决人民群众的难题，推动人民生活更加美好，才能赢得人民的支持。

第四，新发展理念是新时代问题的反映。问题是矛盾的体现，社会实践正是在解决问题的过程中推进的。习近平指出："推进党和国家各项工作，必须坚持问题导向，倾听人民呼声。"①坚持问题导向，就是要求在实践的过程中，将理论与实践相结合，坚持实事求是的思想路线，发展和解决问题。

科学把握新发展理念的内涵，也要反对对新发展理念的错误认识。新发展理念不是发展的紧箍咒，不是不要 GDP，不要发展速度，而是讲究保质保量的发展，新发展理念要求领导干部必须探索新的发展路径，在经济新常态下积极作为，敢于担当。新发展理念不是发展理念的重复。新发展理念不是旧词重复，而是旧词新意，无论是在发展的内容上还是在发展追求上，都体现了新时代新特征。新发展理念也不是空泛理想，而是针对现实、针对实际问题的思想指南，必须在实践过程中加以贯彻落实。新发展理念也不是临时性的经济措施，它是对发展规律的揭示，是必须持之以恒贯彻的发展原则。

2. 新发展理念的内在逻辑

新发展理念是一个辩证统一的有机整体，有着严密的逻辑结构。把握其内在逻辑，有利于更加全面地理解这一理念的整体性和结构性。新发展理念是实现高质量发展的主线，在现代化建设过程中必须加以贯彻。

---

① 《习近平关于协调推进"四个全面"战略布局论述摘编》，北京：中央文献出版社 2015 年版，第157 页。

第一，创新发展是核心。"创新是引领发展的第一动力。"①创新在新发展理念中居于核心位置，体现了新时期党对于发展规律认识的深化。习近平指出，"创新始终是推动一个国家、一个民族向前发展的重要力量，也是推动整个人类社会向前发展的重要力量。"②这一判断是基于当前的国际发展形势和经济社会发展的新特征。当今世界正处于百年未有之大变局，国际竞争非常激烈，要在国际社会立足，不光要靠经济实力，也要靠创新实力。创新是保持竞争优势的关键。新一轮世界革命的到来，加速了产业革命的演进，围绕知识、创新、科技的竞争越来越凸显，产业结构优化升级、高质量发展都离不开创新，创新使企业在生产竞争中保持领先或者拥有核心优势。实现新时代我国的发展目标离不开创新这个核心因素，创新也是提高人民生活质量和生产水平的关键。必须充分认识到科技在提高人民生活水平上的重要作用，科技革命改变了人的生产方式、生活方式、交往方式，使人类社会面貌发生了翻天覆地的变化；提高了人类应对风险的能力，对于探索未知领域，提高人的生存环境具有重要作用；创新也是人类精神文明发展的关键，理论创新为人类提供认识世界、改造世界的方法论、技术支持，文学创新、艺术创新丰富人的精神世界、满足人的精神需求。

第二，协调发展是发展的内在要求。协调发展就是要实现发展的平衡性、协调性，强调的是弥补短板，提高发展的整体实力。协调发展旨在实现区域、城乡的发展平衡。党的十八届五中全会明确指出："协调是持续健康发展的内在要求。"③新发展理念的协调的内涵不同于以往所讲的协调，它还注重经济基础与上层建筑之间的协调，是具有新时代内涵的"协调"发展。习近平指出，"协调既是发展手段又是发展目标，同时还是评价发展的标准和尺度"。④协调作为发展的手段，就是在发展的过程中注重发展的平衡性；作为发展的目标，是我们渴望达

---

① 吴海江：《以人民为中心的发展思想研究》，北京：人民出版社 2019 年版，第 26 页。
② 《习近平关于科技创新论述摘编》，北京：中央文献出版社 2016 年版，第 4 页。
③ 《习近平总书记系列重要讲话读本》，北京：人民出版社 2016 年版，第 133 页。
④ 《习近平总书记系列重要讲话读本》，北京：人民出版社 2016 年版，第 133-134 页。

到的发展状态。因而协调是手段与目标的统一，从评价标准的尺度来看，只有促进社会协调发展，达到协调的状态，发展的整体水平才能上得去。协调发展绝不是旧词重用，而是内容更加充实的发展理念。

协调发展是对辩证法的体现。习近平总书记指出："它的哲学内涵就是马克思主义辩证法。……如果我们违背联系的普遍性和客观性，不注意协调好它们之间的关系，就会顾此失彼，导致发展失衡。"①这就要求我们在发展的过程中以联系的观点看待问题，处理好事物之间相互影响的关系，注重平衡协调。协调就是要协调"五位一体"总体布局，实现政治、经济、文化、社会、生态全面发展；就是要在经济发展的过程中，实现政治民主，保证人民当家做主的权利，推动文化强国建设、和谐社会建设与生态文明建设，实现全面提升，为实现现代化奠定基础。

第三，绿色发展是永续发展的必要条件。绿色发展就是要走生产发展、生态良好的发展之路。党的十九届五中全会指出："深入实施可持续发展战略，完善生态文明领域统筹协调机制，构建生态文明体系，促进经济社会发展全面绿色转型，建设人与自然和谐共生的现代化。"②绿色发展是实现永续发展、实现美好生活的必要条件。绿色发展就是要在发展过程中，实现绿色的生产方式、消费方式，倡导主体树立绿色意识，提倡人与自然的和谐共生。

绿色发展的最终目标就是要实现人与自然的和谐共生，实现社会的永续发展。人们在绿色发展的引导下，将更加注重节能环保，注重提高资源的利用效率，注重开发新的能源，注重减少污染物的排放，注重污染物的集中统一处理，转变生产方式，因此在发展过程中生态环境保护应作为发展的前提。这种发展理念的转变，打破了经济发展与生态保护之间的二元对立。传统的观点认为，经济

---

① 习近平：《在新进中央委员会的委员、候补委员学习贯彻党的十八大精神研讨班上的讲话》，《人民日报》2013-1-6。

② 《中国共产党第十九届中央委员会第五次全体会议公报》，北京：人民出版社 2020 年版，第 16 页。

发展必然造成生态破坏，因此很多发达国家的现代化之路是"先污染，后治理"，而绿色发展理念则提倡构建社会主义生态文明与经济发展齐头并进。在绿色发展理念下，良好的生态环境本身作为一种发展的资源，为经济发展提供动力，"保护生态环境就是保护生产力、改善生态环境就是发展生产力"。[①] 因此，生态环境也是一种生产力。绿色发展也是满足人民幸福生活的要求。在现代化过程中，我们看到很多西方国家因为环境污染所付出的巨大代价，如 1952 年伦敦烟雾事件、日本水俣病事件、美国多诺拉事件等，这些环境污染造成的社会危害历历在目，因此保护环境就是保护人民的健康安全，就是保护人民的根本利益，就是"最普惠的民生福祉"。[②] 绿色发展要求进行相关的制度性建设，推动全球生态治理合作，为人类社会的共同发展创造美好的环境。只有全球人民的共同参与，绿色发展才能实现，人类赖以生存的环境才能得到保障。

第四，开放发展是繁荣发展的必由之路。开放发展，就是要在发展的过程中实现内外联动，牢牢把握国内和国外两个市场、两种环境，抓住国际社会发展的机遇，促进本国的发展。党的十八大以来，我国开启了开放发展的新阶段。"必须顺应我国经济深度融入世界经济的趋势，奉行互利共赢的开放战略……积极参与全球经济治理和公共产品供给，提高我国在全球经济治理中的制度性话语权，构建广泛的利益共同体。"[③]

开放发展要求实现高层次的对外开放格局，构建新发展格局，积极参与全球治理。经过 40 多年的改革开放，我国实现了巨大的发展，在国际社会中，发挥着日益重要的作用。通过一系列国际事件中的优秀表现，中国赢得了世界人民的称赞。21 世纪的中国不再是边缘化的国家，而是在积极参与全球治理，日益走上世界舞台中央的国家。这就要求中国必须适应全球化，倡导新型全球化，在全球化出现逆流的时候找到持续稳定增长的道路；倡导构建互利共赢的合作关系，

[①] 《习近平生态文明思想学习纲要》，北京：学习出版社、人民出版社 2014 年版，第 233 页。

[②] 《习近平总书记系列重要讲话读本》，北京：学习出版社、人民出版社 2014 年版，第 123 页。

[③] 《中共中央关于制定国民经济和社会发展第十三个五年规划的建议》，北京：人民出版社 2015 年版，第 9 页。

将中国的发展融入世界，实现利益共享、风险共担。如今的开放发展不是单向的开放，而是双向的互动，就是要求在开放的过程中坚持走出去和引进来并重，优化开放格局，形成更高层次的开放。开放发展的最终目标就是要构建人类命运共同体。这一思想，体现了中国在应对全球发展问题上的中国智慧、中国方案。当今时代是和平与发展的时代，开放发展是在深刻把握这一时代主题的基础上提出的重要理念。人类社会相互依存已经是不争的事实，不仅资源共享、生产关联，而且共担风险。在全球公共问题面前，没有一个国家可以确保自己独善其身，国家之间既是利益共同体，也是风险共同体。人类命运共同体超越了社会制度、文化背景的差异，在求同存异的观念的指引下，最大程度地凝聚共识，为构建和平、平等的有利国际环境提供了方向。

第五，共享发展是发展的本质要求。"共享是中国特色社会主义的本质要求。必须坚持发展为了人民、发展依靠人民、发展成果由人民共享，作出更有效的制度安排，使全体人民在共建共享发展中有更多获得感。"[1]共享发展体现了以人民为中心的发展理念，就是在发展的过程中始终坚持人民的主体地位，这是社会主义发展必须遵循的根本原则，是发展的最终目的。共享发展就是要让发展成果惠及人民，让人有更多的幸福感、获得感、满足感，就是要让人民感受更多的公平正义，就是要在发展过程中保障民生，促进社会公平建设。

共享发展要在发展过程中，注重人民的诉求，维护社会公平正义。共享发展不是平均主义，也不是两极分化。共享发展要求创造更多的社会财富，为实现共享创造丰富的物资储备。没有物资储备的共享只能导致普遍贫穷。同时，只注重发展而不注重共享，就会导致不公，导致两极分化，有可能引起社会动荡，丧失发展活力。共享发展既不是只讲发展而不讲公平，也不是只讲公平不讲发展。它主张人们在发展机遇、发展权利上的公平，追求提高人民的生活质量，体现了中国共产党全心全意为人民服务的宗旨，是必须坚持和贯彻的发展理念。

---

[1] 《中共中央关于制定国民经济和社会发展第十三个五年规划的建议》，北京：人民出版社 2015 年版，第 9 页。

3. 新发展理念的实践要求

着力推进落实新发展理念的战略。新发展理念具有重要的战略性，党对发挥新发展理念的战略地位做了全局部署。战略部署是理论与实践之间的过渡桥梁，科学的战略部署推动理论在实践中贯彻应用，推动实践发展有序、顺利进行。习近平总书记关于新发展理念的部署，总揽全局，整体规划，突出重点，是贯彻落实新发展理念必须坚持的战略部署。

第一，全面落实党对于新发展理念的战略部署。关于创新发展的部署，就是要着力推动实施创新驱动发展战略。创新涉及生活的各个领域，要在重点领域和关键环节推动创新，带动全局发展，紧紧围绕经济发展开展创新，鼓励企业自主创新，推动科技成果转换；使创新在满足人民需求、应对社会发展难题、巩固国家安全方面发挥作用；加强基础科学研究，提高自主创新，提高科技创新水平；深化创新体制机制改革，营造良好的创新环境；加快创新人才培养，吸引更多外来人才参与社会建设，保护人才创新创造的积极性，建设一支高素质人才队伍。

关于协调发展的部署，就是要着力增强发展的整体性协调性。协调发展将实现发展的潜力与弥补短板的统一，它既是手段，又是目标。就是要处理好整体与局部、重点与非重点的关系，着力推动区域协调发展战略、城乡协调发展，推动振兴革命老区发展战略、推动"一带一路"建设带动沿线发展，不断缩小地区发展差距；坚持促进产业结构优化调整，促进城乡公共资源合理配置，形成新型城乡关系；不断以社会主义核心价值观凝心聚力，提高精神文明建设；统筹整体发展，推进国防和军队建设。

关于绿色发展的部署，就是要着力推进人与自然和谐共生。其核心就是要处理好经济发展与生态保护的关系，就是要在实践活动中践行"尊重自然、顺应自然、保护自然"的方针，贯彻落实"两山论"的生态理念，树立大局观念、战略眼光，坚持节约资源和保护环境的基本国策。着力解决环境污染的问题，改革污染治理制度，推动绿色生产方式、发展方式、生活模式，坚持正确的政绩观，让生态良好成为人民生活的增长点。

关于开放发展的部署，就是要着力形成对外开放新体制。发展必须顺应全球化这一时代潮流，牢牢把握发展机遇，充分应对发展风险挑战；逐步将经济实力转化为国际制度性权力，在全球治理中发挥关键作用；推动构建公平、合理、公正的国际新秩序；推荐构建新发展格局，推动法律、金融、安全国际交流体制机制建设；推动对外投资；放宽市场准入；加快自贸区建设、学习国外管理经验、促进"一带一路"配套设施建设；提高把握国内国际两个发展大局整体性的能力，推动对外开放进入新的发展阶段，提高开放质量和水平。

关于共享发展的部署，就是要着力践行以人民为中心的发展思想。"必须多谋民生之利，多解民生之忧，"①要提高公共服务能力，提高社会治理水平；实施精准扶贫，推动社会公平；推动教育、医疗、卫生事业发展，落实社会保障制度；完善收入分配制度；加强食品安全管理；鼓励创新创业，促进就业，需要完善公共服务机制。

第二，落实新发展理念必须坚持正确的方法。习近平指出，"新发展理念是一个系统的理论体系，回答了关于发展的目的、动力、方式、路径等一系列理论和实践问题，阐明了我们党关于发展的政治立场、价值导向、发展模式、发展道路等重大政治问题"。② 把握新发展理念的科学内涵是推动新发展理念落实的基本前提。习近平指出，要从根本宗旨、问题导向、忧患意识三个方面来把握这一理论。从根本宗旨来看，为人民谋幸福，不仅是党的根本宗旨的体现，也是新发展理念的灵魂。只有坚持全心全意为人民服务，党才能与人民保持血肉联系，才能在政治上稳固；只有发展"为了人民、依靠人民"，从人民的利益出发，才能在发展的过程中勇敢应对风险挑战，才能行稳致远，才能实现高质量、高水平的发展。新发展理念是针对当前我国发展过程中的重点和难点提出的，是党对于发

① 习近平：《决胜全面建成小康社会 夺取新时代中国特色社会主义伟大胜利》，《人民日报》2017年10月28日。
② 《马克思主义政治经济学概论（第二版）》，北京：人民出版社、高等教育出版社2021年版，第231页。

展问题认识的结果，体现了"以人民为中心"的发展思想，反映了党在发展过程中为人民服务、为人民谋幸福的理念。从问题意识来看，我国进入了新发展阶段，以新发展理念引领高质量发展是实现"十四五"发展目标的关键。只有树立问题意识，才能应用新发展理念指导发展实际工作。新发展理念是直面发展问题而提出的，是破解发展难题的方法指导，在实践中坚持新发展理念，就是要将理论与问题相结合，是理论指导实践的发展，从而达到发展的目的。在忧患意识方面，从全球来看，国际社会正处于动荡变革期，国际环境日益复杂，逆全球化思潮兴起，霸权主义、民粹主义有所抬头，宗教问题、局部冲突时有发生，新冠疫情等全球公共问题为我国坚持和平发展提出了挑战；从国内来看，我国正处于向"十四五"开局和实现"二〇三五远景目标"的开局，如何引领经济高质量发展，如何应对发展不平衡不充分的问题，如何缩小城乡和收入分配差距等，这样的国内外环境要求在开启全面现代化的征程中，我们必须增强忧患意识，"图之于未萌，虑之于未有"，以新发展理念增强发展优势，弥补发展不足，应对各种风险挑战。

贯彻落实新发展理念必须深学笃用，以辩证的眼光设计新发展理念的实施路径，创新发展理念的实施手段，在实施过程中坚持底线思维化解矛盾风险。一是要深学笃用。"知之愈明，则行之愈笃。"理念只有内化于心，才能在实践的过程中加以运用，只有在实践的过程中成功运用，才能建立起理论自信，才能深化理论自觉。二是以辩证的眼光设计和实施新发展理念。在贯彻落实新发展理念时，应该注重发展的整体性，不要顾此失彼，要齐头并进，全面发展。新发展理念强调化解重要矛盾，"抓重点"，区分轻重缓急，解决重点问题，解决瓶颈问题，求真务实，坚持以辩证法指导发展工作，遵循辩证法三大规律，在把握发展特征的基础上灵活运用新发展理念解决发展难题。三是要创新发展理念的实施手段。贯彻落实新发展理念，必须让改革和法治发挥作用。改革的根本就是理念的变革，新发展理念是与旧发展理念相对而言的，破除旧发展理念的思维，本身就要树立改革的观念。贯彻落实新发展理念，也需要变革一系列体制机制、工作方式，在实践中落实全面深化改革，运用法治思维化解新发展理念落实过程中的问题，为落实新发展理念创造良好的制度环境。四是要在实施过程中坚持底线思维化解矛盾风险。面临新的发展形势，可以看到机遇与挑战并存，各种风险挑战交织，如果不加以防范，就会影响发展目标的实现。因此，坚持在发展过程中树立新发展理念，防微杜渐，推进社会主义现代化的实现。

（六）社会发展布局论

马克思认为，社会"不是坚实的结晶体，而是一个能够变化并且经常处于变化过程中的有机体"。[①] 中国共产党在发展上始终重视内容与形式的有机统一。内容与形式是辩证法的一对范畴。唯物辩证法认为，不存在无结构的内容，内容与形式相统一就是强调以内容推动形式创新，以形式促进内容发展。在发展理论上，强调内容与形式的统一，在发展过程中，不断根据发展实际设置发展目标，创新发展内容；根据发展内容，不断创新发展方式，以形式促进内容的发展，在发展布局上不断革新，就是为了促进发展内容而不断调整发展结构。在这种互动过程中，推动社会有机体的发展。十年来，中国共产党"对新时代党和国家事业发展作出科学完整的战略部署，提出实现中华民族伟大复兴的中国梦，以中国式现代化推进中华民族伟大复兴，统揽伟大斗争、伟大工程、伟大事业、伟大梦想，明确'五位一体'总体布局和'四个全面'战略布局"，[②] 推动中国迈上全面建设社会主义现代化国家新征程。习近平提出了发展的当下、长远与未来系列奋斗目标，为了达成这一目标，以习近平同志为核心的党中央在发展过程中积极落实"五位一体"总体布局。这一总体布局勾勒了社会发展的架构与框架，这一部署反映了党对于马克思主义辩证法的灵活运用，体现了党对于中国社会发展的整体把握。

---

① 《马克思恩格斯选集》（第2卷），北京：人民出版社2012年版，第84页。
② 习近平：《高举中国特色社会主义伟大旗帜 为全面建设社会主义现代化国家而团结奋斗——在中国共产党第二十次全国代表大会上的报告》，北京：人民出版社2022年版，第7页。

1. "五位一体"总体布局的演进历程

恩格斯曾经指出："我们的理论不是教条，而是对包含着一连串互相衔接的阶段的发展过程的阐明。"[①]总体布局是在发展的过程中逐渐形成的，探索五位一体总体布局的形成，对于推进中国特色社会主义伟大事业具有重要价值。从历史视野中把握"五位一体"总体布局的形成过程，有利于深刻认识其所展示的"中国智慧"。

第一，从"两个文明"到"三位一体"。1978 年，党的十一届三中全会做出了实行改革开放的伟大决策，党的工作重心实现了向经济建设的转移，物质文明开始了快速的发展阶段。但是在发展过程中，以邓小平为核心的党中央敏锐地察觉到了相对于物质文明，"精神文明"建设出现了一手软的状况，这一状况很可能导致改革出现偏差。如果只重视物质文明建设而忽略精神文明建设，就可能导致物欲横流、贪污腐败、理想信念缺失、道德沦丧。邓小平多次强调，物质文明与精神文明是相辅相成的关系，二者同等重要，在发展中，如果仅仅重视物质文明而忽略精神文明，那么物质文明建设将会失去意义。党的十二大报告提出了精神文明建设是"建设社会主义的一个战略方针问题"，形成了"两位一体"的布局。改革开放的不断发展，党注意到光有经济、文化建设也是不够的。1991 年，江泽民首次提出了三位一体的总体布局，提出了政治建设的重要意义，阐述了政治、经济、文化三者之间的关系。党的十五大上，三位一体总体布局的内容正式形成，阐述了党在社会主义初级阶段经济、政治和文化建设的基本纲领。

第二，从"三位一体"到"四位一体"。在发展过程中，社会建设往往容易被忽视，这种忽视，容易影响发展环境的稳定，对于社会和谐、国家长治久安容易造成不良影响。党敏锐抓住了社会发展过程中社会建设这一薄弱环节，提出了"四位一体"总体布局。在党的十六大上，江泽民就提出了"社会更加和谐"；十

---

① 《马克思恩格斯文集》(第 10 卷)，北京：人民出版社 2009 年版，第 560 页。

六届四中全会上，将"构建社会主义和谐社会"提高到社会发展布局的高度；十七大上，明确提出了四大建设的基本纲领，四位一体布局正式形成。

第三，从"四位一体"到"五位一体"的演进。随着我国经济社会不断发展，在发展中出现了不少问题，尤其是在人与自然的关系上。在长期不注重环保的发展理念与粗放型发展模式下，生态环境遭到了巨大的破坏。资源短缺、自然灾害、生物灭绝、极端气候等对于发展的持续性造成了巨大影响。2007年，胡锦涛首次将生态文明建设提高到与其他四个建设相并列的地位。2012年，党的十八大上，"五位一体"的中国特色社会主义事业总体布局最终形成，标志着我们党的社会结构研究范式达到一个前所未有的新高度。

2. "五位一体"总体布局的内在逻辑

在党的十九大报告中，描绘了未来中国的宏伟蓝图。这五个部分相互独立，内容不同，但是也相互影响，相互联系。把握五位一体内部布局的结构，是推进五位一体建设的基础。其中，经济建设是基础，是物质保障，没有经济发展，其他就无从谈起。在物质资料生产推进过程中，人们形成了一定的社会关系；根据社会生产体系中所处的不同地位，对生产资料的占有关系，形成了阶级，从而影响着政治、文化等上层建筑，制约着人们的思想、道德水平。中国特色社会主义发展在布局上，始终坚持"以经济建设为中心"这个基本点，推动生产力的发展。

政治建设是根本。政治建设为其他建设提供了制度保证，保证它们有序、顺利推进。政治建设内容广泛，既包括制度建设，也包括政治行为、政治意识。政治民主是保障人民群众行使基本政治权利、合理表达诉求的保证，不仅有利于调动广大人民投身社会主义发展的积极性，也有利于为发展提供良好的制度环境，使发展始终坚持正确的方向。在发展布局上，始终坚持推动民主政治建设，推进社会主义制度的完善与发展，始终坚持党的领导、依法治国、人民当家做主的有机统一。

文化建设是灵魂。文化，是精神文明成果的总和，是更深层次、更持久的动力，文化建设为其他四个建设提供长久的精神动力和智力支持。在社会发展过程中，为人民提供强大的精神动力。在发展过程中，知识为社会发展提供智力支持；理想信念为社会发展提供方向；伟大精神为社会发展激发动力。在布局上，始终坚持推动文化建设，始终坚持马克思主义的指导地位，推进社会文化强国建设。

社会建设是枢纽。社会建设为其他四个建设提供了有利的发展环境。社会建设最直接地反映了人民的生活，社会建设对其他四个建设具有辐射作用。社会建设做得好，人民生活水平有所提高、人民能安居乐业，对其他四个建设的辐射作用就越强。社会建设进行的如何，就越能反映其他四个建设的水平如何，就越能体现社会发展的水平。在发展布局上，始终坚持推动和谐社会建设，始终坚持实现好、维护好、发展好人民群众的根本利益，彰显社会主义的优越性。

生态建设是保障。生态建设为其他四个建设提供了发展资源和坚强保障。生态建设旨在实现人与自然和谐共生，通过克服人类活动中的负面效应，将生态文明的理念贯穿在一切发展活动中，形成生产方式、生活方式、发展方式、发展理念全方位的变革，为推进社会永续发展创造条件。将生态文明建设加入社会发展总体布局中，体现了对当前发展过程中出现的发展代价的深刻把握。

3. "五位一体"总体布局的基本特点

"一切划时代的体系的真正的内容都是由于产生这些体系的那个时期的需要而形成起来的。"①党的十八大以来，中国社会发展面临新形势、新任务，"五位一体"的总体布局应时而生，从整体上勾勒了中国特色社会主义发展的基本框架。总体布局，就是发展的整体思路和战略安排，就是对社会发展内容的各个部分做出规划与部署，从整体上把握各个部分之间的联系，形成总体思路和总体安排。它是中国共产党几十年探索的结晶，是对社会主义现代化建设整体部署，是适应

---

① 《马克思恩格斯全集》(第3卷)，北京：人民出版社1960年版，第544页。

发展形势变化做出的结构调整，是马克思主义社会发展理论的创新。

第一，突出人民的主体性。总体布局的演进始终以最广大人民的根本利益为主旨，充分地体现了人民主体性的特点。在总体布局内部，无论哪一个建设都必须围绕人民这一主体。我国总体布局从"两个文明"到"五位一体"，越来越重视人民主体性，将人的地位不断提高。

人，作为社会发展的主体，也是社会发展的最终目的，维护人民的利益始终是发展的价值追求。但是人民的利益、人民的追求并不是固定的、不变化的，而是随着时代的进步、社会的发展不断变化和发展，因此，必须以发展和变化的眼光看待人民的利益诉求。人类的利益诉求是从低层次到高层次演进和发展的过程。首先，是人民对于温饱的追求，即对于基本生活满足的物质追求。自人类诞生时起，这一诉求就是人们生存和发展的基础，这一利益诉求得不到满足，一切其他需求都是空谈，因此，在生产力发展薄弱时，必须坚持以发展生产力为主要任务，满足人们生存和发展的基本利益。新中国成立初期，经历了战乱的中国物资匮乏，生产落后，在很长一段时间内都必须坚持以经济建设为中心。其次，改革开放后，经济快速发展，经济发展成果喜人，人们基本生活的诉求已经得到了很大的满足，但是精神生活相对简单，因此，两个文明都要发展，都要进步。最后，当人们的文化水平得到一定的提高后，人们开始追求政治权利，即合理表达自己的意愿的权利；希望获得更多更好的社会公共产品；渴望得到更多的发展公平，希望得到更加良好的居住环境等，这些需求层次越来越高，内容越来越细。合理调整发展过程中的侧重点，增加社会发展的内容，促进社会发展结构的调整，总体布局的内容发展变化始终坚持将人的利益放在首位，以人的利益为发展的价值追求。可以说，总体布局的每个方面、每个要素都是人民利益的反映；总体布局这一结构的发展变化，都是人民利益变化的反映。

第二，突出发展的开放性。总体布局不是一个封闭僵化的系统，而是根据社会发展内容不断调整、不断完善，其发展演进的历程，充分地体现了它是一个开放发展的系统。对于事物的认识，必然随着事物自身的发展和自身认识水平的提高而不断深化。总体布局从这个层面来看，正体现了事物的变化发展和人们认识的深化过程。从两位一体到五位一体，人们对于总体布局的认识经历了一个从实践到认识，再从认识到实践的不断变化和发展的过程。新中国成立初期，我国开启了现代化的进程，强调的是经济的发展，尤其是工业的发展；改革开放后，经济发展迅速，党开始注意到了精神文明的建设，因此，两位一体的布局开始形成；从两位一体到三位一体等都是这一过程的体现。

纵观这一发展过程，总体布局的演进就是体现在党运用唯物辩证法思考社会发展内容与形式相互促进、相互影响的过程。社会有机体的发展变化、社会发展系统要素的增添，都反映了党对于社会有机体认识的深化。这些认识来源于时代的重大问题、重要矛盾，是探索解决社会发展过程中各种矛盾的思考与认识，是解决社会发展矛盾的经验总结。正是由于社会发展总体布局的开放性，社会有机体发展过程中的内容才越来越丰富，社会结构的调整才越来越科学。正是在这一过程中，伟大事业不断推进。

第三，突出发展的整体性。总体布局虽然是由多个要素、多个内容组成，但是如果以孤立的、片面的观点看待这五个要素，而不是从整体上、从伟大事业发展的整体情况上看待这一问题，就不能对总体布局有科学的认识。辩证法告诉我们，整体优于部分，整体不是部分的简单相加。这五个要素相互联系、相互影响，一方有问题，就会影响其他四个方面的发展。它们处于不同的地位，相互联系、相互影响。因此要促进这五个方面相互协调、相互促进，避免出现发展不均衡、厚此薄彼、孤立、片面地看待某一领域的发展。

（七）社会发展动力论

马克思主义社会发展动力理论认为，社会发展动力是由多个要素相互联系相互作用而构成的整体，因此社会发展动力不是单一的。社会发展动力分为三个层次：根本动力、主客体动力、矛盾动力。全面把握社会发展动力的因素，这是人类社会发展动力理论的一个巨大的进步。党的二十大报告强调全面建设社会主义现代化国家，必须牢牢把握"深入推进改革创新，坚定不移扩大开放"①的重大原则。"教育、科技、人才是全面建设社会主义现代化国家的基础性、战略性支撑。必须坚持科技是第一生产力、人才是第一资源、创新是第一动力，深入实施科教兴国战略、人才强国战略、创新驱动发展战略，开辟发展新领域新赛道，不断塑造发展新动能新优势。"②完善科技创新体系。"全面建设社会主义现代化国家，必须坚持中国特色社会主义文化发展道路，增强文化自信，……激发全民族文化创新创造活力，增强实现中华民族伟大复兴的精神力量。"③习近平结合新时代发展的难题，着重强调了创新对于社会发展的重要作用，在社会发展动力方面提出了一系列观点：以创新为角度，论述了改革创新、科技创新、文化创新是社会发展的根本动力、第一动力和精神动力。习近平总书记关于社会发展动力的论述指明了新时代增强发展效率的着力点，有利于推动新时代中国特色社会主义发展。

1. 改革创新

马克思主义认为在社会发展的过程中，社会发展的根本动力就是社会基本矛盾运动。在《德意志意识形态》中，马克思指出，"一切历史冲突都根源于生产力和交往形式之间的矛盾"。④ 人类社会在发展的过程中，始终存在着基本矛盾运动，这种基本矛盾运动推动着人类社会从低级到高级的发展。基本矛盾运动是社会发展的根本动力，对人类社会发展起决定作用，任何社会矛盾都是基本矛盾运动的反映。进入新时代，社会主义的基本矛盾依然是社会发展的根本动力。根本矛盾在政治、经济、文化、社会、生态等多个领域表现出来。其中，社会主要矛盾是基本矛盾的集中体现，是基本矛盾在特定历史时段的表现形式。

---

① 习近平：《高举中国特色社会主义伟大旗帜 为全面建设社会主义现代化国家而团结奋斗——在中国共产党第二十次全国代表大会上的报告》，北京：人民出版社 2022 年版，第 27 页。

② 习近平：《高举中国特色社会主义伟大旗帜 为全面建设社会主义现代化国家而团结奋斗——在中国共产党第二十次全国代表大会上的报告》，北京：人民出版社 2022 年版，第 33 页。

③ 习近平：《高举中国特色社会主义伟大旗帜 为全面建设社会主义现代化国家而团结奋斗——在中国共产党第二十次全国代表大会上的报告》，北京：人民出版社 2022 年版，第 42-43 页。

④ 《马克思恩格斯文集》（第 1 卷），北京：人民出版社 2009 年版，第 567-568 页。

党的十九大关于社会发展主要矛盾的变化的阐述，体现了党对社会发展的全面把握。矛盾的转化意味着变革。正是在这个意义上，习近平指出，"新时代坚持和发展中国特色社会主义，根本动力仍然是全面深化改革"。① 中国共产党在社会发展动力方面的一个重要贡献，就在于给社会主义社会的矛盾定性，并指明了解决不同矛盾问题的方法。四十多年前，邓小平在继承毛泽东关于社会发展矛盾思想的基础上，创造性地提出了"改革是社会主义制度的自我完善"②这一论断。

第一，改革创新是决定当代中国命运的关键一招。全面深化改革就是改革的实践创新、方法创新、思维创新，是解决中国现实问题的根本途径。习近平指出，全面深化改革是"决定当代中国命运的关键一招，也是决定实现'两个一百年'奋斗目标、实现中华民族伟大复兴的关键一招"。③ 改革开放后，改革使人民突破了思想桎梏，重新确立了实事求是的思想路线，改革使社会主义走上了高速发展道路。改革开放之后，中国社会主义伟大实践取得了巨大成就，国家整体面貌发生了巨大变化，经济实力、综合国力处于世界前列，正是在改革开放的推进过程中，中华民族实现了从站起来到富起来的伟大历史飞跃。全面深化改革，是中国社会发展进入新时代解决社会矛盾，引领经济高质量发展、促进社会和谐、人民生活幸福的关键，是解决中国现实问题的根本途径。新时代，坚持全面深化改革，是解决新发展矛盾，破解经济发展难题的必然要求。我国面临一系列发展矛盾和难题，比如：发展中不平衡、不协调，自主创新能力不足、科技成果转换能力仍然有待提高，产业结构需要调整，发展方式精细化也有待继续推进，食品安全问题、网络安全问题、社会保障问题、住房问题仍然没有得到有效解决，形式主义、官僚主义、腐败之风引起的矛盾依然存在，这些问题，都有赖于全面深化改革的推进，它是中华民族从富起来到强起来的关键。中国的发展道路和实践

---

① 《习近平新时代中国特色社会主义思想学习纲要》，北京：学习出版社 2019 年版，第 83 页。
② 《十三大以来重要文献选编》（上），北京：人民出版社 1991 年版，第 73 页。
③ 习近平：《在庆祝改革开放 40 周年大会上的讲话》，北京：人民出版社 2018 年版，第 21 页。

经验表明，只有改革才能发展中国，才能走出一条灵活的社会主义道路。

第二，改革创新是当前推动中国经济社会发展的根本动力。一个国家的治理水平如何，直接关系到社会能否有序运行，能否应对重大风险挑战，能否达成社会发展目标，能否提升人民生活水平。习近平指出，"进一步解放思想、进一步解放和发展社会生产力、进一步解放和增强社会活力"①明确了全面深化改革的目的。生产力是社会发展进步的基础，解放和发展社会生产力是社会主义的本质，全面深化改革就是使生产关系与生产力发展相适应，促进生产力的发展；社会体制机制对社会发展具有双重作用，机制健全、与时俱进了，社会发展就会充满活力；相反的，机制不完整、过时了，阻碍社会发展了，社会发展就会滞后甚至是倒退，解放和增强社会活力，就是要建立健全发展体制机制，全面调动各方面发展因素。全面深化改革在于营造良好的发展环境。要激发作为市场的主体——企业的活力，让企业在生产发展中自主经营，处理好企业与政府的关系，转变政府职能，增强政府为经济社会发展服务的能力。以全面深化改革推动经济社会发展，还在于处理好利益分配的问题，营造良好分配环境，保护好劳动者的生产积极性。改革开放以后，社会发展水平迅速提高，国民生产总值已经成为全世界第二，蛋糕已经做大，如何在当前矛盾多发、诉求多样的社会发展问题下使广大人民更好地享受社会发展成果是全面深化改革的难点。要做到公平正义、增进人民福祉就是要在利益分配中坚守公平公正，有效解决发展不平衡的问题。习近平提出了用"两个是否"来评价改革成果，即"是否促进经济社会发展，是否给人民群众带来实实在在的获得感"。② 这一评价标准体现了以经济为中心的社会主义初级阶段的基本路线和人民为中心的发展理念，体现了全面深化改革的价值取向，是其坚持下去的依据。

第三，全面深化改革是解决矛盾、推动社会发展的关键动力。习近平指明了

---

① 习近平：《习近平谈治国理政》，北京：外文出版社 2014 年版，第 92 页。
② 《习近平新时代中国特色社会主义思想学习纲要》，北京：学习出版社、人民出版社 2019 年版，第 92 页。

全面深化改革要抓主要矛盾，解决关键问题。全面深化改革是解决发展矛盾的关键。改革开放以来，随着经济高速发展，也伴随不少问题，只有改革，才能推动矛盾的解决，推动社会继续向前发展。"我国改革已经进入攻坚期和深水区，进一步深化改革，必须更加注重改革的系统性、整体性、协同性，统筹推进重要领域和关键环节改革。"①增强全面深化改革的效率和效果，就是要在改革过程中抓关键、抓重点，聚焦主要矛盾，坚持问题导向，找出问题的节点所在，整体把握，系统推进，协同发力，推进全面深化改革向更深层次迈进。一是要聚焦新时代社会主要矛盾。科学判断社会主要矛盾是制定一切路线、方针、举措实施的基础。党的十九大报告指出，新时代我国社会主要矛盾已经发生了转换。从主体需求来看，提出了"人民日益增长的美好生活需要"，从发展症结来看，存在"不平衡不充分的发展"。围绕满足人民美好生活的需求这个主线，促进发展的平衡性、协调性，坚持以人民为中心的评价导向，推动全面深化改革。二是要坚持以需求为导向，补短板、强弱项，突出全面深化改革重点关注的领域。全面深化改革是为了促进经济发展、人民生活水平的提高，是为了解决阻碍经济社会发展的体制机制的束缚。全面深化改革必须紧紧围绕"五位一体"总体布局，围绕实现全面建成小康社会的目标深入推进，提升发展质量，努力增强人民群众的获得感和幸福感，如在社会主义市场经济中，提出了市场在资源配置中起决定性作用，进一步提高各发展要素的活力，促进生产要素在市场的自由流通；提出了供给侧结构性改革，促进要素的优化配置，优化消费结构，提升经济增长质量；在构建新发展格局的过程中，将"围绕实现高水平自立自强深化改革"，② 突破重点领域产业发展难题，掌握发展的主动权；在政治建设方面，提出了法治中国建设；落实了中央纪委向中央一级党和国家机关派驻纪检机构。在文化方面，提出建立健全网络社会管理机制，特别构建强调了应对网络热点事件体制机制；在社会建设方

---

① 《习近平关于全面深化改革论述摘编》，北京：中央文献出版社 2014 年版，第 30 页。
② 习近平：《完整准确全面贯彻新发展理念 发挥改革在构建新发展格局中的关键作用》，《人民日报》2021 年 2 月 20 日。

面，提出了健全国家公共卫生应急管理体系；在生态建设方面，提出了美丽中国建设，既要经济发展，也要生态良好，推动建立人与自然和谐发展现代化建设新格局等，这些改革举措都是与群众利益紧密相关、群众高度关注的问题，是全面深化改革必须深入推进的重点。

2. 科技创新

科学技术进步是"最高意义上的革命力量"。马克思认为科学技术在不同时期作用不同，但是根据历史发展的基本趋势，科学技术的作用将会越来越凸显。尤其是近代资本主义出现后，将科技创新与社会生产紧密结合起来，科学技术对于社会发展的推动作用才真正显示出来，马克思将这种巨大的推动作用称为"最高意义上的革命力量"。马克思认为，科学技术在社会发展中的作用体现在，科学技术的产生来自生产实践的需要。离开了生产实践与主体需求，科技创新将毫无意义。马克思认为，科学技术不仅推动了社会物质财富的增加，而且是人的解放的手段。正是通过科技创新，人才能从时间的束缚中解放出来，才能改变生活方式，提高生活水平。

第一，科技创新是引领经济发展的第一动力。习近平指出，"创新始终是推动一个国家、一个民族向前发展的重要力量，也是推动整个人类社会向前发展的重要力量"。[1] 这一判断是基于当前的国际发展形势和经济社会发展的新特征。当今世界正处于百年未有之大变局，国际竞争非常激烈，要在国际社会立足，不光要靠经济实力，也要靠创新实力。创新是保持竞争优势的关键。新一轮世界革命的到来，加速了产业革命的演进，围绕知识、创新、科技的竞争越来越凸显，产业结构优化升级、高质量发展都离不开创新，创新使企业在生产竞争中保持领先或者拥有核心优势。实现新时代我国的发展目标离不开创新这个核心因素。不仅如此，创新也是提高人民生活质量和生产水平的关键。必须充分认识到科技在

---

[1] 《习近平关于科技创新论述摘编》，北京：中央文献出版社 2016 年版，第 4 页。

提高人民生活水平上的重要作用，科技革命改变了人的生产方式、生活方式、交往方式，使人类社会面貌发生了翻天覆地的变化；提高了人类应对风险的能力，对于探索未知领域，提高人的生存环境具有重要作用，人类只有在不断地创新过程中才能得到发展。

第二，提出了"四个面向"，指明了科技创新的方向。习近平指出，创新要"坚持面向世界科技前沿、面向经济主战场、面向国家重大需求、面向人民生命健康，不断向科学技术广度和深度进军"。[①] "创新是多方面的……但科技创新地位和作用十分显要。"[②]科学技术始终被人们认为是先进生产力的象征。从第一次工业革命开始，以蒸汽动力代替了手工，英国实现了崛起，生产力高速发展，英国一跃成为世界强国；第二次科技革命从真正意义上体现了科技对生产的巨大作用，正是在第二次科技革命过程中，电、飞机等一系列高科技成果在生产方面的应用，使这次科技革命的发源地美国成为世界最大的资本主义国家；第三次科技革命的爆发，集中在计算机技术、空间技术、生物技术，它加剧了世界发展的不平衡性，使美苏成为超级大国。回顾科技对人类社会发展的影响，就可以发现"谁牵住了科技创新这个牛鼻子，谁走好了科技创新这步先手棋，谁就能占领先机、赢得优势"。[③] 通过创新瞄准世界科技前沿，掌握顶尖核心技术，中国才能在国际竞争中占有优势。创新面向经济主战场，就是要使创新成果转换为经济发展优势。目前，我国经济社会发展急需增强创新这个第一动力。推动高质量发展、构建新发展格局，需要强大的科技支撑。面向国家重大需求和人民健康，体现了创新的价值归旨。国家需求、人民需求是创新的动力，是创新成果产生实际作用的基础，创新成果只有应用于实践，才是有意义的。加强对关系全局的科学问题的研究，在关键领域创新，掌握科技制高点，破解发展难题，想国家之所想，急人民之所急，为国家繁荣、人民幸福提供支持。

---

① 《习近平的小康情怀》，北京：人民出版社、新华出版社 2022 年版，第 12 页。
② 《习近平关于科技创新论述摘编》，北京：中央文献出版社 2016 年版，第 4 页。
③ 《习近平关于科技创新论述摘编》，北京：中央文献出版社 2016 年版，第 26 页。

第三，增强创新驱动，加快创新成果转换。"抓创新就是抓发展，谋创新就是谋未来。"习近平从多个角度阐明了增强创新的路径。首先，增强创新这个发展的驱动力，从根本上来说就是要坚持走中国自主创新道路。坚持自主创新，是新中国成立 70 年来一直坚持的创新之路，正是在这条道路的指引下，中国突破了西方列强的技术封锁，实现了原子弹、氢弹、人造卫星等一批世界高精尖技术的突破，保卫了国家安全；正是在这条道路的指引下，新中国从一穷二白的国家成为了世界第二大经济体，建立了完整的工业体系；当今，创新依然要沿着这条路走下去，习近平指出，"这条道路是有优势的，最大的优势就是我国社会主义制度能够集中力量办大事"。① 新一轮科技革命正在推进，推动产业变革，抓住当前科技革命的发展机遇，支持创新驱动发展战略推进，在制度上加强顶层设计，推动创新驱动发展战略不断推进，为创新创造提供制度保障。其次，习近平指出要"在全社会营造鼓励创新、宽容失败的氛围"。② 营造有利于创新创造的良好氛围，就是要保护创新创造者的积极性，保护知识产权和技术成果；要在全社会鼓励创新创造，支持创新创造，容许失败，包容错误。就是要在创新成果转换的过程中，使企业成为支持创新创造、成果转换的主体，使创新与生产发展紧密地结合起来。最后，就是加强人才队伍建设。习近平指出，"我国要建设世界科技强国，关键是要建设一支规模宏大、结构合理、素质优良的创新人才队伍，激发各类人才创新活力和潜力"。③ 创新是人才的创新，人是创新的主体，人才是支撑创新发展的第一资源。因此，要推进教育改革，培养高质量人才，注重对人才实行物质奖励和精神鼓舞，鼓励人才积极创新创造，吸引更多的人才参与中国特色社会主义伟大实践的过程。

3. 文化创新

马克思主义认为，在社会发展过程中，除了基本矛盾提供的根本动力之外，

---

① 《习近平关于科技创新论述摘编》，北京：中央文献出版社 2016 年版，第 35 页。
② 习近平：《习近平谈治国理政》(第 2 卷)，北京：外文出版社 2017 年版，第 276 页。
③ 习近平：《习近平谈治国理政》(第 2 卷)，北京：外文出版社 2017 年版，第 275 页。

也有主体动力。人是社会发展的主体，根据自身的发展需求而进行社会实践，也是社会发展的重要动力，这种发展主体对于社会发展的促进作用称为主体动力。在马克思看来，基本矛盾不仅是实现社会发展的根本动力，也是在其矛盾运动中推动人的自由全面发展的动力。在主体领域，基本矛盾表现为人的多样化需求、利益、欲望等。这些需求、利益、欲望虽然以主观的形式表现出来，但是在不同的历史发展阶段具有不同的特征。推动社会发展的主客体动力因素最终都通过社会基本矛盾体现出来。习近平对于社会发展动力的认识提高到了新的层次。在充分把握人民群众的主体需求对于社会发展的推动作用基础上，特别强调了文化自信对于社会发展的重要作用。通过文化创新，满足人民多样的文化需求，增强文化自信。文化自信是主体精神的表现，对于推动社会发展具有重要作用。习近平指出，文化自信是更基础、更广泛的自信，以文化自信激发强大的精神动力，为中国特色社会主义发展提供更长远更持久的动力。文化自信就是对中华优秀传统文化、社会主义先进文化的自信，习近平提出，文化自信为中国道路注入了强大的精神动力，形成了对文化自信动力的系统表述，是对马克思主义文化动力的深刻认识和创新发展。

第一，文化创新有利于发扬传统文化，增强文化软实力。5000 多年的发展历史过程中，中华民族创造了源远流长、博大精深的中华文化，是中华民族的精神家园，中国人民在此基础上，形成了共同的历史文化背景、共同的话语体系、共同的人文性格、共同的价值观念，它以伟大的民族精神、共同的历史文化将14 亿中华儿女紧密地连接在一起，其核心就是"贯穿其中的、更重要的是我们共同坚守的理想信念"。这种"共同"是连接中华儿女的感情基础。中华传统优秀文化，是中华文化发展的重要基础，反映了中国人追求精神文明和创造物质文明的成果，是中国人自信的根基，能"增强做中国人的骨气和底气"。在漫漫历史长河过程中，中华民族创造了灿烂的文化，文化自信就来源于灿烂的文明。中华优秀传统文化，有先秦时期诸子百家，思想自由、学术争鸣，留下了宝贵的思想财富；有两汉经学，儒学开始在中国历史上发挥重要作用；有隋唐时期儒释道并立，包容并存，多样性开始显现；有宋明理学，提出了一系列新观点，是儒学的巅峰时期。在这一过程中，中华文明创造了丰富的文化产品，影响巨大的文化典籍，形成了丰富的思想观念、传统美德，滋养了中国人民的心灵，是让中华儿女骄傲的历史成就。中华传统文化，形成了"精忠报国""自强不惜""勤俭节约""见义勇为""诚实守信""仁爱孝悌""修己慎独"的崇高品质。这些品质是激励中华儿女奋勇向前的内心动力。加强对传统文化的时代阐述，让传统文化在当代焕发活力，使优秀传统文化与社会主义发展相适应、与现代化相适应，让传统文化散发出超越时代、超越民族的魅力，对于增强文化自信，促进社会主义文化发展、增强中国特色社会主义文化软实力具有重要意义。

第二，文化创新有利于促进理论发展，展现社会主义意识形态的凝聚力和引领力。习近平指出，"建设具有强大凝聚力和引领力的社会主义意识形态，使全体人民在理想信念、价值理念、道德观念上紧紧团结在一起"。① 四十年的改革开放，极大地解放和发展了生产力，物质产品不断丰富，但是随着市场化的发展，拜金主义、享乐主义、功利主义等一系列不良风气严重影响了人们的精神生活，各种非主流意识形态也对主流意识形态产生了冲击，中国梦的提出，不仅是解决信仰危机的良药，而且对于凝聚共识、形成共同的理想信念提供了基础。中国梦要达到"国家富强、民族振兴、人民幸福"，这为广大人民勾勒了一个美好的未来，是全体中华儿女奋斗的方向。社会主义核心价值观是广受认可的价值理念，是凝聚全社会人民的价值基础。它从国家层面、社会层面、个体层面对社会发展做出了价值引导，反映了中华民族的价值追求。用社会主义核心价值观引领思潮凝聚共识，就能增强文化自信，在面临艰难困苦的时候，就有了努力的方向。以中国精神共筑道德共识，就是发扬伟大民族精神。在社会主义现代化过程中，凝聚坚实的底气。"中国精神"是民族的灵魂，是中国文化的精髓。在漫长的历史发展中，中国形成了以"爱国主义"为核心的民族精神；在改革开放的实

---

① 习近平：《习近平谈治国理政》（第3卷），北京：外文出版社2020年版，第32-33页。

践中，形成了以"改革开放"为核心的时代精神，体现了文化自信，中国精神是文化自信的重要基础。

第三，文化创新为中国特色社会主义道路注入强大动力。中国道路是在"我们走自己的路，具有无比广阔的舞台，具有无比深厚的历史底蕴，具有无比强大的前进定力，中国人民应该有这个信心，每一个中国人都应该有这个信心"。①社会主义意识形态具有强大凝聚力和引领力。社会主义意识形态的引领力就体现在它的包容性，社会主义意识形态并不否认文化多样性的存在，而且提倡文化发展与中国现代化、与实现中华民族伟大复兴相符合；社会主义意识形态的引领力就在于社会主义意识形态自身的魅力，在于意识形态理论是科学的，指明了人类社会发展的未来方向，提供了认识世界、改造世界的科学办法。坚定意识形态自信，有利于增强人们对社会主义政治制度、中国特色社会主义理论体系、近代以来中国共产党带领中国人民团结奋斗的历史的认同，引领中华文化坚持正确的发展方向，能够广泛凝聚人心，汇集发展合力。

社会发展根本动力、主体动力、科技动力这些因素是新时代社会发展动力系统中的关键因素，它们相互融合、相互联系，汇聚成了新时代中国特色社会主义发展的动力系统，正是通过这个动力系统，中国特色社会主义事业循序发展。

（八）社会发展代价论

社会发展代价理论是马克思主义关于社会发展的重要内容。马克思主义认为社会发展必然伴随发展代价，这是同一过程的两个方面，科学指出了发展与发展代价之间的辩证关系，提出了正确对待发展代价的思想。中国共产党坚持始终承认发展代价的客观必然性，既不能无视社会发展代价的客观性，也不能为了缩小社会发展代价而逃避发展，坚持具体问题具体分析的方法，认真分析代价产生的具体原因、类型，以发展的眼光看待代价的变化和发展，不把代价当成绝对化和

---

① 习近平：《习近平谈治国理政》（第2卷），北京：外文出版社2017年版，第339页。

片面化的东西，避免悲观主义，正确把握发展代价的"度"，以防为了发展造成不可挽回的损失和代价。促进人与自然和谐共生是中国式现代化的本质要求。"中国式现代化是人与自然和谐共生的现代化。人与自然是生命共同体，无止境地向自然索取甚至破坏自然必然会遭到大自然的报复。我们坚持可持续发展，坚持节约优先、保护优先、自然恢复为主的方针，像保护眼睛一样保护自然和生态环境，坚定不移走生产发展、生活富裕、生态良好的文明发展道路，实现中华民族永续发展。"①习近平围绕社会发展与生态环境这一当代发展代价关注的核心问题，阐述了生态环境与社会发展之间的辩证关系，提出了"两山论"，论述了如何减少发展过程中的生态代价、如何促进人与自然和谐相处。十年来，中国共产党"坚持绿水青山就是金山银山的理念，坚持山水林田湖草沙一体化保护和系统治理，全方位、全地域、全过程加强生态环境保护，生态文明制度体系更加健全，污染防治攻坚向纵深推进，绿色、循环、低碳发展迈出坚实步伐，生态环境保护发生历史性、转折性、全局性变化，我们的祖国天更蓝、山更绿、水更清"。②

1. "两山论"的基本内涵

经过多年发展，我国经济建设取得了很大成就，但是在粗放的发展模式下，造成了自然资源浪费、生态环境被破坏、环境污染日益严重等多种危害，人与自然的和谐受到了很大影响。如何处理自然环境保护与发展生产力的关系是一个重大的课题。2005年，习近平同志在浙江安吉余村考察时指出："我们过去讲既要绿水青山，又要金山银山，其实，绿水青山就是金山银山！"③习近平在把握全局的基础上，从社会发展的总体布局和实现中华民族伟大复兴中国梦的战略高度，

---

① 习近平：《高举中国特色社会主义伟大旗帜 为全面建设社会主义现代化国家而团结奋斗——在中国共产党第二十次全国代表大会上的报告》，北京：人民出版社2022年版，第23页。
② 习近平：《高举中国特色社会主义伟大旗帜 为全面建设社会主义现代化国家而团结奋斗——在中国共产党第二十次全国代表大会上的报告》，北京：人民出版社2022年版，第11页。
③ 王炳林等：《关键一招——改革开放的中国智慧》，北京：人民出版社2018年版，第177页。

阐明了生态文明建设的重要意义，并对"两山论"进行扩展，丰富发展成为习近平生态文明思想。回顾"两山论"形成和发展的全过程，它始终都强调坚持经济发展与生态保护的统一，是发展绿色生产力的绿色经济学思想，是指导实现可持续发展的实践路径；回答了新时代如何处理经济发展与生态文明建设之间的关系，实现什么样的绿色发展、怎样绿色发展的重大时代课题，是马克思主义政治经济学的新成果。这一思想体现了深刻的哲学思维，标志着党对中国特色社会主义建设规律、人类社会发展规律认识的深化。以"两山论"引领美丽中国建设，就是要在发展中科学把握"两山论"的基本内涵，以"两山论"引领高质量绿色发展。

习近平指出："我们既要绿水青山，也要金山银山。宁要绿水青山，不要金山银山，而且绿水青山就是金山银山。我们绝不能以牺牲生态环境为代价换取经济的一时发展。"①这一表述完整明确地阐述了"绿水青山"与"金山银山"之间的辩证关系，是绿色发展理念的核心内容，为实现高质量绿色发展提供了思想基础。

"既要绿水青山又要金山银山"，这一思想就是要把发展经济与生态保护结合起来，坚持在发展中保护经济，在保护环境的过程中促进发展，守住发展和环保两条底线，坚持以生态文明为先行条件。这一思想体现了对以往发展教训的总结，西方现代化之路走的是先污染、后治理的路子，中国的现代化之路不能重蹈覆辙。强调在发展中保护，在保护中发展，就是在维系人类社会代价传递，就是持续发展的理念。这一思想不仅关注当代人的发展，也重视解决代内公平的问题，体现经济发展与生态环境保护、扶贫减贫与生态环境保护有机地统一。

"宁要绿水青山不要金山银山"，这一思想是我国几十年来粗放式发展的经验教训总结。过去，由于强调发展速度和效率，环境保护意识不足，在发展过程中造成了巨大的发展代价。"宁要绿水青山不要金山银山"并不是指为了保护生

---

① 《习近平生态文明思想学习纲要》，北京：学习出版社、人民出版社2022年版，第27页。

态环境不发展。发展是解决问题、解决矛盾的钥匙，不发展，就不能解决社会矛盾，就不能提高广大人民的生活水平，就不能推动社会发展进步，就不能实现中华民族伟大复兴；但是当发展速度过快、方法不当的时候，会对环境带来巨大负担，当生态环境无法负担人类发展所需要的环境因素时，人类发展就会停滞，人类的生存也可能受到威胁。"宁要绿水青山不要金山银山"强调的就是当经济发展与生态环境出现矛盾时，宁可牺牲一定的经济发展利益，也要保护好生态环境，保护好人类赖以生存的自然资源。为实现可持续发展，当发展过程中特别是当发展与生态环境保护出现矛盾时，宁可牺牲当下利益，也要保护长远利益，维持人类可持续发展。粗放的发展也要保护生态环境、优先解决人类代际公平问题。它强调了环境优先、永续发展优先的根本思想。

"绿水青山就是金山银山"这一理念体现了经济发展与生态环境保护在发展过程中要实现统一。"绿水青山就是金山银山，保护环境就是保护生产力，改善环境就是发展生产力。"①绿水青山作为一种自然资源，作为消耗品，具有使用价值，在发展过程中本身就具有了价值；在实践发展过程中，保护环境就是保住了经济持续发展的条件。"绿水青山就是金山银山"既注重当下的发展，也关注未来的发展，强调实现代际公平。从这一点来看，可持续就是强调二者的转换途径，使二者不是此消彼长的关系，而是同步发展、同步进行的。这一理念就是要转变发展思路，防止继续走粗放式发展道路，坚守生态底线，防止涸泽而渔、不留余地。

"两山论"体现了以习近平同志为核心的党中央在总结、把握中西方发展经验教训的基础上，在把握现实与未来的发展使命基础上，提出了减少生态代价的发展理念，体现了对人类社会发展规律认识的深化。生态文明是对传统现代化理念的扬弃，是对现代化发展方式的创新。"两山论"既坚持了社会发展与发展代价的必然性的统一，又体现了发展代价的主体性选择。

---

① 《习近平的小康情怀》，北京：人民出版社、新华出版社 2022 年版，第 595 页。

2. "两山论"的哲学意蕴

在马克思主义诞生之前，人们对于生产与自然的关系认识是一种简单的对立关系，认为经济发展必须以牺牲某种资源或者某一地区的环境为代价，尤其是西方社会发展过程中出现的环境污染现象，更使得有的学者认为经济发展必然以牺牲环境为代价，人们可以在经济发展之后来治理环境，事实上，这种二元对立的思维模式，简单化了经济发展与生态环境之间的关系，成为困扰人们多年的思想桎梏。"两山论"既看到了经济发展的重要性，又看到了二者的相互促进，相互协调，认为经济发展与生态环境并不是完全背离。一方面，在一定程度上，经济发展是保障生态环境的基础，经济发展为生态环境治理提供更好的物质基础；另一方面，生态环境为经济发展提供了良好的发展环境，甚至成为经济发展的优势，生态环境本身就是宝贵的经济资源。从这种意义上来讲，两山论具有深刻的哲学意蕴。

第一，体现了经济发展与生态保护的辩证统一。马克思主义认为，事物发展过程中，矛盾的同一性与斗争性组成了矛盾本身。马克思并没有延续以前哲学家关于矛盾是你死我活、非此即彼的观点。他们以孤立、静止的观点看待问题，不能看到事物的发展变化，不能看到事物发展过程中人的主观能动性，不能看到人既是保护环境的主体，也是经济发展的主体，如何能动地处理二者之间的关系，关键在于人的主观能动性如何发挥。马克思正是从现实的人出发，辩证地看待经济发展与生态环境的关系，辩证地看待矛盾的两种属性。"两山"论的一个重要观点就在于不主张二者的二元对立，而是相互联系、相互影响，在一定条件下甚至可以相互转化。即矛盾的同一性与斗争性的辩证关系，科学阐释了发展与环境的关系，强调了人与自然的有机统一，有利于实现经济发展、生态良好。

"两山论"也体现了两点论与重点论的统一。它所强调的基本理念，是针对我国发展过程中的矛盾而提出的。改革开放几十年来，我国经济飞速发展，但是也积累了不少发展问题，尤其是在生态环境领域。生态环境破坏严重，造成自然灾害、环境污染、极端天气等诸多问题，还有环境污染引起的身体健康问题等，需要引起人们对于环境的重视。习近平指出，"我们也积累了大量生态环境问题，成为明显的短板，成为人民群众反映强烈的突出问题"。① 这种短板是影响人民幸福生活的短板，是影响经济发展形成优势的短板，是影响人类社会永续发展的短板，因此，保护生态环境不仅仅是为了满足人们更高层次的需求，也是为了促进经济社会更好发展。因此，解决这一发展矛盾正体现了唯物辩证法的基本方法论。这一理论，深刻剖析了经济发展与环境保护的关系，对于我国社会发展具有重要意义。

第二，体现了"以人民为中心"的发展理念。作为发展的主体，人具有特殊的作用，如何平衡经济发展与生态环境的关系，取决于人的主观能动性的发挥。经济发展、环境保护都是人民最重要的利益相关，因此保护人民的利益需要二者兼顾。经济利益是人的基础利益，而美好的生态环境也是人们在解决温饱后与生存发展相关的重要利益。"对人的生存来说，金山银山固然重要，但绿水青山是人民幸福生活的重要内容，是金钱不能替代的。你挣到了钱，但空气、饮用水都不合格，哪有什么幸福可言。"②如果为了追求经济发展利益而破坏了人的基本生存和发展条件，破坏了永续发展的可能，人类能不能生存下去都是问题，这样的发展又有什么意义。以高额的生态环境为代价来换取经济发展，以不可逆的生态破坏来换取经济的发展，甚至以后代的生存条件为代价换取经济的短暂发展，都是不可取的。

"两山论"的一个巧妙的艺术在于平衡了人的发展的多重利益关系，即分析了二者如何兼顾。在人类社会发展的过程中，不乏生态破坏带来的重大灾难，这种灾难往往造成巨大的经济损失，威胁生命安全，引起社会动荡。合理开发、促进环保，使经济发展与生态安全得到一个平衡，才是人类社会发展的长久之道。

---

① 习近平：《在省部级主要领导干部学习贯彻党的十八届五中全会精神专题研讨班上的讲话》，北京：人民出版社 2016 年版，第 18 页。

② 《习近平关于社会主义生态文明建设论述摘编》，北京：中央文献出版社 2017 年版，第 4 页。

第三，体现了科学主义与人本主义的有机结合。近代以来，科学、科学主义等词十分流行，在发展中强调科学主义就在于强调理想状态下或者说人处于绝对理性的状态下，对于事物工具价值的开发。因此科学主义探索的是事物的结构与组织，探索的是事物的构成与规律，揭示了事物发展的组织结构、运作原理等，但是科学主义往往由于过分强调规律性或者说过分强调事物的本身而忽略了价值。尤其是在社会科学领域，过分沉迷于对理性的迷信，忽略了工具带来的负效应。而人本主义则从人的本身出发，陷入了唯心主义。以发展代价为例，科学主义认为人在发展的过程中，有付出才有回报，发展必然伴随发展代价，发展代价是无可避免的，在一定程度上揭示了发展代价产生的根源；尽管发展代价是不可避免的，但是在人类的发展过程中，经济利益是最重要的利益，因此也不能为了一定的发展代价而放弃经济利益。而人本主义则陷入了另一个极端，认为这种发展代价会造成不平衡、不均等，会损害人的利益，因此，他强调减小发展代价就在于放缓发展或者停滞发展。两种主义都没有解决问题，反而陷入了泥潭。"两山论"将二者有效地结合，既强调发展的过程中开发绿色生产技术，促进发展绿色产业，使经济发展与生态保护二者有机结合。既不是为了保护环境不发展，也不是为了发展忽略环境保护，将人置于发展的过程中，做到二者兼顾。

3. "两山论"的实践路径

马克思指出："社会化的人，联合起来的生产者，将合理地调节他们和自然之间的物质变换，把它置于他们的共同控制之下，而不让它作为一种盲目的力量来统治自己；靠消耗最小的力量，在最无愧于和最适合于他们的人类本性的条件下进行这种物质变换。"[①]这一思想，从根本上揭示了人在发展过程中，对于发展的生态代价的付出是具有主观能动性的。即人可以选择付出什么代价、怎么付出代价、付出什么样的代价，这些都深刻地影响着发展。人作为发展的主体，越想

---

① 《马克思恩格斯文集》(第7卷)，北京：人民出版社 2009 年版，第 928-929 页。

自由就越要付出小的发展代价。人类社会在发展的过程中，一直在追求较低的发展代价。走低的生态发展代价之路，就要践行两山理论，在实践中走出一条绿色发展的理念，走生产发展、生态良好的可持续发展之路

第一，树立生态经济意识。"两山论"破除了经济与生态的二元对立思想，认为经济发展与生态保护是统一的。因此，要破除陈旧的发展观念，树立生态经济意识，就在于在发展过程中既推动经济发展，又实现生态良好发展。一是要在发展的过程中强调"绿水青山"，即在发展过程中切忌无规划地开发、无秩序地开发，要加强环境保护和修复力度，积极处理遗留下来的环境问题。二是要在发展的过程中树立"绿色经济"的理念，培育绿色产业，促进绿色技术的推广和应用，积极引导企业在生产活动中树立良好的生态观念，积极促进企业污水排放等技术的发展，促进企业在绿色生产活动中的主体作用发挥。三是要引导公民树立"绿色生活"的理念，低碳出行，厉行环保与节约，进行垃圾分类，不乱扔垃圾，崇尚绿色消费的理念等。生态经济意识，需要多个主体、多元参与，促进经济生态良好发展。

第二，走生态文明的发展道路。在发展的过程中，走生态文明发展道路就是要求我们要将致富点、发展点相结合，实现以生态促进经济，以经济促进生态的双重结合。全面建成小康社会已经取得了决定性的胜利，但是社会主要矛盾依然没有改变，人民对于美好生活的向往，其中一个重要的点就在于促进生态的良好发展，走出一条绿色健康之路，需要各个地区根据自身的生态环境问题，根据自身的发展优势、发展重点走出一条独特的绿色发展之路。即在发展的过程中，要具体问题具体分析，因地制宜。习近平指出，"让资源变资产、资金变股金、农民变股东，让绿水青山变金山银山，带动贫困人口增收"。① 坚持因地制宜、因时制宜，走出一条减贫发展、代价较小的经济发展与生态环境保护之路，促进"绿水青山"与"金山银山"转换，将资源与资本相结合，推动产业发展。

---

① 《十八大以来重要文献选编》(下)，北京：中央文献出版社 2018 年版，第 50 页。

第三，规范与引导生态技术的发展。实现绿色发展，需要政府积极作为，在经济发展的过程中积极推进绿色产业、绿色技术，规范企业的生产行为，积极引导企业在生产过程中树立环保观念，推动绿色生产技术的应用。如果不对生产活动加以约束和规范，按照资本的逐利性，生产将陷入片面的追求经济发展的活动，人们也将会为此付出巨大的生态代价。目前，很多企业的环保意识不强，为了获取更多的利益，不少企业存在生态技术方面落后，或者在企业生产过程中忽略生态技术的发展。政府要积极引导企业在发展的过程中兼顾经济效益与生态效益，实现二者的结合，以经济促进生态的发展，以生态吸引更多的投资，实现二者的优质结合。

第六章

中国化马克思主义社会发展理论的鲜明特质和重大意义

一、中国化马克思主义社会发展理论的鲜明特质

(一) 准确把握中国社会发展性质和发展阶段

事物的发展，从哲学的角度来说，是渐进与飞跃的统一。列宁指出，"辩证的过渡和非辩证的过渡的区别何在？在于飞跃，在于矛盾性。在于渐进过程的中断。在于存在和非存在的统一"。① 渐进是量的积累，飞跃是质的变化。量的积累是质的变化的前提，质的变化是量的积累的结果和新的量变开始。马克思主义社会发展阶段理论深刻体现了这一辩证思维：第一，根据质量互变的基本原理，确定了人类历史时代划分的基本依据；第二，指明了人类历史的发展虽然是渐进的过程，但是在特殊的历史条件下可以实现"跨越"；第三，提供了正确判断社会发展历史方位的科学思维方式。社会的发展是渐进与飞跃的统一，任何社会发展理论都必须遵循这一原则才能得到正确的科学的结论。

中国化马克思主义社会发展理论在坚持历史唯物主义对于历史时代的界定时，按照质量互变规律，科学判定了 21 世纪依然处在"马克思主义所指明的历史时代"，即资本主义向社会主义过渡的时代。人类历史发展至今，"无论哪一个社会形态，在它所能容纳的全部生产力发挥出来以前，是决不会灭亡的；而新的更高的生产关系，在它的物质存在条件在旧社会的胎胞里成熟以前，是决不会出现的"。② 生产力与生产关系的矛盾运动是一个过程，因而时代必然是一个稳定的阶段，是拥有同质的时间段。自 17 世纪，世界资本主义革命开始后，资本主义制度在世界纷纷确立；18 世纪后，资本主义开始了全球扩张之路并过渡到了

---

① 《列宁全集》(第五十五卷)，北京：人民出版社 2017 年版，第 244 页。
② 《马克思恩格斯选集》(第 2 卷)，北京：人民出版社 1995 年版，第 33 页。

帝国主义阶段；直至今天，资本主义虽然在经济上、政治上发生了诸多改变，如开始反思资本主义的发展模式、发展结果，吸纳一部分社会主义经验，然而从根本上看，资本主义生产方式和资本主义社会固有的矛盾并没有改变。在全球范围内，生产社会化随着资本的全球扩张进一步加深，生产资料的私人占有形势仍然没有改变，财富越来越集中，贫富分化进一步拉大，资本主义经济危机依然间隔发生。中国化马克思主义社会发展理论，始终坚持发展的渐进与飞跃的统一，在社会历史发展时代的判断上，既看到资本主义的变化和发展，看到资本主义为缓和社会发展矛盾而推出的一些制度政策，也看到这种变化和发展背后的无力——资本主义生产方式走向灭亡的趋势。随着世界资本主义的进一步发展，社会化大生产不断加深，工人阶级的力量越来越壮大，世界仍然处在从资本主义向社会主义过渡的时代，这一历史浪潮从资本主义诞生开始直至现在并未改变。马克思主义在唯物史观的基础上，揭示了时代变化的根本原因与发展规律，第一次阐明社会发展阶段的基本内涵。判断社会发展所处的基本方位是什么是马克思主义社会发展理论的基础问题，认清社会发展所处的历史方位是一切政策的出发点。习近平指出，"马克思主义是科学的理论，创造性地揭示了人类社会发展规律"。① 为习近平总书记关于社会发展阶段认识的深化奠定了基础。如何判断社会发展的基本依据就在于坚持唯物史观的基本观点。

中国化马克思主义社会发展理论在坚持历史唯物主义对于历史时代的界定时，按照质量互变规律，指明了中国所处的历史方位。马克思所说的历史时代是从生产方式上来划分的，在一个历史时代中，根据发展的特征、社会主要矛盾变化等不同，又可以划分为若干"小时代"。从小时代的角度出发，中国化马克思主义社会发展理论始终坚持科学判断中国发展所处的历史方位。以社会主要矛盾为判断的基本依据，中国化马克思主义社会发展理论将中国社会发展判定为四个阶段：一是革命与战争的阶段，这一时期，时代的主题是战争与革命。中国化马

---

① 任仲文：《共产党人的必修课：学习马克思主义理论》，北京：人民日报出版社2020年版，第299页。

克思主义社会发展理论聚焦民族独立，核心是要解决帝国主义与中国人民之间的矛盾。二是社会主义建设阶段，这一时期，阶级矛盾依然存在，但已经不是社会主要矛盾。战争的危险依然存在，核心是要走现代工业化之路，建立先进的工业国。三是改革开放以来的中国特色社会主义发展阶段，这一时期，时代的主题是和平与发展，核心是发展社会主义生产力，不断满足人民日益增长的物质文化需要。四是十九大报告深刻指出，中国特色社会主义进入新时代。新时代并不是历史时代发生改变，世界仍然处在资本主义向社会主义过渡的时代，中国仍然处在社会主义初级阶段，和平与发展的时代主题也没有发生改变；新时代是中国发展的新阶段，是中国几十年改革开放和社会主义建设迎来了新的阶段性特征：从中华民族的发展历史来看，当代中国已经从贫困落后走向了富起来的阶段；从世界社会主义发展的历史来看，中国化马克思主义理论呈现出了勃勃生机与活力；从人类历史发展来看，中国化马克思主义理论为世界发展提供和贡献了中国智慧和中国方案。中国发展面临着新的挑战、新的目标，表现出了不同以往的时代特征，中国社会主义发展进入新时代的判断，是中国共产党成熟运用马克思主义基本原理的结果，体现了对于发展阶段性特征的把握。

中国化马克思主义社会发展理论在把握发展的时代理论时，始终坚持量的积累，积极促进质变。首先，从新民主主义社会到社会主义社会的飞跃体现了质量互变的基本规律。中国能不能走社会主义之路，能不能跨越"卡夫丁大峡谷"？答案是能。近代中国共产党关于中国社会发展的探索证明了在中国走社会主义道路是可行的。中国共产党积极发展新民主主义政治、经济、文化因素，为向社会主义过渡做必要的条件准备，通过三大改造，顺利实现了新民主主义向社会主义过渡；在这一过程中，既注重社会主义因素的积累，又敢于促成质的改变。其次，中国共产党坚持以发展的眼光看问题，创新发展了马克思主义社会发展理论，提出了社会主义初级阶段论。社会主义初级阶段是社会主义性质，社会主义的发展始终要坚定这个方向；社会主义初级阶段是一个长期的历史过程，还存在很多发展和进步的空间；要不断研究和解决种种发展难题、发展矛盾，促进社会主义科学发展、和谐发展；社会主义初级阶段理论深刻揭示了发展需要把握好方向，保持社会主义方向和性质不动摇；也要积极促进一切有利于社会主义因素的积累和发展，促进社会主义向更高阶段发展。最后，党的十九届五中全会审议通过了《中共中央关于制定国民经济和社会发展第十四个五年规划和二〇三五年远景目标的建议》，提出了开启发展新阶段，这一阶段就是向第二个百年奋斗目标进军的阶段，是努力实现社会主义现代化的阶段。全面建设社会主义新阶段，是建立在中国特色社会主义发展到一定水平，取得一定成果之后承上启下的阶段，它依然是社会主义初级阶段的一部分，并没有改变社会主义的性质。全面建设社会主义新阶段，是建立在中国共产党成立百年以来带领中国人民取得的成绩基础上的，是建立在实现第一个百年奋斗目标的基础上的新的发展阶段。这一阶段不是孤立的，是中国特色社会主义发展的必然过程，是实现中华民族伟大复兴和第二个百年奋斗目标的必然过程。这一重要判断是以习近平同志为核心的党中央深刻把握发展大势，遵循发展规律，顺应发展浪潮，紧抓发展机遇提出的，既体现了党对于社会主义建设规律和发展规律的深刻把握和遵循；也体现了党在客观规律面前充分发挥主观能动性，积极促进社会主义向更高阶段迈进。

(二) 强调社会发展的时代特征和中国特色

中国化马克思主义社会发展理论在建构的过程中，始终坚持世界性与民族性的统一，在发展环境的把握上，既把握全球发展变革的新特征、新动向，也始终坚持将全球发展变化的特征放在中国发展的实际中、中国的立场上去考察，指明了中国发展处于重要的战略机遇期；既注重总结西方社会发展过程中的经验教训，也注重将其作为中国社会发展的借鉴或警示，提出了对待西方发展经验的科学办法。中国化马克思主义社会发展理论构建，源于对历史与现实、世界与中国、时代与未来相互作用的深刻把握，既体现了胸怀世界的博大情怀，又彰显了中国传统的发展智慧，符合中国人民对于未来社会的美好想象。

第一，中国化马克思主义社会发展理论建构的过程中，善于把握外部发展环境，提出制定正确的对外政策，争取有利于自身发展的外部环境。早在革命时期，中国共产党就善于同世界反法西斯民族和国家联系，争取抗日力量；1949年后，无论是中华人民共和国成立初期面对帝国主义封锁而采取的一边倒还是后来的和平发展道路，都体现了中国共产党善于把握外部发展环境，为新中国现代化建设争取和平有利的发展环境。

在社会发展理论建构的过程中，中国共产党尤其注重立足中国的发展实际，在解决中国发展问题的基础上，为世界其他国家提供发展的中国智慧。习近平指出，"解决好民族性问题，就有更强能力去解决世界性问题；把中国实践总结好，就有更强能力为解决世界性问题提供思路和办法"。① 中国化马克思主义社会发展理论是关于中国社会发展的理论成果，是中国特色社会主义伟大事业推进过程基础上的理论创新，是马克思主义基本原理与中国实际相结合的理论成果。立足于中国发展的政治、经济、文化、社会、生态的基本情况，坚持中国共产党的领导、坚持中国特色社会主义发展道路，在实践过程中灵活运用马克思主义基本原理解决中国发展的实际问题，又认真分析和把握历史发展大势，顺应历史发展规律，在现代化发展过程中，提供中国智慧、中国方案，推动中国话语、中国理论走向世界，以中国发展理念促进全球发展变革，引领和塑造全球社会发展。

党的十八大以来，全球化形势不可逆转并进一步加深，为中国融入世界经济循环模式竞争提供了广阔空间；充分利用全球化这一历史潮流，积极促进经济结构优化升级，提高国内经济结构的适应性；促进开展广泛的对外贸易，带动国内生产力发展，实现经济发展。全球化为新时代中国发展提供了巨大的发展空间和广阔的海外市场。资本全球化带来了生产全球化，在此基础上推进了贸易全球化，人类社会的广泛联系使得全球都是生产市场、贸易市场，为当代中国发展提供了广阔空间。全球化有利于我国加快改变以出口导向型发展模式，融入更高水平的国际循环体系。充分利用全球化这一浪潮，有利于加快培育形成新的竞争优

---

① 《十八大以来重要文献选编》（下），北京：中央文献出版社 2018 年版，第 324 页。

势，提升产业链水平，形成综合竞争优势。

第二，中国化马克思主义社会发展理论在建构的过程中，博采众长，兼收并蓄，不仅继承和发展中国传统文化中的优秀发展理念、发展智慧；批判吸收西方社会发展理论的有益成分，既体现理论创新发展的广阔视野，又充分体现民族特征，在立足中国发展实际的基础上，推动中国社会发展理论面向世界，为其他国家民族和地区发展贡献中国智慧。

马克思主义指出，没有普遍真理，更不存在绝对真理。真理只是一定范围之内的真理。正确认识西方社会发展过程中的理论，吸纳西方社会发展理论的有益部分，摒弃其中不合理的部分，立足中国发展实际，开辟中国自己的发展理论。在社会发展理论建构的过程中，既具有全球视野，着眼于全球社会发展有益成果的借鉴吸收；也立足中国发展实际，以解决中国问题为根本。"要善于融通马克思主义的资源、中华优秀传统文化的资源、国外哲学社会科学的资源，坚持不忘本来、吸收外来、面向未来。"①自近代以来，西方通过资产阶级革命，建立了资本主义社会。在长时间的发展过程中，西方通过工业革命，率先实现了现代化，对社会现代化过程中出现的多样性问题都有不少理论性成果，虽然这些成果带有资本主义价值观，不可避免地带有资本主义的局限性，但其中也蕴含着进步、合理的部分。充分吸收西方社会科学理论的有益成果，推动新时代社会发展理论的创新，是对待西方社会科学的正确态度。一个民族，只有在不断的学习中，才能了解世界发展的前沿，才能把握世界发展动向，才能在国际竞争中厚植优势。中国化马克思主义社会发展理论在构建的过程中，以开放的胸怀、谦虚的态度看待全球社会发展的文明成果，拓展了马克思主义中国化的世界维度和国际视野，才能使理论面向世界、面向未来，才能真正体现理论的影响力。

在理论表达上，尤其注重吸收中国传统社会发展智慧。习近平指出，"中华民族有着深厚文化传统，形成了富有特色的思想体系，体现了中国人几千年来积

---

① 谭力文、刘林青、包玉泽：《改革开放以来中国管理学的发展研究》，北京：人民出版社 2021 年版，第 507 页。

累的知识智慧和理性思辨。这是我国的独特优势"。①5000年的历史发展过程中，中国形成了丰富的文化，这些文化体现了中国人民的世界观、价值观，是塑造中华民族性格的基因。文化在传承中创新，也在创新中传承，中国化马克思主义社会发展理论吸收了几千年来中华民族社会发展的优秀理念与智慧，体现了深刻的民族性。中国优秀传统文化是文化创新的资源，文化创新的内在动力。中国共产党高度重视传统文化，认为中华优秀传统文化"积淀着中华民族最深沉的精神追求，是中华民族生生不息、发展壮大的丰厚滋养"，②是增强文化自信的重要因素，是增强中国文化软实力的重要组成部分，无论是在理论表达上还是在讲话中，中国共产党十分注重创新运用传统文化，"推动中华优秀传统文化创造性转化、创新性发展"，③在实现创造性转化和创新性发展的过程中，将传统文化与治国理政相结合，使中华文化在当代产生了巨大影响。如创新发展了"实事求是"的科学内涵；从"天人合一"到提出美丽中国建设；从"民为邦本"到"以人民中心"，这些思想的演变，体现了中国共产党在社会发展理论的创新上始终坚持中国特色，弘扬优秀传统文化；如使用"不日新者必日退""明者因时而变，知者随事而制""治世不一道，便国不必法古"等来阐述全面深化改革的重要意义，这些论述，为传统文化的焕新注入了活力，使传统文化在当代焕发生机，是传统文化的创新应用，体现了鲜明的民族特征。正是在中国优秀发展理念的传承、创新、弘扬的过程中，其中蕴藏的丰富的思想资源和发展智慧越来越受到国际社会的认可。

(三) 重视社会的整体发展和协调发展

重视事物的整体发展和协调发展是唯物辩证法的基本要求，体现了整体与部

---

① 习近平：《在哲学社会科学工作座谈会上的讲话》，北京：人民出版社2016年版，第17页。
② 习近平：《习近平谈治国理政》(第1卷)，北京：外文出版社2018年版，第155页。
③ 习近平：《决胜全面建成小康社会，夺取新时代中国特色社会主义伟大胜利——在中国共产党第十九次全国代表大会上的报告》，北京：人民出版社2017年版，第23页。

分、系统与要素的有机整合，即不断促进发展的整体性和协调性。

从整体性的角度来看，就是强调社会各个领域、各个方面的平衡发展。中国化马克思主义社会发展理论在谋篇布局时，始终坚持全局思维，掌控发展全局，既抓重点，又注重均衡，促进社会发展。中国化马克思主义社会发展理论就是在不断创新发展方式、不断将新旧形式相结合的过程中实现社会发展谋篇布局的整体性、协调性和全面性。新中国成立之初，面对现代化建设的需求，党着重强调发展生产力、建立先进的工业国；改革开放后，在强调以经济建设为中心的同时，物质文明与精神文明并重；党的十六大报告中，正式提出了物质文明、政治文明和精神文明全面发展，三位一体建设；2005年，胡锦涛同志在讲话中，将社会建设加入总体布局的表述中，社会总体布局变为"四位一体"；党的十八大报告正式提出经济建设、政治建设、文化建设、社会建设、生态文明建设"五位一体"总体布局。这一过程中，始终不变的就是"经济建设"这个中心，在这个中心之外，党不断增加新的内容，不断调整社会发展的布局，以适应社会发展内容的变化，根据实践的发展迅速调整社会布局，实现内容与形式的统一，努力变革束缚发展的旧形式，努力创新发展的新内容，既实现发展的整体性和全面性，又突出发展的重点，实现发展的针对性，突出党对于内容与结构相统一的原则的成熟运用。

从协调性的角度来看，就是要强调内容与形式的统一。内容是指事物的内在要素，事物的各个组成部分的总和构成了内容。形式是指内容的组成结构，内容就是按照一定形势组织起来的。内容与形式相统一，就是强调：不存在无结构的内容，也不存在无内容的结构，内容与结构统一于发展的全过程，在实践中，要促进结构与内容相适应，实现内容与形式的发展。中国化马克思主义社会发展理论，在发展的谋篇布局上，始终坚持内容和形式的统一，不断创新发展内容，不断调整发展结构，促进社会有机体发展。

中国化马克思主义社会发展理论始终承认社会处于变化之中；在认识发展的形式和结构时，不是孤立地、片面地看待发展的内容与形式，而是认识到发展的形式深刻影响发展的整体，内容也推动形式的变革。自新中国成立后，党始终将工业化、现代化作为发展的目标，不断调整发展结构，不断促进市场在资源配置中发挥决定性作用，不断调整发展结构。中国共产党始终紧抓发展重点，在实践中不断创新发展方式，优化发展结构。党的"十四五"规划明确提出构建以国内大循环为主体、国内国际双循环相互促进的新发展格局。构建新发展格局是在开启全面建设社会主义现代化国家新征程的重要历史节点，根据全球发展的新形势、新变化，提出新的发展战略；是适应新时代中国发展环境变化的战略决策，是发展内容的创新，也是发展结构调整的方向。党的"十四五"规划指出，要充分利用两个市场、两种资源，通过供给侧结构性改革，不断提高市场化水平，促进高质量发展，提高发展的安全性，进一步畅通国内经济，进一步拓展海外市场，创设合作共赢的新局面。

（四）注重继承和创新相统一

"任何真正的哲学都是自己时代精神的精华。"中国化马克思主义社会发展是一个开放的、不断发展的理论体系，是不同时期、不同发展阶段关于时代问题的精华，回答了中国特色社会主义如何坚持和推进的重大时代问题。正是在把握时代要求的基础上，理论才能有所创新、有所升华。随着中国特色社会主义实践的发展，马克思主义社会发展理论也随之发展。原创性来源于问题意识导向下对时代问题的思考，在对现有的理论成果批判继承、创新发展的基础上形成的新的认识就是原创性认识，原创性是人类思维、理论不断进步的动力。中国化马克思主义社会发展理论在深刻把握中国发展的时代特色和民族特征的基础上，整体把握发展全局，创新发展了马克思主义社会发展理论。立足于时代发展的变化、使命、要求，坚持实践基础上的理论创新和理论指导下的实践推进，中国化马克思主义社会发展理论在这一过程中实现了理论主张的时代性与原创性相统一，展示了与时俱进的理论品格。

第一，不断推进对社会发展阶段的认识深化，提出了中国特色社会主义进入新时代。依据马克思在《德意志意识形态》中关于人类社会历史发展的阶段划分标注，我国在社会主义革命后进入社会主义社会，实现了生产资料所有制的变革，由于我们正处于社会主义"不发达"的阶段，毛泽东首次将"质量"互变的思维方式引入关于社会发展阶段理论的判断当中，以巨大的理论创新勇气和发展的眼光创新了马克思主义社会发展阶段论，从"社会主义阶段"划分的设想到正式提出社会主义阶段，确立社会主义初级阶段的基本路线，直至"新时代"的提出，反映了中国共产党人始终坚持将马克思主义基本原理与中国的发展实际相结合，实事求是地分析问题，善于把握事物的本质。"新时代"是中国发展的新的历史方位，是实践创新和理论创新的新起点。

第二，始终坚定中国道路。中国社会发展道路的选择，是在深刻把握历史与现实、理论与实践、当下与未来的基础上，坚持实事求是的思想路线，通过认真对比、思考、总结实践经验教训做出的慎重选择；既不照搬照抄他国的发展道路，也不走重复僵化的老路，始终坚持问题与主义的统一。习近平指出，"我们过去取得的一切成就都是靠实事求是。今天，我们要把中国特色社会主义事业继续推向前进，还是要靠实事求是"。① 理论与实践相统一，其核心是坚持实事求是，力求"理论"对于"实践"的解答，实践为理论验证、创新、发展提供土壤；即理论为问题提供方向性的指导，问题又对理论有所反馈。

正是因为坚持实事求是的方法论，中国共产党才能走出一条适合中国实际的革命道路、社会主义改造之路、社会主义建设之路、社会主义改革之路，才能不断推动马克思主义中国化，才能始终坚持正确的发展方向。实事求是是中国共产党走中国道路的基础，背离了实事求是这个基本路线，就不能沿着正确方向前进，不能客观、准确地把握实际，也不能得出正确的理论，更不能走出一条自主发展的道路。纵观中国道路的生成和发展过程，实事求是始终贯穿其中。早在建党之初，先进的中国共产党人就发现西方资本主义道路在中国是行不通的，而俄国的社会主义道路则预示了"世界的新潮流"。毛泽东指出，早期的先进的革命

---

① 习近平：《在纪念朱德同志诞辰 130 周年座谈会上的讲话》，北京：人民出版社 2016 年版，第 9 页。

分子，尝试了多种资本主义发展之路，但是这些改革、革命活动最终都走向了失败，"唯一的路是经过工人阶级领导的人民共和国"。① 社会主义发展道路和它的指导思想正是在慎重思考基础上选择的。面对国民党对大革命的背叛，中国共产党明确亮出了马克思主义的旗帜，明确表示，"民众只有在中国共产党的旗帜之下，自己武装起来夺取政权"②；肃清了党内存在"左倾"教条主义和右倾机会主义，破除了对革命领导权拱手相让的错误思想和对马克思主义"本本"的迷信，在全党重申了马克思主义的指导地位；运用马克思主义阶级分析法，分析了半殖民地半封建社会的中国各个阶级的阶级力量和实际状况，开辟了符合中国实际的"农村包围城市，武装夺取政权"的革命发展道路。新中国成立后，党始终坚持认定社会主义社会才是新民主主义社会发展的未来方向，积极探索向社会主义社会过渡的和平方式，通过社会主义改造实现了向社会主义的转变，从此，社会主义制度在中国确立。在社会主义建设的过程中，中国共产党敏锐察觉了苏联模式的弊端，提出了要走一条具有中国特色的自主发展之路的思想。党的十一届三中全会后，以邓小平同志为核心的党中央在科学评价毛泽东思想和毛泽东同志的基础上，指出要高举马克思主义伟大旗帜，高举毛泽东思想伟大旗帜。邓小平批评了国内外存在的"非毛化"的舆论和"马克思主义失败论"，使全党在旗帜问题的认识上达成了统一，为坚持社会主义道路、开辟中国特色社会主义发展道路奠定了基础。21 世纪之初，面对资本主义国家的和平演变政策，党"非但没有丢掉马列主义旗帜，而且更坚定了坚持马列主义、坚持共产党的领导、坚持走符合自己国情的中国特色社会主义道路的决心"。③ 党的十六大之后，面对社会发展的矛盾凸显的新情况，以胡锦涛为总书记的党中央指出，必须坚定不移地高举中国特色社会主义伟大旗帜。坚持中国特色社会主义道路，就是坚持社会主义，指明了中国特色社会主义道路是主义与问题的统一。党的十八大以来，社会主义发展进入了新时代，我国进

---

① 《毛泽东选集》(第 4 卷)，北京：人民出版社 1991 年版，第 1471 页。
② 《中国共产党重要文献汇编(第十二卷)》，北京：人民出版社 2022 年版，第 38 页。
③ 《江泽民文选》(第 1 卷)，北京：人民出版社 2006 年版，第 336 页。

入实现中华民族伟大复兴的关键期，面对世界纷繁复杂的形势和社会主要矛盾的转变，以习近平为核心的党中央明确指出，中国特色社会主义道路是实现"两个一百年"奋斗目标和中华民族伟大复兴的必由之路，是实现我国社会主义现代化和创造人民美好生活的必由之路，是社会主义现代化之路，强调了新时代坚定中国特色社会主义道路的重要意义。中国道路发展至今，其成功之道就在于立足实际，始终遵循实事求是这一思想路线和马克思主义的精髓，不断推动社会主义生产力的解放和发展，不断满足人民日益增长的美好生活需要，不断推动伟大中国梦的实现。

第三，不断推动社会发展动力认识的深化。历史发展不是单个动力的推动，也不是多个因素的单向运动，而是多个因素互相影响而产生的合力。中国化马克思主义社会发展理论始终强调汇集历史发展的合力，始终将人类社会发展视为经济基础决定下的多种要素共同作用的结果，将人类社会历史发展视为一元决定与多元互动相统一的结果，各个动力要素要想形成推动社会前进发展的动力，必须使其合力是正向的，各个要素的影响作用是正能量的，单靠一个因素难以实现社会的前进。科学发展观强调了要正确处理国内外重大社会关系，统筹多方面发展，处理好不同发展之间的关系，体现了对于历史发展合力论的自觉运用和发展。新时代中国特色社会主义发展，就是要处理好多个要素之间的关系，不断调整和变革社会重大关系，贯彻"以人民为中心"的发展理念，深入推进"四个全面"战略布局、五位一体总体布局，推动国家治理体系和治理能力现代化，充分发挥科技创新的核心作用，构建新时代各要素健康有序运行的社会条件，充分发挥一切有利因素，推动社会主义现代化。

中国化马克思主义社会发展理论，始终坚持区别看待不同的社会发展动力。首先，中国化马克思主义社会发展理论始终强调生产力与生产关系、经济基础与上层建筑这一基本矛盾运动是社会发展的根本动力，并在此基础上系统阐释了矛盾动力理论。中国化马克思主义社会发展理论突破了以往只强调生产力的变革作用，还注重强调社会关系对于社会生产力发展的影响。因此，改革也是社会主义发展动力。变革重大社会关系，将推动社会良性发展。重大社会关系是构成社会基本矛盾的外部条件，变革这些关系，将深刻影响社会矛盾运动。社会主义市场经济建设、全面深化改革、国家治理体系和治理能力现代化等一系列战略措施，都是重大社会关系的调整和变革。其次，中国化马克思主义社会发展动力理论，强调了现实的人在社会发展动力系统中的独特作用，并从人的主体性出发，论述了人的客观需求、主观精神对社会发展产生的影响。中国化马克思主义社会发展理论始终强调人民群众的主体力量；在社会主要矛盾的把握上，透过现象看本质，认识到社会发展是为了满足人的需要；强调人的精神力量对社会发展的重要作用。在当代中国，以爱国主义为核心的民族精神和以改革开放为核心的时代精神在鼓舞中华儿女为实现"两个一百年"奋斗目标、实现中华民族的伟大复兴中发挥了巨大作用。最后，中国化马克思主义社会发展动力理论，在中国社会主义革命、建设、改革的过程中，深化了对于社会发展中多种重要动力的认识。如在新民主主义革命和社会主义改革时期，党深刻认识到了阶级斗争的重要意义。阶级斗争是基本矛盾运动在阶级社会中的表现，认为阶级斗争是推动革命发展的动力；如在改革开放以后，党深刻认识到改革开放也是社会发展的动力；在新的发展阶段，党深刻认识到创新的重要推动力，认为创新是破解发展难题的关键，是民族发展的不竭动力。中国化马克思主义社会发展理论将随着时代的变化和发展，对于社会发展动力的认识越来越深入，以习近平同志为核心的党中央，深刻挖掘社会发展的多重动力，以伟大的"中国梦"为统领，以新发展理念为指导，深入推进"四个全面"战略布局，加快构建以国内大循环为主体、国内国际双循环相互促进的新发展格局，全面推动改革、创新等多重社会发展动力多管齐下，促进社会全面协调可持续发展。

二、中国化马克思主义社会发展理论的重大意义

(一)深化了对马克思主义社会发展理论的认识

马克思主义社会发展理论源于他们时代又超越那个时代，是对以往社会发展

理论的深刻批判与创新发展。从唯物史观的角度出发，马克思阐明了社会发展的基本内容，指明了社会发展与人的发展是内在的统一过程。马克思主义社会发展理论的真理光芒为世界其他国家的社会发展指明了方向，提供了方法论的指导。习近平社会发展理论是对马克思主义社会发展理论的创新发展，是马克思主义社会发展理论的最新成果。在深刻把握实践的基础上，运用马克思主义基本原理解决实际发展的问题，实现了理论的创新发展。

马克思主义的真理性就体现在它的与时俱进。马克思主义是开放的理论体系，它没有提供"绝对真理"来束缚理论的发展，而是提供了分析问题、研究问题的一般方法，随着时代的发展，马克思主义的理论将不断丰富和发展。习近平社会发展理论正是体现了马克思主义的真理力量。习近平社会发展理论彰显了马克思主义的真理力量，是对马克思主义社会发展理论的创新发展，使我们对中国特色社会主义理论体系、中国道路更加自信，更有方法与智慧地推动中国特色社会主义向前发展。

一是深化了社会发展主体思想。马克思从"现实的人"出发，探讨了人的本质是一切社会关系的总和。在此基础上，马克思指明了人类社会发展的最终目的是建立一个"这样一个联合体，在那里，每个人的自由发展是一切人的自由发展的条件"。① 马克思揭示了社会发展与人的发展是辩证统一的过程，为了满足生存与发展的需要，人们在实践活动中促进了社会发展，为了更好地促进人的发展，人们积极促进社会全面发展，为人的全面发展创造丰富的物质基础；而人的全面发展，将为促进社会的全面发展提供更好的主体动力和智慧。马克思主义跨时代的影响力根源于对人民的关怀。习近平总书记关于社会发展主体的论述，是对马克思主义社会发展主体的深化。以人民为中心的发展思想贯穿于习近平社会发展理论各个方面，是习近平社会发展理论的灵魂。这一思想不仅回答了发展"为了谁、依靠谁、成果由谁享有"的重大理论问题，而且深化了中国共产党对

---

① 《马克思恩格斯文集》(第 2 卷)，北京：人民出版社 2009 年版，第 53 页。

执政规律、人类社会发展规律的认识。在发展过程中，坚定人民立场，贯彻"与民同心、心中有民"的工作理念，始终在增强人民的幸福感、获得感、满足感上下工夫，突出"共同富裕"的本质要求，坚持以"两个是否"为评价标准。习近平社会发展理论彰显了深厚的人民情怀，是对唯物史观的创新发展，是为人民代言、立言的科学理论。

二是深化了马克思主义关于社会发展时代的思想。马克思主义认为，判断一个民族所处的历史方位，不仅要从人类社会发展的整体局势看，也要从一个国家自身的发展实际看。在判断的过程中，要始终坚持唯物史观的基本原理，根据辩证法科学判断所处的历史方位。马克思通过论证，指出人类社会最终会走向共产主义社会，这个结果并不会改变。习近平继承并且发展了马克思主义的时代思想。为了明确发展环境与发展方位，习近平在综合把握十八大以来国际国内形势变化的基础上，提出了虽然和平与发展依然是时代的主题，但是世界正处于百年未有之大变局，国际社会风云变幻；从国内来看，中国社会也发生了重要变化。以习近平同志为核心的党中央对当代中国所处的历史方位做了科学的评估，这些判断，不是简单机械的重复，而是以不同的参考标准把握当代中国所处的历史方位，从多个角度说明了当代中国所处的历史方位。

三是对于马克思主义关于社会发展目标认识的深化。马克思主义认为，社会发展目标的设置，既要立足于实践的发展，又要体现超越性。无产阶级的最高目标始终是实现共产主义，因此，长远目标必须与阶段目标相联系。习近平指出，"中国共产党之所以叫共产党，就是因为从成立之日起我们党就把共产主义确立为远大理想"。① 中国共产党的远大理想就是实现共产主义。中国特色社会主义共同理想，就是坚定实现中华民族的伟大复兴。中国特色社会主义的本质，就是解放和发展生产力，就是实现生产力的高度发展，它属于社会主义社会的范畴，其归宿仍然是共产主义。在实现共产主义的过程中，必然要经历很多阶段，这些

---

① 习近平：《习近平谈治国理政》（第 2 卷），北京：外文出版社 2017 年版，第 34 页。

小阶段也有自己的发展目标。以习近平同志为核心的党中央提出了实现中华民族伟大复兴的中国梦，中国梦是近百年以来中华民族的共同追求。现阶段，中国人民的共同理想就是实现伟大的中国梦。无论是远大理想还是共同理想，都勾勒了未来中国发展的美好蓝图，反映了未来中国社会发展基本方向，实现共同理想是实现远大理想的基础，实现远大理想指引着实现共同理想。正是在这种理想的激励下，全国人民团结在一起，齐心合力，共同推动中国特色社会主义的发展与辉煌。

四是深化了马克思主义关于社会发展道路的思想。马克思主义认为，社会发展道路的选择体现了普遍性与特殊性的统一。马克思指明了人类社会必然最终走向社会主义，但是如何走向社会主义，各个国家和民族可以根据本民族的具体情况来决定，适合自己的道路才是正确的选择。中国共产党带领中国人民在革命、建设和改革的过程中开辟了一条符合中国历史、体现中国特色的社会主义发展道路。在当代，中国道路就是中国特色社会主义发展道路，这条道路是中国取得全部成绩的根本原因。习近平总书记关于社会发展道路的创新，既关注到了内部的社会主义发展之路，也关注到了外部的和平发展之路，是对新时期发展的全方位的把握，体现了广阔的发展视野，这种内外相成的发展道路不是孤立的，而是相互依靠，相互影响。中国特色社会主义道路的发展需要和平稳定的外部环境，走好和平之路也需要自身的强大，防范外部风险。习近平总书记关于社会发展道路的论述，是新时期走好中国道路，坚定道路自信，实现伟大复兴的思想指南。

五是深化了马克思主义关于社会发展理念的思想。社会发展理念是人类实践活动的经验总结，也是人类实践活动的思想指南。发展理念随着人类社会的发展而不断变化，发展理念源于人类的生产实践活动，又对人的发展实践活动产生影响。社会发展理念反映了对发展理想状态的追求。习近平在全面把握新时期的发展特征的基础上，提出了新发展理念。新发展理念是党的发展理念的与时俱进，是聚焦新时代新矛盾新要求，是新时期引领新常态、促进高质量发展的根本遵循，其中蕴含了深刻的唯物辩证法思想，体现了真善美的统一。新发展理念不是僵化的口号，也不是一阵风似的政策性文件，而是党和国家在长期发展实践的过程中坚持实事求是而探索形成的。习近平总书记关于新时代社会发展理念的论述，体现了卓越的战略思维、灵活的辩证思维，是关于新时代发展问题的思想指南，是实现发展社会主义现代化必然要坚持的发展理念。

六是深化了马克思主义关于社会有机体的认识。马克思主义始终强调社会有机体是内容与形式的统一。内容与形式是辩证法的一对范畴。唯物辩证法认为，不存在无结构的内容，内容与形式相统一就是强调以内容推动形式创新，以形式促进内容发展。在发展理论上，强调内容与形式的统一，在发展过程中，不断根据发展实际设置发展目标，创新发展内容；根据发展内容，不断创新发展方式，以形式促进内容的发展，在发展布局上不断革新，就是为了促进发展内容而不断调整发展结构。在这种互动过程中，推动社会有机体的发展。中国共产党在发展上始终重视内容与形式的有机统一。习近平在综合把握当下与未来的基础上，提出了发展的当下、长远与未来奋斗目标，为了达成这一目标，以习近平同志为核心的党中央在发展过程中积极落实"五位一体"总体布局。这一总体布局勾勒了社会发展的架构与框架。这一部署，反映了党对于马克思主义辩证法的灵活运用，体现了党对于中国社会发展的整体把握，是对社会主义建设规律认识的深化。

七是深化了马克思主义关于社会发展动力的思想。马克思主义社会发展动力理论认为，社会发展动力是由多个要素相互联系、相互作用而构成的整体。因此社会发展动力不是单一的。马克思恩格斯指明了社会发展动力是多层次的立体结构，将社会发展动力划分为三个层次：根本动力、主客体动力、矛盾动力。全面把握社会发展动力的因素，是人类社会发展动力理论的一个巨大进步。习近平在继承马克思主义社会发展动力观点的基础上，结合新时代发展的难题，在社会发展动力方面提出了一系列观点：全面深化改革是新时代坚持和发展中国特色社会主义的根本动力；创新是引领发展的第一动力；文化自信是激发社会发展的精神动力。习近平总书记关于社会发展动力的论述指明了新时代提高发展效率的着力点。

八是深化了社会发展代价的思想。社会发展代价理论是马克思主义关于社会发展的重要内容。马克思主义认为社会发展必然伴随发展代价，这是同一过程的两个方面，科学指出了发展与发展代价之间的辩证关系，提出了正确对待发展代价的思想。中国共产党始终坚持承认发展代价的客观必然性，既不能无视社会发展代价的客观性，也不能为了缩小社会发展代价而逃避发展，坚持具体问题具体分析的方法，认真分析代价产生的具体原因、类型，以发展的眼光看待代价的变化和发展，不把代价当成绝对化和片面化的东西，避免悲观主义，正确把握发展代价的"度"，以防为了发展造成不可挽回的损失和代价。党的十八大以来，全面深化改革进入深水区，如何处理好社会发展与发展代价之间的关系，如何减少不必要的发展代价，如何引领高质量发展，是当前应对发展代价的关键内容。习近平着重论述了如何减少发展过程中的生态代价，如何促进人与自然和谐相处，如何在发展的过程中减少对主体的损伤；此外，习近平还提到了要以共建共治共享拓展社会发展新局面，以坚定的理想信念筑牢精神之基，减少发展过程中造成的不和谐、不协调的代价、信仰代价。习近平总书记关于社会发展代价的论述，对引领当代社会发展具有重要意义。

习近平社会发展理论，是新时代推进中国社会发展的科学理论，是对科学社会主义的遵循，体现了马克思主义实事求是的理论品格，是极富创见的新理论、新观点，阐明了当代中国社会发展的重大课题，是新时代中国共产党带领中国人民推进全面建设社会主义现代化必须坚持的思想指南。

（二）开辟了中国化马克思主义新境界

习近平社会发展理论的创新发展过程，彰显了明显的科学思维能力。正是在这些科学思维能力的应用过程中，马克思主义社会发展理论得以创新发展，这些创新思维能力就体现在以战略思维科学规划中国特色社会主义推进的整体布局，以历史思维正确判断中国特色社会主义所处的历史方位，以辩证思维深刻分析中国特色社会主义发展的时代形势，以创新思维全面激发中国特色社会主义发展的内生动力，以底线思维防范化解中国特色社会主义发展的重大风险，以法治思维精妙化解中国特色社会主义发展的多样矛盾。这些科学思想方法，渗透、贯穿于习近平社会发展理论孕育、形成、发展、成熟的全过程，贯穿于习近平社会发展理论内容的各个领域、各个方面，是相互联系的整体。正是在这些思维方法的指引下，习近平社会发展理论的内容实现了有机的衔接，展示了深刻的哲学意蕴，体现了以马克思主义的立场、观点和方法分析问题、解决问题的科学方法。

第一，以战略思维科学规划中国特色社会主义发展的未来布局。万古基业，必出自雄才伟略。习近平指出，"战略问题是一个政党、一个国家的根本性问题。战略上判断得准确，战略上谋划得科学，战略上赢得主动，党和人民事业就大有希望"。战略思维，就是以高瞻远瞩、统揽全局的眼光，从整体出发，把握事物发展总体趋势，判断事物发展的未来方向，抓住事物发展有利因素，科学规划事物发展。中国共产党历来重视战略思维，在发展的过程中强调领导干部要提高战略思维能力，着眼大局，正是在这种战略思维的影响下，中国才能一次又一次抓住发展机遇，实现发展目标。战略思维体现了对方法与目的、当下与长远、部分与整体、重点与非重点关系的科学把握。以战略思维把握方法与目的的关系，就在于采用科学合适的方法，达到预期目的；就是在实践的过程中，通过不断地调整方法策略，以求又好又快地达到预期目标。以战略思维把握当下与长远的关系，就在于充分认识到长远目标的艰巨性，设置一个又一个小目标实现长远目标，在于充分把握实际发展状况，为实现长远目标不断积累要素，在当前利益与长远利益有所冲突时，为了顾全大局，要放弃当前利益，以求实现长远利益。就是在实践的过程中有效设置发展目标，使发展目标有机衔接，既不超越发展实际，妄想一步登天；也不畏于发展难度，踟蹰不前。以战略思维把握部分与整体的关系，就在于把握事物发展的整体和全局，运筹帷幄，以局部促进整体的发展，实现利益最大化；在实践过程中就是要树立大局观念，一切以大局为重，"下大棋""算总账"，使整体利益得到最大维护。以战略思维看待重点与非重点的关系，就在于紧紧抓住事物发展的关键矛盾、关键因素，首先解决关键矛盾、关键问题，使事物迅速发展；在实践过程中，就是牵住"牛鼻子"，抓住重点领域、主要矛盾，实现"四两拨千斤"的效果。树立战略思维，是当代中国发展的要求。

习近平同志把握发展大势，谋划发展全局，以战略思维预判中国特色社会主义发展的未来目标，从战略高度把握中国特色社会主义事业的推进工作，正确把握中国特色社会主义发展的未来方向。习近平指出，"要通过学习掌握马克思主义立场、观点、方法，提高战略思维能力、综合决策能力、驾驭全局能力，做到知行合一，增强工作的科学性、预见性、主动性"。① 习近平社会发展理论战略思维，就体现在以战略思维科学把握中国特色社会主义的未来方向，抓住中国特色社会主义的重要机遇，谋划中国特色社会主义发展的推进全局。新时代，提升战略思维能力，对于实现中国特色社会主义发展的目标体系具有重要意义。

第二，以历史思维贯通衔接中国特色社会主义发展的过去未来。马克思主义历来强调以历史思维来把握和判断现实发展，以历史思维来总结经验教训，以古鉴今，推动当代发展。中国共产党始终重视历史思维，正是这种历史思维，让党能正确判断所处的历史方位，及时总结发展的经验教训，进行新的具有历史特点的伟大斗争。历史思维是把现实放在历史的大背景中正确认识和把握的科学方法。历史思维就是在坚持唯物史观的基本原理基础上，运用辩证法认识历史、尊重历史发展基本规律、总结历史发展过程中的经验教训，将当代置于历史发展的大背景下，思考当代所处的历史方位，从而得出当代发展的基本方向。习近平指出，"历史、现实、未来是相通的。历史是过去的现实，现实是未来的历史"。② 在整体把握历史发展脉络的基础上，认识社会发展的必然规律，顺应历史发展基

---

① 《习近平关于社会主义文化建设论述摘编》，北京：中央文献出版社 2017 年版，第 98 页。
② 习近平：《习近平谈治国理政》，北京：外文出版社 2014 年版，第 67 页。

本规律，尊重人民的历史发展主体地位，充分发挥个人的主观能动性，在社会活动中创造财富、实现个人价值与社会价值。新时代，面对复杂的发展环境和发展难题，运用历史思维把握发展的基本规律，推动发展工作顺利进行，要求我们必须提高历史思维能力。

习近平指出，"历史是一面镜子，鉴古知今，学史明智。重视历史、研究历史、借鉴历史是中华民族 5000 多年文明史的一个优良传统"。① 习近平同志在历史思维的运用中，将历史发展经验融合在推动中国特色社会主义发展整个过程中，树立了学习历史、运用历史思维观察解决问题的典范。在习近平的社会发展理论中就体现在正确判断了中国发展与世界历史发展大势的关系；通过对"四史"的充分把握，针对新时代、新形势、新任务重新总结和阐释了坚持中国特色社会主义发展的相关重要问题；通过对党的十八大以前与十八大之后两段历史发展的把握，提出了进行具有新的历史特点的斗争。

第三，以辩证思维深刻分析了中国特色社会主义发展的内外环境。以唯物辩证法分析事物，就是要用联系、发展、全面的眼光看待事物，而不是孤立、静止、片面、机械化地看待事物。辩证思维，就是在认识事物、分析事物时运用唯物辩证法的基本原理，揭示事物发展的本质规律。习近平非常重视辩证思维，"我们的事业越是向纵深发展，就越要不断增强辩证思维能力"。② 辩证思维是一种抽象思维能力，需要全面充分地了解辩证法的基本内容，在学习马克思主义哲学著作的过程中提高哲学修养，涵养哲学思维，将所学习的东西应用于思考，应对于实践，使马克思主义哲学著作内化于心，通过全面深入地理解和把握，将辩证法转化为思维能力。辩证思维要求我们在面对事物发展时，既要看到有利于事物发展的因素，也要看到不利于事物发展的因素，坚持一分为二的观点；要求我们抓住事物的要害，抓住事物发展的根本方向和根本属性，透过现象看到本质；

---

① 习近平：《习近平致中国社会科学院中国历史研究院成立的贺信》，《历史研究》2019 年第 1 期，第 4 页。

② 《习近平关于全面建成小康社会论述摘编》，北京：中央文献出版社 2016 年版，第 195 页。

在复杂事物面前，坚持"变与不变"的辩证法，看到事物发展是稳定与变化的统一，是渐进与飞跃的统一；要求我们坚定对新生事物发展的信心，充分认识到事物发展是前进与曲折的统一，在顺境中因势利导，推动事物发展，在逆境中坚定信念，韬光养晦；要求我们善于在复杂的矛盾中把握事物发展的规律，把握发展的必然趋势，顺应客观规律的要求，充分发挥主观能动性，以辩证思维把握形势的变化和发展。

习近平运用辩证思维，深刻分析了中国发展的机遇和挑战。辩证思维要求我们一分为二地看待事物，看到事物发展过程中有利因素与不利因素共存；看到事物发展过程中面临的机遇，也要看到事物发展过程中的挑战；看到事物发展过程中的优势与光明前景，也看到事物发展过程的不利与曲折过程，在综合把握事物发展过程各方面因素的基础上扬长避短。习近平在认识世情、国情、党情的过程中，运用辩证思维，既看到了世情、国情、党情变化给新时代中国发展带来的机遇，又看到了世情、国情、党情变化为坚持和发展中国特色社会主义事业带来的挑战。

第四，以创新思维全面激发中国特色社会主义发展的内生动力。习近平指出，"变革创新是推动人类社会向前发展的根本动力"。① 在当代国际社会发展中，创新是国际竞争的核心因素。创新是推动人类社会发展的重要动力，正是在创新中适应新时代中国特色社会主义发展，必须要具有创新精神，贯彻创新思维，推动理论创新、实践创新。创新思维就是在发展过程中，以锐意创新的勇气，破除"本本"主义、教条主义、经验主义、惯性思维，就是摒弃过时的旧思想旧观念，在实践发展过程中，解放思想、与时俱进，以新思想、新理念认识实践，分析实践、推动实践的发展。创新思维是破除发展难题、实现发展飞跃的根本，创新精神是一个民族进步发展的重要文化基因。正是在不断的理论创新过程中，马克思主义理论得以与时俱进，彰显出强大的生命力；正是在不断的实践创

---

① 习近平：《开放共创繁荣 创新引领未来：在博鳌亚洲论坛 2018 年年会开幕式上的主旨演讲》，北京：人民出版社 2018 年版，第 7 页。

新过程中，中国特色社会主义伟大事业不断向前推进。创新思维是一种科学思维方式，它是对现存事物的怀疑与批判，意味着对现存事物的"否定"，进而提出新的观点，符合辩证法否定之否定的规律。

习近平十分重视创新思维的运用，在推动社会主义发展的实践过程中，将创新与经济发展紧密结合起来，使创新成为激发社会发展活力的关键因素，成为引领发展的第一动力。习近平的创新思维，深刻体现在理论创新过程中；体现在协调推进"四个全面"战略布局、"五位一体"总体布局的制度创新过程中；体现在推动传统文化创造性转化和创新性发展过程中。

第五，以底线思维防范化解中国特色社会主义发展的重大风险。"君子以思患而预防之"，底线思维显示了防患于未然、未雨绸缪、有备无患的思维能动性。中国共产党始终重视运用底线思维，防范化解重大风险。无论是新中国成立初期进行的三线建设，还是在改革开放后应对来自内外部的风险挑战，都体现了党积极应对防范重大风险，促进中国特色社会主义伟大事业发展的积极态度和务实精神。底线思维，就是坚守心中原则，根据实际发展设置一个红线，在思考和实践的过程中，始终不踩红线一步。底线思维体现了主体对风险的把握和预估，它是一种后顾性思维，强调做好应对风险的准备，侧重风险评估、风险应对，尤其是要做好应对最坏风险的准备，以积极的态度面对风险挑战。底线思维体现了思想的前瞻性、原则性，强调了人作为社会发展主体的能动性，即人在风险与不可控因素面前的主观能动性。面对新时期内外部发展环境的变化，诸多领域潜在的风险，必须增强风险意识，为我国社会发展提供安全、稳定的环境。底线思维体现了马克思主义的世界观和方法论，具有深厚的哲学意蕴。从哲学的高度来看待"底线思维"，更深层次地了解这一方法论，有利于增强底线思维意识，提高底线思维能力。底线思维体现了辩证法关于"度"的把握。唯物辩证法认为，事物发展的"度"是事物发生质变的转折点，处于一定范围的"度"是稳定的、安全的，一旦超越"度"，事物就会发生质变。以底线思维来把握事物发展，就是要将事物的发展控制在一定的范围内，不超越发展的底线。底线思维体现了"底"与

"顶"的有机结合。只有坚守发展底线，才能攀登发展巅峰；只有攀登巅峰的心，才能牢牢守住发展底线。

面对艰巨的发展目标和复杂的发展环境，习近平提出以底线思维增强风险意识、提高风险应对能力，牢牢把握发展的主动权。习近平十分注重底线思维的应用，他指出，"决不能在根本性问题上出现颠覆性错误"①，认为要充分估计发展过程中存在的重大风险，必须在发展过程中适应时代发展要求，提出了运用底线思维的实践原则。这些论述体现了习近平对底线思维的高度重视，表现了习近平在社会发展理论建构过程中对底线思维的纯熟应用。

第六，以法治思维精妙化解社会矛盾。法治思维是化解社会矛盾、推动社会有序运行的重要思维方式，是习近平社会发展理论形成和发展过程中的重要思维方式。法治思维是指根据法律规范和法律程序，在认识事物、分析事物、解决问题的过程中尊重法律、遵循法规，坚持法律至上的思维方式行使权力、治理国家。法治思维是实现现代化的重要思维方式，反映了社会治理理念的进步和发展。法治思维与法律意识有所不同，在现代化法治国家中，只有有公权力的主体才能通过实践活动践行依法治国的理念，才能将法治思维应用在实践过程中，形成符合法律规定和法律程序的决策、行为。法治思维是一种社会治理理念，旨在使拥有公权力的主体在执政和行政的过程中依照程序与规则办事，是一种重视服务的治理思维，对于改变部分领导干部特权思想、以权代法的行为习惯具有重要意义。法治思维也是一种社会治理方法论，在认识和解决各种社会问题时，依照法律程序灵活处理社会事物，克服机械搬运法律的思维定式，具体问题具体分析。法治思维是一种逻辑思维，体现的是程序正义，按照法律的逻辑来思考和分析问题，运用已有的法律原则、规范来进行判断和推理，是一种理性思维过程。法治思维体现了为人民服务的价值理念。法律作为一种上层建筑，反映了统治阶级的利益。中国特色社会主义法律体系就反映了中国人民的根本利益。在治国理

---

① 习近平：《习近平谈治国理政》，北京：外文出版社 2014 年版，第 348 页。

政的过程中面对诸多矛盾、问题，在思考这些问题的时候，必须将人民的意愿和利益置于首位，将法治思维置于优先地位，不仅遵循法律的规范，而且在处理问题的过程中，在判断有争议的行为时，都应遵循法律原则。

习近平指出："各级领导干部要提高运用法治思维和法治方式深化改革、推动发展、化解矛盾、维护稳定能力，努力推动形成办事依法、遇事找法、解决问题用法、化解矛盾靠法的良好法治环境，在法治轨道上推动各项工作。"①当今时代是矛盾复杂交织的时代，以法治思维化解矛盾纠纷，就是要从国家战略的角度阐述法治思维的重要意义，发挥法治思维的引领作用，推动法治建设有序进行，是实现国家治理现代化的重要路径。习近平运用法治思维精妙化解中国特色社会主义发展的多样矛盾体现在坚持推进依法治国建设的全部过程；体现在坚持"法律至上"，依法行使权力，依法化解社会矛盾的基层治理过程中；体现在以人民为中心依法进行经济、政治、文化建设的过程中。

(三) 突破了西方社会发展理论的局限性

在当代，西方社会发展理论的研究领域主要集中在如何使广大发展中国家谋求独立，繁荣文化，摆脱贫困，实现人与自然和谐相处，当代西方社会发展理论兴起于 20 世纪中叶，面对全球发展过程中出现的能源危机、人口暴增、环境问题、贫富分化等问题，不少学者开始研究发展问题，在西方学术界掀起了研究热潮。习近平社会发展理论对于西方社会发展理论的超越性就体现在对于西方传统的发展目标、根本立场与发展理念的超越。

第一，从发展目标来看，习近平社会发展理论体现了对于传统现代化过程中只强调经济建设、经济目标的超越。现代化是工业技术应用到农业发展领域而造成的社会全方位的变化。第二次世界大战以后，全球很多新兴国家开启了现代化的进程，如何解决落后国家经济发展的问题成为了当时学术界关注的重点。现代

---

① 习近平：《习近平谈治国理政》，北京：外文出版社 2018 年版，第 142 页。

化理论并非具体的理论体系，而是学术流派的统称，它们研究的是落后国家在实现经济发展转型过程中的方式、动力等因素，在现代化理论的影响下，一批具有代表性的社会发展理论产生。这一时期的现代化理论代表人物主要有经济学家罗斯特、政治学家阿尔蒙德、社会学家帕森斯等，他们的理论被称为经典现代化理论。现代化理论认为现代化是增加人民幸福感的选择，现代化的结果是实现现代性，即完成现代化后在社会发展各个领域如经济、政治、社会、观念上展示出来的状态，是对传统农业的超越。

经典的现代化理论认为，现代化过程中社会发展动力是经济发展，陷入了"经济决定论"。发展中国家在现代化的过程中，希望和发达国家一样通过工业化发展之路实现经济的上升，改变以传统农业为主的经济发展模式，实现发展水平和发展层次的飞跃。人们单纯地认为经济发展就会造成全面的现代化，因此发展过程中将 GDP 的增长作为评判发展的首要标准，认为 GDP、GNP 的增加就会引起社会发展的全面变革，进而实现现代性的建构。这种发展思维引起了许多问题：如畸形的经济结构、巨大的贫富分化、社会动荡、生态环境恶化等，由此导致发展中国家陷入了中等收入陷阱。这种发展思维引起的不良后果最典型的代表就是墨西哥等拉美国家，在高速经济增长率的条件下，并没有实现社会发展全方位的现代性，反而由于法治崩溃、腐败、严重的两极分化导致市场萎缩、经济增长停滞，失去发展优势。

习近平社会发展理论是对经济发展目标的超越。一是追求全面发展。改革开放以来，我国经济发展取得了很大成就，但是党并没有唯经济发展决定论，最大限度地追求经济增长，而是不断丰富现代化发展的目标。党的十九届五中全会提出"全面建设社会主义现代化"，主张实现社会全领域的现代化变革，注重发展的协调性与平衡性。二是在经济发展领域，不再一味追求经济增长速度与 GDP。2020 年，中国没有设置具体的经济增长数字目标。这不是不重视经济发展，也不是放弃经济增长，而是为了实现经济转型升级，更好地实现高质量发展。2020年，随着新冠疫情的全球蔓延，国际贸易与交流基本处于停摆状态，不设置具体的数字目标反映了经济发展的复杂性、发展任务的艰巨性，为各地吃下了一颗"定心丸"，不必过分追求经济增长而弄虚作假，而是要求各个地方将重心放在促进经济稳步前进、转型升级上，促进高质量发展；不设置具体的数字目标，不等于没有经济发展目标，党的十九届五中全会提出了构建新发展格局、构建现代化经济体系的经济发展目标。归根结底，不设置具体的数字目标，就是要实事求是地走出一条良性发展、稳步前进的路子。三是追求共同富裕。马克思主义社会发展理论的一个重要目标，不是造成贫富差距，也不是要造成普遍贫穷，而是追求发展的公平性，实现发展成果由劳动人民共享。习近平指出，"我们追求的发展是造福人民的发展，我们追求的富裕是全体人民共同富裕"。实现共同富裕，在发展过程中坚持增加人民的满足感、获得感、幸福感，是习近平社会发展理论超越性的重要体现。

第二，从发展立场看，习近平社会发展理论是对西方以人为中心的综合发展理论的超越。20世纪70年代后，学术界突破了对于社会发展的机械化认识，提出了社会发展不只需要经济的发展，而是需要多方面的变革，这一时期，西方社会发展理论学者将研究重点放在了科技、生态等领域，认为社会发展必须关注人的生存、关注人的综合发展，以法国经济学家弗朗索瓦·佩鲁为代表，这种社会发展理论关注到了人与社会发展之间的关系，是以人为中心的综合发展观点。持有类似观点的学者还认为，人与人、人与环境等问题也是综合发展应有之义。佩鲁在《新发展观》一书中提出，发展是"为了一切人的发展和人的全面发展"。这种观点与马克思所提出的"代替那存在着阶级和阶级对立的资产阶级旧社会的，将是这样一个联合体，在那里，每个人的自由发展是一切人的自由发展的条件"[1]有些相似。但是二者却有着本质的区别。

以人民为中心的发展思想贯穿于习近平社会发展理论的全部内容中，回答了发展"为了谁、依靠谁、成果由谁享有"的重大理论问题，是对马克思主义关于

---

[1] 《马克思恩格斯文集》（第10卷），北京：人民出版社2009年版，第666页。

社会发展主体理论的深化。以人民为中心强调了人不仅是社会发展的逻辑起点，也是发展的最终归宿。习近平论述了以人民为中心的基本内涵，指明了在发展价值取向上就是要坚持"人民至上"的基本原则，在发展目标上要坚持"人民对美好生活的向往"的奋斗方向，在发展路径上要坚持"依靠人民创造历史伟业"的动力机制，在发展实践中贯彻"与民同心、心中有民"的工作理念，在发展结果上突出"共同富裕"的社会主义本质要求。习近平以人民为中心的发展理论与西方以人为中心的发展理论具有本质区别。首先，西方以人为中心的发展观点虽然也强调了社会发展与人的发展之间的关系，但是没有厘清社会发展与人的发展之间的辩证关系，将社会发展简单地看作实现人的发展的工具，而没有看到社会发展本身的规律性，即没有认识到社会发展必然走上社会主义。其次，以人为中心的发展认识停留在简单的层次上，没有认识到人作为发展的主体，在社会历史中具有的重要作用与价值。人在本质上是一切社会关系的总和，人在社会实践的过程中，结成了社会联系，形成了一定的生产关系，这种生产关系构成了人与人、人与社会之间的联系。人在生产实践中创造历史，社会关系也在影响着人的发展。看不到人民对于社会发展的重要作用，就看不到社会发展进步的根源，也就无法理解社会发展与人的发展的内在统一。最后，西方以人为中心的发展理论，并不能从根本上指出实现人的全面发展的条件，资本主义与生俱来的矛盾使得资本集中在少数人手中，造成巨大的贫富分化，因此，共同富裕、公平发展不能从源头实现，这种以人为中心的发展理论是狭隘的个人主义的体现。这种以人为中心的发展理论只能停留在促进社会发展公平的表面，而不是指出彻底实现人的全面自由发展的根本方向与措施。

第三，从发展理念来看，这是对西方可持续发展观的超越。20世纪60年代，各地暴发了多起自然灾害事件，人们开始反思在现代化过程中人与自然的关系，为了实现人与自然的和谐相处，产生了有益的思想。可持续发展理念就在这一背景下产生。1987年，可持续发展理念首次被正式提出，"可持续发展是既满足当代人的需要，又不对后代人满足其需要的能力构成危害的发展"。①
可持续发展逐渐从理论走向实践。这一思想是对人类中心主义的批判，西方以
人为中心的发展理念将人的发展与环境保护对立起来，在经济社会发展过程
中，将自然界当作人类征服的对象，这一发展思想造成了资源危机、环境恶
化，从而给人的生存和发展造成了巨大的伤害。可持续发展关注的是生态、经
济与社会的可持续，提倡在发展过程中既要发展经济也要保护环境，实现人类
的可持续。

习近平总书记关于绿色发展的思想内容深刻，在把握关于绿色发展的部署，
就是要着力推进人与自然和谐共生。其核心就是要处理好经济发展与生态保护的
关系，就是要树立"尊重自然、顺应自然、保护自然"的方针，贯彻落实"两山
论"的生态理念，在实践中践行"绿色发展、循环发展、低碳发展"的理念，树立
大局观念、战略眼光，坚持节约资源和保护环境的基本国策。着力解决环境污染
的问题，改革污染治理制度，推动绿色生产方式、发展方式、生活模式，坚持正
确的政绩观，让生态良好成为人民生活的增长点。

习近平总书记关于绿色发展的论述，与可持续发展理念有一定相似之处，但
是它超越了西方可持续发展理念。首先，西方可持续发展的理论是建立在"理性
的人"的基础上，这是西方经济学的起点。西方经济学认为，在市场机制的作用
下，市场以实现利润最大化为目标。因此，这一发展思想直接导致在社会化大生
产的过程中，人们关注的只有资源的有效配置，并不关心稀缺资源是否能持续供
应，他们认为在市场的调节作用下，可以消除私人成本与社会成本之间的差异，
而市场调节的盲目性被他们忽视了。因此西方可持续的发展理念并没有关注到西
方市场经济体制条件下实现可持续发展的可能性。其次，没有注意到现代工业化
体系对于自然资源的依赖。产业技术体系是现代化过程中构建经济发展的依托，
反映了经济结构的重心。在现代化过程中，重工业是各个国家实现现代化的重

---

① 世界环境与发展委员会：《我们共同的未来》，王之佳等译，长春：吉林人民出版社 1997 年版，
第 52 页。

点，不少国家在发展过程中都注重构建完整的重工业体系。其中以内燃机与电力技术为支撑的工业化导致了资源消耗的不可逆，加上粗放式的发展模式导致大量的资源浪费，因此，不变革经济发展的方式，不开发新能源，可持续也是空谈。习近平社会发展理论中提到的绿色发展理念，内容更加具体详细，不仅要求实现生产、消费、生活的全方位的理念变革，而且要求在实践中也要做到绿色生产与消费，将资源与生态环境本身看作人类社会发展的财富，从更高层次论述了可持续发展的重要意义，从更多角度论述了绿色发展理念的实践策略。

本书将理论研究与实践探索相结合，从理论上剖析了中国化的马克思主义社会发展理论的研究对象和基本问题，从马克思恩格斯列宁斯大林的社会发展理论和中国传统文化中的社会发展智慧中追溯其理论渊源，全面系统地梳理了中国化的马克思主义社会发展理论的形成发展过程，深入阐述了新民主主义革命时期、社会主义革命和建设时期、改革开放和社会主义现代化建设新时期以及中国特色社会主义新时代中国共产党对社会发展理论的认识，着重论证了中国化的马克思主义社会发展理论的鲜明特质和重大意义。全书在前人研究的基础上，进行了新的探索，力求全面地阐释中国化的马克思主义社会发展理论，尽可能地对有关前沿问题作出比较深入的探讨，以期提供一定的理论参考。

本书也是集体智慧的结晶。在由本人制定全书的基本思路、逻辑框架和写作大纲的基础上，邀请了多位学者协助完成书稿的写作。其中，西北工业大学马克思主义学院杨一凡博士撰写了第一章第二节、第五章、第六章第一节；宁夏大学马克思主义学院刘攀博士撰写了第四章第三节的部分内容；武汉大学马克思主义学院博士研究生赵宇辰撰写了第四章第二节；武汉大学马克思主义学院博士研究生高振撰写了第二章、第四章第一节，两位博士研究生完成的字数均在 2.5 万字以上；其余部分由本人完成。本人对全书进行了统稿。非常感谢武汉大学出版社及其编辑，他们为此书的出版付出了巨大的心血。最后感谢武汉大学马克思主义学院及其马克思主义理论学科群的大力支持。本书系国家社科基金重大项目"全面建设社会主义现代化新阶段我国发展环境研究"（项目批准号：21ZDA004）的阶段性成果。

本书在写作过程中，可能存在疏漏和不周之处，敬请各位读者提出宝贵的批评意见。当然，书中一切错漏之处概由作者负责。

金伟

2022 年 11 月于珞珈山